Blavatská a theosofie

Voyen Koreis

S Jelenou Petrovnou Blavatskou se začíná evoluce duchovního vědomí moderního světa. HPB, jak se jí už za jejího života běžně říkalo, byla postavou nanejvýše kontroverzní. Její příspěvek k vývoji moderního světa je obrovský, z velké části ale zneuznaný. Může za to jednak její povaha, o níž lze jen říci, že byla nevyzpytatelná, také ale to, že svět v němž se pohybovala nebyl ještě zdaleka připravený k tomu uznat autoritu a intelektuální převahu ženy nad většinou mužů v jejím okolí.

Tato situace se dosti rychle změnila už i pouhých deset let po smrti Blavatské, kdy Theosofická společnost, kterou Blavatská založila spolu s plukovníkem Olcottem, oslovila svou náboženskou filosofií ty nejprogresivnější mozky rodícího se dvacátého století. Pokud jde o umění, potom různé směry jimiž byly dadaismus, surrealismus, abstraktní expresionismus, projevující se v malířství, sochařství, architektuře, hudbě, jevištní tvorbě, atp., vděčí za mnohé theosofii. Téměř vše, co vzniklo v moderním umění zhruba od konce 19. století, až do doby po první světové válce a co se táhne jeho dějinami dodnes, buď přímo čerpalo z theosofie nebo se aspoň o ni zblízka otřelo. Ke kulminaci došlo kolem roku 1910, asi dvacet let po smrti Blavatské. Například Kandinského významný spis O duchovnosti v umění (1911) je jasným svědectvím toho, že jeho autor si dobře prostudoval práce Blavatské, Sinnetta, Besantové, Leadbeatera, atd.

Obrazy Františka Kupky, už v jeho raném období kolem roku 1890 byly často zcela jasně inspirovány theosofickými náměty a myšlenkami; později už byly přímo založeny na teoriích z theosofie převzatých. Snad vůbec nejzajímavější je to, že všichni čtyři umělci, které jmenují různí teoretikové umění jako možného prvního abstraktního malíře, tj. Kandinskij, Mondrian, Malevič a Kupka, byli theosofy. Seznam lidí, kteří buď přímo patřili mezi členy Theosofické společnosti nebo k ní měli velmi blízko, je vskutku impozantní. Už proto těm lidem, kteří (zejména v Česku) na tuto "pseudovědu", jak theosofii s oblibou nazývají, hledí okem podezíravým, musí někde něco podstatného unikat.

Voyen Koreis, narozen 1943 in London, žije v Brisbane

Až doposud vydal:

V angličtině:

The Fools' Pilgrimage
Golf Jokes and Anecdotes From Around the World
The Kabbalah - a timeless philosophy of life
Mephisto and Pheles – The Stage Play
Asylum Seekers in Heaven
An Introduction to the Study of the Tarot by P. F. Case (editor)
The Tales of Doggie and Moggie by Josef Čapek – Povídání o pejskovi a kočičce (transl., editor)
R.U.R. (Rossum's Universal Robots) by Karel Čapek (transl., editor)
The Robber by Karel Čapek - Loupežník (translator, editor)

V češtině:

Kafka tančí (přelož. z angl. orig. Kafka Dances by Timothy Daly)
Bláznova cesta
Poutníci v čase
Kabala: nadčasová filosofie života

Jiné autorovy překlady jak do češtiny tak i do angličtiny zde uvedeny nejsou

Blavatská
a
theosofie

Voyen Koreis

bsp

First published in this form in 2013
by Booksplendour
103 Grandview Road Pullenvale,
Brisbane, Queensland 4069
AUSTRALIA
Telephone +617-3202 7547
www.booksplendour.com.au

Copyright © Voyen Koreis 2013

All rights reserved. No part of this publication may be reproduced, stored in a retrieval system, or transmitted, in any form or by any means, electronic, mechanical, photocopying, recording or otherwise, without the prior written permission of the copyright owner and the above publisher of this book.

National Library of Australia Cataloguing-in-Publication entry
Author: Koreis, Voyen.
Title: Blavatska a theosofie (a Czech language title)
Edition: 1st ed.
ISBN: 978-0-9871982-0-4

1. Blavatska, 2. theosofie, 3. Jelena Petrovna Blavatska, 4. HPB, 5. Henry Steel Olcott, 6. cakry, 7. etericke telo, 8. Astralni telo, 9. Mentalni telo, 10. kauzalni telo, 11. Tajna doktrina, 12. Theosoficka spolecnost, 13. Odhalena Isis, 14. Annie Besantova, 15. Rudolf Steiner, 16. A. P. Sinnett, 17. Dopisy Mahatmu, 18. Tibet, 19. Kabala, 20. antroposofie, 21. teosofie 22. Madam Blavatska, 23. evoluce vedomi, 24. Blavatsky

PŘEDMLUVA

Asi před dvěma lety jsem napsal a vydal knihu o kabale, česky. Byla to pro mne dost velká změna, protože v nedávno uplynulých letech jsem, kromě občasných překladů, psal většinou v angličtině. Je to snad pochopitelné; kabalu a příbuzné předměty jsem zde v Austrálii studoval anglicky, většina literatury je k dostání hlavně v angličtině. Pomalu mi ale začínalo docházet, že bych měl vážně uvažovat o tom, napsat knihu o kabale česky, i když už jen proto aby byla společníkem mé do té doby jediné české knihy, jíž je román inspirovaný cestou tarotovými arkánami. Kabala a taroty mají k sobě hodně blízko. Knihu jsem dopsal, vydal a otevřel jsem webové stránky na téma kabaly. Postupem času jsem si všímal, že lidé na tyto stránky začínají chodit a to docela pravidelně. Pochopitelně, že mě to povzbudilo.

Uvažoval jsem, co dál? Bylo jasné, že musí zřejmě v Česku být dost lidí, kteří se o esoterické náměty zajímají. Někde přece musejí začínat. Odkud jsem začínal já? Čtením knih. Jistě, Austrálie není v tomto směru jako Česko, kde knih v češtině nikdy nemůže být tolik jako jich je zde v angličtině – i když se jedná o dva celkem neveliké národy. Zde jsou ale navíc knihy vydané v Británii, v USA, Jižní Africe i leckde jinde. Jistě, víc a víc lidí v mém starém domově umí dnes anglicky, jenže na to studovat knihy tohoto typu se musí umět anglicky opravdu dobře. Vždyť mně samotnému to trvalo dobrých pět let, než jsem byl schopen tento druh literatury číst tak, abych z toho opravdu něco měl! A to jsem byl v denním styku s anglicky mluvícími lidmi!

Takovýto způsob uvažování mě nutně musel dovést až k mým australským začátkům. Bylo mi už přes třicet, když jsem se ocitl zde v Brisbane, po čtvrt století života v tehdejším Československu a dalších letech prožitých v Londýně. Kulturně to jistě byl značný skok zpět, takovýto odchod ze světové metropole do více či méně provinčního australského města. Pokud šlo o divadla nebo galerie, zde jistě nebyl a dodnes není zdaleka takový výběr, o tom nemůže být pochyby. Co tu ale vždycky bylo a co jsem si mohl hned od počátku dovolit, byly knihy! Australané jsou těmi nejnáruživějšími čtenáři na světě, tohle je statisticky prokázané a celkem i pochopitelné, zejména když si člověk uvědomí ty vzdálenosti, dnes sice už ne tak veliké díky rychlejší dopravě, pořád ale značné. Vždyť zde žije na celém kontinentě velikosti přibližně Evropy bez Ruska, jen o několik miliónů lidí víc než jich mívalo bývalé Československo! Lidé zde proto hned od počátku kolonizace této země byli uvyklí hodně číst a už jim to zůstalo.

Když jsem sem přišel, byl jsem právě zralý na to, abych se dal do seriózního čtení. A také do hledání, hledání něčeho, čím by si člověk mohl trochu spravit chuť z toho žalostného, jednostranného výběru, který v tomto směru měl v komunistickém Československu. Tamější režim nebyl nikdy nakloněn čemukoliv co by se příčilo dialektickému materialismu a toto jistě zanechalo své stopy i u těch lidí, kteří by si to jinak nepřiznali. Také to stále ještě stopy zanechává, což většinou vidí jen vnější pozorovatel. Za mého mládí to ale bylo horší, rovnováha zde nebyla, zejména pokud jde o výchovu a tam to přece všechno začíná. Manželka, rovněž Češka, zažila totéž; pochopili jsme, že nám oběma chybí duchovní dimenze. Řeknu to přímo, tak jak jsem to tehdy cítil: i když za nábožného člověka jsem se nepovažoval, měl jsem materializmu a jemu podřízené filosofie plné zuby!

Spiritualistický kostel v Brisbane

K tomu, abychom začali chodit do kostela některé z běžných církví, jsme nedozráli, dokonce ani dnes. Byli jsme ale oba ochotni experimentovat. Když jsme přišli na to, že nedaleko středu Brisbane se nachází spiritualistický kostel, na němž plaketa hrdě hlásá do světa, že zde v roce 1921 měl přednášku Sir Arthur Conan Doyle, tvůrce onoho vždy přísně logicky uvažujícího a určitě žádnou nábožnou potrhlostí nepostiženého Sherlocka Holmese, řekli jsme si, že na tohle bychom se snad měli trochu blíže podívat. Chodili jsme tam, dost nepravidelně, po několik měsíců. Netrvalo ale dlouho a začínalo mi být jasné, že tudy cesta rozhodně nepovede, že spiritualista ze mne nikdy nebude. Podobně jako ze mne nikdo neudělá katolíka, protestanta, či muslima. Bylo to ... no bylo to prostě ... chození do kostela.

Náboženská obec náležející ke spiritualistickému kostelu mi připadala dosti podobná té, jakou naleznete v neděli shromážděnou v jakémkoliv jiném kostele, také obřad byl celkem podobný, jen s tím rozdílem, že poté kdy se skončila hlavní část, nastal čas k tomu, aby se vyřizovaly vzkazy ze světa duchů. Na pódium se postavilo medium, jichž bylo v kongregaci několik (kromě občasných hostujících, někdy i ze zahraničí) a která se střídala tak, aby na každé z nich vyšlo vystoupení asi tak jednou do měsíce. Ve stavu transu či jakéhosi polovičního transu, který se po chvíli soustředění dostavil, začalo medium promlouvat k přítomným. Někdy se medium, či ona netělesná bytost kterou údajně mělo pro tu chvíli zastupovat, dalo do kázání a to ne nepodobnému těm, jaká uslyšíte každou neděli v kdejakém kostele. Jindy se medium zmohlo jen na několik kratších vzkazů přítomným jednotlivcům, kteří se většinou zdáli vědět o co, či o koho, se má jednat. Nebo se tak aspoň stavěli, kdo ví?

Jednou jsem totiž sám dostal vzkaz od kohosi, jehož medium označilo jako "mladšího muže", přičemž další popis byl celkem dosti ambivalentní, následkem čehož jsem opravdu neměl sebemenší potuchy o tom, kdo by to mohl být. Řekl jsem si ale, jsi přece mezi spiritualisty, chovej se tedy podle toho, přece je nezklameš! Zachoval jsem se proto nanejvýše diplomaticky, když jsem předstíral, že jakoby vím o koho se asi jedná, takže jsem snad ani mediu, ani té asi tak stovce přítomných, nezkazil radost. Veliký dojem to ale na mě neudělalo. Stávalo se také někdy, že se medium zjevně nacházelo v dobré nebo dokonce i výjimečné formě a vzkazy potom jen pršely; naproti tomu jindy to spojení příliš dobře nefungovalo a bývalo to proto slabší.

Kromě nedělních obřadů mívali zdejší spiritualisté po večerech také menší kroužky, tak zvané „vývojové", z nichž některé se scházely v místnostech přidružených ke kostelu, jiné v soukromí. Tyto se zřejmě konaly hlavně proto, aby se mohla objevit nová nadějná media. Pár z těchto setkání jsme se také s manželkou tehdy zúčastnili. Odnesli jsme si z toho všeho některé celkem zajímavé zkušenosti, palčivé touhy po tom stát se spiritualistou jsem tím ale nenabyl. Nepamatuji si již jak přesně k tomu došlo, přes někoho kdo se kolem spiritualistického kostela vyskytoval jsme ale za čas objevili, že se v Brisbane také nachází Theosofická společnost. O té jsem něco již slyšel, moc ale jsem o ní nevěděl.

Šli jsme se tam podívat v pátek, kdy se tam pořádají pravidelné večerní přednášky. Uprostřed výškových budov se krčí něco, co vypadá jako celkem malý domek. Je to kulturní památka, postavená někdy uprostřed 19. století. Uvnitř je ale překvapivě hodně prostoru.

Brisbaneská Theosofická společnost

Je zde knihovna pro členy společnosti, ale i pro ty, kteří si knihy chtějí prostě půjčovat, také prodejna nových knih, přednáškový sál a jiné místnosti. Několik minut nám stačilo k tomu, abychom pochopili, že jsme se ocitli ve společnosti seriózních knihomolů. Knihovna plná literatury jakou člověk těžko nalezne ve veřejných knihovnách na nás udělala dojem, takže jsme si hned zařídili členství, zatím jen pro to půjčování knih. Když jsem se vyptával na podmínky členství ve společnosti, bylo mi rovnou řečeno něco v tom smyslu, že lidé bývají spíš od podání takovéto žádosti existujícími členy odrazováni. Pokud sem prý budeme po nějaký čas chodit a pokud se nám tu pořád bude ještě líbit, potom se třeba k tomu rozhodneme. Chodili jsme tedy pravidelně na páteční přednášky, které byly veskrze zajímavé, takže po několika měsících jsme se rozhodli si ty přihlášky k členství opravdu podat, takže za nějaký čas nám přišly působivě vyhlížející diplomy z indického Adyaru, kde je hlavní sídlo Theosofické společnosti. Netrvalo to ani příliš dlouho a sám jsem se stal lektorem při pátečních přednáškách. Na tu svou první tam nikdy nezapomenu. Její název byl Religion Named Communism neboli Náboženství zvané komunismus! S tím jsem měl zkušenosti, tak proč se o ně nepodělit ve společnosti podobně smýšlejících lidí?

Seznam lidí, kteří buď přímo patřili mezi členy Theosofické společnosti nebo k ní měli velmi blízko, je vskutku impozantní. Některá z jmen by člověk celkem očekával, jiná mohou být překvapením. Pro zajímavost zde některá uvedu:

Hudební skladatelé – Gustav Mahler, Igor Stravinskij, Arnold Schoenberg, Jan Paderewski, Alexander Skrjabin, Jean Sibelius, Gustav Holst...
Malíři – Paul Gauguin, Vasilij Kandinskij, Piet Mondrian, Kasimir Malevič, Paul Klee, Jackson Pollock, Marcel Duchamp, Nicholas Roerich, Alfons Mucha, František Kupka...
Vědci – William Crookes, Alfred Russel Wallace, Nicolas Camille Flammarion, Ernst Haeckel, Albert Schweitzer, Albert Einstein...
Autoři – Gerard Encausse – Papus, Ralf Waldo Emerson, Arthur Conan Doyle, William Butler Yeats, W. Y. Evans-Wentz, Lewis Carroll, Maurice Maeterlinck, August Strindberg, Algernon Blackwood, J. B. Priestley, Franz Kafka, James Joyce, Thornton Wilder, T. S. Elliot, D. H. Lawrence, E. M. Forster, Boris Pasternak, Henry Miller, D. T. Suzuki, Kahlil Gibran, Kurt Vonnegut, Jr...
Státníci – Mohandas K. Gandhi, Alfred Deakin, George Lansbury, Jawaharlal Nehru, Henry Wallace...
Pedagogové Rudolf Steiner a Maria Montessori, vynálezce Thomas Alva Edison, architekt Walter Burley Griffin, filosofové Herbert Spencer, Bhagwan Das, Jiddu Krishnamurti...
Z Čechů, básníci Julius Zeyer a Otokar Březina, dirigent Rafael Kubelík, skladatel Alois Hába, spisovatelé Josef Váchal a Gustav Meyrink, nakladatel Bedřich Kočí, dramatik českého původu Sir Tom Stoppard...

Je známo, že Franz Kafka a Max Brod navštěvovali v Praze přednášky Rudolfa Steinera. Byl zde viděn i Einstein, taktéž někteří z členů spolku Devětsil. Pokud jde o umění, surrealisté, abstraktní malíři a sochaři, architekti, hudebníci, skoro vše originální co vzniklo ve světovém moderním umění zhruba od konce 19. století, až do doby po první světové válce a co se táhne jeho dějinami dodnes, buď přímo čerpalo z theosofie nebo se aspoň o ni nějak otřelo. Ke kulminaci došlo kolem roku 1910. Například Kandinského významný spis *O duchovnosti v umění (1911)* je jasným svědectvím toho, že jeho autor si dobře prostudoval práce Blavatské, Sinnetta, Besantové, Leadbeatera, atd. Piet Mondrian byl členem TS po větší část života. Kupkovy obrazy už v jeho raném období kolem roku 1890 byly často jasně inspirovány theosofickými myšlenkami; později už přímo založeny na teoriích z theosofie převzatých. Snad vůbec nejzajímavější je to, že všichni čtyři umělci, které jmenují různí teoretikové umění jako možného prvního abstraktního malíře, tj. Kandinskij, Mondrian, Malevič a Kupka (ten je momentálně favoritem), byli theosofy.

Takovéto shromáždění mozků, jaké se najde v Theosofické společnosti hlavně kolem roku 1900, se jen tak nevidí a tito lidé se přece nenechali jen tak pro nic za nic vodit za nos! Už jen proto těm skeptikům, kterých je zejména v Česku nemálo a kteří nad theosofií krčí rameny nebo ještě častěji ji s nemalou jízlivostí a agresivitou napadají, zřejmě musí někde něco velice podstatného unikat. Tak jsem si říkal, když jsem sám podával přihlášku. Za to "něco" by theosof ovšem dosadil ducha, který vládne nad hmotou. V Česku se materialistické smýšlení začalo usazovat hned po první světové válce, kdy po rozpadu monarchie se stalo náramnou módou vystupovat z církve. Tento druh myšlení během komunistického režimu celkem pochopitelně ještě posílil. Dnes, podle statistických údajů žije v zemi víc lidí, kteří se sami označují za materialisty či ateisty, než kdekoliv jinde na světě. Pro ty, kteří se pro jednou už takto rozhodli, tato kniha asi nebude.

Po uplynutí více než celého století se zde stále nacházejí nové stopy vedoucí k theosofii. Například autorka knih o Harry Potterovi J. K. Rowlingová, i když to nikde nepřiznává, čerpá často z těchto pramenů a dokonce se v jednom místě zmiňuje o autorce prorocké knihy jménem Cassandra Vablatská – zcela jasně odkaz na Blavatskou. Jakýsi vliv theosofie a především antroposofie – jejího potomka na evropské pevnině, někteří lidé vidí dokonce i v dramatech, která ve 40-tých a 50-tých letech sepsal Karol Wojtyla, později papež Jan Pavel II. O Beatles, kteří projevovali značný zájem o esoterický buddhismus, ani nemluvě. No a konečně nelze také nezmínit to, že aktivním členem TS nebyl nikdo jiný než Elvis Presley! Třeba jím ještě i je, pokud se potvrdí zprávy o tom, že je naživu, kdo ví?

O theosofii se toho v Česku mnoho neví, jak jsem už naznačil. Ti ze známějších Čechů, kteří se zabývali spiritualismem a theosofií (to první je sice trochu povrchní, často ale vede k tomu druhému a tudíž do větší hloubky), jako Mucha či Kupka (který měl psychické schopnosti a dokonce se po jistý čas i živil jako medium), k těmto vědomostem obvykle přišli až v zahraničí, například když studovali ve Vídni či v Paříži. Tom Stoppard se v Česku sice narodil, vyrůstal ale a po celý život žije v zahraničí, zejména v Anglii. V Praze existovala lóže TS už před první světovou válkou, později ale zanikla. Prominentnější než theosofie zde ale stejně byla Steinerova antroposofie.

Za komunistického režimu by bylo ovšem nemyslitelné povolit čemukoliv jinému než marxismem odkojeným myšlenkám špinit stránky režimem povolených knih. Snad se někteří theosofové scházeli tajně. Před tím, než do země zavanuly východní větry, vládli v Česku nacističtí pohlaváři a ti si pro změnu vypěstovali reputaci jakýchsi "okultních feťáků", kteří spolykali cokoliv, hlavně když to zavánělo nějakou mystikou, pokud možno pocházející z Tibetu. Na theosofii se už jen z těchto důvodů hledělo a často stále ještě hledí, okem podezíravým. Informace, které se tu a tam v minulosti objevovaly, bývaly často chybně vykládané, přímo nesprávné, či při nejlepším neúplné. O tom, jak nacisté dokázali totálně lidem znechutit prastarý a čistý symbol hákového kříže, si povíme později. Jak mnoho toho mohl vědět o theosofii například Jaroslav Hašek je dnes již těžké říci, že věděl aspoň něco je ale zřejmé, když z kuchaře okultisty (čti theosofa) Jurajdy činí zaníceného čtenáře takovéhoto druhu literatury:

"... kuchař okultista Jurajda odložil svou zamilovanou knížku, překlad staroindických súter Pragnâ-Paramitâ, a obrátil se na zdrceného Balouna, který se ještě více shrbil pod tíhou osudu: „Vy, Baloune, máte bdíti sám nad sebou samým, abyste neztratil důvěru v sebe samotného i důvěru v osud. Nemáte připisovat sobě na svůj účet to, co je zásluhou jiných. Kdykoliv se octnete před podobným problémem, který jste sežral, vždy se ptejte samého sebe: V jakém poměru jest ke mně játrová paštika?"

Nebyl by to ovšem Švejk, aby takovéto nadsmyslově pojaté vidění dilemat předkládaných nám materiálním světem, jaké se kovaný theosof kuchař Jurajda snaží rozvinout před Balounem, člověkem zcela ovládaným těmi nejnižšími pudy, vzápětí nerozdrobil svými bizarními názory, které jeho tvůrce Hašek zcela jistě pochytal z hovorů u hospodských stolů a jaké můžeme uslyšet leckde i dnes.

"... kuchař okultista z důstojnické mináže psal dál obšírné psaní své manželce, která za jeho nepřítomnosti počala vydávat nový theosofický časopis ...

„To raději nám vypravujte," řekl účetní šikovatel Vaněk, „o stěhování duší, jako jste to vykládal slečně v kantýně, když jste si rozbil nos."

„Vo tom stěhování duší jsem už taky slyšel," ozval se Švejk. „Já jsem si také jednou umínil před léty, že se, jak se s vodpuštěním říká, sám budu vzdělávat, abych nezůstal pozadu, a chodil jsem do čítárny Průmyslové jednoty v Praze, ale poněvadž jsem byl roztrhanej a svítily mně díry na zadnici, tak jsem se nemoh vzdělávat, poněvadž mne tam nepustili a vyvedli ven, poněvadž myslili, že jsem šel krást zimníky. Tak jsem si vzal sváteční šaty a šel jsem jednou do musejní knihovny a vypůjčil jsem si takovou jednu knížku o tom stěhování duší se svým kamarádem, a tam jsem se dočetl, že jeden indickej císař se proměnil po smrti v prase, a když to prase zapíchli, že se proměnil v opici, z opice stal se jezevcem a z jezevce ministrem. Potom na vojně jsem se přesvědčil, že něco pravdy na tom musí bejt, poněvadž kdekdo vojáky, když měl nějakou hvězdičku, pojmenoval buď mořskými prasaty, nebo vůbec nějakým zvířecím jménem, a podle toho by se dalo soudit, že před tisíci léty tyhle sprostí vojáci byli nějakýma slavnejma vojevůdci. Ale když je vojna, tak je takový stěhování duší náramně hloupá věc. Čertví kolik proměn člověk prodělá, než se stane, řekněme, telefonistou, kuchařem nebo infanteristou, a najednou ho roztrhne granát a jeho duše vejde do nějakého koně u artilerie, a do celý baterie, když jede na nějakou kotu, práskne novej granát a zabije zas toho koně, do kterýho se ten nebožtík vtělil, a hned se přestěhuje ta duše do nějaké krávy u trénu, z který udělají guláš pro manšaft, a z krávy třebas hned se přestěhuje do telefonisty, z telefonisty..."

Metempsychóza neboli stěhování duší, ve Švejkem výše podané primitivní formě, zaručeně není součástí theosofické nauky, jak si také na těchto stránkách ukážeme. Reinkarnace, jako součást evoluce lidské duše postupující vzhůru (a tudíž nevracející se ke zvířecím formám), k theosofii patří zcela neodmyslitelně. Věděl ale tohle Hašek? Těžko říci.

Jelenou Petrovnou Blavatskou se to všechno začíná. HPB, jak se jí už za jejího života běžně říkalo, byla postavou nanejvýše kontroverzní. Její příspěvek k vývoji moderního světa je obrovský, z velké části ale zneuznaný. Může za to především její povaha, o níž lze říci jen to, že byla nevyzpytatelná. Zdá se, že ti lidé, kteří se s ní denně či aspoň často stýkali, mívali o ní mnohem lepší mínění než ti, kteří se s ní nikdy třeba ani osobně nesetkali a znali snad jen něco z některých jejích knih. Nemyslím si totiž, že ten kdo si opravdu pozorně přečetl aspoň jednu z jejích stěžejních prací, si nemůže o Blavatské nikdy myslet nic v zásadě špatného. Pokud není úplně zaslepený materialistickými a ateistickými názory, v kterémžto případě knihu nejspíš odhodí po přečtení několika řádků. O hodně se tím připraví.

Jsou lidé, kteří stále jen budou vzdychat po Newtonovi, Darwinovi, či Edisonovi, v nichž vidí jakousi záruku starého materiálního světa. Nevědí přitom nebo možná vědět nechtějí, že Newton se s velkou intenzitou věnoval alchymii, že Darwin chtěl původně být knězem a ke konci života že popřel, že by kdy byl ateistou, nanejvýše agnostikem a že Edison se skutečně stal členem Theosofické společnosti, což dokazují jeho dopisy jejím představitelům Blavatské a Olcottovi z roku 1878.

Fyzika moderní doby s vědci jimiž byli Wolfgang Pauli, Max Born, Niels Bohr, Max Planck i jiní, se začíná spíš podobat poezii metafyzických básníků. Geniální vědec Albert Einstein věděl jistě své, když v roce 1935 doporučil svému kolegovi Wernerovi Heisenbergovi, aby měl Tajnou doktrínu Blavatské vždycky po ruce, pro případ, že by potřeboval inspiraci.

Voyen Koreis, Brisbane, leden 2013

DÍL PRVNÍ

OBSAH

DÍL PRVNÍ

1. Mládí — 15
2. Cesty — 29
3. Spiritualismus — 47
4. Blavatská a Mistři — 60
5. Blavatská a Olcott — 64
6. Theosofická společnost — 93
7. Odhalená Isis — 98
8. Blavatská a Olcott v Indii — 110
9. Rozpory a obvinění — 128
10. Poslední čtyři roky — 131
11. Smrt v Londýně — 140
12. TS po smrti HPB — 144

1. Mládí

Blavatská se narodila 12. srpna 1831 v Jekatěrinoslavi (v dnešní době patří k Ukrajině) jako **Елена Петровна Ган – Jelena Petrovna Hahn**, a své rané dětství prožila většinou na panství svého dědečka z matčiny strany Fadějeva v Saratově, na březích Volhy. Spolu se svou asi o tři roky mladší sestrou Věrou byla vychovávána hlavně babičkou *Jelenou Petrovnou Fadějevovou*, rozenou kněžnou Dolgorukou. Také na otcově straně Jelenině nacházíme knížecí předky, její otec, plukovník *Pjotr Alexejevič von Hahn*, byl potomkem vládnoucího meklenburského knížecího rodu Hahn von Rottenstern-Hahn. Na matčině straně se navíc nacházeli předkové francouzského rodu du Plessy, kteří byli hugenoty a v předcházejícím století byli nuceni se uchýlit před pronásledováním do Ruska. To vše představuje velice barvitý obraz kosmopolitní rodiny.

Rodný dům Blavatské v Jekatěrinoslavi v Dnětropetrovské oblasti v současném stavu. Vlevo pamětní deska umístěná na zdi domu.

Pjotr Alexejevič von Hahn, otec, Jelena Andrejevna Hahnová, matka

Jelenčina babička musela být velice inteligentní a na svou dobu neobyčejně vzdělaná žena, která ovládala pět cizích jazyků a dopisovala si mj. s celou řadou známých přírodovědců. Navíc ještě byla i schopnou malířkou. Její dcera Jelena Andrejevna po ní podědila umělecké nadání a stala se spisovatelkou románových povídek, které psala pod pseudonymem "Zenaida R." a které byly mezi ruskými čtenáři ve své době velice oblíbeny. Po její náhlé a předčasné smrti, ve věku pouhých sedmadvaceti let v roce 1842, ji jeden známý tehdejší kritik dokonce vychvaloval jako "ruskou Georges Sandovou".

J. P. Fadějeva, babička, A. M. Fadějev, dědeček, Věra Želichvská, sestra

Není nic divného, že z takto všeobecně talentované rodiny vzešla žena, jejímž osudem bylo se proslavit po celém světě jako enigmatická "Madame Blavatsky". Pokud se týče dětství malé Jeleny, jsme odkázáni především na její vlastní paměti, které z jejího pozdějšího vyprávění sebrala Mary K. Neffová a na některé drobnější doplňky dodané buď tetou Naděždou Fadějevovou nebo Jeleninou sestrou Věrou.

Věra Želichovská také popsala později události kolem narození své sestry Jeleny, které byly zřejmě dosti pohnuté. Protože malá Jelena nevypadala na to, že by se měla příliš k světu, byly podle zvyků pravoslavného náboženství narychlo svolány křtiny, aby dítě nezemřelo dřív než s jeho duše může být smyta vina za prvotní hřích. Dovedeme si snad představit, že takováto událost v prostředí šlechtického sídla probíhala ve vší vážnosti a nádheře, se vším příslušenstvím, což znamenalo množství hořících svíček, vůni kadidla ve vzduchu, pravoslavného "svjaščennika" s asistenty oblečenými ve zlatem protkávaném brokátu atp. Den staré dítě, příliš slabé na to aby se jej mohlo zúčastnit, v průběhu ceremoniálu zastupovala jeho jen o několik let starší tetička.

Ceremoniál, během něhož musí přítomní po celou dobu trvání vydržet zůstat stát, se už chýlil ke konci; právě byl podle starého pravoslavného zvyku třikrát poplíván sice neviditelný, nicméně však všudypřítomný, Ďábel. Holčička Jelenu představující si mezitím za horkého dne v plném sále v první řadě unuděně sedla na podlahu, kde si pohrávala s jednou z hořících svíček, aniž by si toho kdo z přítomných všiml. Podařilo se jí v té chvíli podpálit lem dlouhého roucha vedle ní stojícího kněze. Oheň se náhle a prudce rozhořel a popálil kromě nešťastného popa také několik dalších lidí. Je pochopitelné, že se zde jednalo o kromobyčejně špatné znamení pro budoucí život dítěte, na čemž se tehdy jednohlasně shodli všichni přítomní. Pokud holčička vůbec přežije, nemůže ji očekávat nic jiného než série podobných neštěstí. Když Jelenina matka umírala o pouhých jedenáct let po této události, údajně prohlásila něco v tom smyslu, že alespoň bude ušetřena toho dívat se na ta neštěstí, která postihnou její nejstarší dceru. O tom, že Jelenin život bude pohnutý a plný utrpení byla její matka hluboce přesvědčena! Jak dalece měla v tomto směru pravdu spisovatelka románů i pověrčivé ruské příbuzenstvo malé Jeleny, to ještě sami dále uvidíme.

Na překvapivě moderně vyhlížejícím obraze vpravo vidíme Jelenu Andrejevnu Hahnovou s dcerou. Mladá Jelena Petrovna vyhlíží starší jedenácti let (tolik by jí bylo v čas matčiny smrti), takže obraz podle odborníků byl neznámým umělcem zřejmě namalovaný později, nejspíš 1844-5. Nachází se nyní v muzeu Blavatské v ukrajinském Dnětropetrovsku. Blavatská prohlašuje, že byla jako dítě na jedné straně zkažená a rozmazlená, čímž zřejmě naráží na aspekty své výchovy zejména ovlivňované babičkou, na  druhé straně ale zase trestaná a tužená, v čemž se jistě projevovaly vlivy otce, který byl důstojníkem z povolání. Na svůj věk vyzrálá, byla vždy středem pozornosti všech kdo s ní přišli do styku. Nerada se podrobovala disciplině, neuznávala žádnou autoritu, kromě té vycházející z její vlastní vůle. Nic všedního na ní nebylo, oplývala originalitou. Jako mnohé děti, také mladá Jelena měla vždy kolem sebe různé kamarády viditelné a slyšitelné pouze jí samotnou. Sestra Věra popisuje jak v rozlehlém panském sídle v Saratově, kde obě žily po smrti jejich matky, se Jelena schovávala ve sklepeních a v katakombách nacházejících se pod budovami, když se jí právě nechtělo zabývat se některou z lekcí vnucovaných jim vychovatelkou. Obvykle to prý znamenalo, že několik služebníků se zúčastnilo pátrání po záškolačce, která nakonec byla nejčastěji nalezena v některé ze sklepních místností, kde si buď četla nebo se bavila se svými neviditelnými kamarády. Když jí bylo asi dvanáct, zmizela jedné noci ze svého pokoje a byla nalezena až po dlouhém pátrání právě v těchto katakombách, kde si nahlas v chůzi povídala s někým, koho nebylo nikde vidět. Často takto chodila i ve spaní, kdy potom byla nacházena na nejrůznějších místech v okolí, odkud ji potom služebnictvo muselo donést zpátky do postele.

V nejútlejším dětství prý Jelena prodělala celou řadu dosti těžkých nemocí, o detailech se toho ale moc neví. Ve svých pamětech si vzpomíná zejména na dvě vychovatelky, které se staraly o její vzdělání, jednu Francouzku, druhou Angličanku. Po matčině smrti se stala jakousi "dcerou pluku" a byla prý velice oblíbená mezi otcovými vojáky. Odtud jistě také vzešlo její proslulé jezdecké umění. V řadě legend, které se kolem její osobnosti později vytvořily, jedna se totiž trochu příliš často opakuje na to, aby na ní nebyla aspoň nějaká pravda. Blavatská totiž měla po jistý čas vystupovat jako krasojezdkyně v cirkuse, když pro ní po odchodu z Ruska nastaly krušné časy. Podle jiných pramenů ovšem měla Blavatská také vystupovat jako koncertní pianistka. Pravdou může být obojí nebo také vůbec nic. Spíš ale je aspoň něco pravdy na obojím – Jelena byla velice dobrou pianistkou, o čemž existuje celá řada svědectví. V době kdy se stala známou už asi jezdeckými kousky oslňovat nedokázala, jako mladá a štíhlá dívka ale jistě mohla být vynikající jezdkyní. Zejména pokud jejími učiteli byli otcovi kozáci, jezdeckým uměním po celém světě proslavení, takže jízda na koni a navíc v mužském sedle, což v té době bylo něco skoro neslýchaného, se pro ni mohla stát druhou přirozeností. K podobným legendám, z nichž mnohé se vytvářely ještě za života Blavatské, přičemž jiné se objevily teprve v pozdější době, ona sama bezpochyby leccos přidávala, pokud se jí k tomu naskytla příležitost. Z vlastní zkušenosti vím, že lidé, kteří se dostanou na poměrně vysoký stupeň esoterického poznání, mívají dobře vyvinutý smysl pro humor a obvykle si také nenechají ujít příležitost k tomu poněkud mystifikovat své posluchače. Nezapomeňme ani na romanopisecké schopnosti, které mohla podědit po matce a které se později projevily, i když v poněkud jiném žánru.

První spiritualistické pokusy

Musíme se smířit s tím, že s poměrnou jistotou nám lze sledovat jen nějakých posledních patnáct až dvacet let života Blavatské, kdy se stala už známou a kdy se proto ví dosti přesně, kde se pohybovala. Před tím zde máme asi čtvrt století skoro úplné temnoty, z níž místy vystupují pouze krátké, často velice těžko ověřitelné epizody. Jednu z těch poměrně dobře doložených si teď přiblížíme. Ve čtyřicátých letech 19. století prošla světem první vlna znovu vzkříšeného spiritualismu, která brzy nato dolehla i do Ruska. Píši "znovu vzkříšeného", i když samotní spiritualisté (zejména ti američtí) často tvrdí, že jejich hnutí se začalo právě v té době, přesněji v roce 1848 v domě sester Foxových v Hydesvillu ve státě New York. Což by bylo o několik let později než mladá Jelena Blavatská už začala sama vystupovat jako medium. Ovšem, pozorný vykladač dějin nalezne celou řadu jiných příkladů, kdy se o podobných věcech píše v různých kronikách. A jak si později ukážeme, dokonce i v samotné Bibli. Například, Arthur Conan Doyle, proslavený svým super-racionálním Sherlockem Holmesem, napsal kromě těchto detektivních příběhů mj. také historii spiritualismu, která se začíná dosti obsáhlým pojednáním o životě švédského vědce, mystika, filosofa, theologa a vynálezce Emanuela Swedenborga (1888-1772), který vypracoval celý systém určený ke komunikaci se silami mimozemského původu. Svedenborg ovšem žil bezmála celé století před americkými sestrami Foxovými...

Emanuel Swedenborg (1888-1772)

Rusko vždy mělo tradici víry v nadpřirozené síly sahající do hloubky mnoha staletí. V době o níž nám zde jde, tj. ve čtyřicátých létech devatenáctého století, v Rusku už například ohlašovaly některé z Dostojevského povídek to, co se později stalo známé nejprve jako spiritismus, nyní spíš spiritualismus nebo také channeling, lidově duchařina. Zejména ve vyšších kruzích se spiritualismus rychle stal módou a tak netrvalo dlouho než se přišlo na to, že mladá Jelena skutečně výjimečné schopnosti jako medium, přestože v té době se tomu ještě tak ani neříkalo. Blavatská později tvrdila, že si odjakživa bývala vědomá přítomnosti Inda v bílém turbanu, kterého vídávala jen ona sama a kterého nazývala svým "ochráncem", protože zakročil při několika příležitostech, když se jako všetečné dítě dostala do různých nebezpečných situací. Asi ve třinácti letech se jí například stala ta nehoda, že se při vyjížďce pod ní náhle splašil kůň, přičemž se jí noha zapletla do postroje, takže hrozilo nebezpečí, že by mohla být koněm uvláčena. Náhle prý ucítila pár neviditelných rukou, které ji podržely v sedle, dokud se kůň neuklidnil. Asi od svých devíti let mívala mladá Jelena ještě jiného častého návštěvníka z "říše duchů". Tím byla postarší dáma, jejíž jméno uvádí jako Tekla Lebendorfová. Když po matčině smrti žila u babičky v Saratově a později v gruzínském Tbilisi, scházíval se širší rodinný kruh, spolu s příležitostnými návštěvníky, k pravidelným seancím. O náplň těchto schůzek se staral především "duch" této dámy, který prostřednictvím mladé Jeleny komunikoval s přísedícími tím, že ovládal její ruku při automatickém psaní, což bývá jedním ze základních mediálních projevů.

U příběhu o automatickém psaní se teď na chvíli pozastavíme, protože je natolik poučný, že nám může názorně demonstrovat to, jak zdání, zejména pak v souvislosti se spiritualismem, dokáže snadno oklamat celou společnost rozhodně nadprůměrně inteligentních a dobře vzdělaných lidí, kteří byli přitom svědky. Seance v sídle rodiny Fadějevových se pravidelně konaly asi po dobu šesti let a přítomen při nich býval i rodinný kněz, jehož záležitost sice velice poutala, který ale přesto míval vždy přitom pro jistotu po ruce kropáč se svěcenou vodou v případě, že by se stalo něco nepředvídaného a ďábel vystrčil své rohy. Jelenina ruka, vedená údajným duchem staré dámy, popsala přitom stohy papírů a to vždy stejným rukopisem, rusky nebo někdy i německy, kterýžto jazyk Jelena nikdy, a to ani později v životě, neovládala. To poslední ovšem dodalo celé záležitosti patřičnou šťávu, protože se to zdálo svědčit o autentičnosti. Tekla Lebendorfová přitom vylíčila do podrobností svůj celý život, od narození v estonském Tallinu, přes svou svatbu, narození i výchovu dětí, až po vlastní smrt. Při tom posledním nechybělo ani jméno a adresa luteránského kněze, který jí uděloval poslední svátost. Byl z toho úplný román na pokračování (jak také jinak v rodině ruské George Sandové...), v němž se přítomní tu dozvídali podrobnosti o milostných záležitostech nejstarší dcery této dámy, onde si zase mohli poplakat při líčení událostí vedoucích až k sebevraždě jejího syna. Duch tohoto nešťastníka také čas od času obšťastňoval společnost svojí přítomností a ulevoval si přitom dlouhými ciráty o svém utrpení. Jeho matka se zmiňovala také o svém posmrtném životě, o tom jak se setkala dokonce se samotným Pánembohem i s panenkou Marií, kromě celého zástupu andělů. Dva z těchto dokonce k radosti všech účastníků přivedla Jelena i k samotné seanci, ti potom svatosvatě slíbili, že budou pilně dozírat na mladou dívčinu, jejímž prostřednictvím jim bylo umožněno se takto před společností duchařů projevit...

Záležitost vzbudila živý zájem Rostislava Fadějeva, jednoho z Jeleniných strýců, který se pevně rozhodl přijít všemu na kloub. Odjel proto pátrat až do estonského Tallinu, kde se mu brzy podařilo zjistit, že dáma tohoto jména, pocházející z vyšších kruhů, zde skutečně přebývala, že ale poté kdy ji její hýřivý syn připravil o veškeré jmění, byla nucena se odstěhovat k příbuzným do Norska, kde prý snad potom zemřela. Jelenin strýc se také doslechl, že nezdárný syn měl skutečně spáchat sebevraždu v jakési vesnici na norském pobřeží, přesně tak, jak o tom psal duch jeho matky. Vše ověřitelné se takto zdálo být naprosto přesné, souhlasila jména, věky i životní příběhy všech osob dramatu, tak jak jej zaznamenala ruka mladé Jeleny.

Rostislav Fadějev, strýc

Jelenin strýc byl už natolik vtažen do celé záležitosti, že se rozhodl pokusit se o to podat ten poslední, už zcela nevyvratitelný důkaz o tom, že spojení s duchy zemřelých osob je opravdu možné, něco o čem vždy snili všichni spiritualisté. Zemřelá dáma se totiž v jistém místě zmínila o petici, kterou kdysi poslala carovi Nikolajovi a jejíž doslovný obsah opsala Jelenina ruka. Strýc věděl, že pokud tato petice skutečně existovala, měla by se stále ještě nacházet v archívech příslušného ministerstva. Protože z toho co Jelenina ruka napsala mu bylo známo jak datum petice tak i její jednací číslo, potřeboval jen využít svých konexí k tomu, aby se v archívu po ní poohlédl. Petici se mu nejen podařilo objevit, dokonce se přitom ukázalo, že rukopis jeho neteře je faksimilí, dnes bychom spíše řekli fotokopií, originálního dokumentu. Vše, do posledního detailu, bylo naprosto přesné, dokonce i poznámka připsaná na okraji rukou v té době již zemřelého cara Nikolaje! Až doposud vše vyhlíželo tak, že se dětskému mediu opravdu povedl husarský kousek, to jest podat Nepopiratelný Důkaz o existenci posmrtného života. Kterýkoliv nadšenec spiritualismu by pro něco takového přece dal ruku do ohně! Co lepšího si snad lze představit, než plně ověřený popis událostí v Norsku a v Estonsku, pevně doložený petrohradským dokumentem s carovou poznámkou, to vše nadiktováno zemřelými osobami a to navíc médiu, vzdálenému na tisíce kilometrů, v gruzínském Tbilisi?

Čtenář ovšem tuší, že v tomto bodě musí nutně přijít nějaké to "ale", které obvykle provází takovéto příběhy, zejména potom ty, které se nějak dotýkají spiritualismu. Tbilisští ducharři se mohli radovat ze svého úspěchu jen asi necelý rok. Rozvíjí se totiž následující scéna. Do Tbilisi se po letech vrací jeden z bývalých důstojníků plukovníka Hahna. V dobách, kdy sloužíval pod Jeleniným otcem, si velice oblíbil tehdy asi pětiletou holčičku, které povoloval hrát si ve svém pokoji, hrabat se a kramařit s jeho osobními věcmi, dopisy, rodinnými portréty a podobně. Mezi nimi se také vyskytovala miniatura starší dámy, vyhotovená ve slonovině. V té době již asi čtrnáctiletá, slečna Hahnová se svojí vychovatelkou přichází znovu navštívit tohoto rodinného přítele a přitom na stole v pokoji zahlédne portrét, na který už dávno zapomněla. Na místě skoro omdlévá, protože v něm poznává tvář dámy, té jejíž duch ji po celá léta navštěvoval! Tím se ale překvapení neskončí. Na Jeleniny vzrušené výkřiky, důstojník, který o seancích s duchem dámy vůbec nic neví, s potěšením konstatuje, že se dívka stále ještě pamatuje na miniaturu, s kterou si tak ráda hrávala. Jelena je proto nucena vysvětlit, že je již po několik let ve spojení s duchem jeho zemřelé tety a ta že jejím prostřednictvím komunikuje s celou jejich rodinou. Nyní je pro změnu na důstojníkovi, aby byl ohromen. Hned nato se ale dává do smíchu. Vždyť jeho teta je přece živá, vždyť jen před několika dny mu od ní přišel dopis z Norska! Důstojník si posléze od duchařské společnosti vyslechl celé vyprávění o Jeleniných stycích s domnělým duchem. Zaražení spiritualisté se takto dozvěděli, že Jelena sice s žádným duchem komunikovat nemohla, že ale vše nemohlo přece jen být pouhým výplodem fantazie mladé dívky. Víme již, že skutečně existovala petice, kterou důstojníkova teta podala carovi Nikolajovi. Důstojník také potvrdil, že jeho bratranec skutečně rozházel rodinný majetek a že se opravdu v Norsku pokusil o sebevraždu. Sebevražedný pokus ale přežil a toho času se nacházel v Berlíně. Oblíbené teorie spiritualistů se ovšem zhroutily a jejich kroužek se následkem toho přestal scházet. Kněz mohl konečně použít svůj kropáč, protože moudře usoudil, že celá šaráda byla nakonec přece jen dílem ďáblovým a nedalo mu asi moc práce přesvědčit také Jelenino pobožné příbuzenstvo o tom, že je nutné vykropit svěcenou vodou místnost v níž se seance konaly.

Samotná dívka na to ale měla jiný názor. Věděla přece, že nějakým způsobem se "nevědomá část její mysli", jak by se asi vyjádřil moderní psycholog, dopátrala informací, které se z větší části ukázaly být docela přesné. Vtip byl v tom, že pouze tam kde bylo zapotřebí nějak *zdůvodnit* to jak se jí těchto informací dostávalo, její mysl vše prostě oblékla do módního spiritualistického kabátu, v němž je potom předváděla před svým obecenstvem i před sebou samotnou. Později o tom napsala:

Bylo to dílem mé vlastní mysli. Byla jsem citlivé dítě. Měla jsem neobyčejné mentální schopnosti, čehož jsem si ale nebyla nikterak vědoma.

Zatímco si jako malá hrávala s miniaturou a s dopisy staré dámy, nevědomá část Jeleniny mysli potají vše zaznamenávala. Stačila potom nějaká malá a dávno zapomenutá příhoda, aby si její mysl mohla vytvořit asociaci s již zapomenutým obrázkem a dopisy a tímto způsobem se naladit na určitou vlnu, kde se její nevědomá část mohla setkávat a komunikovat s nevědomou částí mysli paní Lebendorfové. Získané informace byly ovšem "přefiltrovány" a zabarveny osobností dospívající romantické dívky, nadané kromobyčejně bujnou fantasií. Protože Jelena přitom hrála roli media, tlak všeobecného očekávání si vyžadoval, aby vše vyhlíželo jako vzkazy z říše mrtvých. Nevědomá část Jeleniny mysli to tedy jednoduše vyřešila tím, že "zabila" jak starou dámu tak i jejího syna, aby si spiritualistický kroužek mohl přijít na své.

Záležitost s domnělým duchem musela sice mladou Jelenu nemálo zahanbit, dala jí ale také pořádnou lekci. V té době bylo moderní spiritualistické hnutí na samém počátku rozkvětu a v průběhu několika příštích desetiletí mu bylo souzeno přilákat do

— *Blavatská a theosofie* —

řad svých příznivců množství vynikajících osobností. Přestože spiritualismus není v zásadě ničím jiným než druhem náboženského sektářství, pro mnohé adepty esoterického poznání bývá v některé své formě dodnes téměř nevyhnutelnou vývojovou etapou. Nebylo tomu jinak ani u mladé Jeleny. Automatické psaní, klepání stolečků, proslovy prováděné v transu, aporty, materializace, zkrátka vše to, co tolik fascinovalo několik příštích generací spiritualistů, revoltujících proti paralelně probíhající vlně vědeckého materialismu, nemohlo po takovéto lekci, uštědřené v rozpuku mládí, vysoce inteligentní Blavatskou už příliš zaujmout a proto zbytečně brzdit v jejím dalším vývoji. Dostalo se jí hned na samém počátku její cesty za duchovním poznáním názorného příkladu toho, že jakékoliv budoucí pátrání po smyslu lidské existence musí být především zaměřeno na podstatu lidské osobnosti, a že nemá žádný smysl honit se jen za fenomény.

V tomto bodě Blavatská musela nutně dojít k přesvědčení, že v externích jevech nelze hledat a nalézat žádné důkazy, že člověka tímto posedlého (což je případ mnohých spiritualistů) jen zavádějí do slepé uličky. Ve zralém věku potom bylo osudem Blavatské se ještě jednou setkat nebo snad přesněji řečeno "utkat" se spiritualisty. Jak dále uvidíme, následkem této konfrontace se Blavatská stala jednou z nejznámějších, ale také nejspornějších, postav moderní doby. Vraťme se však k Jeleně Petrovně Hahnové, dospívající mladé dívce, veselé, vtipné a nesmírně aktivní, která se vzpírá všem konvencím. Jak sama přiznává:

Nesnášela jsem společnost a světské mravy, stejně tak jsem nenáviděla pokrytectví v jakékoliv formě, společnost a její obecně přijaté manýry mě dováděla k zuřivosti.

Nejraději jezdila po kozáckém způsobu na neosedlaných koních, strašně nerada se oblékala do společenských šatů, vyhýbala se kdykoliv, kdekoliv a jakkoliv mohla plesům, tanečním večírkům a podobným událostem. Jednou prý si dokonce schválně opařila nohu v horké vodě, jen aby měla výmluvu a nemusela jít na jakýsi ples. Mladým mužům, kteří se kolem ní nevyhnutelně začínali točit, se u Jeleny prostě nevedlo.

Kdyby se byl býval nějaký mladý muž přede mnou odvážil jen hovořit o něčem takovém jako láska, nejspíš bych ho byla na místě zastřelila jako vzteklého psa.

Proto bylo nesmírným překvapením pro celé okolí, když v jejích necelých sedmnácti letech došlo náhle k oznámení, že se Jelena Hahnová zasnubuje. Tím se ale překvapení neskončilo. Jejím budoucím manželem se měl stát generál Nikefor Blavatský, místoguvernér Jerevanské provincie. Jelenina sestra Věra Želichovská o tom později napsala:

V sedmnácti letech se Jelena provdala za muže třikrát staršího než byla ona sama... Její muž byl po všech stránkách znamenitý člověk, měl jen jedinou chybu a sice tu, že si vzal mladou dívku, která s ním jednala úplně bez respektu. Předem mu rovnou řekla, že si ho za manžela vybírá jen proto, že jí to nebude tolik vadit až ho zarmoutí, jako by jí to třeba mohlo vadit v případě někoho jiného. Není známo jak starý byl vlastně generál Blavatský v době svatby. Sám prohlašoval, že mu je kolem padesáti, Blavatská ale tvrdí, že mu už táhlo na sedmdesátku... Proč se ale tak náhle za něho provdala? Podle její tety to bylo jen ze vzdoru a z mladické nerozvážnosti. Vychovatelka jí škádlila tím, že se svou vznětlivou povahou nikdy nenajde muže, který by si jí vzal. Uštěpačně dodala, že ani ten stařík, jehož ošklivosti se vysmívala a kterého nazývala "opelichaným havranem", by o ni nestál. To jí vyprovokovalo k tomu, aby do tří dnů z něho vymámila nabídku k sňatku a potom, zděšená tím co způsobila, chtěla po něm, aby v žertu přijatou nabídku vzal zpět. To už ale bylo pozdě.

Nabízí se nám ovšem otázka: jaképak "pozdě"? Kdo by se byl tomu, dokonce i v Rusku v polovině devatenáctého století, nějak obzvlášť podivil, kdyby sedmnáctiletá dívka zrušila zasnoubení se starým člověkem, které podle všeho navíc ani nemyslela nijak vážně? Není snad mnohem pravděpodobnější, že se Jelena úmyslně rozhodla provést úhybný manévr, který jí měl zajistit nezávislost na rodině? Věděla přece velice dobře, že v duchu společenských konvencí bude její rodina trvat na tom aby se co nejdříve provdala, věděla ale také, že ona sama není tím pravým typem na vdávání. Odbyla-li si to pro jednou takovýmto způsobem, alespoň byla ušetřena nechtěných pozorností nějakého mladšího muže, který by jí byl dříve či později rodinou býval vnucován. Dejme ale opět slovo samotné Blavatské:

Jak to bylo s tou mojí svatbou? No, všichni tvrdili, že jsem si toho starého papriku namluvila sama. Tak to tak necháme. Otec byl čtyři tisíce mil vzdálen. Babička byla těžce nemocná. Bylo to tak, jak vám říkám. Zasnoubila jsem se, abych pozlobila vychovatelku a ani mě přitom nenapadlo, že to zasnoubení třeba už nepůjde zrušit. Jak to opravdu bylo, to vám dnes povědět nemůžu, to bych do toho musela zatahovat už dávno mrtvé lidi. Tak to raději všechno vezmu na sebe.

Novomanželé spolu žili, nebo spíše bydleli pod jednou střechou v jistém domě nedaleko Jerevanu, jen asi po tři měsíce. Je dost možné, že opravdové manželství to nikdy nebylo. V archívech Theosofické společnosti se nachází lékařem ověřené potvrzení, které si Blavatská na naléhání některých členů společnosti dala o mnoho let později vystavit, aby tím mohla čelit jistým pomluvám, které se později vyrojily a které škodily její pověsti i pověsti celé společnosti. O jeho autentičnosti lze ale pochybovat, jak si později ukážeme. Samotná Blavatská se o prohlídce svých ženských orgánů ironicky vyjádřila způsobem, který by se spíš hodil pro osobu nejmodernější společnosti:

... přinesl si na to nástroje, nějaké kukátko či zrcátko, co se tím dá koukat dovnitř a jiné hrůzostrašnosti. Když se dost vynadíval, zeptal se mě překvapeně: "Vy jste nikdy nebyla vdaná?" "Byla jsem", povídám, "děti jsem ale žádné neměla". Nechtěla jsem zacházet do žádných fyziologických podrobností. "No, jistě", on nato, "jak byste také mohla, když podle toho co tu vidím, s manželem jste se nikdy stýkat ani nemohla".

Že prý jsem s žádným mužem styk mít nemohla, protože mi tam někde něco chybí a místo toho tam mám jen nějakou pokroucenou okurku...

Po třech měsících došlo mezi manžely Blavatskými k prudké hádce, po níž si mladá žena vzala koně, odjela do Tbilisi a k svému manželovi se odmítla vrátit. Sešla se přirozeně rodinná rada, která rozhodla, že nezvládnutelná Jelena má být poslána ke svému otci, toho času žijícímu v Petrohradě. Generál Blavatský podal časem žádost o rozvod, která byla ale podle tehdejších přísných ruských zákonů zamítnuta. S malým doprovodem Jelena odjela do přístavu Poti, odkud měla plout lodí do Petrohradu, parník ale zmeškala. Místo toho se mělo plout do Kerče, kde se dala stihnout jiná loď. Parník, na který se nakonec nalodili, plul ale až do Konstantinopole. Blavatská zosnovala plán, jak se zbavit služebnictva, které mělo nařízeno nespustit ji s očí a podplatila kapitána lodi, aby jí v tom pomohl. V Kerči poslala služebníky na břeh s tím, že mají pro ní najít ubytování ve městě. Jakmile se ocitli z dohledu, loď odrazila z přístavu a s mladou Blavatskou na palubě odplula do Turecka...

Kresba z dopisu napsaného Blavatskou zhruba v této době.

2. Cesty

Měla uprchlá, stěží osmnáctiletá dívka, nějaký směr, životní cíl? O tom dodnes panují mezi životopisci Blavatské četné spory. Zajímavá je následující hypotéza. Marie Grigorjevna Jermolovová, manželka guvernéra Tbiliské provincie, napsala kdysi knihu pamětí v nichž se často zmiňuje o rodině Fadějevových a o mladé Jeleně. Mimo jiné se od ní dozvídáme, že ve společnosti v Tbilisi se krátce před Jeleninou svatbou vyskytoval jistý kníže Golicyn, který býval u Fadějevových častým hostem a který se o neobyčejně nadanou dívku velice zajímal. O knížeti Golicynovi se potají leccos šuškalo, že je na příklad okultistou, svobodným zednářem, martinistou, že má magické schopnosti a tak podobně. Z vlastních zkušeností vím, že když se o někom něco takového říká, bývá to většinou aspoň z nějaké části pravdivé, zejména když se jedná o členství v některých okultních společnostech či řádech. Tak tomu mohlo být i s tajemným knížetem. Každopádně je zajímavé to, že krátce poté kdy se kníže Golicyn z Tbilisi odstěhoval se Jelena provdala za generála Blavatského. Nemusí v tom sice být žádná spojitost, kníže Golicyn by ale naproti tomu mohl být právě tou osobou, k níž by se Jelena byla logicky obrátila, kdyby si chtěla s někým rozumně pohovořit o svých psychických schopnostech, o nichž se po fiasku s domnělým duchem důstojníkovy tety určitě se svou rodinou příliš moc nebavila. Nejspíš by mu přitom byla také pověděla o svém "indickém ochránci". Je docela dobře možné, že by kníže byl mohl Jelenu navést k tomu, aby provedla úhybný manévr, který by jí pomohl se vymanit z vlivu rodiny, mohl jí dokonce i dát adresu egyptského Kopta, který se měl brzy nato údajně stát jejím prvním okultním učitelem.

Zde už se nacházíme na hodně nejisté půdě. Závisíme totiž téměř úplně jen na tom, co Blavatská po dlouhých letech o tomto období svého života napsala či řekla jiným lidem, kteří to navíc museli zaznamenat. Skoro nic z toho si nelze nijak ověřit, leccos si ona mohla přidat či ubrat nebo prostě zapomenout. V každém případě měla Jelena po svém úniku od rodiny namířeno do Egypta, kam z Turecka cestovala ve společnosti jisté hraběnky Kisselevé, s níž se mohla buď potkat náhodou nebo po nějaké předchozí dohodě. Ať už bylo něco předem domluveno nebo ne, v Káhiře se Blavatská setkává s vlivným a bohatým Koptem, jehož jméno ale nikde neuvádí, který měl prý být velice schopným mágem. Plukovník Olcott ve svých pamětech Old Diary Leaves (Listy ze starého diáře) popisuje, co mu Blavatská kdysi pověděla o svých prvních zkušenostech s tím, jak může na člověka zapůsobit tzv. mája. V hindustánštině mája znamená totéž co iluze, či ještě lépe, mylná představa. Tento pojem ovšem pokrývá veliké pole možností a v jistém smyslu se vztahuje na celou naší existenci. Podle brahmanské filosofie je celý náš svět vlastně jen mája, iluze. Přitom některé z nedávných objevů na poli atomové fysiky, zejména teorie atomových částic, se zdají tento náhled podporovat.

Jestliže je hmotný svět ve skutečnosti jen iluzorní, dobrý mág, operující na vyšší rovině skutečnosti, by měl být schopen toho zapůsobit na naši mysl tak, aby ovlivnil naše představy o tom, čím se právě zabýváme. Podle toho, co o tom Blavatská napsala, egyptský Kopt toto umění zřejmě ovládal. Blavatská s ním cestovala pouští a když se jednoho večera po obzvlášť únavném cestování utábořili na noc, prohlásila před ním, pochopitelně v žertu, že by si právě v této chvíli moc pochutnala na šálku pravé francouzské kávy.

"No, pokud si to opravdu tolik přejete", řekl její průvodce, "můžete jej mít".

S těmito slovy došel k nákladnímu velbloudovi, načerpal vodu z koženého vaku a po chvíli se vrátil s kouřícím a voňavým šálkem mléčné kávy. Blavatská mu poděkovala a protože si byla vědoma neobyčejných schopností tohoto člověka, myslela si, že byla právě svědkem podobného jevu jakým je spiritualistický aport, přenos hmotného objektu z jiného vzdáleného místa. Upila kávy ze šálku a musela prý přiznat, že nikdy nepila lepší, ani v žádné pařížské kavárně. Mágus na to nic neřekl, stál jen před ní, aby si mohl od ní vzít zpět prázdný šálek. Blavatská popíjí, vesele něco vykládá, co se to ale najednou děje? Káva je pryč, v šálku zbývá jen obyčejná voda! Vše byla jen mája, po celou dobu pila jen čistou vodu, přesvědčena pevně o tom, že to je voňavá káva...

Mnohé z kouzelnických triků které dokáží, či spíše kdysi dokázali, provádět různí afričtí a asijští šamani, arabští dervišové nebo indičtí fakíři, jsou založeny na podobných hypnotických schopnostech. Mezi ně pravděpodobně patří i proslavený rope-

— *Blavatská a theosofie* —

trick, kouzlo s provazem, které bývalo velice oblíbené v Africe i v Indii a které shlédlo a popsalo i dost Evropanů, včetně samotné Blavatské, na kterou udělal dojem. Vyhlíží přibližně takto: Před obecenstvem shromážděným někde na otevřené návsi, fakír si vezme dlouhý svinutý provaz a vyhodí jej do vzduchu. Provaz stoupá a rozvíjí se, až jeho konec zůstane vysoko nahoře viset, bez jakékoliv viditelné opory. Fakír pobídne svého pomocníka, většinou mladého chlapce, aby vylezl po provazu nahoru. Chlapec šplhá, až došplhá na konec provazu, kde náhle zmizí s očí diváků. Fakír chvíli počká, potom volá na hocha, aby se vrátil dolů. Hoch nikde. Fakír se rozčílí a kategoricky nařizuje hochovi aby okamžitě sešplhal dolů nebo že s ním bude zle. Pořád se nic neděje. Rozzlobený fakír si zastrčí za pas meč či vezme do zubů nůž a sám začne šplhat nahoru, kde také zmizí. Je slyšet jen nadávky, potom strašný výkřik. Shora na zem padá lidská končetina, noha nebo ruka. Spadne jiná, další, spadne trup i hochova hlava. Fakír sleze nakonec dolů, s mečem pokrytým čerstvou krví, před zděšeným publikem stáhne provaz na zem, posbírá kusy chlapcova těla a pokryje je prostěradlem. Provede nad tím nějaké zaříkání, odhodí prostěradlo a společně s oživlým hochem se oba klanějí obecenstvu!

Blavatská procestovala Egypt a Střední východ, odtud se vydala do Evropy, do Paříže a do Londýna. Její jistě dosti vysoké náklady na cestování zřejmě z největší části uhrazoval Jelenin otec plukovník von Hahn. I když byl jistě bohatý, asi si nemohl dovolit svoji dceru zahrnovat penězi, takže si jistě musela pomáhat jak se dalo a kde se dalo. Snad hraním na piáno? Či krasojízdou? Nevíme. Je ovšem možné a snad i pravděpodobné, že díky svému vzhledu, vtipu, vzdělání a hlavně šlechtickému původu, měla úspěch mezi vyššími společenskými vrstvami v zemích v nichž se pohybovala, dostávalo se jí asi dost pozvání, takže snad nikdy příliš nestrádala. Trochu si také přilepšovala psaním článků, většinou pro časopis Ruský posel. Ty vyšly později anglicky pod názvem *From the Caves and Jungles of Hindostan*, z jeskyní a džunglí Hindustánu. V úvodu k této knize Blavatská později napsala, že vše o čem zde píše se skutečně událo, v některých případech že si ale pro větší zajímavost vyprávění tu a tam něco přidala či ubrala. Dcera Zenaidy R., literárního druhého já Jeleniny matky, si zde docela určitě přišla na své.

Přibližně ve svých dvaceti letech projela Blavatská po délce severní Amerikou, od Kanady až po Mexiko, navštívila přitom i Karibské ostrovy. O pár let později to vzala pro změnu napříč severní Amerikou, od New Yorku až do San Franciska, přičemž s konvojem amerických osadníků přešla přes Skalisté hory. V té době to bylo dobrodružství, ještě neexistovala železnice přes celé USA, která byla dostavěna teprve v roce 1869. Do Spojených Států se vrátila znovu v roce 1873, zde potom pobyla pět let, během nichž nabyla americké státní příslušnosti, o tom ale později. Mezitím Blavatská stačila ještě navštívit části jižní Ameriky, zejména Peru, kde byla dvakrát. V létech 1852-3 byla v Indii, odkud se pokusila poprvé dostat do Tibetu, od této cesty ale nakonec musela ustoupit. Po své druhé americké cestě se přes Japonsko znovu vrátila do Indie, kde pobyla asi dva roky. V roce 1857 navštívila Indonésii, odtud plula znovu do Evropy. V následujícím roce se vyskytovala v Londýně, v Německu, ve Francii, koncem roku se vrátila do Ruska.

Zpět v Rusku

Věra Želichovská napsala několik let po smrti Jeleny Blavatské knihu vzpomínek, z níž se dozvídáme něco o tom, čím se zabývala její starší sestra, jíž v době návratu do Ruska bylo asi dvacet sedm let. Tehdy již vdaná Věra žila s manželem v Pskově, blízko hranic s Estonskem. Zdá se, že také musela mít nějaké psychické schopnosti, aspoň podle toho, co píše například o svém setkání s Jelenou v roce 1858. Svůj příjezd Jelena sice předem rodině oznámila, nicméně se dostavila o několik týdnů dřív než ji očekávali. Věra, která se v domě svého tchána právě zúčastnila oslav nadcházející svatby své švagrové, prý náhle vstala od stolu a běžela k hlavnímu vchodu, ještě dřív než mohlo služebnictvo zareagovat na zazvonění venkovního zvonku, které se toho dne mnohokráte opakovalo. Hned nato se již objímala se svojí sestrou. Prostě prý věděla, že je to ona!

Hned toho stejného večera nabyla také přesvědčení, že Blavatská od té doby kdy se obě sestry naposledy viděly, téměř před deseti lety, získala zcela zvláštní schopnosti a vládla podivnými silami. Ať už se nacházela ve stavu bdělosti či uprostřed spánku, kolem Jeleny se prý neustále něco dělo. Podobně to popisují také ti lidé, kteří se s ní setkali později – i když v pozdějších časech se již Blavatská přece jen naučila tyto věci přece jen lépe ovládat a krotit. V době kdy se setkala znovu se svou sestrou ale byly tyto schopnosti, nazvěme je mediální, asi ještě příliš syrové a nespoutané. Většinou prý šlo o lehké klepací zvuky vycházející odevšad z nábytku, z okenních rámů, od stropu, z podlahy, ze stěn. Tím se to nekončilo – tyto zvuky zřejmě měly v sobě určitou inteligenci, takže dokázaly odpovídat na slova a někdy i na myšlenky; jedno či tři zaklepání znamenalo "ano", dvě "ne". Věra píše, že se na Jelenino vyzvání pokusila o mentální otázku, na niž znala odpověď jen ona sama. Odříkávala potom abecedu a klepáním se jí prý dostalo správné odpovědi.

Netrvalo dlouho a celé město si šuškalo o zázračných jevech vyskytujících se kolem Jeleny Petrovny. V samostatné kapitole si povíme víc o spiritualismu a o typických jevech jaké dokáží vyprodukovat media. To co se dělo kolem Jeleny nebylo, jak uvidíme, nic obzvlášť výjimečného a téměř každé medium, má-li si zasloužit být takto zváno, dokáže tyto věci a někdy i o hodně víc. Rozdíl mezi nimi a Blavatskou je ale v tom, že takováto media se k tomu potřebují nacházet v jim vyhovujícím prostředí, být obklopena lidmi z nichž aspoň většina je sympatetická vůči spiritualismu, potřebují se také náležitě soustředit, z velké části si navíc vyžadují buď naprostou tmu či přinejmenším značně utlumená světla, atp. Jak se zdá, Blavatská takovéto sterilní prostředí nepotřebovala. K fenoménům, jakými bylo klepání ozývající se z nábytku, stěn a stropu, občasných levitací menších předmětů, atp., kolem ní docházelo jaksi mimoděk, aniž by se ona zjevně o to nějak přičinila. Byla si ale toho všeho vědoma a občas také předpověděla co se v nejbližší chvíli má stát.

Výše uvedené schopnosti se nicméně nacházejí i jinde, nejen u spiritualistických medií. Dobře známý v tomto směru je například případ psychologa C. G. Junga, který v té době ještě v poměrně mladém věku se počítal za žáka Sigmunda Freuda. Jung tehdy navštívil Freuda ve Vídni a tito dva se právě spolu bavili o podobných jevech, které ale Freud vcelku nebral vážně. Jung naopak byl přesvědčen, že k nim dochází a že dokonce hrají velmi důležitou roli v našem celkovém psychologickém založení. Uprostřed této asi dosti živé debaty se náhle ozval hlasitý zvuk podobný výstřelu či prasknutí, vycházející z jednoho z dřevěných kusů nábytku v místnosti. Freud byl stále ještě připraven nad tím mávnout rukou jako nad pouhou shodou okolností, Jung ale okamžitě prohlásil s naprostým přesvědčením, že stejný zvuk se ozve znovu během několika vteřin! Což se také stalo. Někteří z Freudových životopisců označují za počátek konce vztahu těchto dvou velikánů moderní psychologie právě tuto podivnou příhodu, která zřejmě Freuda dosti vyděsila. Později se Freud o tom vyjádřil v tom smyslu, že by se Jung neměl takto poddávat oné "temné vlně okultismu", která se valí světem. Jungovy teorie se ale od té doby začaly postupně oddalovat od Freudových, když začal stále víc a víc brát v úvahu věci, které až doposud nepatřily do oblasti ortodoxní vědy a jimiž se Jungův bývalý učitel odmítal vážně zabývat.

Carl Gustav Jung a Siegmund Freu, původně spolupracovníci, později spíše rivalové

Jak už tomu často bývá, největšími skeptiky pokud jde o "pravost" Jeleniných okultních schopností se ukázali být členové její rodiny. Někteří si jistě také pamatovali na pro ni dosti zahanbující pravdu, která stála za jejími „komunikacemi" s údajným duchem důstojníkovy tety. Tohle ale byla jiná docela Jelena, která se po asi deseti letech bloudění po těch nejvzdálenějších končinách světa nyní objevila v Pskově. Svých schopností si nejen byla dobře vědoma, dovedla je také do značné míry ovládat. Zcela pod kontrolou je snad může mít jen opravdový adept, který je ale nebude vystavovat tak, jak to činila Blavatská v tomto stádiu svého duchovního vývoje. Sestra Věra prohlašuje, že nejdéle to trvalo jejich otci a také bratru Leonidovi, který byl o devět let mladší než Helena a tudíž byl ještě docela malý, když jeho starší sestra od rodiny odešla. Nyní mu bylo kolem osmnácti a byl z něho statný mladý muž. Věra po letech popsala následující příhodu k níž tehdy došlo. Salon v domě byl plný návštěvníků, z nichž většina se shlukovala kolem Jeleny Petrovny. Vedly se přitom hlavně řeči týkající se jejích mediálních schopností a Jelena společnosti právě popisovala to, jak jistá media dokáží změnit váhu některých předmětů a učinit je mnohem těžšími či naopak nesmírně lehkými. Leonid se Jeleny zeptal poněkud ironicky a přímo:

"A ty bys něco takového dokázala?"

"Media to dokáží a mně se to samotné párkrát podařilo, za úspěch ale nemohu ručit," odpověděla Jelena.

"Zkusila byste to ale?" zeptal se jiný mladý muž a další se hned přidali k všeobecnému žadonění. Blavatská nakonec svolila s tím, že jim nemůže nic slíbit, že se ale pokusí to zařídit tak, aby stolek na hraní šachů, který byl poměrně malý a lehký, se podstatně ztížil. Mladého muže požádala, aby nejprve zkusil pozvednout šachový stolek, což tento učinil s lehkostí. Jelena ho potom vyzvala k tomu, aby odstoupil. Společnost ztichla a sledovala, co bude mladá žena dělat. Ta nedělala nic jiného, než že se z místa kde seděla zahleděla svýma modrýma očima na stolek a po krátkou chvíli se na něj soustředěně dívala. Potom, aniž by spustila oči se stolku, pohybem ruky vyzvala mladíka k tomu, aby se stolek pokusil zvednout. Ten přistoupil, sebejistě se chytil nohou stolku, aby se pokusil se jej nadzvednout. Nešlo to. Zabral víc, zrudl námahou v tváři, stolek ale seděl na podlaze jakoby k ní byl přišroubovaný. Ozval se potlesk, zatímco mladý muž se vzdal a odstoupil od stolku s prohlášením:

"Tak tohle je tedy opravdu dobrý vtip!"

"To tedy je," ozval se Leonid, který si nejspíš myslel, že by jeho sestra třeba mohla být s tím mladíkem nějak předem dohodnutá.

"Mohu to také zkusit," zeptal se proto. Jelena se jen zasmála a vyzvala ho, aby to tedy také zkusil. Leonid suverénně přistoupil ke stolku, který dobře znal a o němž věděl, že příliš mnoho neváží. Úsměv mu ale na tvářích zmrzl, když zjistil, že stolkem nedokáže také ani pohnout. Stejně tak se vedlo několika dalším z návštěvníků, kteří to zkusili po něm. Když to už všichni vzdali, Jelena znovu vyzvala bratra, aby zkusil stolek ještě jednou pozvednout. Ten, z celé záležitosti naprosto užaslý a nepříliš ochotný se znovu vystavovat neúspěchu, uchopil stolek jen za jednu nohu a zatáhl. Málem si prý vyvrátil rameno, jak mu ruka se stolkem vyletěla nahoru! Konverze bratra Leonida z nevěřícího v upřímného obdivovatele umění své vlastní sestry byla tímto dokonána.

Plukovník von Hahn, Jelenin otec, se ukázal být ještě tvrdším oříškem. Po nějakém čase stráveném v Pskově se Blavatská s otcem a se sestrou přesunuli do Petrohradu, kde se ubytovali v hotelu. Až doposud plukovník o fenomény kolem své dcery neprojevoval zájem, dalo by se snad říci, že se jim systematicky a ostentativně vyhýbal. Tak tomu bylo i toho dne, kdy Hahnovic rodinu navštívili dva staří přátelé, které Věra jmenuje po ruském způsobu jen jako Baron M– a K–. Oba sem přivedl zájem o spiritualismus spolu s reputací, kterou si již Blavatská v tomto směru získala. Jelena jim vyhověla a předvedla několik kousků, čímž oba pány velice potěšila. Ti ale byli ještě více překvapeni osobní reakcí Jelenina otce, který si během produkce v ústraní vykládal pasiáns a vůbec se nezajímal o neuvěřitelné fenomény, k nimž docházelo v jeho blízkosti a jimiž byla celá menší společnost plně zaujata. Na přímou otázku potom odpověděl, že je to všechno jen humbuk, že v takovéto nesmysly nevěří a že má na starosti důležitější věci. Jako například pasiáns. To oba pány jen víc podnítilo k tomu, aby se do starého přítele pustili s tím, že si nevšímá ani trochu věcí, za něž by jiní dali ruku do ohně, jen kdyby mohli být svědky něčeho podobného. Navíc se zde jedná o jeho vlastní dceru! Hahn by měl, už jenom na důkaz jejich přátelství, učinit aspoň nějaký pokus, dříve než zavrhne to, co před očima lidí dokáže dělat jeho dcera.

Hahn se nakonec nechal přemluvit. Dohodli se na tom, že odejde do vedlejší místnosti a zde nikým nesledován, že napíše na kus papíru nějaké slovo. Potom že se vrátí a oni potom požádají onu bytost, či co se to skrývá za těmi záhadnými zvuky, aby jim to slovo svým klepáním vyhláskovala. Výsledky se nakonec porovnají.

Hahn souhlasil, snad spíš jen proto aby se jim mohl vysmát v případě neúspěchu, o čemž asi moc nepochyboval. Po chvíli strávené ve vedlejším pokoji se vrátil, papírek se slovem v kapse. Na otázku co by řekl na to, kdyby slovo bylo správně zopakováno, prohlásil:

"To vám teď říci nemohu. Pokud ale bych měl být přesvědčen o tom, že ten váš spiritualismus je něčím čemu by se mělo uvěřit, potom už také uvěřím v existenci ďábla, čarodějnic a ve všechny ty ostatní babské pověry. Načež mě už budete moci rovnou dát odvézt do nejbližšího blázince."

Hahn se totiž považoval za 'voltariána', jak se tehdy v Rusku říkalo těm, kteří věřili pouze v sílu racionálního myšlení. Pokračoval tedy s vykládáním svých karet, zatímco všichni ostatní sledovali napjatě jak pokus dopadne. Věra píše dále, že s pomocí klepání reagujícího na písmena vyvolávaná v abecedním pořádku, vyšlo jim jen jediné slovo. To jim připadalo zvláštní, jaksi se nehodící k tomu, aby je napsal von Hahn, od něhož by byli všichni spíš očekávali nějakou delší a asi dost ironicky podanou větu. Když se předem zvolený tazatel ptal zda je to vše, dostalo se jim ujištění, že ano, ano, je to celé! Otec von Hahn vzhlédl od svých karet, když uslyšel vzrušené šeptání lidí dohadujících se o tom zda mu mají slovo přečíst. Vstal od stolu a se smíchem se jich zeptal"

"Tak co, máte už odpověď? Musí to být něco hrozně složitého a hlubokomyslného, podle toho jak se chováte."

"Máme jen jedno slovo."

"A jaké slovo to je?"

"Zajčik!"

Jakmile toto slovo zaslechl, plukovník Hahn zbledl. Mumlajíce slova jako "to je zvláštní, tomu bych nevěřil," nechal si podat papírek s napsaným slovem, nasadil si brýle, třesoucíma se rukama jej podržel před očima a zkoumal. Nakonec vytáhl z kapsy svůj papírek a beze slova jej podal své dceři a hostům. Byla na něm napsána jedna věta s otázkou a pod ní správná odpověď.

"Jak se jmenoval můj oblíbený kůň, s nímž jsem se zúčastnil své první turecké kampaně?"

Pod tím stála odpověď.

"Zajčik."

Hahnovo odmítavé stanovisko se podle Jeleniny sestry Věry po tomto jediném úspěšném pokusu naprosto změnilo. Z člověka s vysoce pochybovačným postojem vůči mediálním schopnostem své dcery se stal přes noc jejím nadšeným obdivovatelem a podporovatelem; dokonce se sám vrhl do experimentování s fenomény vyskytujícími se v Jelenině blízkosti. To, že od této chvíle takto pevně uvěřil v jejich pravdivost, se Blavatské v budoucnu ještě několikrát vyplatilo. To když se dostala při svých četných toulkách světem do finančních nesnází a napsala o tom otci. Dokud byl na světě (ještě po nějakých patnáct let po této příhodě), plukovník von Hahn se po každé vynasnažil aby jí vždy co nejdříve potřebnou finanční částku zaslal, ať již se jeho nevyzpytatelně se chovající dcera nacházela kdekoliv.

Postupem času se Blavatská zřejmě naučila do značné míry kontrolovat síly které dostala do vínku, takže měla nad nimi celkem vládu. Zatímco se vyskytovala v Rusku a později znovu v zakarpatských oblastech, nejméně dvakrát dosti těžce onemocněla. V jednom z těchto případů nemoci se jí prý otevírala znovu rána, kterou kdysi utržila na cestách kdesi v Asii. Běžní doktoři si s ní nevěděli rady, nakonec prý byla vyléčena záhadným způsobem jakýmisi neviditelnými ošetřovateli.

Vždycky když člověk čte takovéto věci o Blavatské i o některých jiných lidech z jejího okolí, dostaví se pochybnosti o tom, kolik z toho může být pravdivého a co je součástí legend, které se již v té době začínaly kolem ní vytvářet. Na druhou stranu jsou zde různé zprávy o podobných zázračných léčitelských výkonech, jichž dosahují lidoví léčitelé ku příkladu na Filipínách či v Brazílii i jinde. Zde také se zdají být zaangažovány síly jimž je přítomností léčitele, o němž předpokládáme, že je dosti silným mediem, umožněno na pacientech učinit určité zákroky. Až si později povíme o tom, jak se theosofie dívá na složení hmoty, hlavně té organické z níž jsou stvořena naše hmotná těla, sice tyto záhady nevyřešíme, dostaneme se ale blíž k tomu uznávat možnost existence těchto sil. Heisenbergův princip neurčitosti i jiné vědecké hypotézy hodně zamávaly vírou v pevnost hmoty. Přibližně v době kdy se nacházela v Rusku počátkem šedesátých let devatenáctého století, věkově kolem třicítky či o něco později, Blavatská nějakým způsobem dokázala tyto původně spontánně se projevující síly už téměř úplně zkrotit.

Agardi Metrovič jako Mefistofeles v Gounodově Faustovi. Kresba Blavatské.

Jak tomu vlastně bylo?

Tato biografie by nebyla vyvážená, kdybych zde neuvedl aspoň některé z apokryfních a alternativních verzí, jichž vzniklo velké množství. Četné z nich se týkají právě tohoto údobí v životě Blavatské, které je poměrně málo podloženo. O kresbě, na níž je zpěvák, jímž je maďarský basista Agardi Metrovič v roli Mefistofela, se ví celkem bezpečně, že je dílem Blavatské. Je určitým důkazem toho, že se kolem Blavatské v té době děly věci, o nichž se v „oficiálních" biografiích většinou nepíše. Verzi, podle níž byla HPB neposkvrněnou pannou, lze ještě uvěřit dokud v ní figuruje jen její manžel, který byl o mnoho let starší a od něhož mladá Jelena utekla. Osvědčení, které dostala od doktora o nějakých třicet let později, mohlo docela dobře být, jak se anglicky říká „doctored", to jest pozměněno tak, aby vyhovovalo svým účelům. Proč? Existovaly totiž fámy, podle nichž měla mít

Blavatská zhruba v době kolem roku 1860 hned dva vážné poměry, z jednoho z nichž se jí dokonce mělo narodit i dítě! Jedná se ale opravdu jen o fámy?

Po svém návratu do Ruska a odtud do zakarpatských oblastí, se údajně nejprve vrátila na nějaký čas ke svému manželovi, který ji k tomu přemluvil a který ji snad měl později i nadále podporovat finančně. Asi ji ten „starý dědek", jak ona o něm s despektem mluvila, musel velice moc milovat! Miloval ji ale zřejmě také někdo jiný. Byl jím mladý estonský baron Nicholas Meyendorff. Ten byl vášnivým spiritualistou a velice blízkým přítelem Angličana Daniela Dunglas-Homea, snad nejznámějšího media všech dob. Jisté je, že s Dunglas-Homem měla Blavatská po nějaký čas velmi dobré vztahy, což se ale později dosti radikálně změnilo, jak ještě uvidíme. Meyendorff prý Jeleně navrhoval, aby se s Blavatským rozvedla a vdala se za něho, což ona kdysi sama dokonce potvrdila. Asi to tak jednoduché ale nebylo. Generál Nikifor Blavatský pro ni nejspíš znamenal finanční jistinu a to je něco čeho se málokterá žena jen tak lehce vzdá. V devatenáctém století to pak jistě platilo dvojnásob. Blavatská nicméně podle mnohých měla mít s Meyendorffem poměr, o čemž se dosti pochopitelně ona sama nikde nezmiňuje. Přibližně ve stejný čas se ale na scéně (a to doslova) objevil ještě jiný nápadník, operní pěvec Agardi Metrovič. Ten už sice byl na sklonku své kariéry, operní scéna v Tbilisi kde měl v té době angažmá, rozhodně nebyla z nejlepších. Metrovič měl zřejmě manželku, také zpěvačku, která ale asi nebyla příliš žárlivým typem. Čím již ne nejmladší Metrovič Jeleně učaroval se neví; nemohl být o mnoho mladší než její manžel, špičkovým pěvcem, aspoň podle toho co se o něm ví, také jistě nebyl, zdá se ale, že přesto vše byla Jelena Meyendorffovi s ním nevěrná. Tentýž se měl aspoň takto o tom svěřit svému příteli Dunglas-Homeovi, který to později, když se s Blavatskou nepohodl, vypustil do světa. Pokud je to pravda, byla by Blavatská měla v té době mít vedle manžela alespoň dva milence!

Šeptanda kolem Blavatské se tímto zdaleka nekončí a odtud už vše téměř nabývá proporcí televizní soap opery. Jeden z výše uvedených mužů (favoritem by asi musel být Meyendorff) údajně přivedl Blavatskou do jiného stavu. Aby se vyhnula pomluvám, jichž by v provinčním Tbilisi jistě bylo moc a moc, mladá žena se proto prý uchýlila do malého místa zvaného Ozurgeti, nedaleko

Černého moře, kde se nacházela ruská vojenská posádka. Dítěti pomohl na svět místní vojenský lékař, narodilo se ale s vadou; údajně měl malý Jurij být hrbáčkem. Blavatská předstírala před rodinou, že se ujala dítěte, o němž prohlašovala, že je měl Meyendorf s jistou její přítelkyní. Dítě bylo neustále nemocné; Blavatská s Metrovičem, který při ní zřejmě stál, zatímco Meyendorff se nejspíš vytratil kamsi do modravých dálav, s ním dokonce jeli do italské Bologni za jakýmsi specialistou, vše ale marno, malý Jurij v pěti letech zemřel a byl prý pochován kdesi v jižním Rusku pod Metrovičovým jménem.

Blavatská, která prý své dítě nesmírně milovala, byla nyní volná. Rozhodla se odcestovat do Káhiry spolu s Metrovičem, jemuž se i přes už dosti pokročilý věk podařilo ještě získat angažmá v tamější opeře. Loď, na níž pluli spolu se čtyřmi sty jinými cestujícími, se ale potopila poté, kdy se vznítily sudy se střelným prachem. Blavatská byla jedním z pouhých sedmnácti zachráněných trosečníků, Metrovič při neštěstí zahynul.

Tolik apokryfní příběhy utajených lásek Blavatské. O rozvázání tohoto spletence se pokoušeli mnozí autoři. Někteří stojí neochvějně na straně ryze duchovní HPB, podobné panně Marii. Jiní se staví spíš na stranu pomlouvačů, jichž bylo vždycky dost a jichž nadále přibývá i dnes a to nejen z řad skeptiků, ateistů a materialistů. Musíme si totiž uvědomovat, že Blavatská se svou doktrínou pořádně narušila do té doby pevnou tkaninu náboženských institucí, katolických, protestantských i pravoslavných, na Západě i v Rusku. Pro to, že se v té době kolem ní nejspíš něco dělo, něco co v těch oficiálních životopisech nenalezneme, hovoří především prostá logika spojená s prostými životními zkušenostmi. Blavatská chytila kdysi v útlém mládí virus, který ji nutil k tomu studovat a experimentovat, snažit se poznávat sebe samotnou. Ten kdo si přečetl například knihu C. G. Junga *Vzpomínky, sny, myšlenky*, ví, že člověk se může v takovýchto úvahách velice snadno ztratit, podobně jako se to stalo i Jungovi. Ten se sám přiznává, že po nějaký čas se nacházel na samém pokraji duševní nemoci, která se podle toho jak ji popisuje, zdá být druhem rozpolcené osobnosti. Podle toho co Jung píše, celá věc se táhla po nějaký čas, rozhodně zde šlo minimálně o celé měsíce, pokud ne přímo o roky.

Co kdyby se Blavatské bylo stalo něco podobného? V každém případě musíme uvážit, že se v jejím životě v tomto místě nachází nějakých pět, snad i sedm let, která se tak nějak nehodí k tomu ostatku, neladí s jejím předchozím ani s tím pozdějším životem. Předtím než se vrací Jelena koncem roku 1858 k rodině do Pskova, máme zde deset let absolutně horečnaté činnosti, naplněné zejména cestováním. Kdo se chce něco dozvědět, musí cestovat, to je známá věc a to se také s Blavatskou v té době dělo. Dělo se to tak znovu po roce 1865 a po čtvrt století to neustalo, až do její smrti. Blavatská měla vždycky nohy z toulavého telete. Máme zde ale mezidobí, trvání asi 5-7 let, kdy se Blavatská najednou nachází povětšinou v oblasti Tbilisi, odkud se příliš nevzdaluje. To je dosti divné. Pokud by ji tam držely starosti o její vlastní neduživé dítě, leccos by se tím vysvětlovalo.

Když se nad tím sám zamýšlím, připadá mi to jakoby tu byly dvě Jeleny Petrovny. Jedna absolutně soustředěná na to, co vidí jako svůj jediný a ryzí životní cíl, dnes bychom snad řekli stát se poslem Nového věku. K tomu účelu potom obětovat vše, jen aby se mohla přiblížit svým cílům a podřídit se přitom těm, které vidí jako své duchovní nadřízené. Pod tím vším se mi ale rýsuje jiná Blavatská. Je jí docela „normální" mladá žena, která si přeje být milována, mít rodinu... Jakoby tato druhá Blavatská, když se začala blížit k třicítce, asi tak na pět, možná i sedm let ovládla pole, nabyla vrchu v tom dvojím životě, jímž snad v té době žila. Nezapomeňme také na to, že byla medium a to medium docela výjimečných schopností. Jak si ještě ukážeme jinde, za to se obvykle něčím platí, nejčastěji potom rozvráceným soukromým životem. Leccos ze soukromého života Blavatské zůstane už asi provždy tajemstvím. Toho, že usedlý a uspořádaný příliš nebyl, není těžké se dohadovat.

— *Blavatská a theosofie* —

Na tomto místě předběhnu trochu událostem, abych zaznamenal ještě jednu událost ze života Blavatské, k níž došlo o nějakých deset let později, za jejího pobytu v USA. Michael C. Betanelly, o němž se toho příliš mnoho neví kromě toho, že byl původem Gruzínec a že byl dosti podstatně mladší než Blavatská, se s HPB potkal někdy v roce 1874. Zdá se, že se do ní na místě zamiloval. Blavatské, jejíž manžel zemřel několik let předtím, snad na něm imponovalo to, že byl dosti bohatý a možná také to, že pocházel z Gruzie, místa kde se odehrávala emocionální dramata o nichž tušíme, že je deset let předtím intenzivně prožívala. V každém případě odjela Blavatská za Betanellym do Filadelfie, kde se za něj počátkem dubna 1875 provdala v místním pravoslavném kostele. Plukovník Olcott, o jehož přátelském vztahu k HPB si povíme mnohem víc později, se o tomto manželství, o němž se dozvěděl až když už byli tito dva oddáni, vyjádřil jako o „návalu šílenství". Betanelly nejen byl mnohem mladší, ale podle Olcotta nebyl zdaleka intelektuálně na výši Blavatské. Ta Olcottovi tehdy řekla, že toto manželství způsobila její karma a že to je pro ni trest za její pýchu a agresivitu. Také to, že manželství nebude nikdy naplněno. Zda tomu tak bylo či ne není jisté, v každém případě tento svazek nevydržel ani celé dva měsíce, protože koncem května 1875 už byla Blavatská zpátky v New Yorku a s Betanellym se rozešla. Oficiálně rozvedeni byli ale až o tři roky později. Tato poměrně krátká epizoda mi připadá být jakoby vzdálenou ozvěnou toho, co se s Blavatskou dělo o deset let dříve. Proto ji zmiňuji na tomto místě a ne později, kam by patřila chronologicky. Pokud jde o citový život Blavatské, patří rozhodně sem a ne jinam. Záhadou je také, co asi by mohl znamenat kryptický výrok Blavatské o karmě, která toto druhé podivné manželství v jejím životě měla podle ní způsobit?

Vraťme se ale raději do prostředka šedesátých let devatenáctého století, kdy se Blavatská už asi po sedm let pohybovala většinou po Rusku a jeho tehdejších državách, přičemž nejvíc času strávila v zakarpatských oblastech. Jen občas se přitom objevovala ve vyšší společnosti, kde někteří v ní viděli senzační medium a propagátorku spiritualismu, zatímco pro jiné byla neznabohem, či přímo pomocnicí ďáblovou. Ovšem, jak praví staré přísloví, doma není nikdo prorokem. Mimo hranice Ruska se zatím o Jeleně (Heleně) Petrovně Blavatské, budoucí věhlasné Madame Blavatsky, případně HPB, ještě příliš mnoho nevědělo. To se mělo změnit, i když na to aby se mohla stát jednou z nejznámějších a zároveň i nejkontroverznějších postav 19. století si musela budoucí Madame Blavatsky ještě nějaký čas počkat.

Další cesty

Někdy na rozhraní let 1864-65 opustila Blavatská Rusko. Během nadcházejících dvou až tří let se pohybovala nejprve v Egyptě, potom na Balkáně, znovu v Itálii, kde měla podle některých zpráv dokonce bojovat na straně Garibaldiho a být zraněna v bitvě u Mentany v r. 1867. Jakési indikace k tomu, že by tomu tak bylo mohlo skutečně být, zde máme. Ke konci této knihy se nachází obrázek zednářského diplomu pro nejvyšší dosažitelný 33. stupeň, který Blavatské udělil velmistr řádu Ancient and Primitive John Yarker v roce 1877, brzy poté kdy vyšla její kniha Odhalená Isis. Yarkerův řád se nedlouho poté spojil s francouzsko-italskými řády Memphis a Misraim, čímž vznikl řád, který je činný dodnes a který je dosti selektivní ve výběru členstva. Když k amalgamaci došlo v roce 1879, velmistrem nového sloučeného řádu se stal právě Giacommo Garibaldi, což se uvádí v kronikách tohoto řádu. I když k tomu mělo dojít až o dvanáct let později než kdy se měla Blavatská nacházet v Itálii, přesto ve světle těchto vědomostí už by nevyhlížela možná asociace Garibaldiho s Blavatskou tolik divoce. Navíc by se tím aspoň částečně vysvětlovalo, proč je tato epizoda zahalena tajemstvím. Když se plukovník Olcott o několik let později setkal poprvé s Blavatskou, zmiňuje se, jak si ukážeme později, že měla na sobě blůzu v garibaldiovských barvách...

Z Itálie se Jelena Petrovna přesunula do Řecka a později znovu do Egypta. V roce 1868 se opět vydala přes Indii do Tibetu, kam se jí zřejmě tentokráte podařilo dostat. Podle svých vlastních prohlášení, se tehdy poprvé osobně setkala i se svým druhým duchovním vůdcem Koot-Hoomim, v jehož domě po nějaký čas také přebývala. Ten se měl nacházet v tzv. Malém Tibetu, jak v této době byla známa oblast Ladach v nejsevernější části Kašmíru. Zde se pohybovala asi po dva roky. V roce 1870 pluje Blavatská přes nedávno otevřený Suezský kanál do Egypta, potom navštěvuje Palestinu a Sýrii, opět Balkán a nakonec se znovu vrací do Ruska,

— *Blavatská a theosofie* —

kde zůstává asi rok u svých příbuzných v Oděse. Tomu předchází následující příhoda. V době kdy o Blavatské nebylo žádných zpráv, její Oděská teta Naděžda Fadějevová, která mělo o svou neteř veliký strach, obdržela záhadným způsobem dopis podepsaný právě druhým z Jeleniných duchovních vůdců Koot-Hoomim. V dopise, který se zachoval a který prý jí byl doručen poslem asiatského vzhledu jenž se náhle objevil a stejně tak záhadně i zmizel, stálo jednoduše, že Blavatská je v pořádku.

Kolem roku 1871 v Káhiře se Blavatská poprvé začala zabývat trochu systematičtějším zkoumáním spiritualismu a fenoménů s ním spojených. Teoretickým základem se pro ni stalo učení Allana Kardeca, což byl francouzský autor a filosof, který spiritualismu zasvětil většinu svých prací. Zejména v Brazílii a v jiných jihoamerických zemích, je v tomto směru Kardec dodnes uznáván za tu největší autoritu. K tomuto účelu založila Blavatská společnost Société Spirité, kde se zpočátku producírovala

Allan Kardec (1804-1869)

jako obyčejné "pasivní" medium, hlavně proto, že se to od ní tak očekávalo. Snažila se o to importovat do Egypta nějaká dobrá a zavedená media z Francie či z Anglie, to se jí ale nedařilo a musela se tudíž spokojit s těmi místními, amatérskými. Očekávala ji proto jen samá zklamání. Media, která se jí podařilo sehnat, byly většinou jen francouzsky mluvící ženy, které prý jenom její společnost okrádaly, "pily jak duhy", přičemž některé z nich navíc Blavatská přistihla při podvádění. To vše se potom celkem pochopitelně svezlo na její hlavu. Blavatská to nakonec vyřešila tím, že společnost prostě zavřela a vrátila členské příspěvky těm největším kritikům, na což musela doplatit z vlastních peněz.

Ne všechno bylo ale pro Blavatskou v Káhiře jen neúspěchem. Jakýsi pan Jakovlev, návštěvník z Ruska, například napsal známým domů dopis plný nadšené chvály, v němž prohlašuje, že Blavatská je zázrakem a neproniknutelnou záhadou. To co předvádí je prostě fenomenální. Tento pán prý jí ukázal uzavřený medailonek, uvnitř něhož se nacházel portrét jedné osoby a pramínek vlasů někoho jiného. Aniž by se předmětu dotkla, Blavatská prý mu řekla, že uvnitř je portrét jeho kmotry spolu s vlasy jeho sestřenice a že obě tyto osoby jsou již mrtvé. Navíc je dokázala věrohodně popsat, jakoby měla jejich podoby před očima. Což asi měla, ovšem před svým vnitřním zrakem. Při jiné příležitosti způsobila prý Blavatská to, že se tomuto stejnému pánovi v ruce roztříštila sklenice vína, o čemž ho předem varovala. Odnesl to sice menším zraněním od střepů skla, jeho obdiv k této kouzelnici, jak ji nazval, to ale jen zvýšilo. Celkově lze ovšem jen říci, že to, jak se Blavatská zapletla se spiritualismem v Káhiře jí způsobilo skoro jen samé problémy. Jak ale ještě uvidíme, za tím vším se nacházel účel. Bylo tomu snad tak trochu podobně, jako když se jinak všestranně nadaný učedník pustí do něčeho, čemu ještě tak docela dobře nerozumí. Výsledkem potom bývá, že se mu dostane od mistra přes prsty.

Z Káhiry se Blavatská vrátila asi na necelý rok znovu do Ruska. Někdy v březnu 1873 se téměř 42-letá Blavatská rozhoduje přesídlit do Ameriky, kam odjíždí z Oděsy, přes Paříž, aby 7. července dorazila do New Yorku. Začíná se nová kapitola jejího života, kdy v posledních osmnácti letech, které jí v životě zbývají může před veřejností začít vydávat to, čemu se v dobách svého učednictví a tovaryšství naučila. A také zamotávat hlavy těm, kteří následkem svého ateistického přesvědčení v ní nedokáží vidět nic jiného než podvodnici.

3. Spiritualismus

Medium Eusapia Palladinová dramatickým způsobem levituje stolek při seanci konané v domě francouzského astronoma Camille Flammariona v roce 1898

V nedávné době se kromě *spiritualismu* (někdy také spiritismu, to mi ale připadá spíš jako eufemismus pro oddávání se zvýšené konzumaci alkoholu) ujal ještě jiný název – *channeling*. V zásadě se ovšem jedná o jednu a stejnou věc. Slovo spiritualismus má svůj kořen ve slově "spirit" neboli duch – soustřeďuje se tedy spíše na to, o čem se spiritualisté domnívají, že je v průběhu seance kontaktováno. Channeling, má původ ve slově "channel" neboli kanál, ale také způsob komunikace, jde tedy spíše o to jak k takové komunikaci dochází. V klasickém spiritualismu devatenáctého století nemívali exponenti téhož celkem žádné pochybnosti o tom, že rozmlouvají s duchy zemřelých lidí. Moderní výraz channeling, který jak si všímám se do češtiny jinak nepřekládá, může zahrnovat komunikace s jinými inteligentními bytostmi a to ne nutně lidského původu; velice často se má jednat o obyvatele jiných planet a tak podobně, aspoň v myslích těch kteří se channelingem zabývají. V každém případě je zapotřebí někoho kdo by byl schopen takovéto komunikace dosáhnout, ať už je to člověk samotný (v takovém případě jde ale spíš o meditaci) nebo, jak je tomu ve většině případů, někdo v tomto směru schopný a zkušený. Tedy medium.

Až doposud bylo možné přistupovat k životopisu madame Blavatské poměrně objektivně. Příběh této neobyčejné ženy nelze ale v úplnosti podat, aniž by člověk nebyl přitom vtažen do vírů kontroverzí a spekulací, které se kolem její osobnosti vynořily. Zde musím poněkud upřesnit – k něčemu podobnému dochází zákonitě a to pokaždé kdy se vynoří nějaká osobnost, která má schopnosti jimž se říká nadpřirozené. Kolem takovýchto lidí se vždy shlukují jednak pochlebníci, ale také pochybovači, kteří se pokoušejí buď dokázat, že se jedná o podvod, či všechno nějakým racionálním způsobem vyložit. Jsou zde také ale i lidé, kteří mají celkem mysl otevřenou, přesto ale potřebují nějak přesvědčit sami sebe o tom, že něco takového vůbec existuje. Nesmíme ovšem zapomenout ani na ty, kteří prostě uvěří. My zde máme také na vybranou: buď odmítneme uvěřit tomu, co popsalo mnoho očitých svědků, před 150 lety stejně jako i dnes, také tomu co Blavatská o sobě sama říká, nebo přijmeme vše beze zbytku. V prvním případě by nebylo o čem psát, v druhém bychom si mohli připadat spíš jako při čtení pohádek. Existuje ovšem střední cesta, k níž nás Blavatská prostřednictvím svých pozdějších spisů ostatně přímo vybízí. Poslechněme si co se o tom říká či píše, pokud možno se přesvědčme na vlastní oči, ale udělejme si o věci vlastní názor. Jedním si můžeme být celkem jisti; Blavatská byla tím, čemu se dnes obvykle říká medium. Ti kteří ji dobře znali a měli se spiritualismem nějaké zkušenosti, ale tvrdili, že se od běžných medií lišila. Povězme si tedy nejprve, co je pod výrazem *medium* spiritualisty, kteří toto slovo vynalezli, běžně chápáno. Čím se vlastně zabývá takové medium?

Medium spiritualistů je člověk, který dokáže sloužit jako prostředník pro komunikace s bytostmi nacházejícími se na opačné straně pomyslné zdi dělící nás od světa, který je pro nás tou velikou neznámou. Většina spiritualistů si představuje, že se komunikuje s dušemi zemřelých lidí; jak uvidíme, theosofové na to nahlížejí jinak. Aby mohlo dosáhnout komunikace, medium se potřebuje dostat do stavu tzv. *transu*, tj. upadnout do jakéhosi polovědomí nebo, v těch krajních případech, i úplného bezvědomí. Medium v transu se podle spiritualistů potom stane buď tlumočníkem, který vyřizuje vzkazy ze světa duchů (na příklad prostřednictvím automatického psaní) nebo je jeho/její tělo, včetně hlasivek, přímo ovládnuto tzv. kontrolním duchem. V takovém případě se celá osobnost ovládajícího ducha také obrazí i na tváři, gestech a hlasu media. Dalo by se říci, že osobnost media ustoupí pro tu chvíli jaksi do pozadí, aby udělala místo jiné osobnosti, té která je ovládá. To, jak dalece je možné pro takového ducha medium ovládnout, závisí hlavně na tom jaké hloubky transu je medium schopné dosáhnout, což se značně liší v jednotlivých případech.

V zásadě lze říci, že čím hlubšího transu dosáhne, tím lepší je i medium, protože s hloubkou transu se také rozšiřuje rejstřík jeho projevu. Tak například, k tomu aby medium bylo schopno provádění automatického psaní, což je asi tím nejméně náročným způsobem projevu, který záhy ovládla mladá Jelena, není zapotřebí nijak zvlášť hlubokého transu. Mnohým z nás se něco podobného děje i jaksi bezděky, když například duchem nepřítomni si něco čmáráme tužkou na papír, zatímco třeba vedeme telefonický hovor s někým kdo nás málokdy pouští ke slovu. Když potom zavěsíme, podíváme se na papír a s podivem zjistíme, že aniž bychom si toho byli vědomi jsme nakreslili obrázek, načrtli geometrické obrazce nebo i napsali nějaké podivné a zdánlivě s ničím nesouvisející věty. Kdybychom za tím šli dále, možná že bychom v sobě objevili nějaké psychické schopnosti, v kterémžto případě bychom potenciálně mohli sami plnit úlohu media. Většinou ale se nám něco takového prostě stalo – abychom hovořili a tímto koncentrovali svoje myšlenky nám nebylo dosti dobře možné, zavěsit by bylo bývalo neslušné, to co nám volající povídal nás moc nebavilo, takže jsme prostě vypnuli a nechali se tím vším nějak mírně hypnotizovat, až jsme se ocitli na pokraji lehkého transu. Media schopná provozovat *automatické psaní* se vyskytují celkem běžně a v okruhu našich příbuzných a známých se skoro určitě takový člověk nachází, i když si toho nemusí být ani sám vědom.

V té příští a o něco vyšší kategorii se nacházejí media schopná *hlasového projevu*. Medium specializující se na hlasový projev se potřebuje dostat do poněkud hlubšího transu, v němž je schopno hovořit za kontrolujícího ducha, při čemž se mu často i úplně mění barva hlasu. Žena při takovémto transu může na příklad hovořit i téměř mužsky znějícím hlasem, rysy jejího obličeje se změní tak, že připomínají spíše mužskou vizáž, atp. Těm kteří se zabývají výzkumem spiritualismu, takto se projevující duchové prý nejednou popsali jak k takovéto záměně osobností vlastně dochází. Podle nich, každé medium běžně mívá svého "kontrolního ducha". Obvykle jím bývá bytost, jejíž přítomnosti si je medium vědomo od samého počátku své dráhy, často už od útlého dětství, a k níž má naprostou důvěru. To prý je nejdůležitější, protože jen za takovýchto okolností je medium svolné k tomu, aby se nechalo svým kontrolním duchem zcela ovládat. Pokud by tomu tak nebylo, skoro určitě by se jeho nevědomí úspěšně bránilo takovéto invazi.

Při přímém hlasovém projevu se kontrolní duch zmocňuje hlasového ústrojí, které ovládá po dobu trvání transu. Protože mu nepatří, bývá to dosti obtížné a hlas skoro zákonitě zní dutě a nepřirozeně. Kontrolující duch takto v průběhu seance může na příklad pronést proslov k přítomným, předat vzkazy od jiných bytostí nacházejících se na opačné straně, popřípadě dohlížet na jiné jevy k nimž během seance dojde. Kontrolní duch spiritualistů je tedy jakýmsi konferenciérem či moderátorem, který uvádí celý pořad seance, která může zahrnovat psané vzkazy, klepání stolku, přímý hlas, případně také materializace. Medium přitom všem většinou nic neví o tom, co se kolem něho děje či událo.

Během svých vlastních výzkumů fenoménu spiritualismu jsem měl možnost si poslechnout, někdy i rozmlouvat, s údajnými kontrolními duchy několika médií. Musím s upřímností říci, že pokud se týče výše jejich inteligence, podle mého úsudku nikdy nijak nevynikali nad celkový průměr společnosti, která se při té příležitosti sešla. Řekl bych spíš, že zhruba tito "duchové" vždycky říkali zhruba to, co od nich jejich posluchači očekávali a nevzpomínám si, že bych byl kdy odešel obohacen o nějaké zvláštní moudrosti. Jejich projevy se často příliš nápadně podobaly běžným nedělním kázáním v nějakém pozemském kostele. Zřejmě i zde platí "like attracts like", stejné k stejnému si cestu hledá... Nezatracujme ale spiritualisty tak docela. Ono je to sice

Sir Arthur Conan Doyle

všechno nejspíš docela jinak než jak si to oni představují, jenže tak se to má i se spoustou jiných věcí.

V případě spiritualismu nemůžeme prostě jen tak mávnout rukou nad něčím, co bylo mnohokráte zkoumáno a popsáno a to velice rozumnými a věrohodnými lidmi. *Arthur Conan Doyle*, otec vysoce racionálně přemýšlejícího Sherlocka Holmese, prototypu všech soukromých detektivů, se stal dokonce přesvědčeným spiritualistou, jak jsem už naznačil. Doylea, který za 1. světové války ztratil syna, vlastně ke spiritualismu přivedly emoce, stejně jako mnoho jiných lidí. Doyle se, aspoň podle svého přesvědčení, se synem spojit nakonec dokázal, takže ke spiritualismu konvertoval. Na sklonku života dokonce napsal obsáhlou knihu zabývající se historií spiritualismu, což učinil s plným vědomím toho, že to v očích mnoha lidí uškodí jeho reputaci. Doyle nicméně projevil zájem o spiritualismus již mnohem dříve, protože členem British Society for Psychical Research (společnosti pro psychický výzkum) se stal již v roce 1883, tedy jako poměrně mladý muž.

Sir William Crookes

Sir William Crookes byl prominentním vědcem (chemie, fysika) viktoriánské doby, který také neváhal dát v sázku svou pověst, když se začal vážně zabývat spiritualismem. Crookes na to šel s hlediska vědce a tudíž se vždy přesvědčil o tom, že vše je před seancí tak jak by mělo být, že nikde se nenachazejí žádné drátky, propadla či podobné pomůcky, jimiž by medium nebo nějaký jeho pomocník mohlo přítomné oklamat. Že podvodná media a takováto zařízení existovala o tom nemůže být pochyb; vyvolávání „duchů" byl zejména v druhé polovině devatenáctého a počátkem dvacátého století náramně výnosný obchod, který k sobě pochopitelně lákal mnohé podvodníky. Jinými významnými členy Společnosti pro psychický výzkum, kteří se věnovali výzkumu mediálních schopností, byli například budoucí britský ministerský předseda Arthur Balfour, filosof William James, přírodovědec Alfred Russell Wallace, vědec Oliver Lodge, a mnozí jiní.

Už v Bibli se nacházejí četné narážky (a často také varování) na tyto jevy, které dnes spadají pod obecný pojem spiritualismus či channeling a které nedaly spát mnoha lidem v průběhu věků. Nejznámějším je snad případ prvního židovského krále Saula. V Saulově době neměla media zřejmě na růžích ustláno, protože tento král vydal rozkaz, aby byli všichni věštci a hadači vyhnáni ze země. Potom ale přišla chvíle kdy toho začal litovat. Jeho duchovní rádce prorok Samuel totiž zemřel a Saul, který měl nemalé potíže s tím držet si bojovné Filištínské od těla, cítil, že by se mu prorokovy rady právě nyní náramně hodily. Poptal se tedy kolem dvora a bylo mu řečeno, že jistá čarodějnice z Endoru by mu mohla umožnit spojení se zemřelým Samuelem. Král se za ní vydal v přestrojení, čarodějnice to ale rychle prohlédla (ve svém oboru zřejmě vynikala). Saul, kterému kvůli jeho ediktu nevěřila, musel před ní nejprve odpřísahat, že jí nijak nepotrestá za provozování svých kouzel, teprve potom se uvolila, že ke králi zemřelého proroka přivede. Popsala potom králi vzhled člověka, který před ní "vystoupil ze země" (většina médií potvrdí, že svým vnitřním zrakem vidí toho, kdo k němu ze světa duchů přichází) a král padl před (jemu neviditelným) Samuelem na kolena. Prostřednictvím čarodějnice, která podle všeho byla hlasovým, i když ne materializujícím mediem, prorok se přihlásil králi slovy, jaká by se za daných okolností dala celkem očekávat: "Proč mi nedáš pokoj?" Saul vyložil Samuelovi svoje obavy a starosti, načež byl nucen si vyslechnout prorokovo delší kázání, které by se dalo krátce shrnout asi takto: "Co sis nadrobil, to si také sněz!" Opět nelze říci, že by v tom byla nějaká veliká moudrost, dokonce ani od údajného ducha jednoho z nejslavnějších proroků všech dob...

Gustave Doré: Čarodějka z Endoru

Media typu "direct voice" neboli přímého hlasu bývají také ještě poměrně početná. K naprosté většině pravidelně se scházejících spiritualistických kroužků patřívá aspoň jedno takovéto medium. V případech spiritualistických kostelů lze jich obvykle najít několik, často se střídajících během bohoslužby. Tím pádem se mají přítomní vždy na co těšit, protože vědí, že s tím a tím mediem se jim tu dostane kázání třeba od náčelníka či šamana nějakého indiánského kmene (ti se zdají být k mediím z nějakých důvodů obzvlášť často přitahováni), jindy opět od kněze nějaké církve (který za života třeba i horoval proti spiritualismu), atp. Medium, či jeho kontrolní duch, ke konci bohoslužby obvykle také namátkově předává vzkazy některým z přítomných, typu: „Je zde se mnou starší paní (následuje kratší či delší popis, podle něhož dotyčný buď návštěvníka pozná či nepozná), ráda by vzkázala, že (následuje často něco triviálního, co ale může mít nějaký smysl pro příjemce)". Někdy je takovýchto vzkazů docela slušný počet, jindy to mediu zjevně ten den nijak moc nesedí a po několika nepříliš úspěšných pokusech to vzdá.

Nejzajímavější, ale také daleko nejvzácnější, bývají případy opravdu hlubokého transu, jakého jsou schopna dosáhnout jen určitá media. Při nich jsou možné tak zvané *aporty* nebo dokonce *materializace*. Ve spiritualistickém názvosloví výraz aport znamená, že nějaký předmět, většinou něco menšího, třeba květina nebo klenot, bývá přenesen z jiného, často vzdáleného místa, do místnosti v níž se koná seance. Spiritualisté většinou chápou takovéto aporty jako dary přinesené duchy zemřelých svým bližním.

Uri Geller, který se proslavil svými schopnostmi ohýbat kovové předměty, jako na příklad lžíce a vidličky a to dokonce i před televizními kamerami, ve své autobiografii popisuje celou řadu případů náhle se objevivších předmětů, které by spiritualista určitě označil za aporty, k nimž došlo v jeho přítomnosti a které, i když věděl, že je zřejmě nějak zapříčinil, sám většinou nedokázal vysvětlit. Pokud jde o ohýbání příborů, některým lidem se tyto věci staly jaksi samy o sobě uvnitř zásuvky příborníku, zatímco oni byli na Gellerově představení nebo se dívali na jeho pokusy v televizi. Je ovšem pravděpodobné, že byli sami medii, aniž by si to nějak uvědomovali.

Spiritualisty daleko nejvíc ceněnými medii bývají ovšem ta, která dosahují materializací celých osob. K těmto jevům docházelo poměrně nejčastěji v 19. století, později se staly řidšími a dnes o nich nebývá často slyšet. Důvody, které k tomu vedou, nejsou jasné – snad i zde jsou určité věci v módě, zatímco jiné z ní vypadnou. K materializacím je zapotřebí určitých podmínek, obvykle dosti přísných. Pro člověka, který není sám spiritualistou, bývá přitom velice těžké se k podobným seancím dostat. Přesvědčení spiritualisté totiž tvrdí, že přítomnost skeptiků, kteří mají o těchto jevech silné pochybnosti, narušuje celkovou atmosféru seance, která potom nebývá většinou příliš úspěšná. Přesto se některým seriózním badatelům podařilo podobných seancí se zúčastnit a dokonce v některých případech jim bylo umožněno před seancí i po jejím skončení si nejen prohlédnout místnost, ale přesvědčit se i o tom, že samotné medium nemá u sebe či na sobě nic, s čím by se dalo podvádět.

Badatel, pokoušející se proniknout za roušku spiritualismu, se nicméně musí s lecčím smířit. Například s tím, že materializující medium bývá obvykle umístěno buď v přilehlé menší místnosti, nebo aspoň za plentou, případně v malém kabinetu podobnému plátěnému stanu, kde nejčastěji leží na lehátku. K tomu je několik důvodů. Typické materializující medium potřebuje ke svému výkonu většinou naprostou tmu, klid a soustředění spolusedících. Pokud by bylo uprostřed hlubokého transu něčím nebo někým náhle vyrušeno, pokud by se media ku příkladu někdo dotknul, mohlo by to odnést epileptickým záchvatem nebo dokonce i zemřít. I k takovým případům již údajně došlo. Materializujícímu mediu obvykle trvá dost dlouho než se dostane se do hlubokého transu, který bývá vlastně úplným bezvědomím. Často přitom oddechuje jako při těžké námaze, někdy se i svíjí, jakoby v porodních bolestech. Ti z pozorovatelů, kteří měli příležitost sledovat medium při úspěšné materializaci, celkem shodně popisují, že viděli z těla media, většinou z jeho otvorů, z úst, z nosu nebo z genitálií, vycházet šedou nebo bledě namodralou mlhovitou látku, které se říká *ektoplasma*. Ektoplasma se postupně zformuje do tvaru člověka, jak to vidíme na na čtyřech fotografiích dole. Většinou bývají dobře zformovány jen některé části lidského těla, obličej nebo ruce, zatímco zbytek postavy zůstává jen mlhavý a nevýrazný. Nejčastěji chybí takovýmto materializovaným postavám nohy. Musíme si především uvědomit, že v dnešní době, kdy má celkem kdekdo přístup k počítačům s grafickými programy, na nichž rukou slušně schopného operátora lze vytvořit celkem věrohodně vyhlížející montáž prakticky z jakéhokoliv materiálu, takovéto fotografie asi nikoho o ničem moc nepřesvědčí. Fotografie, které zde vidíme, pocházejí ale z doby před více než sto lety, kdy podobná kouzla bylo mnohem těžší provozovat a odborníci dokázali celkem snadno označit případné falzifikáty. Tyto snímky byly jimi prohlášeny za pravé a nefalšované.

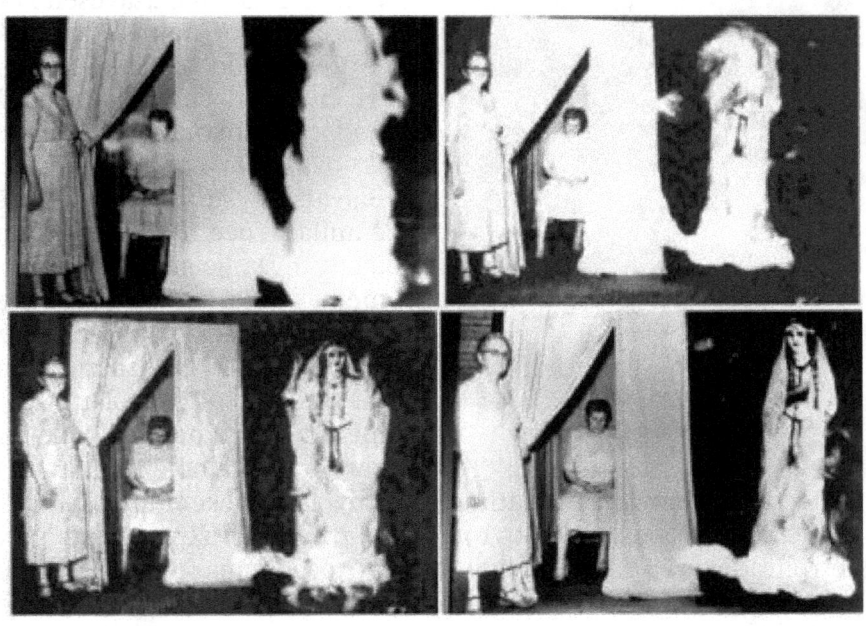

Medium na obrázcích je Ethel Post-Parishová z Pensylvanie, nacházející se v transu za pootevřenou plentou, zatímco údajně materializuje ducha indiánské dívky jménem Silver Belle. Existují fotografie několika fází materializace, zde vidíme čtyři z nich. Jen výjimečně dochází v průběhu seance k úplné materializaci, kdy materializovaná bytost přechází po místnosti, rozmlouvá a dokonce si i potřásá rukou s přísedícími. Některým z členů Společnosti pro psychické výzkumy, kteří k věci obvykle přistupují ze skeptického hlediska, se přesto podařilo takovýchto seancí se zúčastnit a ověřit si, že k žádným podvodům přitom nedocházelo. Jak si ale později ukážeme, jindy to tak jednoznačné nebylo. Pro rozeného skeptika je ovšem spiritualismus zemí zaslíbenou, protože příležitostí k pochybování se tu nabízí mnoho. Některé je ale těžké zpochybňovat. Jsou například známy případy levitace, při nichž medium nacházející se v hlubokém transu se vznese a zůstane „zavěšeno" v prostoru i po několik minut. Tohle ovšem dokáží také indičtí fakíři či afričtí šamani, z nichž někteří byli dokonce při levitaci nafilmováni.

Levitující medium Colin Evans

Blavatská se v Petrohradě seznámila v roce 1858 s britským mediem Danielem Dunglas-Homem, který musel bez jakékoliv nadsázky být jedním z nejsilnějších a nejznámějších médií všech dob. Matka Dunglas-Homea byla původem Skotka, z rodiny s dlouholetou tradicí věštectví a jasnovidectví, zatímco otec byl levobočkem hraběte. Syn Daniel se do šlechtického rodu pro změnu přiženil, když si v Petrohradě vzal za manželku ruskou šlechtičnu. K tomu došlo právě v ten čas, kdy se Blavatská vrátila ze svého desetiletého putování světem do Ruska a rovněž přebývala po nějaký čas v Petrohradě. Odtud se jistě tito dva také znali osobně, když je asi vzájemně představil Meyendorff. Jméno Dunglas-Home bývá v souvislosti se spiritualismem zmiňováno často i v dnešní době. Je tomu tak zejména proto, že Dunglas-Home během své velice úspěšné kariéry jako medium nebyl nikdy přistižen při žádném podvodu – později už se pochopitelně vyrojili pochybovači, jak už tomu vždycky bývá. Na dobové kresbě uprostřed dole, Dunglas-Home v transu levituje, což se s ním údajně čas od času dělo jaksi spontánně a o čemž existují přísežné výpovědi několika velice věrohodných svědků. V jednom dobře dokumentovaném případě se Dunglas-Home prý dokonce vznesl do vzduchu a ve vodorovné poloze vyplul oknem ven, aby se po chvíli vrátil zpět do místnosti vedlejším oknem! Dunglas-Home si nebyl vědom toho, co se s ním ve stavu transu dělo. Pokaždé, kdy při seanci levitoval, dozvěděl se o tom až od přítomných lidí a pouze poté, kdy se z transu už probral.

D. Dunglas-Home, na dobové kresbě při levitaci a jako Hamlet s lebkou...

Seance, při nichž docházelo k materializacím, bývaly velice populární zejména ve druhé polovině 19. století a při jedné z nich, jak si ještě povíme, se Blavatská poprvé setkala s plukovníkem Olcottem, pozdějším spoluzakladatelem Theosofické společnosti. Na sklonku 19. století se začali výzkumem materializujících médií podrobně zabývat již zmínění prominentní britští vědci A. R. Wallace a Sir William Crookes. Podařilo se jim sice shromáždit celou řadu důkazů, jak už ale v oblasti psychických jevů bývá skoro pravidlem, obsáhlé vědecké práce byly nakonec jejich kolegy zdiskreditovány. Některá z médií s nimiž oba pracovali byla totiž později přistižena při podvádění. A to pochopitelně stačilo. Zde narážíme na tu temnou stránku spiritualismu, kde se vyskytují nejen podvody, ale také veřejnosti na pospas vydané a takto rozvrácené soukromé životy, atp. V naprosté většině případů se totiž z nějakých důvodů mediální schopnosti snoubí s charakterovými nedostatky jejich nositelů. Dokonce i v případě již zmíněného Daniela Dunglas-Homea, i když tento nikdy nebyl během seancí přistižen při jakémkoliv podvádění, se později podařilo pochybovačům nalézt epizodu z jeho života, kdy byl jistou dámou obviněn z toho, že se pokusil z ní vymámit dědictví. Tím pádem dostal punc podvodníka jehož se potom už nikdy úplně nezbavil.

Spiritualistická media prostě věrohodností nijak zvlášť nevynikají a proč tomu tak je, není docela jasné. Nicméně se zdá, že lidé, kteří se s těmito schopnostmi narodili, jakoby nesli sebou nějaké těžké břímě. Navíc bývají často vystavováni velikým náporům. Dobré medium totiž je a vždycky bylo vzácné a tudíž žádané. Ta schopnější jsou proto nucena k častým produkcím, což je psychicky ale i fyzicky silně vyčerpávající.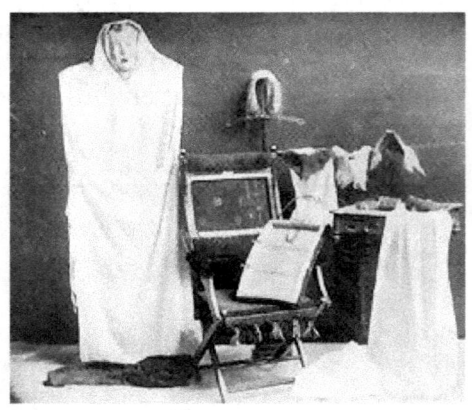

Charles Eldred užíval při seancích toto mechanické křeslo s dutým opěradlem, masku, sukno, paruky a jiné předměty. Byl takto přistižen při seanci v roce 1906.

Pokud se zprofesionalizují, očekává se od nich, že vždy a všude podají ten nejlepší výkon. Přitom všem, dlouhodobě jejich vyhlídky na úspěch většinou dobré nebývají. Psychické schopnosti a s nimi spojené jevy mají vždy jaksi nestálý charakter; za určitých okolností se projevují lépe, jindy zase hůře nebo také vůbec ne. Někdy se i hovoří o rodinné klatbě, což byl právě případ předků Dunglase-Homea. Není proto nic zvláštního, když medium, které mohlo být zpočátku velice úspěšné, náhle pocítí, že mu ubývají síly, takže se nakonec uchýlí k nějakému podvodu. Zejména když ze svých výdělků třeba musí uživit rodinu. Skoro by se dalo říci, že to je tak míněno, že podvodná media jsou zde proto, aby dodala vodu na mlýn skeptikům, kteří vždy jen číhají na příležitost si na nich smlsnout a veřejně je odhalit. Okultní jevy jsou vůbec jakoby předurčeny k tomu, aby zde vždy zůstalo nějaké místo k pochybnostem, pokud člověk takto inklinuje. Media, která si vypomáhají různými triky do toho zapadají.

Podle toho co víme o Blavatské, musela být neobyčejně silným mediem, ovšem s jednou vzácnou výjimkou. Síly, jimiž disponovala, se mohly projevovat téměř za jakýchkoli okolností, Blavatská je zřejmě měla pod vědomou kontrolou. Jak se zdá, byla by bývala schopna většiny z výše uvedených výkonů a to za denního světla, bez plenty, bez transu, za přítomnosti jakéhokoliv počtu skeptiků. Dokázala to mnohokrát a přesvědčila o svých schopnostech množství vynikajících lidí, a ne jen několik naivních spiritualistů. V jistém bodě své kariéry se ovšem rozhodla, že toho přesvědčování o pravdivosti těchto fenoménů už bylo dost a dost; od té doby prostě odmítala se nechávat přemluvit k jakýmkoliv dalším produkcím. Věděla zřejmě co dělá. Pokud chtěla něčeho dosáhnout, musela se především soustředit na důležitější úkoly, jimiž pro ni byly její pozdější stěžejní literární práce. Pokud by byla Blavatská dále pokračovala v mediálních produkcích, byl by ji skoro určitě potkal podobný osud s jakým se setkávají téměř všechna media, ať už dobrá nebo nedobrá, poctivá či nepoctivá. Po každém jednom přesvědčeném člověku, by se odkudsi vynořil zástup nových pochybovačů a tak by to šlo až do nekonečna. Stačí se podívat na to, jak se vede současným mediím, jako třeba již zmíněnému Urimu Gellerovi. Ten může sice jezdit po celém světě, ohýbat lžíce a vidličky před plnými sály i před televizními kamerami, dokonce i na dálku přenášet tyto svoje síly na spousty jiných lidí, jimž se v rukách nebo i v kuchyňských zásuvkách také samy od sebe ohýbají příbory. Přitom všem, znovu a znovu bývá někým obviňován z podvodu nebo je při nejlepším uznáván za výjimečně šikovného iluzionistu!

V případě Blavatské prostě bylo někde nutné říci "Ne!" Spiritualisté, kteří Blavatskou až do té doby milovali, jí ovšem najednou nemohli přijít na jméno. Daniel Dunglas-Home, kterého mohla až doposud považovat za spřízněnou duši, ji ostře odsoudil. Nedávala si totiž před ústa žádné servítky, když začala spiritualisty kritizovat. O tom si povíme více ještě později, zatím se vraťme k Jeleně Petrovně, která byla přesvědčena, že za fenomény které spiritualismus přináší, se skrývá jiná, větší a hlubší pravda. Také, o tom že jsou zde lidé, kteří tuto pravdu znají.

4. Blavatská a Mistři

Dostáváme se k námětu jímž se zabývaly a stále ještě zabývají generace "hledačů pravdy". Existují opravdu někde nějací skrytí "mistři", jejichž vědomosti by daleko přesahovaly to, co je běžnému člověku přístupné a kteří by proto disponovali schopnostmi, které se nám mohou jevit jako zázračné? V moderní době to byla právě Blavatská, která první přišla s tímto konceptem i když, jak si ještě ukážeme, je to pojem prastarý. V dnešní době se v angličtině ujal výraz "Ascended Masters" (ascended značí vrcholný či mocný), jehož Blavatská ještě neužívá. Znamená prostě, že tito lidé se v duchovním životě nacházejí minimálně o jeden stupeň výše nad běžným člověkem. K tomu mělo dojít následkem toho, že úspěšně prošli zkouškami iniciace, čímž pádem se duchovně povznesli nad průměrnou úroveň lidstva. Znamená to také, že takový člověk potom nepodléhá té části karmických zákonů, které běžného člověka nutí k tomu znovu a znovu se na tomto světě rodit, tedy k reinkarnaci. O tom, jak tyto zákony na nás působí, si povíme mnohem víc v druhé části kmihy, kde se budeme podrobněji zabývat systémem, podle něhož se svět řídí a který nám ve své Tajné doktríně Blavatská předkládá. Zatím se spokojíme s tím, že aspoň teoreticky, se tito mistři na Zemi vyskytují už nikoliv proto, že musejí, což je údělem nás všech běžných smrtelníků, ale proto, že se k tomu z vlastní vůle uvázali. K tomu, že je vedla touha a odhodlání k tomu pomáhat lidstvu.

Zmínky o lidech, kteří se stali nesmrtelnými díky tomu, že dosáhli něčeho co běžní lidé nedokáží, se vyskytují už v těch nejstarších mýtech, které si lidstvo vytvořilo. Ze starých filosofů, například už Pythagoras hovoří v šestém století př.n.l. o bytostech, které v původní řečtině nazývá *daemone*, což ale nemá nic co dělat s démony. Takto je vymalovala především středověká křesťanská církev, která za vším viděla ďábla a tím tomuto výrazu dodala dodnes již nesmazatelně hanlivý význam. Původně mělo toto slovo ve skutečnosti opačný význam, když znamenalo spíš něco jako polobohy.

Pythagoras ze Samosu

Celý vesmírný systém pythagorejců je obýván různými bytostmi; ty se ale nacházejí na rozličných vývojových stupních, takže většinu z nich my lidé nejsme schopni vnímat. Čím vyššího stupně dokonalosti ta která bytost dosáhla, tím rozsáhlejší je její pole působnosti. Tím vzdálenější je také naší sféře. Nedokonalý člověk je ovšem omezen jen na tu nejnižší sféru. Nepoznatelná bytost jíž je všemocný Bůh (oproti převládajícím názorům které opět zasela středověká církev, ve skutečnosti byla doktrína pythagorejců v zásadě monoteistická), se naopak prolíná všemi sférami. Mezi těmito dvěma extrémy rozlišují pythagorejci tři hlavní kategorie bytostí. Nejvýše stojí nesmrtelní bohové, tradičně obývající vrchol Olympské hory. Legendární hrdinové, z nichž někteří již téměř dosáhli nesmrtelnosti, jsou v hierarchii o stupínek níže. Ještě níže se nacházejí ty duše zemřelých lidí, které teprve na nesmrtelnost aspirují. Jimi jsou právě daimone, z nichž se díky křesťanským ideologům stali démoni. Život člověka na zemi je podle pythagorejců jakousi očistou; podle toho jakého stupně očisty člověk dosáhl se po smrti ocitá v odpovídající sféře existence. Jak si na jiných místech ukážeme, podobný náhled na posmrtný život nám přináší theosofie. Elevaci a to i jen mezi polobožské démony, si musí člověk pracně vysloužit, už ani nemluvě o tom být povýšen mezi bájné reky! Nejžádoucnější je ovšem postup do řad nesmrtelných bohů, což by mělo podle Pythagora být konečným cílem každého jedince.

Také v Bibli se nacházejí místa kde se snad na něco takového naráží. Jak Starý, tak i Nový zákon, nám předkládají příběhy z nichž by se dalo usuzovat, že lidé, kteří byli nějakým způsobem výjimeční, kdysi na zemi přebývali. Z toho lze potom vyvodit, že by zde pravděpodobně měli být i dnes. Každá z prominentních osobností Starého zákona má svého rádce, učitele, prostě někoho s kým se lze jít poradit v případě nutnosti. Čteme-li mezi řádky, můžeme na příklad usuzovat, že nepočítáme-li Boha, či ten aspekt boží bytosti nazývaný Jehova, který se Mojžíšovi zjeví v hořícím keři, jeho lidským učitelem a rádcem byl pravděpodobně jeho tchán Jetro. U tohoto člověka strávil Mojžíš delší čas, tak říkajíce své formativní roky, dřív než byl onou slavnou vidinou při hořícím keři inspirován k tomu, aby vyvedl židovský národ z egyptského područí. Vypadá to skoro, jakoby se Mojžíš ke své nadcházející misii v domě svého tchána připravoval a koncentroval. Jetro přitom v Bibli vždy zůstává jaksi stinnou, po straně stojící postavou. Dozvídáme se o něm jen to, že byl midianským knězem a také to, že jeho jméno je hned na začátku příběhu udáváno jako Raguel a že teprve později se stává z blíže neuvedených důvodů Jetrem. Kabalisté, kteří se zabývají výkladem židovské Tory a s nimiž jsem o tom hovořil, celkem shodně tvrdí, že takováto „nápadně nenápadná" změna jména bývá vždy znakem toho, že dotyčná osoba dosáhla určitého stupně zasvěcení. Stejně je tomu i v případech mnohých protagonistů Starého zákona, kde se například z Abrama stává Abrahám, z jeho manželky Saraj se stává Sára, atp.

Pravými "šedými eminencemi" Starého zákona jsou proroci, na příklad Eliáš, Eliša a velmi často zmiňovaný Samuel. Tito lidé, zatímco sami se drží většinou v pozadí, pohybují odtud drátky, rozhodujíce na příklad i o tom kdo se má stát příštím králem židovského národa. V pozdějším Novém zákoně je Ježíš také uveden na scénu Janem Křtitelem, který rovněž, až do své dramatické smrti na níž má podíl Salomé, se celkem drží stranou dění. Všichni tito lidé, prakticky bez výjimky, bývají již od dětství nějak předznamenáni ke svým budoucím rolím. Tímto nemíním Blavatskou povyšovat na úroveň starozákonních proroků, i když od toho nemělo ani nemá dost lidí nikterak daleko. Teprve nějaký "Nejnovější zákon", který snad v budoucnu vznikne, by našim potomkům snad mohl napovědět něco o tom kdo byli ti skuteční, nebo také ti falešní proroci současné historické éry. Chci tímto jen poukázat na existenci určitého mechanizmu, který by se dal i v tomto případě uplatnit.

A. P. Sinnettovi, který pořádal její Paměti, Blavatská kdysi napsala:

Vidiny svého Mistra jsem mívala už od dětství. V době kdy byla poprvé otevřena Nepálská ambasáda (v Londýně, přibližně 1851, pozn.), jsem ho viděla a poznala. Viděla jsem ho dvakrát. Jednou, když vystoupil ze zástupu lidí, aby mi dal příkaz k tomu se s ním sejít v Hyde Parku. Nemohu, nesmím o tom nic říci.

Hraběnka Wachmeisterová, ve své knize "Reminiscences of H.P. Blavatsky" píše o setkání Jeleny Petrovny se jejím "mistrem" toto:

Už v dětství často vídala ve své blízkosti astrální bytost, která se prý vždy objevovala když se ocitla v nějakém nebezpečí, aby v pravou chvíli zakročila. H.P.B. si zvykla na ní nahlížet jako na svého strážného anděla, a měla dojem, že se stará o ní a o její výchovu. Když se svým otcem plukovníkem Hahnem byla v roce 1851 v Londýně, šla jednou ven na procházku, když ke svému úžasu zahlédla na ulici postavu vysokého Hindustánce s nějakou indickou princeznou. Okamžitě v něm poznala stejnou osobu, kterou vídala v astrální formě. Jejím prvním popudem bylo se k němu rozběhnout, on jí ale posunkem ruky zastavil, takže zůstala stát jako přimrazená, zatímco on šel dál. Příštího dne si vyšla na procházku do Hyde Parku, protože chtěla být sama, aby mohla o této neobyčejné příhodě přemýšlet. Vzhlédnuvše náhle, spatřila stejného člověka k ní přicházet; její Mistr jí potom pověděl, že přijel s indickou princeznou do Londýna v důležité záležitosti a že si přál se s ní setkat osobně, protože potřebuje její pomoci v jistém úkolu, který si zadal. Potom jí pověděl, že se má vytvořit Theosofická společnost a že si přeje, aby ona byla její zakladatelkou. V krátkosti před ní načrtl jaké problémy jí přitom očekávají a řekl jí také, že bude muset prožít tři roky v Tibetu, aby se na svůj důležitý úkol mohla náležitě připravit.

Hraběnka Wachmeisterová dále píše:

Ve Würzburgu (asi 1886, pozn.) se stala zvláštní příhoda. Paní Fadějevová, teta Blavatské, napsala, že jí do Ludwigstrasse posílá krabici se vším, co jí doma jen překáží. Krabice dorazila a bylo na mně ji rozbalovat. Přitom jak jsem vybírala jednu věc po druhé a podávala je Blavatské, slyším její radostný výkřik. Potom mi povídá vzrušeně: "Pojďte se podívat na tohle, to jsem napsala v roce 1851, toho dne, kdy jsem se setkala se svým milovaným Mistrem"; a v notesu, zašlým písmem, jsem viděla několik řádek v nichž H.P.B. popsala zmíněné setkání. Ten notes mám u sebe dodnes. Přepisuji z něho tato slova (psáno francouzsky, pozn.): Pamětihodná noc! Jistého večera za světla měsíce zapadajícího nad Ramsgate, 12. srpna 1851, jsem se potkala s M., Mistrem z mých snů!! 12. srpen je 31. červenec v ruském kalendáři, den mých narozenin- Dvacet let!

Vlevo Morya, údajný duchovní vůdce Blavatské. Vpravo Koothoomi. Oba portréty vyhlížejí příliš idealizované na to, aby nebyly fiktivní.

Notes o němž zde hraběnka Wachmeisterová píše se nachází v archivech Theosofické společnosti. Hraběnka se prý Blavatské tehdy zeptala, proč psala o Ramsgate, když k setkání, podle ní samotné, mělo dojít v Londýně. Blavatská odpověděla, že tím chtěla zastřít pravé místo jejich schůzky, aby se žádný náhodný čtenář nedozvěděl o tom, co mělo v té době zůstat utajené...
Nedlouho po tomto setkání se Blavatská vydala na již zmíněnou cestu po Americe, která trvala asi rok. Pomohlo jí hlavně to, že se náhle a nečekaně zlepšila její finanční situace, poté kdy se jí dostalo dědictví po kmotře, která jí odkázala asi 80 tisíc rublů. To byla na tehdejší dobu dosti značná částka, která pokud jde o Blavatskou se ale ukázala být celkem zanedbatelnou. Peníze se jí podařilo utratit za pouhé dva roky. Mimo jiné tehdy také koupila jakýsi pozemek kdesi ve Spojených Státech, zapomněla potom ale kde přesně to bylo a když se po letech vrátila, zjistila, že ztratila i

dokumenty jimiž by svoje vlastnické právo mohla doložit. Na toulkách po Novém světě ji prý tehdy doprovázel obrovský newfoundlandský pes, kterého si vodila na zlatém řetěze. Kdesi na Karibských ostrovech se Blavatská seznámila s dvěma muži, Angličanem a Indem, s nimiž se rozhodla vydat do Indie a odtud, přes Nepál, pokusit se dostat do Tibetu, kde údajně měli přebývat tzv. Mahátmové, její vytoužení mistři prastarých moudrostí. Jak jsem se již zmínil, tento pokus se jí nezdařil, úřady tehdejší britské koloniální správy v Indii jí cestu nepovolily. V tehdejší době a jako Ruska zejména, se Blavatská pro britské úřady okamžitě stala podezřelou jako potenciální špiónka. Byla by si potřebovala nejprve učinit a pěstovat známosti s nějakými prominentními Brity, aby se na její žádost britští úředníci vůbec podívali. Se svým duchovním vůdcem, kterého zásadně nejmenuje, označujíce jej pouze začátečním písmenem M., jehož jméno ale je z jiných pramenů uváděno jako *Morya*, se prý Blavatská znovu setkala až po letech, poté kdy si ty potřebné známosti už udělala a konečně se jí podařilo dostat se do Tibetu. Při svém prvním, asi tříletém pobytu v Tibetu, byla zřejmě žákyní Mahátmy Moryi, při druhém pobytu, koncem šedesátých let, se navíc setkala s Mahátmou K.H., jehož celé jméno se v jistých literárních dílech uvádí jako *Koot-Hoomi*. Tyto dvě osoby byly také v průběhu osmdesátých let v písemném styku s jedním z prominentních žáků Blavatské, A. P. Sinnettem.

Sinnett býval hlavním redaktorem tehdy nejrozšířenějšího britského koloniálního deníku v Indii a později se stal prezidentem londýnské lóže Theosofické společnosti. Je autorem dvou ze základních knih theosofické literatury, *The Occult World* (Okultní svět) a *Esoteric Buddhism* (Esoterický buddhismus). Po Sinnetově smrti se v jeho pozůstalosti nalezlo velké množství dopisů od těchto dvou Mahátmů, podepsaných jako M. a K.H. Ve dvacátých letech byly tyto dopisy vydány samostatně v dosti objemném svazku, pod názvem *Mahatma Letters to A. P. Sinnett* (Dopisy Mahátmů A. P. Sinnetovi). Přitom vyšlo najevo, že tyto dopisy byly téměř jediným pramenem jehož Sinnett užil k napsání svých dvou, v theosofických kruzích tolik proslavených, knih. Originály těchto dopisů, které původně neměly zřejmě být určeny k zveřejnění, jsou dnes uloženy v Britském muzeu. Dopisy Mahátmů jsou dodnes snad tou nejvhodnější četbou pro ty, kteří po přečtení obou stěžejních knih Blavatské, se chtějí lépe seznámit s theosofickým učením a také s dobovou situací jež vedla k založení Theosofické společnosti.

Druhá polovina šedesátých a počátek sedmdesátých let bývá dalším místem kde životopisci tápají. Někdy v té době měla Blavatská prožít asi tři roky kdesi v Tibetu či v severním Kašmíru; k tomu zde ale máme jen její slovo. Nechci tvrdit, že cokoliv Blavatská sama prohlašuje by muselo nutně být pravdivé (či nepravdivé); pouze to nelze nikterak ověřit. Ona sama se jistě obzvlášť nevyznamenala přesností a spolehlivosti paměti. Jisté je jen to, že nikdo nikdy nepřišel na žádné místo kde by se byla mohla schovávat, takže když HPB tvrdí, že byla v té době v Tibetu, snad jí to můžeme uvěřit. Když se znovu objevuje na veřejnosti, kolem roku 1871 v egyptské Alexandrii, je již zralou ženou kolem čtyřicítky. Vykreslili jsme si již dříve portrét mladé, inteligentní a dosti divoké dívky, nastínili jsme dobrodružnou povahu kterou disponovala jako mladá žena. Za tím vším tušíme průbojnou duši, ovládanou neutuchající touhou po poznání. Pokud Blavatská chtěla nahlédnout za závoj okultních mysterií, muselo k tomu dojít někdy v době kdy se věkem blížila ke čtyřicítce.

Nevíme toho mnoho o tom, jaká měli Mahátmové v době o niž se jedná pravidla, pokud jde o předávání vědomostí na své žáky. Víme, že na jisté úrovni se tomu má se všemi okultními směry zhruba stejně. Například mezi kabalisty v té době a ještě i poměrně do poměrně nedávné doby, platila následující pravidla: Kabalistické vědomosti se předávají osobně, přímo jedním člověkem druhému. To je ta ryzí kabala; ve skutečnosti by snad ani žádná jiná kabala neměla existovat, pouze ta kabala, která je založená na tradici orální komunikace. Pokud by platila podobná pravidla i u Mahátmů, což je dosti pravděpodobné, k tomu aby se jí dostalo iniciace, Blavatská by se byla musela nacházet v blízkosti svého Mistra, jímž měl údajně být Morya. Dále, podle kabalistické tradice by učitel neměl přijmout žáka, pokud by tento nedosáhl věku čtyřiceti let nebo, podle jiných, dokonce i čtyřiceti dvou let. To býval ten minimální požadavek. Dříve než dosáhl tohoto věku by byl žák býval považován za neschopného toho dostatečně absorbovat životní zkušenosti jichž nasbíral a nedokázal by tudíž pochopit některé z aspektů učení, po duchovní a moralistické stránce. Tohle sice zní jako velice definitivní, musely zde ale být výjimky. Například, jeden z nejslavnějších exponentů kabaly Isaac Luria (1534-1572) se dožil pouhých 38 let. Kdyby byli jeho učitelé pevně dodržovali výše uvedené pravidlo, neexistovala by dnes tzv. Luriánská kabala, jedno ze základních učení, které ovlivnilo snad víc kabalistů než kterékoliv jiné. Následky by se pociťovaly až do dneška. Nebylo by tím pádem nejspíš ani chasidismu, náboženského hnutí které z tohoto zdroje značně čerpalo a které později stálo pevně na straně těch, kteří propagovali vytvoření státu Izraele, jehož by nejspíš také nebylo. Svět by asi vypadal hodně jinak.

Ukázka z jednoho z dopisů Mahátmů, které přicházely Sinnettovi.

Celkově z toho vyplývá, že takováto pravidla zde jsou proto, aby se mohla porušit. V případě Blavatské asi také, protože by jí bylo snad asi kolem třiceti pěti let když se dostala do Tibetu za Moryou. Poprvé se tam pokoušela dostat o nějakých deset let dřív, což se jí nepodařilo. Nezasadili se třeba o to sami Mahátmové, aby jí to tehdy bylo znemožněno? Aby se k nim dostala až tehdy, kdy k tomu dozrála věkem i životními zkušenostmi? Zůstaňme ještě chvíli u kabaly. Její studium bylo od počátku vyhrazeno pouze žákům mužského pohlaví. Moderní kabala je poměrně pružná a citlivá na společenský vývoj, musíme si ale uvědomit, že přece jen byla po dlouhá staletí do značné míry závislá na židovské víře a tradicích, přičemž jistá diskriminace podle pohlaví zde stále ještě existuje, tak jak je tomu snad u všech národů na středním východě. Na tom se momentálně asi dá těžko něco měnit, i když s tím třeba nesouhlasíme. Povzbuzující je to, že alespoň některé z těchto restrikcí se zdají být pomalu překonávány, o což se také zasluhují ti z řad progresivnějších exponentů kabaly.

Jeden z nejprominentnějších kabalistů současnosti a autor více než dvaceti knih o kabale mě na příklad ujistil, že věk třiceti let už v dnešní době dostačuje k tomu, aby člověk mohl kabalu začít vážně studovat, protože lidé se přes rané fáze života přenášejí rychleji než jak tomu bývalo v minulosti. Mne se to tehdy již netýkalo, protože mi v té době už čtyřicet let bylo, na jeho přednášky ale přišli i lidé podstatně mladší než třicet. Také tam byly k vidění ženy, které se zajímaly o kabalu, řekl bych dokonce, že snad i převládaly. Přitom v té době se do našich životů ještě ani nedostal plně internet, takže dnes to bude v těchto směrech jistě ještě podstatně liberálnější. Liberálními museli ale zřejmě být také Mahátmové, pokud Blavatskou, ženu mladší čtyřiceti let, za žákyni přijali. To, že svoje úctyhodné okultní znalosti musela někde od někoho získat, je evidentní každému kdo si přečte její pozdější knihy. To samo o sobě je asi tím nejpádnějším důkazem toho, že nějací Mahátmové někde skutečně existovali.

5. Blavatská a Olcott

V mladém věku se Blavatská chovala jako rebelantská dívka, o něco později jako mladá žena se rozhodně příliš nenechávala spoutávat společenskými konvencemi. Během necelých dvaceti let se jí podařilo přitom všem sjezdit půlku světa. V jistém bodě se ovšem muselo skončit toto cestování po světě, které ve skutečnosti asi bylo mnohem cílevědomější, než by se na první pohled zdálo. K tomu, aby se mohla započít ta nejhlavnější etapa její životní pouti, musela se Blavatská potkat s plukovníkem Olcottem. Význam Olcottův daleko přesahuje rámec theosofického hnutí. Olcott byl rozeným filantropem. Na náměstí v Colombu, hlavním městě dnešní Šri Lanky, stojí Olcottova socha, odhalená teprve poměrně

H. S. Olcott (1832-1907) jako plukovník během občanské války

nedávno. Pro vývoj školství na Cejlonu znamenal totiž Olcott přibližně totéž, co znamenal Komenský pro školský systém v Čechách či ve Švédsku. Vynasnažil se na příklad o založení 3 vysokých a 250 základních škol. Navíc v sobě Olcott objevil k stáru léčitelské schopnosti, jichž užíval právě na Ceylonu při léčení lidí, zdarma a často prý až do úplného vyčerpání. Na rozdíl od mnohých Američanů, kteří si v devatenáctém století často nechávali říkat "colonel" (u bohatých plantážníků na jihu země to znamenalo totéž jako "kolonizátor," česky bychom klidně mohli i říci sedlák furiant), Henry Steel Olcott byl skutečný colonel neboli plukovník. Dosáhl této hodnosti v době americké občanské války, kdy byl také jmenován komisařem se zvláštním posláním od ministerstva války. Původně býval zemědělským redaktorem pro New York Tribune, po skončení občanské války byl promován jako právník. V roce 1868 se oženil s Mary Epplee Morgan, dcerou episkopálního kněze, s níž měl čtyři děti, z nichž jen dvě přežily. Manželství se ale poměrně brzy rozpadlo, čemuž asi napomohl zájem Olcottův o spiritualismus, něco co asi dceři protestantského kněze příliš nevonělo. V době kdy se Olcott potkal s Blavatskou už byl rozvedený. Ve svých pamětech ale na mnoha místech zdůrazňuje, že vztah k ní nikdy nebyl ani v nejmenším sexuální.

Kdysi jsem narazil na zajímavou skutečnost, o níž mnoho lidí dnes neví, která nám snad pomůže trochu dokreslit Olcottovu povahu. Olcott nebyl nikterak zámožný člověk, vlastně po celý svůj život zápasil s nedostatkem peněz. K stáru jej náhle potkalo štěstí a zdálo se, že se tyto problémy konečně vyřeší. Někdy v devadesátých letech, již po smrti Blavatské, zemřel ve městě Toowoomba, po Brisbane druhém největším městě australského státu Queensland, jistý bohatý německý usedlík. Celé své jmění v závěti odkázal

Olcottovi, jehož práce pro Theosofickou společnost si nesmírně vážil. Olcott se brzy nato vydal do Austrálie, aby mohl dědictví převzít. Když dorazil do Darling Downs, což je úrodná oblast asi sto kilometrů od Brisbane směrem do vnitrozemí, zjistil ke svému úžasu, že domnělý dobrodinec zde zanechal četné potomstvo, jemuž dědictví upřel a jemuž se to, že by měli vyjít zkrátka, ani trochu nelíbilo. Nebylo se také čemu divit. Celé rodinné jmění, včetně výnosných pozemků, mělo připadnout jakémusi Američanovi, o němž nikdy předtím neslyšeli a to jen proto, že se tatínek k stáru zbláznil! Olcott se na místě rozhodl, že se dědictví vzdá a jako právník ihned k tomu provedl potřebné kroky. Vyhradil si pouze, že mu mají být uhrazeny výdaje spojené s cestou do Austrálie. V Toowoombě je velice činná lóže Theosofické společnosti, jejíž některé členy dobře znám (několikrát jsem tam přednášel) a proto vím, že i po více než sto letech se tam na Olcottovo tehdejší vlídné jednání nezapomnělo.

Olcott jako buddhista

Blavatská dorazila do New Yorku v létě 1873. Příjezd ruské kněžny do země, která se na jednu stranu pyšnila svým republikánstvím, která ale na tu druhou se vždy aspoň potají obdivovala evropské aristokracii, nevyvolal žádný zvláštní rozruch. Blavatská si totiž nemohla dovolit žádné okázalosti protože, ne poprvé ve svém dobrodružném životě, se ocitla skoro úplně bez peněz. Prostřednictvím ruského konzulátu poslala prosebný dopis otci a protože jí konzul odmítl zatím něco půjčit, musela se o sebe postarat sama. Našla si byteček v jedné z chudých čtvrtí na Madison Street a po nějaký čas se živila tím, že vyráběla umělé květiny, které od ní odkupoval jakýsi hodný židovský hokynář. Elizabeth G. K. Holtová, která se za svého mládí s Blavatskou v té době znala, o tom o mnoho let později napsala:

Madame Blavatská po většinu času sedávala v této místnosti, jen zřídka ale bývala sama; byla jako magnet a to tak silný, že k sobě přitahovala každého kdo se kolem naskytl. Takto jsem jí vídávala den ze dne, seděla, balila si cigarety a nepřetržitě kouřila. Měla takový nápadný váček na tabák, jako hlavu nějakého kožešinového zvířete, který nosila pověšený na krku. Měla velice neobyčejnou postavu. Myslím, že musela být vyšší než vypadala, byla taková široká; měla široký obličej a široká ramena; vlasy měla světle hnědé a zkudrnatěné, tak jak je mívají někteří černoši. Z celé její osobnosti jste měli dojem síly. Nedávno jsem kdesi četla popis rozhovoru se Stalinem, kde pisatel tvrdil, že když vstupujete k němu do pokoje, máte dojem jakoby tam běželo nějaké silné dynamo. Něco podobného jste cítili když jste se ocitli v blízkosti Blavatské . . . Lidem, kteří si o to řekli, dokázala popsat jejich minulost a tyto popisy musely být pravdivé, protože budily hluboký dojem. Nikdy jsem ale neslyšela, že by kdy byla někomu věštila budoucnost, netvrdím, že to nedělala, přede mnou ale ne . . . Vykládalo se o ní, že je spiritualistka, i když jsem jí nikdy neslyšela se k tomu hlásit . . . Když jedna moje přítelkyně chtěla na Madame aby jí pomohla se spojit s její zemřelou matkou, Madame jí odpověděla, že to není možné, protože její matka se zabývá důležitějšími věcmi a že se nachází mimo dosah. Duchové, o nichž neustále hovořila, byli "diaki", taková laškovná stvoření, zřejmě podobná vílám z irských pohádek a jistě ne lidské bytosti, podle toho jak je a jejich činnost popisovala . . . Nikdy jsem na Madame nehleděla jako na mravní instruktorku. Především byla příliš vznětlivá a když se jí něco nedařilo vyjadřovala o tom své mínění tak rázovitě, že to bylo až znepokojivé. Musím ale uvést, že se nikdy nerozčilovala na nikoho ani na nic přímo. Její námitky byly tak nějak neosobní. Pokud jde o duševní či tělesné problémy, s těmi jste instinktivně zašli za ní, protože jste pociťovali její neohroženost, její nekonvenčnost, její hlubokou moudrost a rozsáhlé zkušenosti a její dobré srdce - a porozumění, které měla pro každého smolaře.

Peníze z Ruska se zdržely následkem toho, že otec Blavatské plukovník von Hahn zemřel a trvalo to nějaký čas než se záležitosti spojené s jeho pozůstalostí vyřešily. Blavatská si v té době najímala menší byt na rohu 14th Street a 4th Avenue. Byt se nacházel nad kořalnou a brzy poté, kdy se sem nastěhovala, byla okradena o těch několik vzácností, které jí ještě zbývaly. Po dlouhých průtazích trvajících alespoň rok, peníze z Ruska konečně dorazily a ona si mohla dovolit vytáhnout paty z New Yorku. Tak také 14. října 1874 došlo k osudovému setkání s plukovníkem Olcottem. Olcott o tom po letech napsal tato prostá slova:

Byla to dosti prozaická záležitost. Povídám: "Permetezz moi, Madame" a připálil jsem jí cigaretu; naše známost se začala kouřením, vznikl z ní také veliký a neutuchající oheň.

K seznámení došlo v Chittendenu, ve státě Vermontu. Oba budoucí zakladatele Theosofické společnosti sem přivedly zprávy o neobyčejných seancích, které se konaly na farmě rodiny Eddyových. Psychické schopnosti se zřejmě v této rodině prostých zemědělců dědily z generace na generaci. Jejich pra-pra-pra-pra-babička byla dokonce obviněna z čarodějnictví a odsouzena k smrti na hranici koncem 17. století, při proslulých soudních procesech v Salemu, podařilo se jí ale uprchnout. Olcott navštívil farmu Eddyových již dříve a napsal o seancích článek pro New York Sun. Následkem toho se mu dostalo pověření od jiného listu, Daily Graphics, aby na farmě pobyl delší čas a napsal přitom sérii článků pro tyto noviny. Deník také zařídil, že měl Olcott vždy k ruce kreslíře, který by pořizoval obrázky během seancí. Fotografie sice už existovala, ale pro takovéto účely byla ruka kreslíře mnohem pohotovější a hlavně: cestovala nalehko, bez těžkého náčiní jaké fotograf tehdy potřeboval. Olcottovy články vycházely dvakrát týdně s těmito kreslenými obrázky a právě ony také přivedly do Chittendenu Blavatskou. Olcott o tom všem, co předcházelo jeho seznámení s Madame Blavatskou, píše ve svých pamětech Old Diary Leaves (Listy ze starého diáře):

Jednoho červencového dne v roce 1874 jsem se nacházel v kanceláři své advokátní firmy, přemýšlejíce o důležitém případu, který mi zadala rada města New Yorku, když mi náhle přišlo na mysl, že jsem už celá léta nevěnoval patřičnou pozornost hnutí spiritualistů. Takže jsem si zašel za roh koupit výtisk časopisu Banner of Light (Světelný prapor). V něm jsem si přečetl článek o neuvěřitelných jevech zahrnujících solidifikaci zjevení, k nimž docházelo na farmě u městečka Chittenden ve státě Vermont, několik set mil na sever od New Yorku. Ihned mě napadlo, že pokud je pravdou to, že návštěvníci seance mohou uvidět, dokonce se dotýkat a rozmlouvat se svými zemřelými příbuznými, jimž se nějak podařilo najít způsob toho jak obnovit svá těla včetně šatstva tak, aby se stala dočasně solidními, viditelnými a hmatatelnými, že tohle by bylo tím nejdůležitějším faktem moderní fyzické vědy.
Rozhodl jsem se tam odjet a přesvědčit se o tom všem sám. Udělal jsem to, zpráva se ukázala být pravdivou, zdržel jsem se tam po tři nebo čtyři dny a vrátil se do New Yorku. O svých pozorováních jsem napsal článek pro New York Sun který, jak se zdá, odtud převzaly noviny z celého světa. Editor New York Daily Graphic mi následkem toho navrhl, abych se jako zpravodaj pověřený jejich listem vrátil do Chittendenu, doprovázen ilustrátorem, který by podle mého návodu provedl náčrty a abych důkladně celou záležitost prozkoumal a popsal. Věc mě natolik zaujala, že jsem v kanceláři učinil patřičná opatření, takže 17. září jsem se opět nacházel na "statku Eddyových", jak se říkalo tomuto hospodářství podle jména rodiny, která je vlastnila a zde přebývala. V tomto domě záhad jsem pobyl asi dvanáct týdnů, obklopen fantomy a majíce přitom na denním pořádku zážitky toho nejneuvěřitelnějšího druhu.
Dvakrát týdně po tu dobu vycházely v Daily Graphic moje články o "duších Eddyových", každý z nich ilustrovaný skicami zjevení, skutečně viděnými jak listem pověřeným umělcem panem Kappesem tak i mnou, stejně tak jako každou z jiných přítomných osob, jichž bývalo občas až čtyřicet v místnosti kde se seance konaly. Byly to právě tyto v novinách uveřejněné články, které

potom přivedly Madame Blavatskou do Chittendenu a tak nás svedly dohromady.

Na ten den kdy jsme se poprvé potkali si vzpomínám jakoby se to událo včera. Byl slunečný den, takže i jinak smutně vyhlížející starý statek vyhlížel celý rozradostněný. Stojí v překrásné krajině, uprostřed údolí obklopeného travnatými stráněmi, které vbíhají do kopců pokrytých až po samé vrcholky listnatými háji. Právě nastal čas babího léta, kdy celá krajina bývá pokryta lehkým namodralým oparem, zatímco koruny buků, jilmů a javorů, jichž se už dotkly ranní mrazíky, přecházejí od své zelené na směsici zlatavých a karmínových barev, která celé krajině dává tu podobu jakoby se celičká nacházela pod přehozem z královského goblénu.

Statek Eddyových v Chittendenu ve Vermontu (kresba Alfreda Kappese)

Oběd se u Eddyových podával v poledne a bylo to u vchodu do prosté a bezútěšné jídelny kde jsme s Kappesem poprvé uviděli HPB (Olcott zásadně píše HPB, Helena Petrovna Blavatsky, což se později ujalo všeobecně. My se této zkratky také přidržíme). Dorazila krátce před polednem v doprovodu jakési francouzské Kanaďanky a obě seděly u stolu, když jsme vstupovali. Můj zrak okamžitě přilákala rudá garibaldiovská blůza, kterou na sobě měla a která ostře kontrastovala s mdlými barvami okolí. Měla husté světlé vlasy, které jí nedosahovaly ani k ramenům a odstávaly jí od hlavy, vlasy jemné jako hedvábí a kudrnaté už od kořenů, jako beránčí vlna. To, spolu s tou červenou blůzou, mě upoutalo nejdříve, teprve později jsem si všiml rysů jejího obličeje. Byla to pozoruhodná kalmucká tvář, z níž vyzařovala síla, spolu s kulturností a naléhavostí a která se mezi běžnými vizážemi lidí přítomných v místnosti vyjímala podobně, jako se vyjímalo její oblečení na pozadí bílých a šedých tónů dřevěných stěn i mdlých barev obleků ostatních hostů.

Bratři William a Horatio Eddy, kteří oba měli mediumistické vlohy

Potrhlí lidé všech možných typů si podávali dveře u Eddyových, aby shlédli tyto seance a když jsem spatřil tuto výstřední dámu, napadlo mě, že bude jen dalším takovým typem. Zastavil jsem se u dveří a pošeptal jsem Kappesovi "Proboha! Podívejte se na tenhle případ"... Sedl jsem si přímo naproti ní, abych si mohl náležitě dopřát své oblíbené zábavy studování lidských charakterů. Dámy se bavily francouzsky, celkem o ničem zvláštním. Po večeři ty dvě vyšly ven a madame Blavatská si ubalila cigaretu, nabídl jsem jí tedy oheň, abych měl záminku ke konverzaci. Protože jsem k ní promluvil francouzsky, rozmlouvali jsme i nadále v tomto jazyce. Zeptala se mne jak dlouho se zde již nacházím a co si o těchto jevech myslím, přičemž prohlásila, že sama se o takovéto věci velice zajímá a že ji sem do Chittenden přivedly články které četla v Daily Graphic; zájem veřejnosti o ně že neustále vzrůstá, takže někdy bylo i nemožné dostat výtisk v novinovém stánku, za poslední vydání že prý musela zaplatit celý dolar.

"Nebyla jsem si jistá, jestli sem mám jet", prohlásila, "protože jsem se obávala setkání s tím plukovníkem Olcottem".

"Proč byste se měla bát právě jeho, milá paní?" odtušil jsem.

"Ó, mám strach, že by mohl něco napsat o mně v těch svých novinách."

Odpověděl jsem jí, že v tomto směru může být úplně klidná a že jsem si naprosto jistý tím, že plukovník Olcott se o ní ve svých článcích zmiňovat nebude, pokud si to ovšem ona sama nebude přát. Potom jsem se jí představil. Na místě se z nás stali přátelé. Oba jsme cítili, že patříme ke stejné vrstvě, oba světoobčané, volnomyšlenkáři a že k sobě máme blíže než ke komukoliv jinému v této společnosti. Byl to hlas společných sympatií k vyšším okultním stránkám lidstva a přírody, přitažlivost jedné duše ke druhé, nikoliv jednoho pohlaví k druhému.

Procházejíce se spolu, bavili jsme se o jevech, které jsou k vidění u Eddyových, i o těch v jiných zemích. Zjistil jsem, že toho hodně procestovala, že byla svědkem mnoha okultních jevů a potkala se s adepty okultních věd, i když zpočátku mi nedala nic najevo o existenci himalájských mudrců ani o svých vlastních schopnostech. Zmínila se o materialistických tendencích amerického spiritualismu, což tyto jevy jaksi staví výše a to na úkor filosofického podkladu. Měla příjemné a podmanivé způsoby a to jak se o tom všem kriticky vyjadřovala i o lidstvu celkově, bylo originální a vtipné. Snažila se zejména o to vytáhnout ze mne moje vlastní myšlenky o záležitostech ducha a s potěšením se vyjádřila o tom, že instinktivně sleduji podobné okultní myšlenky tak jako ona sama. Nehovořila přitom jako žádný mystik z východních zemí, spíše jako kultivovaný spiritualista. Pokud šlo o mne, nevěděl v té době nic či skoro nic o východní filosofii a ona se zpočátku o tomto předmětu nezmiňovala.

Seance prováděné Williamem Eddym, který byl hlavním mediem v této rodině, se konaly každého večera ve velké hale nacházející se v poschodí křídla domu, nad kuchyní a jídelnou. Na vzdáleném konci haly byl úzký kabinet, v němž se Willam Eddy samotný vždy usadil, aby zde čekal na to až se dostaví stav transu. Žádnou kontrolu nad těmito jevy zřejmě neměl, pouze seděl a čekal, až se něco sporadicky dostaví. Přes vchod byla natažena plenta, takže kabinet se nacházel v naprosté tmě. Chvíli poté co William do kabinetu vstoupil, se plenta poodhrnula a zpoza ní vystoupila postava nějakého mrtvého muže, ženy či dítěte, dočasně solidní a hmotná, aby se hned v následující minutě *rozplynula do prázdnoty a neviditelnosti. Občas k takovémuto rozplynutí došlo přímo před zraky přítomných.*

Čtenáři Daily Graphic si mohli prohlížet tyto obrázky místnosti a přilehlého kabinetu, v nichž se na statku bratří Eddyových v Chittenden prováděly seance.

Postavami, které se objevovaly až do té doby kdy se na scéně objevila HPB, byli buď rudí Indiáni, nebo Američané či Evropané, to podle toho jak se sešli návštěvníci. Jenže, hned prvního večera po jejím příjezdu, se nám zde objevili duchové jiných národností. Byl zde služebný hoch, Gruzínec od Kavkazu, muslimský kupec z Tbilisi, mladá ruská služebná i jiní. To, že se takovéto postavy objevily při seanci pořádané těmito chudými, téměř negramotnými vermontskými sedláky, kteří by bývali jednak neměli peníze k tomu nakoupit si divadelní kostýmy, ani zkušenosti s tím jak jich využít a to i kdyby na to měli. Nebylo by ani místo kam to všechno uložit. To vše bylo pro všechny přítomné postačujícím důkazem pro to, že tato zjevení jsou opravdová. Zároveň mi to také dokazovalo, že Madame Blavatská nějakým zvláštním způsobem přitahovala k sobě takovýto druh zjevení z říše, kterou Asiaté nazývají Kâmaloka. Teprve po delším čase jsem se dozvěděl, že je

vyvolávala ona sama, pomocí svých vlastních vyvinutých schopností, které měla pod kontrolou.

HPB se snažila seč mohla vzbudit ve mně pochybnosti o tom, jakou hodnotu mají jevy vyprodukované Williamem Eddym, jakožto i nalézt důkazy o tom, jak dalece inteligentní je kontrola jíž mají duchové nad medii. Řekla mi, že pokud by tomu tak skutečně bylo, musely by být dvojníky media oddělující se od něho a objevující se pod jinou podobou; v tom jsem jí nicméně nevěřil. Přel jsem se s ní, že tyto formy byly příliš rozmanité pokud jde o výšku, tloušťku a podobu, aby mohly být přestrojeným Williamem Eddym; musejí tudíž být tím na co vypadají, to jest dušemi zemřelých lidí. Naše spory byly občas dosti žhavé, protože v té době jsem ještě neměl dostatečně hluboké vědomosti o plastičnosti lidského dvojníka, abych mohl pochopit na co zde ona naráží; pokud jde o východní koncept zvaný mája, o tom jsem neměl ani sebemenší potuchy. Výsledkem toho všeho ale bylo, jak mi ona pověděla, že se mohla přesvědčit, že jsem schopen toho neuvěřit věcem jen tak z ničeho a tvrdošíjně se držet těch faktů, jichž jsem se dopátral, či o nichž jsem se aspoň domníval, že jsem se jich dopátral. Každým dnem se z nás stávali lepší a lepší přátelé, takže v době kdy opouštěla Chittendale, HPB už přijala přezdívku "Jack", kterou jsem jí dal, a tak se poté i podepisovala ve svých dopisech z New Yorku. Když jsme se rozcházeli, bylo nám už oběma jasné, že přátelství takto příjemně počaté, bude i nadále pokračovat.

Tolik Henry Olcott ve svých Listech ze starého diáře, o setkání s Blavatskou na farmě Eddyových v Chittenden. Kreslíř Kappes pořizoval také také náčrty různých postav, které William Eddy pro účastníky seancí vyvolal ze „záhrobí".

Po svém pobytu u Eddyových, Blavatská také napsala o jevech jichž zde byla svědkem článek, rovněž do Daily Graphic. Článek vyšel pod názvem "Neobyčejné spiritualistické jevy, odpověď dr. Beardovi". V části článku se psalo toto:

> U Eddyových jsem pobyla čtrnáct dní. V té krátké době jsem shlédla a plně rozpoznala mezi 119 zjeveními celkem sedm "duchů". Přiznávám, že jsem je poznala jen já sama, ostatní z přítomných se mnou nebyli při mých četných cestách po Východě; jejich rozličná oblečení ale byla jasně viditelná a byla přezkoumána všemi. Prvním z nich byl gruzínský chlapec, oblečený v tradičním kavkazském úboru. Poznala jsem ho a vyptávala jsem se ho v gruzínštině na věci, známé jen mně samotné. Rozuměl mi a odpovídal. Když jsem ho v jeho mateřštině požádala (na šeptem pronesený návrh plukovníka Olcotta), aby zahrál "Lezguinku", kyrgizský tanec, okamžitě jej na kytaru zahrál.

Olcott, který zřejmě v té době rozšiřoval značně své žurnalistické činnosti, pravděpodobně na úkor své advokátní praxe, o tomto samém v Lidech z jiného světa:

> Potom se objevil první z návštěvníků ruské dámy. Byl střední postavy, dobře stavěný, oblečený v gruzínské (kavkazské) vestě, s volnými rukávy a s dlouhými zašpičatělými záložkami, v dlouhém kabátě, volných kalhotách, v kamaších ze žluté kůže a v bílé čapce nebo fezu, se střapcem. Okamžitě v něm poznala Michalka Guegidze, kdysi žijícího v Kutaisu v Gruzii, sluhu paní Witteové, její příbuzné, který jí samotné kdysi v Kutaisu sloužil. Příštího večera, jiný duch, "Hassan Agha", přišel za madame Blavatskou. Byl to bohatý obchodník z Tbilisi, kterého ona dobře znala.

Olcott dále svědomitě a dopodrobna popisuje duchův turecký oblek, černou astrachánskou čapku a tak podobně. Dejme ale slovo opět Blavatské:

Jako další se dostavil menší stařík. Oblečen byl po běžném způsobu perských obchodníků. Jeho oblek by vystál za národní kroj. Všechno na svém místě, včetně "babučí" z nichž vystoupil a zůstal jen v ponožkách. Hlasitě šeptá svoje jméno. Je to Hassan Agga, starý muž, kterého jsem já a moje rodina znávali po dvacet let v Tbilisi. Povídá, ve směsici gruzínštiny s perštinou, že má "strašně důležité tajemství", které mi musí sdělit a objeví se celkem třikrát, aniž by se mu kdy podařilo větu dokončit.

Jako třetí se vynoří muž obří postavy, oblečený v malebném úboru kurdských bojovníků. Nemluví, ale ukloní se po orientálním způsobu a pozvedne svůj oštěp zdobený barevným peřím, potřese s ním na znamení uvítání. Okamžitě jsem v něm poznala Saffara Ali Beka, mladého kurdského kmenového náčelníka, který mě doprovázíval při jezdeckých výpravách v oblasti Araratu v Arménii a který mi jednou i zachránil život.

Jako čtvrtý přichází Kirkiz. Úplně se přitom vidím zase v Tbilisi, tak perfektní je jeho kroj "nukara", člověka který jede za vámi nebo před vámi na koni. Ten mluví. Co více, opraví mě, když poněkud zkomolím jeho jméno přitom jak ho oslovuji a když jej po něm opakuji správně, ukloní se, usměje se a tou nejčistší hrdelní tatarštinou, která je mi tolik dobře známá, prohlásí "Čok jašči" (správně) a zmizí.

Jako pátá se objevuje stará žena, v ruském šátku na hlavě. Hovoří ke mně rusky, oslovujíce mě zdrobnělým příviskem, které pro mne mívala v mém dětství. Poznávám v ní dávnou rodinnou služebnou, opatrovatelku mojí sestry.

Šestým na pódiu je vysoký, silný

černoch. Na hlavě nese báječné ozdobení, něco jako rohy bělostně a zlatem protkané. Připadá mi povědomý, chvíli si ale nemohu vzpomenout kde jsem se s ním setkala. Potom začne dělat jakási živá gesta a to mi pomůže k tomu, abych ho poznala. Je to kouzelník ze střední Afriky. Zašklebí se a zmizí. Sedmý a poslední se objeví silný, šedovlasý pán, oblečený v běžném černém obleku. Na krku má ruský řád sv. Anny, zavěšený na červené stuze se dvěma černými pruhy, což jak vám potvrdí každý Rus, k této ozdobě patří. Skoro omdlévám, protože si myslím, že poznávám svého otce, ten byl ale o dost vyšší. Ve svém rozčilení ho oslovuji anglicky a ptám se: "Jsi můj otec?" Zavrtí hlavou na zápor a odpoví tak jasně jak by odpověděl kterýkoliv smrtelník a to rusky: "Ne, jsem tvůj strýc." Slovo "ďaďa" slyšeli a zapamatovali si všichni přítomní. Znamená "strýc".

Mediální jevy, které byly k vidění na Eddyových farmě, by jistě musely přivést do extáze kdejakého nadšeného spiritualistu a obrátit na víru spoustu pochybovačů. V konkurenčním tisku se ovšem objevily skeptické názory včetně karikatur, jako ta nalevo. Blavatská sama toho ale už v té době věděla o okultních záležitostech tolik, že se nenechala jen tak k něčemu vyprovokovat.

U Eddyových jsem s největší rozhodností viděla formy známé jako "duchové" a také jsem je poznala; dokonce i formu svého strýce. V některých případech jsem ale na ně předtím pomyslela a přála jsem si je uvidět. Objektivizace jejich astrálních forem nebyla vůbec žádným důkazem toho, že by nutně museli být mrtví. Experimentovala jsem přitom, aniž by plukovník Olcott o tom měl tušení; a některé z těchto experimentů se mi povedly tak dobře, že jsem vlastně při nich vyvolala formu člověka, o němž jsem si myslela, že byl v tu dobu mrtev, který ale, jak se později *ukázalo, byl ještě nedávno živý, tj. Michalka, mého gruzínského sluhy! Ten žije dodnes u svého příbuzného v Kutaisu, jak mě o tom informovala před dvěma měsíci moje sestra v Paříži. Říkalo se to, a já jsem si to o něm myslela, že zemřel, ale v nemocnici se zase uzdravil. Tak tady máte ty "duchy"! Dokonce i materializovaná forma mého strýce u Eddyových byla obrazem; protože jsem to byla já, kdo jej z mysli vyslal, když jsem tam přišla takto experimentovat, aniž bych byla někomu o tom řekla. Bylo to něco jako prázdný vnější obal mého strýce, který jsem zřejmě nasadila na astrální tělo media. Viděla jsem a dobře jsem sledovala ten proces, věděla jsem, že byl Will Eddy opravdovým mediem; proto také jsem se ho v novinách zastávala, když měl později problémy.*

Jako většina medií, ať už opravdových nebo falešných, William Eddy byl později nařčen z podvodů, z čehož se vyvinula vleklá aféra, táhnoucí se po celé měsíce v amerických soudních síních, za napjaté pozornosti veřejnosti. I když se nic neprokázalo, zatrpklý William Eddy se mediálních produkcí vzdal a žil na farmě v Chittenden až do roku 1932, kdy jako 99-letý zemřel.

Olcottovy původní představy o mediálních jevech, jichž byl svědkem u Eddyových, byly jistě v souladu s náhledy všech běžných spiritualistů. Blavatská ovšem, jak nám sama tvrdí, byla spiritualistkou jen "naoko", zatímco se zabývala výzkumem těchto jevů. Společně s Olcottem se ocitli uprostřed kroužku nadšenců, kteří ve spiritualismu nalézali přirozenou opozici k v té době prudce se rozvíjejícímu materialismu. V podstatě nešlo o nic jiného, než o prastarý spor dvou quasi nábožných směrů, který je ovšem neřešitelný. Obě strany si vyhloubily zákopy a odtud se vzájemně ostřelovaly lépe či hůře mířenými ranami. Použijeme-li takovéto analogie, potom musíme v Blavatské vidět generála, který se nachází v zázemí, na straně spiritualistů. Nikoliv ale takového generála, který by požíval obzvláštní popularity u svých vlastních vojáků. Jakmile si Blavatská získala autoritu, ocitla se sama pod útokem mnohých prominentních spiritualistů, jejichž vyhraněné a ortodoxní názory jí byly trnem v oku. Mimo jiné ji prudce napadl i Daniel Dunglas-Home, nekorunovaný král anglických spiritualistů, který býval původně jejím stoupencem. Situace dozrála k tomu, aby se Blavatská postavila na vlastní nohy. Brzy nato se s Olcottem setkala znovu. Nejprve v New Yorku, později ještě ve Filadelfii,

3420 Sansom Street, kam se někdy počátkem roku 1875 Blavatská na čas přestěhovala v době trvání krátkého manželství s gruzínským obchodníkem Bethanellim, o němž už byla řeč dříve. Opět má slovo Olcott:

V listopadu 1874, poté kdy jsem ukončil své výzkumy v Chittenden, vrátil jsem se do New Yorku a navštívil jsem HPB v jejím bytě v č. 16. Irving Place. Udělala pro mne seance při nichž se vznášel stolek s klepáním a s předáváním jistých vzkazů, pocházejících převážně od neviditelné inteligentní bytosti, která si říkala "John King". V té době jsem se domníval, že se jednalo o skutečného Johna Kinga, protože existenci této osobnosti jsem považoval za natolik věrohodně prokázanou jak by si kdokoliv mohl přát. Nicméně nyní, poté kdy jsem se přesvědčil o tom co HPB dokázala pokud jde o májské (neboli hypnotické) iluse a ve směru kontrolování elementálních bytostí, jsem přesvědčen, že "John King" byl podvodným elementálem, s nímž si hrála jako s loutkou a jehož používala k tomu, aby mě v tomto směru vyškolila. Abyste mi rozuměli, ty jevy byly skutečné, neprováděl je ale žádný duch zemřelého člověka. Tuto iluzi provozovala po několik měsíců, takže jsem byl svědkem řady jevů způsobených údajným Johnem Kingem.

HPB experimentovala za mé přítomnosti jakožto pasivního disponenta, když jsem ji navštívil ve Filadelfii. Pohybovala přede mnou stolky, přičemž někdy se dotýkala prsty stolku a jindy ne, způsobovala hlasité i tiché klepací zvuky – někdy tím že držela prsty ruky šest palců nad povrchem dřeva a jindy tak, že položila svoji ruku na moji, kterou jsem měl položenou na desce stolu – takto jsem také dostával vzkazy od domnělého Johna Kinga které, vyluštěné podle abecedního pořádku, jsem si zaznamenával na kousky papíru. Aspoň některé z těchto vzkazů, které se týkaly jiných lidí, se mi zdály být dostatečně důležité k tomu, abych si je podržel, takže jednoho dne jsem si pořídil notýsek jaký mívají novináři a když jsem dorazil do jejího domu, ukázal jsem jí jej a vysvětlil k čemu jej hodlám použít. Přitom jak jsem k ní hovořil ona seděla, zatímco já jsem stál. Aniž by se notesu dotkla a aniž by činila nějaká tajemná znamení či pohyby rukou, řekla mi, abych si notes položil na prsa. To jsem učinil a po krátké odmlce mě požádala, abych jej otevřel a podíval se dovnitř. Hned za obalem jsem na první stránce našel tužkou napsaná následující slova:

JOHN KING
HENRY DE MORGAN,
Jemu patří tato kniha
4. dne čtvrtého měsíce LP 1875.

Pod tímto se nachází kresba Rosenkruciánského klenotu; nad obloukem ozdobné koruny bylo slovo FATE (osud), pod tím její jméno "Helen" a za tím něco co vyhlíží jako 99, cosi jakoby vymazaného a ještě také znaménko +. Notes v této chvíli leží přede mnou na stole, takže přímo popisuji to co zde vidím. Nejpozoruhodnější na tomto příkladu psycho-dynamiky je to, že nikdo kromě mne se knížky nedotkl poté, kdy jsem ji zcela novou zakoupil. Měl jsem ji v kapse dokud jsem ji neukázal HPB a to ze vzdálenosti dvou či tří stop, abych ji potom držel na prsou, dokud mě nevyzvala k tomu abych se podíval dovnitř, takže k precipitaci muselo dojít zatímco jsem knihu měl pod kabátem na prsou. Navíc písmo uvnitř obalu je velice zvláštní. Je to kuriózní a velmi individuální rukopis, ne jak píše HPB, ale identické s těmi vzkazy, které jsem od počátku dostával od "Johna Kinga". HPB tedy, zřejmě schopna toho provést precipitaci, musela převést z mysli na papír tvar těchto slov, či pokud to nebyla ona, potom někdo ovládající toto umění si musel nejprve v mysli tato slova a tuto kresbu představit a potom vše precipitovat, převést a učinit viditelné na papíře, jakoby to bylo tužkou napsané. Pomalu a postupně mi HPB dávala vědět o existenci adeptů z Východu a o tom, jakou mocí dokáží vládnout a společně s různými jevy, které předváděla, se mi takto dostávalo důkazů o tom, jak ona samotná dokázala tyto okultní síly přírody ovládat.

Co o tom napsala později Blavatská?

Do Ameriky jsem byla záměrně poslána a byla jsem navedena na Eddyovy. Tam jsem se potkala s Olcottem, zamilovaným do duchařiny a to stejně silně, jak se později zamiloval do Mistrů.

Bylo mi nakázáno přesvědčovat ho o tom, že zabývat se spiritualistickými jevy bez znalostí okultní filosofie je nebezpečné a bezúčelné. Dokázala jsem mu, že vše co media dokáží dělat s pomocí duchů, dokáží jiní pouhou silou vůle a bez jakýchkoli duchů; že zvonění zvonců, čtení myšlenek, klepání a různé fyzikální jevy, může dokázat každý kdo má schopnosti jednat ve svém hmotném těle s pomocí orgánů svého astrálního těla; já jsem tyto schopnosti měla již od svých čtyř let, jak se o tom přesvědčila celá moje rodina. Dovedla jsem pohybovat nábytkem a zjevně způsobovat levitaci předmětů, přičemž moje astrální paže, které je podporovaly, zůstávaly neviditelné; to vše dříve, než jsem se vůbec dozvěděla o existenci Mistrů. Pověděla jsem mu tedy celou pravdu. Řekla jsem mu, že jsem poznala adepty, "bratry", nejen v Indii, ale i v Egyptě a v Syrii, protože tito "bratři" tam přebývají dodnes. Název "Mahátma" tehdy ještě známý nebyl, neboť takto jsou zváni jen v Indii. Také, že ať už se jim říká Rosenkruciáni, kabalisté či jogíni, adepti jsou všude adepty, tichými, utajenými, v ústraní žijícími a že se nikdy docela neprozradí nikomu, pokud tento, stejně jako já, neprošel sedmi a desetiletou zkušební lhůtou a neprokázal svoji naprostou věrnost a neslíbil, že zachová tajemství, dokonce i pod hrozbou smrti. Tyto požadavky jsem splnila a stala jsem se tím, čím jsem . . . Vše, co mi bylo povoleno, bylo – povědět pravdu. Tam, za Himalájemi, se nalézá buňka složená z adeptů rozličných národností; Tešu-Láma o nich ví a s nimi spolupracuje, někteří z nich jsou s ním, i když jejich pravá totožnost není známa běžným lámům, kteří bývají většinou nevědomými hlupci. Můj vlastní Mistr a K.H. a několik dalších, které osobně znám, jsou tam a všichni jsou ve styku s adepty v Egyptě i v Sýrii a dokonce i v Evropě. Do Spojených Států jsem přijela především proto, abych dala veřejnosti vědět o existenci našich Mistrů a uveřejnila jména dvou členů Bratrství, až dosud v Evropě a v Americe neznámá (s výjimkou několika mystiků a zasvěcenců doby), přitom posvátná a ctěná po celém Východě a zejména v Indii.

Jinde, v dopise Olcottovi také píše:

Mistr mě poslal do Spojených Států, abych se pokusila zastavit bezděky provozované černokněžnické praktiky spiritualistů. Bylo to tak míněno, abych se potkala s Vámi a změnila Vaše názory, což se také stalo. Vytvořila se naše Společnost, do níž potom postupně pronikaly části učení Tajné doktríny, té nejstarší školy okultní filosofie na světě – stejné školy jejíž reformaci byl, v jistou dobu, Pán Gautama pověřen. Takováto učení nemohou být podána najednou. Mohou být jen postupně vštěpována.

Co napsali jiní o Blavatské

Jedním z nejprominentnějších spolupracovníků Blavatské se stal William Quan Judge. Judge přišel do Spojených Států jako asi třináctiletý chlapec z Irska s rodiči a vystudoval zde práva. V době kdy se poprvé setkal s Blavatskou, v zimě roku 1875, mu bylo pouhých 24 let. Blavatská, která v té době se již přenesla přes počáteční potíže způsobené hlavně nedostatkem finančních prostředků, si nyní již mohla dovolit pronajímat několikapokojový byt v Irving Place, kam její vzrůstající pověst v kruzích zajímajících se o okultní záležitosti tohoto mladého hledače pravdy brzy zavedly. Dáme tedy slovo Judgeovi:

William Quan Judge (1851-1896)

K mé první návštěvě došlo večer a viděl jsem ji tehdy uprostřed větší společnosti lidí, které k sobě vždycky přitahovala. Bylo přitom slyšet několik jazyků a Madame Blavatská, zatímco hlasitě konverzovala rusky s naprostou zaujatostí, se zničeho nic občas někam obrátila aby pronesla anglicky nějakou poznámku určenou těm, kteří se bavili o něčem úplně jiném než čím se ona právě zabývala. To jí zřejmě nečinilo žádné potíže, protože se okamžitě nato vrátila k ruštině a pokračovala tam, kde předtím skončila. Hodně z toho co jsem uslyšel toho prvního večera upoutalo mou pozornost a zaujalo mou představivost. Zjistil jsem, že mi dokáže číst myšlenky a že jsou jí známy moje soukromé záležitosti. Aniž by se mě vyptávala a docela určitě neschopna se o mně předem něco dozvědět, učinila několikrát narážky na moje soukromé a specifické záležitosti a to tak, že bylo jasné že ví vše o mé rodině, minulosti, prostředí i o mém charakteru.

Judge byl velice aktivní a vysoce inteligentní člověk – mnohé z jeho prací, jako na příklad kniha *The Ocean of Theosophy* (Oceán Theosofie), se staly jedněmi ze základních v Theosofické literatuře a alespoň v anglickém jazyce jsou stále ještě v tisku. Blavatská jistě na chytrého mladého právníka učinila okamžitý dojem, Judge byl ale přesto opatrný a nikterak nespěchal s tím, aby jí věnoval plnou důvěru.

Příštího dne jsem se rozhodl, že si paní Blavatskou trochu vyzkouším. Vzal jsem prastarou sošku skaraba, kterou ona nikdy neviděla, nechal jsem ji v kanceláři zabalit a poslat poštou úředníkem, jehož zaměstnával jistý přítel. Sám jsem se rukou balíčku nedotkl a nevěděl jsem ani to, kdy vlastně byl poslán. Když jsem ale koncem týdne k Blavatské znovu zašel, uvítala mě a ihned mi děkovala za posvátného brouka. Předstíral jsem, že o tom nic nevím. Prohlásila nato, že je zbytečné zapírat a ihned mi řekla jak jsem jí skaraba dal poslat a také odkud ho úředník poslal. Přitom po celou tu dobu od poslání balíčku a mé návštěvy jsem o tom s nikým ani slova nepromluvil.

Brzy poté co jsem se s ní seznámil se Blavatská přestěhovala na 34. Street, kam jsem k ní chodil dosti často. V tomto bytě jsem byl svědkem klepání vycházejícího zevnitř nábytku, ze sklenic, zrcadel, oken i stěn, prostě jevů jaké obvykle doprovázejí spiritualistické seance vedené za tmy. Jenže u ní se tyto věci děly za plného světla a navíc jen tehdy kdy si tak ona sama přála. Nikdy také nepokračovaly, pokud jim nakázala aby přestaly. Nacházela se za nimi jistá inteligence a podle toho jak jim Blavatská nakázala se i měnily, například z tichých projevů na hlasité nebo z častých projevů na pouze občasné. V 34. Street pobyla HPB jen několik měsíců, než se usadila ve 47. Street kde, jako obvykle, byla od rána do večera obklopena všemožnými návštěvníky, podivnými událostmi, neobvyklými jevy i je provázejícími zvuky. Byl jsem tam po mnoho večerů a viděl jsem za plného světla plynových svítilen veliké světelné koule plazit se po nábytku či hravě přeskakovat z jednoho místa na druhé, zatímco překrásně znějící zvony se znovu a znovu ozývaly odkudsi z čisté prázdnoty uprostřed pokoje. Tyto zvuky často imitovaly buď hru na piano nebo celou paletu tónů, které jsem já či někdo jiný zahvízdal. Zatímco tohle vše se kolem dělo, Blavatská seděla a nestarala se o nic, četla si nebo psala Odhalenou Isis.

Judge jinde popisuje jak si četl v knize, kterou kdosi sebou přinesl. Podíval se prý nejprve na titulní stránku, přesné znění titulu ale zapomněl. Pamatoval si jen, že kromě písmen titulu nebylo na stránce nic jiného. Po chvíli zazněl zvon a když Judge vzhlédl, viděl, že Blavatská sedící asi dva metry od něho se na něho soustředěně dívá. Zeptala se ho, co to čte. Judge obrátil stránky zpět k té titulní, aby jí titul mohl přečíst, když si všiml, že nahoře nad ním je něco připsáno inkoustem, co tam předtím nebylo. Ukázalo se, že se jedná o asi sedmiřádkový vzkaz obsahující určité varování týkající se této knihy. Judge si prý byl jistý tím, že krátce předtím byla stránka, kromě natištěného titulu, úplně čistá.

Judge, který se u Blavatské zřejmě v té době docela zabydlel, se rovněž zmiňuje o zvláštní, příjemné vůni, která doprovázela skoro všechny jevy jichž byl v jejím bytě svědkem, ať již šlo o levitace předmětů, aporty a podobné věci. Vůně se měnily; někdy to mohlo být santálové dřevo smíšené s něčím co připomínalo otto růží, potom pro změnu nějaký neznámý parfém výrazně východního původu, či něco co mu připomínalo chrámové kadidlo. Blavatská se jednou Judge zeptala, jestli se mu ta vůně, která se právě chvíli předtím místností linula líbila a když řekl, že ano, požádala ho aby jí podal svůj kapesník. Když tak mladý právník učinil, kapesník jen na krátkou chvíli v ruce podržela a když mu jej vrátila, byl silně navoněný a to právě tou stejnou vůní. Ukázala mu potom obě ruce a nechala ho k nim přičichnout. Obě byly bez jakékoli vůně. Nicméně, v okamžiku kdy se Judge takto přesvědčil, že Blavatská nemá v žádné z rukou předmět který by mohl vůni vydávat, z jedné z jejích rukou se začala valit vůně obzvlášť silného parfému, zatímco druhá ruka začala vydávat vlny vonného kadidla.

Blavatská byla vždy plná podobných překvapení. Proč tyto věci dělala? Na několika místech se přímo i nepřímo přiznává k tomu, že si tímto získávala lidi, o nichž věděla, že je později bude potřebovat ke své práci. Při mnohých příležitostech také prohlašuje, že do Ameriky (a vůbec do západních zemí) byla vyslána s určitým posláním. Kdyby byla alespoň zpočátku neprodukovala fenomény, lidé by ji nebyli nikdy brali tolik vážně jak tomu ve skutečnosti bylo. Prostě potřebovali se nejprve přesvědčit o tom, že na celé věci je něco co stojí za pozornost a tohle se týkalo Olcotta i jiných, včetně Judge. Ten se měl brzy stát obzvlášť oddaným stoupencem HPB a následujících dvacet let, které mu v jeho poměrně krátkém životě zbývaly, zasvětil téměř úplně budoucí Theosofické společnosti.

Svědectví Hirama Corsona

Hiram Corson (1828-1911)

Zajímavé jsou vzpomínky na HPB Hirama Corsona, které zaznamenal a později zveřejnil jeho syn Eugene Rollin Corson, společně s řadou dopisů, které Blavatská jeho otci a matce poslala. Corson byl profesorem anglické a klasické literatury a k Blavatské ho přitahovala její pověst spiritualistického media. Manželé Corsonovi ztratili v mladém věku jedinou dceru a pokoušeli se s ní spojit přes několik medií. Corson starší v Blavatské objevil skutečně silné medium, takže byl přesvědčen, že se mu tentokráte spojení konečně podaří. S Blavatskou si vyměnil několik dopisů a nakonec ji pozval do svého domu v Ithace. HPB tam dorazila 17. září 1875. Corson st. v dopise synovi později napsal:

Mme B. je stále ještě u nás. Jsou s ní dosti velké potíže a nám se toho od ní na oplátku příliš mnoho nedostává, protože je plně zaujatá svou vlastní prací. Myslel jsem si, že budeme mít spolu nějaké spiritualistické seance, ale nejen že ona na to nemá náladu, ale proti něčemu takovému se dokonce přímo staví. Je to chytrá žena, ale naprosto postrádající jakákoliv zdvořilosti a uhlazenosti, taková velká ruská medvědice . . . Nikdy jsem se ještě nepotkal s tak náruživou osobností jakou je ona, tolik chtivou toho dosáhnout svého cíle, vždy plnou úsilí; nic kolem ní jakoby neexistovalo a i kdyby nebesa měla být na spadnutí tak by ji to od ničeho neodradilo.

Jak se zdá, většinu času v domě Corsonových Blavatská trávila hlavně psaním (v té době už byla plně zaujatá svou první velikou prací, Odhalenou Isis) a kouřením. Podle Corsona otce, který byl sám náruživým kuřákem, vykouřila prý až dvě stě cigaret denně. Ty si sama balila z tabáku, o jehož kvalitě měl Corson silné pochybnosti. Oharky z cigaret zamačkávala většinou do květináčů, které jich brzy byly plné. Přitom prý běžně dokázala za den hustě popsat asi dvacet pět stránek velkého kancelářského formátu. Během svého pobytu si párkrát sedla k piánu, aby potom překvapila své hostitele skvělými improvizacemi. Nadpřirozené jevy, které ji jinak běžně všude provázely, jak se zdá byly v průběhu její návštěvy v Ithace celkem v útlumu. Jen několikrát předvedla Corsonovým a jejich hostům klepací zvuky a to jen proto, aby jim dokázala, že tyto má zcela pod kontrolou vlastní vůle. Při jiné příležitosti údajně levitovala těžký dřevěný stůl aniž by se jej dotýkala, několikrát potom ale zdůraznila, že to vše dokáže dělat silou vůle a že to nelze nazývat mediálními jevy. Jisté je, že v té době se už HPB soustřeďovala hlavně na psaní své první knihy a jak ještě uvidíme, to si samo o sobě vyžadovalo koncentraci sil jimiž vládla, ovšem z docela jiných důvodů. Ještě jednou má slovo profesor Hiram Corson:

Neustále mě naplňovala úžasem a budila ve mně zvědavost v to, co ještě by mohlo přijít dál. Má hluboké vědomosti o všem a způsob jakým pracuje je velice neobyčejný. Začne psát ještě v posteli už od devíti ráno, přičemž vykouří spousty cigaret. Cituje slovo po slovu celé dlouhé odstavce z tuctů knih, o nichž jsem si naprosto jistý, že ani jediný jejich exemplář se nenachází nikde v celé Americe, překládá přitom z několika

jazyků a občas mě volá, abych jí pomohl nějakou jazykovou zvláštnost převést do spisovné angličtiny. Prohlásila přede mnou, že citáty z knih se jí objevují před očima na jiné rovině existence, že jsou zde celé stránky knih včetně pasáží které potřebuje citovat ve své knize a že potom prostě přeloží do angličtiny to, co má před svým vnitřním zrakem. Ty stovky knih z nichž citovala se rozhodně nenacházely v mé knihovně a pokud by je byla měla citovat z paměti, už to by asi byl ještě větší výkon, než kdyby je prostě pochytávala z éteru, tak jak ona tvrdí.

Nad tím, jak silnou kuřačkou byla Blavatská, se pozastavuje více lidí. Není divu. Až se dostaneme k některým pasážím v druhém díle této knihy, zabývajícími se postojem theosofů vůči kouření a vůbec proti požívání jakýchkoliv narkotik, začne to nutně člověku 21. století připadat jako dosti pokrytecké. Jediné co k tomu mohu dodat, že jsme v polovině 19. století, že se jedná o biografii člověka, který žil celý svůj život jaksi na hraně. Osobně jsem se s tím vypořádal tak, že vidím Blavatskou jako člověka a že jako takový má nárok na to nějaké lidské slabosti.

6. Theosofická společnost

Záznam z ustavující schůze Theosofické společnosti konané v New Yorku 7. září 1875

Pravidelné schůzky, konající se většinou v místnostech obývaných Blavatskou, nakonec vyústily v založení Theosofické společnosti. K tomu došlo 7. září 1875, tedy zhruba rok poté kdy se Blavatská sešla s Olcottem. Hodně se toho událo od té chvíle. Henry Steel Olcott, v době jejich setkání ještě zapřísáhlý spiritualista, který pevně věřil v jsoucnost duchů zemřelých, kteří přicházejí proto, aby prostřednictvím medií se znovu spojili se svými bližními, měl už pod vlivem HPB na vše jiný filosofický názor. Byl to právě Olcott, který podal oficiální návrh k tomu, aby se společnost vytvořila a předsedal její ustavující schůzi. William Judge byl zvolen tajemníkem společnosti a učinil také záznam z této schůze (tento je datován příštího dne, 8. září).

První schůze nově založené společnosti nebyla nikterak formální, proto také zápis o ní učinil Judge až příští den, kdy se konala další schůze, zřejmě proto aby se té původní jakési formálnosti tímto dostalo. Henry Olcott o tom později napsal:

7. září 1875 se v salónu Madame Blavatské v č. 46. Irving Place sešla společnost, aby si vyslechla přednášku pana George H. Felta o jistých objevech, které tentýž údajně učinil, týkajících se dávno ztracených zákonů o proporcích, podle nichž jedineční egyptští a řečtí architekti navrhovali své chrámy a fóra. Přednáška, při níž užil velice dobré barevné kresby, nabyla mnohokrát na zajímavosti tím, že pan Felt přitom prohlásil, že čtením hieroglyfů nejen objevil, že elementální bytosti byly často používány při egyptských chrámových mysteriích, že se mu ale dokonce podařilo vyluštit mantry jimiž tyto bylo ovládány, že je i vyzkoušel a přesvědčil se, že fungují. Ve společnosti se nacházelo několik zkušených spiritualistů, včetně mé osoby, kteří jsme byli otevřené mysli a připraveni k tomu se tímto předmětem zabývat. Pokud šlo o mne, o tom že elementální bytosti existují a že mohou být člověkem ovládány, jsem se přesvědčil tím, když jsem byl svědkem mnoha podobných jevů, zapříčiněných Madame Blavatskou. Věděl jsem také o existenci adeptů schopných magických výkonů v Egyptě, Indii i na jiných místech světa. Možnost toho, že s pomocí pana Felta a aniž bych musel do záležitosti vtahovat jména svých učitelů, by se dal osvětlit problém psychických fenomenů, mi okamžitě vytanula na mysli; takže jsem na kousek papíru načrtl pár řádek určených HPB, s tím aby mi dala vědět o tom co si myslí o případném založení takovéto společnosti. Lístek jsem podal panu Judgemu, aby jí jej předal tam kde seděla, na druhé straně místnosti a když s kývnutím hlavy souhlasila, povstal jsem a poděkovavše přednášejícímu, apeloval jsem na přítomné aby se ke mně připojili při přípravě vytvoření společnosti, která by se zabývala výzkumem záležitostí spojených s údajnými objevy pana Felta. Zmínil jsem se o materialistických tendencích patrných v současném světě a o touze lidstva po tom, aby se mu dostalo absolutního důkazu o nesmrtelnosti duše; poukázal jsem na prudký rozvoj spiritualistického hnutí, který to nejlépe dokazuje, přičemž jsem i učinil narážku na to, že naší filantropické práci by se mohlo dostat pomoci od těch Mistrů, od niž se HPB naučila to co dovede, pokud bychom se s vážností a z nesobeckých důvodů dali do práce.

Protože přítomní s tím, že takováto společnost by se vytvořit měla, souhlasili, pan Judge podal návrh k tomu, abych předsedal této schůzi, zatímco na můj návrh byl pan Judge zvolen jednatelem. Byla přitom také zvolena komise, která měla navrhnout základní stanovy. Několik dalších schůzí následovalo, při nichž byl nejprve schválen název společnosti jako The Theosophical Society. 30. října byly při jiné schůzi schváleny stanovy a konaly se zároveň volby představenstva společnosti. Presidentem byl zvolen H. S. Olcott, více-presidenty dr. S. Pancoast a G. H. Felt, právním zástupcem se stal W. Q. Judge. Blavatská samotná se na svou vlastní žádost spokojila s přijetím funkce se skromně znějícím názvem "corresponding secretary" neboli dopisující tajemník. Jiných asi deset členů, kteří v pozdějším vývoji společnosti příliš nefigurují, přijalo různé další funkce. 17. listopadu 1875 se potom konalo inaugurační zasedání, jímž se nová společnost představila světu. V preambuli se mj. praví:

"Zakladatelé věří v to, že zkoumáním hlubším než byla ta, jaká až doposud učinila moderní věda, lze členům i jiným badatelům nalézt důkazů existence 'neviditelného univerza', povahy jeho obyvatelů, pokud se zde nějací nacházejí, zákonů jimiž se řídí a vztahů jež mají k lidstvu."

V preambuli dále nacházíme tato slova:

"Nezávisle na tom, jaká stanoviska jednotliví členové mohou soukromě zastávat, Společnost nehodlá prosazovat žádná dogmata či šířit jakoukoliv víru. Nebyla ani založena jako schizma spiritualismu, ani proto, aby sloužila jako zastánce či odpůrce jakéhokoliv sektářského nebo filosofického systému. Zastává pouze jedinou zásadu a tou je všemohoucnost pravdy, její jedinou vírou je naprostá oddanost tomu, aby tato mohla být objevena a propagována. Pokud se jedná o přihlášky k členství, neexistuje zde žádná diskriminace, ať už podle etnického původu, pohlaví, barvy pleti, národnosti či náboženské víry."

Poslední věta této preambule zejména, vyhlíží jakoby byla součástí moderního dokumentu a ne něčím patřícím hluboko do devatenáctého století. Shlížíme-li ale na to objektivně, nelze rozhodně říci, že by se byla nově založená společnost rozjela s náramným třeskem. Vzhledem k tomu, že se vlastně jednalo o mezník, od něhož se odvíjí v západním světě prakticky celá historie moderního esoterismu, jakož i prapočátek hnutí New Age, který se navíc podepsal neobyčejným způsobem na historii moderního umění, byl to spíš jen takový malý pšouk. Přesto je třeba si uvědomovat, že bez něho by buď nebylo, nebo by vypadalo docela jinak, na příklad moderní umění, jehož zakladatelé, se téměř všichni ve svých začátcích nějak otřeli o Theosofickou společnost.

Ta ale zpočátku příliš neoslnila. George H. Felt, který byl ve své době také značně prominentním zednářem, rozhodně nesplnil očekávání která se v něj vkládala. Olcott ve svých pamětech píše, že se mu se značnými potížemi podařilo Felta přemluvit k tomu, aby uspořádal pár přednášek, přičemž přítomní "nikdy nezahlédli ani vrtící se ocásek v dáli mizejícího elementála," jak se o tom s krásným nadhledem vyjadřuje. Blavatská, která byla v té době již plně zaujatá psaním své první knihy Odhalená Isis, neměla dostatek času k tomu, aby se zúčastnila schůzí, ani k tomu, aby členy udivovala fenomény, jaké ještě nedlouho předtím běžně předváděla ve svém newyorském bytě.

Přitom všem HPB ve svém zápisníku měla poznámku datovanou v červenci 1875, tedy asi měsíc předtím než Olcott přišel s návrhem na založení společnosti:

"... dostalo se mi rozkazu z Indie k tomu, založit filosoficky-náboženskou společnost a nalézt pro ni správné jméno ... M. (Morya) si přeje, aby se založila společnost podobná lóži Rozenkruciánů. Přislíbil k tomu pomoc."

Olcott, který si původně myslel, že k založení společnosti dal popud on sám, si později již nebyl tolik jistý tím, jak to vlastně bylo. Připouští, že tento nápad mu mohl být nasazený do hlavy, ať už Blavatskou či jejími Mistry. Ti ale měli už od léta tohoto roku s Blavatskou ještě jiné plány. Někdy v té době ukázala tato Olcottovi několik listů rukopisu, k jejichž napsání prý dostala rozkaz. Neměla potuchy o tom, co by to mohlo být, zda novinový článek, či budoucí kniha, nebo vůbec nic; dala je prostě tehdy "do šuplíku". Brzy nato odjela na již zmíněnou návštěvu do Ithaky ke Corsonovým, a to již bylo v plném proudu psaní knihy, která bude čítat nějakých patnáct set tištěných stránek ve dvou svazcích.

7. Odhalená Isis

Dobová kresba domu číslo 302 na 47 Street v New Yorku, tzv. Lamasery, kde bydleli oba zakladatelé Theosofické společnosti Blavatská a Olcott, kde se společnost většinou scházela v létech 1876-77 a kde HPB napsala Odhalenou Isis.

Nějaký čas poté kdy se Blavatská vrátila z návštěvy u Corsonových v Ithace, rozhodli se oba hlavní zakladatelé nové společnosti, že se nastěhují do stejného domu. V čísle 433 West 34th Street se uvolnily dva byty, jeden v prvním patře, druhý přímo nad ním a ty si oba společně pronajali. Později se opět přestěhovali a sice do domu číslo 302 na 47. ulici, který se stal mezi příznivci Blavatské známý také jako "Lamasery" (něco jako buddhistický klášter).

Po následující dva roky psala HPB svou první knihu a to neuvěřitelným způsobem a ještě neuvěřitelnějším tempem. Olcott, který jako zpravodaj několika listů měl s psaním značné zkušenosti, tvrdí, že se nikdy nesetkal s žádným spisovatelem či žurnalistou, včetně těch kteří řídili i ty největší deníky, jejichž pracovní morálka a houževnatost se byť jen blížila tomu, čím ho denně překvapovala tato neobyčejná žena.

HPB seděla u svého pracovního stolu denně od rána až dlouho do noci a podle Olcotta se žádný z nich nedostal normálně do postele před druhou hodinou ráno. Olcott se přes den věnoval svým, zřejmě nepříliš náročným advokátním povinnostem a hned po brzké večeři usadili se oba u stolu, aby pracovali až do úplného vyčerpání těla i duše. Olcott byl přitom editorem. Blavatská prý neměla žádný zjevný celkový plán, psala prostě to co jí připadlo na mysl, což se podle svědectví jejího společníka k ní valilo jakoby neustávajícím přílivem. Rukopis podle toho také vypadal; byl všelijak slepený, rozstříhaný a přelepovaný tak, aby části navazovaly jedna na druhou. Některé ze stránek prý musel Olcott opravovat několikrát, někdy jí musel pomáhat v hledání odpovídajících anglických výrazů, přesto ale tvrdí, že byl přitom všem jen pomocníkem, že celá kniha je a zůstává prací pouze Blavatské, že jen jí samotné patří veškerá chvála i pohana jíž se jí dostává.

Odkud tedy získávala HPB látku z níž se sestává Isis, jejíhož původu se nikomu nepodařilo se přímo dopátrat, která se z velké části v žádných literárních dílech nevyskytuje? Jak jsme již viděli, Hiram Corson, který byl profesorem angličtiny a tudíž měl jistě dobré znalosti toho co je zapotřebí vědět když člověk píše knihu, byl stylem psaní Blavatské přímo ohromený. Podle něho má autorka v knize citáty z knih, k nimž prostě nemohla mít přístup a to nejen z místa kde psala v jeho domě v Ithace, ale dokonce nikde v celé Americe! Olcot navíc rozhodně prohlašuje, že to co je v knize "originálním", přenášely její vnitřní duševní smysly a že to pocházelo od jejích učitelů, "Bratří, Adeptů, Mudrců, Mistrů, Mahátmů," což vše jsou jména jichž se těmto neviditelným bytostem dostává. Proč si je a tím tolik jistý? Prý prostě proto, že s Blavatskou na Isis po celé dva roky pracoval a později jí také ještě asistoval při psaní jiných literárních prací.

Víme, že Blavatská už v mládí byla schopna provádět automatické psaní a je docela dobře možné, že o něco podobného šlo i zde. Olcott ve svých Old Diary Leaves napsal, že někdy mohl ponechat celé stránky rukopisu prakticky beze změn, jindy naopak nacházel pravopisné nebo stylistické chyby skoro na každé řádce. Nejneuvěřitelnější je ale to, že alespoň podle Olcotta, čas od času se některé části rukopisu prostě objevily na psacím stole nebo i někde jinde v místnosti samy od sebe, tedy vlastně jako spiritualistický aport. Jednou prý měl Olcott problémy s tím, jak přesně by měla znít jistá citace, kterou jako takovou Blavatská uváděla. Knihu doma nikde neměli. HPB mu nakonec řekla, že se pokusí původní zdroj získat. Očima se prý zahleděla kamsi do dálav a náhle řekla podivným, dutě znějícím hlasem, 'Tam, tamhle se podívejte,' a mávla přitom rukou směrem do rohu pokoje. Olcott tam šel a na stolku zde nalezl dva svazky, které skutečně obsahovaly text, který potřebovali. Knihy tam předtím definitivně nebyly, tím si byl naprosto jistý. Opravil prý rukopis podle toho co si zde přečetl (měl prý pravdu v tom, že text zněl poněkud jinak než jak jej HPB nesprávně citovala) a knihy opět vrátil na stejné místo. Když se tam po chvíli znovu podíval, knihy už mezitím zase zmizely! Opět jedna z věcí, jedna z těch pro materialisticky uvažující lidi nevysvětlitelných záhad, jaké se kolem této ženy děly... Děly se ale i jiné věci. Olcott píše:

Nejperfektnější byly ty části rukopisu, které za ni byly napsány, zatímco ona spala. Příkladem tohoto je začátek kapitoly o prastarém Egyptě. Skončili jsme jako obvykle asi ve dvě ráno, oba příliš unavení než abychom si ještě pokouřili a popovídali, než se rozejdeme, jak jsme to obvykle dělávali. Když jsem ráno přišel k snídani, ukázala mi HPB kupku asi třiceti nebo čtyřiceti listů, v jejím nejlepším rukopisném stylu které, jak prohlásila, za ní napsal – tedy musím říci, jeden z Mistrů, jehož jméno nebývalo zmiňováno tolik často jako jména jiných. Bylo to naprosto perfektní ve všech směrech a k vydavateli se to dostalo beze změn.

To by vypadalo na to, že se muselo jednat o někoho, pro něhož byla angličtina mateřským jazykem. Jinak zde většinou šlo o Asiaty kteří, i když mohli anglicky hovořit i psát výborně, přece jen asi trochu postrádali citu pro tento jazyk, takový jaký někdo jiný získával od útlého dětství. Během práce na knize se prý často tyaké stávalo, že z nějakého důvodu muselo dojít k výměně stráží. Jeden z Mistrů odešel a jiný ho okamžitě nahradil. To bylo okamžitě rozpoznatelné, protože potom se změnil nejen styl rukopisu, změnilo se ale i chování HPB:

Zvláštní je zejména to, že každé změně ve stylu rukopisu Blavatské předcházelo buď to, že na chvilku odešla z pokoje nebo že se ocitla v transu či v abstraktním stavu, v němž její oči jakoby hleděly skrze mne kamsi do prostoru, načež se téměř okamžitě vrátila do normálního stavu bdělosti. To bývalo provázeno viditelnými změnami osobnosti nebo spíše osobních zvyků, ve způsobu chůze, mluvy, v živosti jejího projevu a, zejména, v její náladovosti... Jakoby jeden člověk opustil místnost a jiný do ní místo něho vstoupil. Ne tak, že by se její hmotné tělo nějak změnilo, lišily se ale její pohyby, mluva a celkové způsoby; změnila se pronikavost její mysli, měla na věci jiné názory, měla jiné pravopisné schopnosti v angličtině, jiné nářečí a jiný, velice, velice jiný temperament. Pokud by bylo bývalo šlo o to, že tělo Blavatské bylo ovládáno (tzv. avesa, pozn.), naskýtal se zde jeden průvodní jev, jímž se o této skutečnosti neustále člověku nabízely důkazy, pokud si jich ovšem všímal.

Dejme tomu, že Mistr A. nebo B. "měl službu" aby pracoval na Isis, buď sám nebo ve spolupráci se mnou a že v určitém okamžiku by byl řekl něco mně nebo někomu jinému, kdo mohl být rovněž přítomen. Náhle ona (on?) přestane hovořit, zvedne se a odejde z pokoje, pod nějakou záminkou. Po chvíli se vrací, rozhlédne se kolem sebe, tak jak by to udělal jakýkoliv nově dorazivší návštěvník, který právě vstoupil do místnosti v níž se nachází společnost, o níž si chce učinit svůj názor. Ubalí si cigaretu a potom prohlásí něco, co nemá vůbec žádnou souvislost s tím o čem se hovořilo předtím, dřív než z pokoje odešla. Někdo z přítomných ji vezme za slovo a dožaduje se vysvětlení. Natož se ona ocitne v rozpacích a je přitom jasné, že se nemá čeho zachytit; třeba i vyjádří nějaký názor, který je v úplném rozporu s tím, co jen před krátkou chvílí řekla a pokud se s ní o tom někdo hodlá přít, rozzlobí se a řekne něco nepěkného; nebo pokud jí někdo ocituje to co právě řekla, zahledí se zjevně do sebe a řekne: "No, jo, promiňte mi" a pokračuje na jiný námět. Takovéto změny byly u ní náhlé jako blesk, já sám, zapomínajíce na její mnohočlennou osobitost, jsem býval často podrážděn její zjevnou neschopností ustálit se na nějakém názoru a tím, jak náhle a prudce dokázala popřít to, že něco řekla, když to docela jasně řekla, a to jen před krátkou chvílí. Později mi bylo vysvětleno, že to trvá nějaký čas, poté kdy se vstoupí do jiného živoucího těla, naladit svoje vlastní *vědomí na mozkovou paměť předchozího obyvatele a že když se jeden pokouší pokračovat v konverzaci dřív než k tomuto doladění dojde, snadno může dojít k podobným nedorozuměním... Čas od času, když jsme byli sami, ten Někdo, který byl právě na odchodu, například řekl: "Tohle musím vtisknout do mozku, aby to můj následovník našel", nebo ten právě vstoupivší Kdosi, poté kdy se uvítal se mnou, zeptal se mě o čem vlastně byla řeč, předtím než došlo ke změně.*

Olcott dále popisuje, jak si postupně zvykl, zatímco s Blavatskou žili a pracovali spolu jako "dvojčata", na různé osobnosti které se v ní projevovaly a které nazývá jejími "Alter Egos". Zmiňuje se na příklad o jednom z těchto „astrálních" návštěvníků, s nímž se později osobně setkal a který nosil ve své životní podobě plnovous s po stranách zakroucenými kníry, s nimiž si v hlubokém zamyšlení automaticky pohrával. Přesně to samé se prý dělo občas Blavatské, přičemž Olcott pozoroval její ruku bezděky hledající neexistující knír, zatímco její oči hleděly kamsi do prázdnoty. Jindy je prý navštěvoval jiný "Kdosi", který nerad hovořil anglicky a trval na tom, že se konverzace povede francouzsky. Žoviální a vtipný charakter byl vzápětí vystřídán jiným, důstojným, upjatým a vážným. Jeden ze spoluautorů Odhalené Isis mohl na příklad být klidný a trpělivý člověk, jiný zase netrpělivý a obtížný, někdy až skoro k nevydržení. Jeden z Mahátmů, kteří takto zjevně spolupracovali při psaní Isis, se prý dokonce v té době Olcottovi předvedl ve své pravé podobě.

Jednoho večera v New Yorku, poté kdy jsme si s Blavatskou popřáli dobré noci, seděl jsem ve své ložnici, dokuřujíce doutník a přemýšlejíce. Náhle, Chohan (název pro indické okultní zasvěcence, pozn.) *stál vedle mne. Dveře při otevření nevydaly žádný zvuk, pokud se vůbec otevřely, v každém případě byl zde. Usadil se a po nějakou dobu se mnou rozmlouval tichým hlasem a jelikož se zdálo, že mně je nakloněný, požádal jsem ho o jednu laskavost. Řekl jsem mu, že bych chtěl mít nějaký hmotný důkaz o tom, že tu skutečně byl a že jsem nebyl pod vlivem nějaké iluze, že to nebyla jen 'mája', kterou by byla Blavatská nějak zapříčinila. Zasmál se, odvinul vyšívaný plátěný indický turban, který měl na hlavě, hodil mi jej a byl pryč. Ten turban mám dodnes a v jednom rohu má vyšitou iniciálu "M".*

Tomuto úkazu předcházel jiný, týkající se stejného Chohana. Jednoho pozdního odpoledne Olcott s Blavatskou prý seděli v pracovně, když Blavatská náhle řekla "Podívejte se a poučte se". Olcott se na ni podíval a viděl, že kolem hlavy a ramen se jí tvoří mlhavý oblak. Ten se postupně zformoval do podoby právě toho Mahátmy, který jej později navštívil a daroval mu již zmíněný turban. Pouze hlava a torzo tohoto stinného přízraku prý byly viditelné, po chvíli se začal vytrácet, až docela zmizel. Blavatská seděla nepohnutě asi dvě minuty, potom vzdychla, probrala se a zeptala se Olcotta, zda něco viděl. Když ten jí požádal o vysvětlení, odmítla, s tím odůvodněním, že jev byl míněn k tomu, aby si jej on sám, s pomocí své vlastní intuice, vyložil.

Jak tedy vlastně psala Blavatská svoje stěžejní díla Odhalenou Isis a Tajnou doktrínu? Olcott emfaticky tvrdí, že při psaní nikdy nefungovala jako obyčejné spiritualistické medium. Prohlašuje přitom, že během svého spiritualistického údobí byl svědkem celé řady fenoménů a setkal se s medii všech možných typů a projevů, od hlasových, transových, píšících, jasnovidných, léčitelských i materializujících. Zúčastnil se jejich seancí a sledoval přitom jejich manýry, způsoby jimiž byla svými kontrolními duchy ovládána. V případě Blavatské tomu bylo docela jinak. Téměř vše, co dokázala výše zmíněná media, dokázala ona také, s tím rozdílem, že tak činila podle svého vlastního výběru, aniž by k tomu potřebovala mít podmínky jaké media pro sebe obvykle vyžadují, jako tmu v místnosti, vytvoření kroužku spojením rukou, aby se tímto soustředila energie, atp. Navíc měl Olcott důkazy, ovšem jen sám pro sebe, takže skeptikovi se zde vždycky nabízí dostatek prostoru k pochybnostem či přímo k zamítnutí, že ti kdo s HPB i s ním pracovali, byli lidé z masa a kostí. S některými, kteří se mu ve své astrální podobě ukázali v Americe či v Evropě, se totiž později setkal přímo v Indii.

Takto tedy vznikala Odhalená Isis, kniha po jejímž vydání v roce 1877 se Blavatská stala okamžitě známá po celém západním světě. Máme ovšem na vybranou. Buď uvěříme Olcottovi, který byl jediným trvalým svědkem toho jak kniha vznikala, nebo jej prostě prohlásíme za svědka nevěrohodného. Je nasnadě, že Olcott buď mohl mít zájem na tom, aby se vylíčením nadpřirozených jevů dostalo knize větší publicity, nebo se stal prostě sám obětí nějaké šalby. Pro českého čtenáře by bylo ovšem nejlépe mít možnost se podívat na Isis, i na pozdější Tajnou doktrínu Blavatské, pokud možno nezaujatým pohledem a vytvořit si svůj vlastní názor. Bohužel, to není jednoduché. Obě knihy jsou značně obsáhlé, v anglickém vydání mají dohromady více než tři tisíce stránek. Pokud je mi známo, moderní český překlad neexistuje. Nejsem si ani jistý zda nějaký český překlad v minulosti vůbec existoval. Ani pro toho, kdo dokáže číst dobře anglicky, francouzsky nebo německy, to není právě lehké čtení. Pokud čtenář není alespoň zhruba obeznámen s okolnostmi za nichž obě knihy vznikaly, nedoporučuji, aby se do nich jen tak pouštěl. Nalézá se zde řada polemik a odkazů na osoby a události, které už dávno pozbyly relevance. Současný čtenář se proto musí občas pracně prodírat tímto uschlým podrostem, aby se dostal na palouky obklopené stromy opravdové okultní filozofie. Pro toho, kdo se vážně zajímá o theosofii a o okultní vědy vůbec, to ovšem není práce marná.

Svědectví Alexandera Wildera

Alexander Wilder (1823-1907)

Alexander Wilder byl členem Theosofické společnosti v jejích začátcích, po nějaký čas byl dokonce vicepresidentem společnosti. Poté kdy Blavatská opustila Ameriku, věnoval se ale spíš jiným věcem, jichž měl ve svém rejstříku slušný počet. V dnešní době bývá jeho jméno spojováno s novoplatonistickou filosofií, přičemž některé z jeho knih jsou stále ještě v tisku. Původně doktor medicíny, Wilder měl tendenci stavět se na stranu těch, kteří propagovali to, co bychom dnes nazvali alternativní medicínou, při níž se užívá léčivých bylin, homeopatie, hypnotismu, akupunktury, atp. Wilder byl velice plodným autorem a editorem a v době, kdy se Blavatská s Olcottem nacházeli v New Yorku, pracoval na publikacích J. W. Boutona, newyorského knihkupce a nakladatele.

Jednoho příjemného odpoledne na počátku podzimu jsem byl sám doma, když zazněl domovní zvonek. Ukázalo se, že návštěvníkem je plukovník Olcott a že má pro mne jistý úkol. Nikdy předtím jsem neměl příležitost k tomu se s ním seznámit, i když on o mně věděl z doby kdy vyřizoval nějakou záležitost pro mého zaměstnavatele. Neměl ale sebemenší potuchy o tom, že se zajímám o předměty jeho vlastního zájmu, tak úspěšný jsem byl v tom nezmiňovat se před kolegy o své vášni k transcendentální filosofii a k mytologii. Myslím, že plukovník Olccot byl tím dosti překvapen. Olcotta za mnou poslal pan Boulton. Madame Blavatská napsala knihu na okultní a filosofické náměty a pan Boulton byl požádán o to ujmout se nakladatelství. Proč mi dal tento úkol, tomu jsem vůbec nerozuměl. Krátce předtím odjížděl do Anglie a navštívil jsem ho několikrát v dnech před jeho odjezdem, přičemž on se vůbec nezmínil o tomto rukopisu. Otázkou bylo, očekával nyní, že si jej přečtu, či se snad jednalo o úhybný manévr z jeho strany, aby nemusel Olcottovi rovnou říci "Ne!" Řekl jsem si ale, že i když se to obchodnímu jednání příliš nepodobalo, snad si pan Bouton skutečně přeje, abych se na toto dílo podíval, takže jsem s tím souhlasil.

Ukázalo se, že se jedná o opravdu těžkopádnou práci, v níž se zračilo značné badatelské úsilí, které si vyžadovalo velkou píli, znalost množství různých námětů a také cílevědomost, což jsem autorce musel přiznat. Považoval jsem ovšem za svou morální povinnost jednat v zájmu pana Boutona a být tudíž kritický. Ve svém dobrozdání jsem proto napsal, že rukopis je výsledkem výjimečné badatelské snahy a že pokud jde o současný stav vědění, jedná se o věc

revolučního charakteru. Dodal jsem k tomu, že se nicméně domnívám že dílo je příliš dlouhé na to, aby se vyplatilo je vydat tiskem.

J. W. Bouton se přesto rozhodl knihu Blavatské vydat. Učinil tak ale za podmínek pro autorku dosti nevýhodných. Ponechal si autorská práva, která jí nikdy zpátky nepředal. Tímto si uchoval kontrolu nad cenou knihy, kterou také nikdy nesnížil. Předal rukopis opět Wilderovi s tím, aby zkrátil text tak, jak se dá. Wilder s tím příliš spokojený nebyl, protože se nedomníval, že by bylo správné mít v rukou tolik moci, na úkor autorky. Přesto ale nakonec se úkolu zhostil. Když zkracoval některé z pasáží, snažil se prý o to co nejvíc se přidržet původní myšlenky autorčiny a vyškrtával pouze ty části, které považoval se přebytečné a ne zcela nutné k tomu, aby se zachoval původní cíl. Wilder si byl zpočátku dosti nejistý s tím, zda by se měl začít stýkat s Blavatskou, k čemuž ho Olcott pochopitelně vedl. Nakonec se ale stal dosti častým návštěvníkem v "Lamasery" a dobrým přítelem HPB i Olcottův. Dejme opět nakrátko slovo Olcottovi:

Jedním z našich nejvítanějších návštěvníků byl prof. Alexander Wilder, zajímavá osobnost, přináležející ke kastě amerického sebe-vzdělaného zemanstva, muž pocházející z puritánských předků, inteligentní, silně nezávislý, velice všestranný a poctivý, kurážný a náramný patriot ...

Olcott se dále rozepisuje široce o Wilderovi a o jeho návštěvách, jak přitom často zmeškal poslední vlak do Newarku kde bydlel a musel tudíž přespat v New Yorku. Také o tom, jak velice pomohl Blavatské s psaním a s vydáním Isis. Vypadá to na to, že Olcott si nebyl nikterak vědom toho, že Wilder měl původně značné výhrady vůči vydání této knihy a stavěl se spíše proti tomu. Zdá se, že v HPB věřil zcela bezvýhradně, že byl pevně přesvědčen, že zde vzniká dílo světového formátu a tato jeho víra se ukázala být opodstatněnou. Jak se také zdá, bylo tomu až po setkání s Blavatskou, kdy se z Wildera stal další nadšený stoupenec této ženy. HPB měla takovouto moc, zejména nad muži té lepší společnosti posledních desetiletí devatenáctého století. V naší době, která se na jednu stranu pokrytecky tváří politicky korektně asexuální, přičemž po komerční stránce uznává prakticky jen sexappeal, je snad takovéto konstatování poněkud občerstvující. Wilder dále píše:

Pracovna Madam Blavatské byla zařízena zvláštním a dosti primitivním způsobem. Byla to veliká místnost s okny vedoucími do ulice, takže zde byl dostatek světla. Uprostřed pokoje se nacházelo její "doupě", což bylo místo ohraničené ze třech stran přepážkami, psacím stolem a poličkami na knihy. Měla to zařízené jak prakticky tak i originálně. Stačilo jí natáhnout ruku, aby dosáhla na cokoliv nacházejícího se uvnitř této zástavby. Nedalo by se o tom říci, že to vypadalo nějak obzvlášť krásně, pokud ovšem nevezmeme v úvahu to, že staří Řekové považovali za krásné to, co se hodí ke svému účelu. V tomto místě byla Blavatská suverénní vládkyní, odtud vydávala rozkazy, činila důležitá rozhodnutí, psala dopisy, přijímala návštěvníky a vytvářela rukopis své knihy. Ani svou povahou ani postavou se nepodobala tomu, jak jsem si ji představoval. Byla poměrně vysoká i když ne příliš, její tvář nesla známky člověka který toho hodně viděl, hodně přemýšlel, hodně cestoval, hodně zažil. Její zavalitá postava mi připomněla to, co prohlásil Hippokrates o Skhytech, národa z něhož ona sama nejspíš pocházela ("otec lékařství" Skythům přisuzuje žlutost pleti, přitloustlost a naprostou nepodobnost s jinými národy, pozn.)

Wilder se vyhýbá tomu popisovat to jak se Blavatská oblékala, protože se prý o takové věci se nikdy moc nezajímal. Celkově na něj udělala dojem kulturního a zdvořilého člověka s dobrými společenskými mravy. Své názory prý dokázala vyjadřovat s přímostí a rozhodností, nikoliv ale vtíravě.

V jistých směrech jsem ji asi nikdy plně nepochopil. Možná, že na ní toho bylo více než jsem byl ochoten si přiznat. Slyšel jsem o tom, jaké má nadlidské schopnosti a jaké věci se kolem ní dějí, jimž by se dalo říkat zázračné. Podobně jako Hamlet, také já věřím v to, že jsou věci mezi nebem a zemí, jaké mudrci našeho věku nejsou připraveni uznat. Madam Blavatská ale nikdy přede mnou nic takového netvrdila. Bavili jsme se vždy o věcech, o nichž jsme oba něco věděli, tak říkajíce na stejné úrovni. Nicméně prohlašovala, že komunikuje s osobnostmi jímž říkala "Bratři" a že k tomu občas dochází způsobem podobným tomu, čemu se říká "telepatie". Není snad třeba dokazovat či trvat na tom, že takovýto způsob dorozumívání byl znám a také prováděn od dob starověku. Chabar je známým pojmem v zemích Orientu. Představoval jsem si, že důležitou podmínkou k tomu být schopen takovéto rozmluvy, je zdržovat se stimulantů jakými bývají masitá strava, alkoholické nápoje a různá narkotika. Takové věci nikterak nepovažuji za nemorální, domníval jsem se ale, že abstinence je nutná k tomu aby se mentální síly mohly plně projevovat, aniž by byly brzděny či kontaminovány vlivy nacházejícími se na nižší úrovni. Jenže, Madam Blavatská se žádnému asketismu neoddávala. Jídlo u ní na stole bylo hojné i když ne rozmařilé, podobné tomu jaké bývá k nalezení v běžných domácnostech. Navíc, oddávala se kouření cigaret, které si balila kdykoliv se jí k tomu naskytla příležitost. Nikdy jsem si ale nevšiml toho, že by tyto věci nějak narušovaly ostrost její mysli nebo její činorodost.

Wilder se dále rozepisuje o tom, jak Blavatská přijala jeho návrhy na vyškrtání pasáží, které přitom sama nazývala "žvásty". To jí ale nezabránilo v tom, aby nepřidávala, až do poslední možné chvíle před tím než měla její práce jít do tisku, nové a nové pasáže. S nápadem na název knihy přišel prý nejspíš nakladatel Bouton a Wilder o jeho vhodnosti nemá příliš dobré mínění. Vzhledem k tomu, že v knize jde spíše o prehistorické doby árijských národů v Indii a na Středním východě, je podle něho název zavánějící egyptskou mytologií poněkud zavádějícím. V tomto s Wilderem vcelku souhlasím.

Práce na Odhalené Isis se skončila a kniha se ocitla na pultech knihkupců. Začaly se okamžitě konat přípravy k odjezdu z New Yorku. Madam Blavatská si zašla na přistěhovalecký úřad, aby si zde zařídila občanství Spojených Států. To mě značně překvapilo, z části proto, že jak jsem věděl, hodlala tuto zemi opustit permanentně, částečně také proto, že často kritizovala to jak žijeme i celý náš politický systém. Vysvětlila mi ale, že americký národ má tu nejlepší vládu. Zřejmě za tím také vězely nějaké právní záležitosti o nichž jsem nic nevěděl. Plukovník Olcott byl zkušeným právníkem, který pracoval i pro washingtonskou vládu, takže jistě věděl co bude zapotřebí pro zajištění budoucnosti v zahraničí. Když potom po příjezdu do Indie na ně padlo podezření jako na případné ruské špióny, asi jim takováto opatření musela přijít vhod.

Wilder s Blavatskou a Olcottem si vyměnili několik dopisů, postupně ale se jejich zájmy vydaly poněkud rozdílnými směry. Wilder byl přece jen hlavně americkým patriotem, zatímco Blavatská měla na mysli především své poslání, které by se v dnešní době snad dalo vyjádřit tím již silně zprofanovaným a politicky korektním výrazem "multikulturní". Americká epizoda byla v jejím životě sice důležitá, musela se ale někdy skončit. Americké občanství, jehož po tomto pětiletém pobytu v zemi nabyla, jí v budoucnu přijde vhod. Jak řekla Blavatská jednomu reportérovi z New York Graphic, který ji přišel vyzpovídat poté, kdy se dozvěděl o jejím nadcházejícím odjezdu:

"Je mi líto, že musím opustit tyto místnosti, jsem ale ráda, že opouštím vaši zemi. Máte tu svobodu, to je ale všechno, jenže máte jí moc, příliš moc!"

"Když se vám v Americe nelíbí, proč jste se tedy vzdala svého ruského občanství a přestěhovala se do New Yorku?"

"Ó, vy tu máte svobodu. Tu jsem já neměla. Ruští konzulové mi ochranu neposkytli, teď mě ale budou chránit američtí konzulové."

Přes všechny své přednosti a svou výjimečnost, byla Blavatská přece jen ženou poněkud vypočítavou. Jak jsem již dříve napsal, měla také své lidské chyby a nedostatky. Či snad bychom měli zařadit takovouto přímost mezi aktiva? Pokud jde o její kritiku americké demokracie, tam se přece jen v ní asi projevila její příslušnost k ruské vládnoucí elitě!

8. Blavatská a Olcott v Indii

V Indii brzy po příjezdu v roce 1879

Odhalená Isis vzbudila rozruch hned po svém vydání. Nakladatel Bouton původně chtěl dát vyrobit jen sto výtisků v ceně po sto dolarech. Když mu ale Bernard Quarich, velice známý londýnský knihkupec a nakladatel napsal, že by si přál být anglickým agentem, bylo mu už jasné, že o knihu bude zájem. Rozhodl se tedy pro náklad o hodně větší, i když byl přesto ještě opatrný. První sazba jednoho tisíce stále ještě poměrně drahých výtisků se ale vyprodala během deseti dnů. Snad nejvlivnější denní list New York Herald Tribune se o knize vyjádřil jako o "jednom z pozoruhodných děl století," mnohé další noviny a časopisy opakovaly v zásadě totéž. V Isis se nachází přehled dějin, rozsahu a rozvoje esoterických věd, podstaty a původu magie, kořenů křesťanství, omylů křesťanské ideologie a klamných tvrzení zavedené ortodoxní vědy, to vše viděno oproti pozadí tajných nauk, které se jako zlatá nit táhnou uplynulými staletími, aby se tu a tam vynořily na povrch, spolu s různými mystickými směry, to vše v průběhu přibližně dvou tisíciletí.

8. července 1878 se Helena Petrovna Blavatská stala občanem Spojených Států, o čemž se psalo v řadě novinových článků. V prosinci tohoto roku společně s Olcottem odpluli do Anglie, odkud měli namířeno dál, do Indie. Po krátkém, asi dvoutýdenním pobytu v Londýně se přesunuli do Liverpoolu, odkud jim 17. ledna plula loď do Bombaje. Loď, na níž měli strávit asi čtyři týdny, byla podle Olcotta špinavá a nepohodlná, cestou navíc zažili bouřku, během níž si Blavatská poranila koleno, když narazila na nohu stolu. Přes Suezský kanál propluli do Indického oceánu a 16. února dorazili do Bombaje. Tři Indové je očekávali v přístavu, odkud je doprovodili do domu, jehož nájem měli zařízený již z New Yorku. Brzy nato se seznámili s britským koloniálním úředníkem jménem Ross Scott, který se živě zajímal o filosofické směry Východu. Scott, který se na místě rozhodl stát se členem společnosti, si brzy nato vyškemral na Blavatské, aby mu předvedla nějaký fenomén.

"Co mohu pro vás udělat?" zeptala se HPB. Scott ukázal na kapesník, který držela v ruce a němž bylo vyšité její jméno Helena. Scott ji požádal o to, aby toto jméno nahradila jiným. Když se Blavatská ptala, jaké jméno by si přál, prohlásil, že by se hodilo Hurrychund, což bylo jméno přítomného majitele domu, který si od něho pronajímali. Blavatská souhlasila a řekla Scottovi, aby uchopil pevně do ruky ten konec kapesníku kde se nacházelo vyšívání, zatímco ona sama že si podrží druhý konec. Když asi o minutu později mu řekla, aby se podíval na jméno, Scott zjistil, že místo jejího jména se na kapesníku skutečně objevilo jméno Hurrychund! S Hurrichundem, který byl presidentem společnosti Arya Samaj, s níž v té době měla Theosofická společnost afilaci, měli ale nadále mít jen samé potíže. Pokusil se totiž o to, aby na tom, že jim pronajímal dům, který vlastnil a že pro ně zařídil přijímací recepci, vydělat co nejvíc. Blavatská a Olcott příliš mnoho peněz neměli, takže se brzy nato s Hurrychundem rozešli, nalezli si sami menší dům v městě, pořídili si nějaký starší nábytek a usadili se zde pro příští asi dva roky. Trochu se museli uskrovnit, ušetřili ale hodně peněz, což bylo pro ně velice důležité. Krátce po přestěhování do nového domu dostali, podle Olcotta, také návštěvu od mistra Moryi, který prý se dostavil ve svém fyzickém těle, aby mohli společně vést poradu. O čem spolu jednali se ale plukovník v žádných větších detailech dále již nezmiňuje.

Alfred Percy Sinnett

Alfred Percy Sinnett (1840-1921) je po Blavatské, Olcottovi a Judgeovi, jistě další nejdůležitější postavou v historii Theosofické společnosti. Pokud jde o pobyt obou zakladatelů společnosti v Indii, byl rozhodně zdaleka tím nejvlivnějším člověkem. Později v Londýně, kde žil až do konce svého poměrně dlouhého života, byl presidentem tamější lóže TS. Důležitá je i jeho autorská činnost. V době kdy Blavatská s Olcottem dorazili do Indie, byl Sinnett šéfredaktorem deníku The Pioneer, nejrozšířenějších novin vydávaných anglicky v tehdy ještě britské kolonii. Jako mnoho jiných theosofů, také Sinnett se svojí manželkou Patience byli rekrutováni do Theosofické společnosti z řad stoupenců spiritualismu. Je zajímavé, že členství v TS velice často předcházel (a stále ještě předchází) zájem o spiritualismus.

A. P. Sinnett (1840-1921)

Předpokládejme, že v Anglii či v Americe o sto let dříve to bylo celkem podobné tomu co jsem vídával v Austrálii před 40 lety. Stejně tak v indickém Alahabadu či v Simle, což byla pro tehdejší britskou koloniální správu v Indii hlavní města, střídavě pro zimní a letní údobí. Po výše uvedených zkušenostech celkem chápu, že lidé, kteří se nasytí fenomény vyskytujícími se kolem spiritualismu, což pro inteligentního člověka asi netrvá příliš dlouho, začnou časem hledat něco jiného, vyššího, něco co za tím vším stojí. Takže stát se theosofem je pro některé z nich celkem přirozeným krokem. Sinnett se zřejmě nacházel zhruba v této vývojové fázi a o příjezdu Blavatské a Olcotta do Indie se dozvěděl jako novinář pochopitelně dosti brzy. Protože mezitím již četl Odhalenou Isis, dychtil po tom se setkat s autorkou. V prosinci 1879 se mu přání splnilo; Blavatská a Olcott přistoupili na jeho pozvání a přijeli do Allahabadu. Sinnett píše:

Allan Octavian Hume
(1829-1912)

Chtěl bych svým čtenářům popsat Madam Blavatskou tak, jak jsem ji poznal a co nejkomplexněji jak to dokáži, takže neucouvnu ani před tím namalovat ten obrázek také se stíny, které tam byly. Její první návštěva u nás nebyla ve všech směrech zcela úspěšná. Její vzrušivost, která občas bývala docela zábavná, jindy mohla také nabýt nervy dráždící podoby, když si ona potřebovala ulevit ve své neustávající netrpělivosti hlasitými a vehementně pronášenými tirádami, namířenými proti plukovníkovi Olcottovi, který se v té době ještě nacházel v poměrně raném období svého učňovství v tom, o čem se občas neuctivě vyjadřovala jako o "okultním byznysu". Nikomu z těch kteří měli byť jen trochu soudnosti nemohlo přitom uniknout, že její drsné způsoby a pohrdání zvyky a způsoby běžnými v uhlazené společnosti byly výsledkem vědomé vzpoury vůči těmto a nikoliv její neznalosti. Takovéto rebelantství často bývalo velice ostentativní, zejména když svou mluvu zabarvovala všemožnými silnými výrazy, někdy vtipnými a zábavnými, jindy ale až zbytečně explicitními, takže bychom si byli všichni přece jen přáli aby se trochu víc krotila. Blavatská rozhodně postrádala některých z těch atributů, jaké by byl člověk očekával u duchovního vůdce.

Vzpomínky na tyto časy mi nabízejí velice různorodou kolekci portrétů této dámy, pořízených za různých podmínek, které vymalovaly její nervy a její nálada. Někdy ji vidím celou zrudlou a výřečnou, příliš hlasitě odsuzující nějakou osobu, která se neuctivě vyjádřila o ní samotné či o Theosofické společnosti; jindy se mi jeví jako tichá a vlídná, když se z ní linul proud zajímavých postřehů týkajících se někdy třeba mexických starožitností, jindy zase egyptských či peruánských památek a prozrazující vědomosti velice obsáhlého a daleko sahajícího charakteru, vzpomínky na jména a místa, či předložené archeologické teorie, které byly pro její posluchače naprosto fascinující. Také si vzpomínám na to jak nám vykládala anekdoty a příhody ze svého života, kousky svých podivných dobrodružství, či povídání o ruské společnosti, to vše s přesností, živostí a provedené tak, že tím dokázala přímo uchvátit všechny přítomné.

Sinnett se dále rozepisuje o tom s jakou pílí se Blavatská starala o vydávání časopisu The Theosophist, který hned prvního podzimu po jejím příjezdu do Indie začal vycházet měsíčně a který brzy začal být dokonce i rentabilní. Přitom kritici celého hnutí se v novinových článcích předháněli v tom, jak se co nejironičtěji vyjadřovat o tom, že si společnost účtuje za "zasvěcování uchazečů o členství", což je ovšem normální v každém spolku a v každé době. Udržovat jakoukoliv organizaci v chodu přece vždy stojí peníze a bez členských příspěvků by se žádná společnost dlouho nad vodou neudržela, pokud by neměla nějakého mecenáše disponující bezednou truhlicí zlata, který by všechno financoval. Tohle je pravdou dnes kdekoliv na světě a to platilo i o Indii před bezmála půl druhým stoletím!

Sinnett v následujících létech provedl celou řadu pokusů týkajících se mediálních schopností Blavatské, na nichž se také podílel A. O. Hume. Hume byl po dlouhá léta dosti vysoce postaveným úředníkem státní správy indické kolonie a dodnes je uznáván jako významný amatérský ornitolog. Theosofií se počal velice vážně zabývat právě v této době. Ti, kteří se zúčastnili těchto experimentů brzy přišli na to, že Blavatská je schopna působit klepavé zvuky celkem za jakýchkoli okolností. Nejen uvnitř stolu, což dokáže skoro každé medium, zejména pokud má k tomu podporu kroužku lidí, kteří spojením rukou vytvářejí větší množství energie. HPB nepotřebovala žádný takový kruh a dokonce ani žádný stůl. Klepavé zvuky, které působila, vycházely tu ze stěn, jindy z okenních rámů, cinkavé zvuky potom ze sklenic či lahví, atp. Opět má slovo Sinnett.

Blavatská sama nebyla schopna podat přesné vysvětlení toho, jak tyto zvuky vznikají. Nicméně, o tom že se podrobovaly její vůli, se nedalo nikterak pochybovat. Mohl jsem je požádat o to, aby mi hláskovaly náhodně vybrané jméno. Když jsem potom vyvolával jednotlivá písmena abecedy, klepání se ozvalo v tu správnou chvíli. Mohl jsem rovněž požádat o určitý počet zaklepání a ta se ozvala přesně tak, jak jsem si přál. Když mě HPB požádala, abych položil svou ruku na její, cítil jsem přitom slabé, jakoby elektrické výboje.

V době návštěvy Blavatské a Olcotta v Simle v roce 1880 si menší společnost uspořádala piknik. Přitom došlo k následující události, kterou nedlouho nato Sinnett takto popsal (později vyšlo v knize *Okultní svět*):

Vyšli jsme ráno v dohodnutý čas. Původně měla naše skupinka čítat šest lidí, těsně předtím než jsme vyšli přidala se ale ještě sedmá osoba. Po několika hodinovém sestupu našli jsme si místo v lese nedaleko vodopádu, kde jsme hodlali posnídat: košíky které jsme si nesli sebou byly neotevřené a sluhové (které pochopitelně Sinnett s typickou přezíravostí Angličana žijícího v britské kolonii mezi zmíněnými sedmi nepočítá, pozn.) *nedaleko nás rozdělali oheň a chystali se připravit čaj a kávu. Padlo pár žertů o tom, že máme o jeden hrníček a talířek méně, protože je nás nyní sedm a kdosi se smíchem zeptal Madame Blavatské jestli by dokázala vykouzlit další šálek s talířkem. Když Madame Blavatská řekla, že to bude dost obtížné, že se ale o to může pokusit, pokud si to přejeme, všechny oči visely jen na ní. Madame Blavatská, jako obvykle, se chvíli mentálně radila s jedním z Bratrů, potom poodešla trochu od místa kde jsme měli prostřeno k pikniku, asi tak v radiu šesti až dvanácti yardů, přičemž jsem ji zblízka sledoval, protože jsem chtěl vidět co se stane. Označila potom místo na zemi a zavolala, aby jeden z přítomných gentlemanů si vzal nůž a začal s ním dloubat v hlíně. Místo které k tomu vybrala se nacházelo na mírném svahu a bylo pokryté hustým plevelem, trávou s malými křovisky. Gentleman s nožem (major Philip*

Henderson) rostliny nejprve s jistými potížemi vytrhal, protože byly odolné a měly hustě propletené kořeny. Potom dloubal nožem v půdě mezi kořeny a vybíral hlínu rukama, až narazil na něco bílého, což když to zcela vykopal se ukázal být onen kýžený šálek. K němu se hodící talířek byl potom také nalezen po dalším kopání. Oba předměty se nacházely mezi kořeny, jimiž byly všude kolem obrostlé. Jak šálek tak i talířek se svými ozdobami přesně hodily k těm, které byly sem přineseny k pikniku a tvořily tak servis o sedmi šálcích s talířky. Moje žena se později vyptávala našeho hlavního „chitmugara" (stolníka) kolik šálků a talířků tohoto druhu máme. Servis byl starý, za ta léta se některé rozbily, sluha ale prohlásil, že šálků zbývalo devět. Když byly všechny shromážděny a spočítány, toto číslo se ukázalo být správným, pokud se nepočítal ten vyhrabaný šálek. S ním jich bylo deset a pokud se jedná o vzorky které na sobě měly, ty byly dosti zvláštní; servis byl zakoupený před lety v Londýně a žádné k němu se hodící šálky by se byly určitě v Simle nenašly.

Sinnett se dále v obsáhlosti zabývá možnostmi jak by se dal takovýto zázrak naaranžovat a dochází k tomu závěru, že by to prostě možné nebylo. Místo u vodopádu, kde se společnost sedmi lidí spontánně rozhodla mít piknik, se nacházelo několik kilometrů od domu kde Sinnettovi bydleli. Pokud by se byl Olcott měl podílet na nějakém podvodu (nikdo jiný by v úvahu nepřicházel, protože všichni ostatní se s Blavatskou teprve nedávno seznámili), musel by býval na to místo dojít někdy uprostřed noci předtím než ráno vyšli, aby tam šálek s talířkem zahrabal. K tomu by nebyl čas ani možnosti. Pokud uvěří Sinnettovi, že vše se stalo tak jak to popsal, potom si čtenář sám dá dohromady, že něco takového by se sice teoreticky nějak předem zařídit dalo, tak jako lze zařídit skoro všechno, avšak spousty šroubků a koleček by musely přesně zapadnout do sebe, aby něco takového v praxi bylo možné provést. Ovšem, pokud si chce někdo nalézt "racionální vysvětlení", to se vždycky dá nějak vykonstruovat. Pokud se jedná o kovaného skeptika, potom když je zde něco možné, byť jen teoreticky, už jakoby se stalo!

To samé ovšem platí také o jiném ze "zázraků", které HPB během svého pobytu v Simle předvedla a kterému se také dostalo značné publicity, díky tomu jak nám jej Sinnett popsal. Tento se týkal brože s perlami, kterou kdysi dala paní Humeové její matka a kterou tato dáma asi rok předtím ztratila. Tentokráte podle Sinnetta bylo u večeře přítomno jedenáct lidí a jako obvykle při podobných událostech, společnost očekávala, že Blavatská jim předvede některý ze svých kousků. Když se HPB zeptala paní Humeové zda by si přála aby jí "aportovala" nějaký předmět, něco co by nebylo snadné k dosažení, tato dáma si vzpomněla právě na tuto svoji ztracenou brož. Na tomto místě Sinnett dosti dlouze popisuje to, jaká konverzace tomu všemu předcházela, protože předpokládal, že pochybovači by mohli později tvrdit, že celá věc byla nějakým způsobem předem dohodnuta a připravena a že HPB potom nějak zavedla řeč na zmizelou brož. Zdůrazňuje proto, že paní Humeová přišla s nápadem na brož sama a že nemohla být k tomu nijak navedena. Dáma samotná nebyla spiritualistkou, ani nevěřila na okultní fenomeny. Načrtla na kousek papíru zhruba obrys ztracené brože. Blavatská potom zabalila peníz který měla na řetízku k hodinkám do dvou kusů cigaretového papíru. Takto zabalený si jej dala do kapsy a prohlásila, že doufá, že brož bude během večera doručena. O něco později společnosti řekla, že se brož neobjeví přímo uvnitř domu, ale že bude nalezena v přilehlé zahradě. Společnost se tedy odebrala ven hledat brož, která podle HPB se měla nacházet na vzdáleném konci zahrady. Po delším hledání s lucernami, nalezla paní Sinnettová v záhonu mezi listy balíček z cigaretových papírků. Uvnitř se ukázala být zabalená brož, kterou paní Humeová okamžitě poznala a o níž prohlásila, že je to skutečně ta, kterou ztratila. Sinnett na místě sepsal o tom pojednání, které potom podepsalo všech devět přítomných (pochopitelně bez Blavatské a Olcotta). To se stalo součástí článku, který později uveřejnil ve svých novinách a později to také popsal ve své knize *Okultní svět* (The Occult World).

Jak se dalo očekávat, Sinnettův článek vyvolal bouři a na hlavy všech podepsaných se snesly vlny kritiky a posměchu. Podle skeptiků měla Blavatská ovšem vše předem připravené a buď potom paní Humeovou navedla v konverzaci na brož, kterou nějak podvodně získala, podle některých dokonce už v Anglii, ještě než připlula do Indie. Každý kdo se kdy zabýval okultními fenomeny ví, že nedůvěřivců je vždycky spousta a že se nedají ničím přesvědčit. Dokonce i plně ověřené pokusy v tomto směru, které byly provedeny v laboratorních podmínkách a na různých místech světa, nikdy nedokázaly přesvědčit drtivou většinu těch, kteří se už předem rozhodli, že se buď jedná o podvod nebo aspoň o nějaký klam přírody. Lidé už jsou prostě takoví a takové jsou i okultní fenomény. Stoprocentně nikdy nikoho nepřesvědčí.

Na Sinnettovu žádost Blavatská o něco později zařídila, aby dva nejaktivnější z adeptů ve spojení s TS se také spojili písemně se Sinnettem. Nejprve Koot Hoomi Lal Singh začal se Sinnettem korespondovat prostřednictvím Blavatské někdy koncem roku 1880 a pokračoval v psaní až do roku 1884. O něco později se ke Koot Hoomimu přidal také údajný guru Blavatské Morya. Celkem se jedná o 145 dopisů, z nichž některé, zejména ty rané, jsou značně obsáhlé, často na několik stránek tištěného textu. Z této korespondence postupně vznikly tři knihy, první dvě z nichž jsou Sinnettův *Okultní svět (The Occult World, 1881)* a *Esoterický buddhismus (Esoteric Buddhism, 1883)*. V Okultním světě popsal Sinnett dosti podrobně celou řadu událostí a okultních jevů, k niž došlo během návštěvy Blavatské s Olcottem v jeho domě v Simle v roce 1880, včetně těch o nichž jsme si právě pověděli. V druhé knize čtenář nalezne celkem dosti srozumitelné výklady toho, co je pro obrovskou většinu lidstva buď těžké k pochopení či mimo běžné hranice chápání, tak jak je vytyčila věda. V zásadě zde jde o celý systém, jímž se řídí vývoj na naší planetě i v celé sluneční soustavě a to nejen vývoj člověka, ale i ostatních životních forem, zvířat, rostlin i minerálů. Zde uvedu jen krátkou ukázku toho, čím se zabývá Esoterický buddhismus:

Za tím, co se zrodilo lidského ze životního impulzu, se nachází jiná úroda ve zvířecích podobách, jak tomu každý i ví; za tím je úroda rostlinných forem, které bezpochyby předcházely na této planetě objevení se nejranějších forem zvířecích. Dále, před organickým systémem rostlin zde byly organické systémy minerálů – neboť minerály jsou také výtvorem přírody, jsouce vyvinuty z něčeho co bylo před tím, tak jak tomu musí být všude kde se Příroda projevuje, až dále, přes nekonečně dlouhé série manifestací, mysl putuje zpět, až k úplnému prapočátku všech věcí.

Sinnett píše na jiném místě:

Spirálovitý model, podle něhož se řídí vývoj ve všech oblastech života, způsobuje, že se nám to jeví jakoby zde byly mezery mezi jednotlivými druhy různých tvorů, kteří žijí na zemi. Závit šroubu, jenž je v podstatě nakloněnou rovinou, se jeví jako sled schodů, pokud na něj hledíme pouze z jedné strany souběžně s jeho osou. Vyvíjející se monády (theosofie užívá výrazu „monad", česky monáda, který také již užíval Pythagoras. Slovo pochází z řečtiny a značí „jediný, jedinečný," v tomto případě tedy duch, duše, která prochází mnoha různými fázemi vývoje, pozn.), kteří se nacházejí na úrovni zvířecí, se přesunou do jiných světů v okamžiku, kdy se pro ně skončila ta část vývoje vyžadující si inkarnace ve zvířecích formách. Když se potom vracejí do stejného bodu, není již pro ně nutný další vývoj ze zvířecích forem do forem lidských, protože tyto už zde čekají na své budoucí nájemníky. Nicméně, pohlédneme-li hlouběji do minulosti, narazíme na údobí kdy formy lidské vyvinuty na zemi ještě nebyly. Když původní monády pohybující se na nejranější a nejnižší lidské úrovni se dostaly do tohoto bodu, byly taženy směrem vzhůru. Tento tah, který existoval ve světě v němž se nacházely pouze zvířecí formy, způsobil, že ty nejlépe vyvinuté se dále vyvinuly až na tu formu, které bylo zapotřebí, což je ten chybějící článek o němž se neustále hovoří.

Hledíme-li na některé z originálních dopisů Mahátmů, potom zajímavý je zejména rukopis. Ten bývá velice úhledný i když silně osobitý. Nad mnohými ze slov, zejména nad těmi obsahující písmeno „t", se objevují dlouhé horizontální čáry, což je pro psaní v angličtině značně neobvyklé. Spíš to vyhlíží jakoby psaní vyšlo z ruky, která je zvyklá se často zabývat také psaním v sanskrtu.

Autorem nebo spíše kompilátorem třetí z knih *Dopisy Mahátmů A. P. Sinnettovi (The Mahatma Letters to A. P. Sinnett)*, která vyšla až v roce 1923, tedy po Sinnettově smrti, je A. Trevor Barker. Správkyně Sinnettova dědictví Maud Hoffmanová uvolnila pro autora dopisy, které Sinnett obdržel od Mahátmů (přitom také jiné, které Sinnett dostal od Blavatské a které vyšly odděleně). Vzniklo z toho dosti rozsáhlé dílo – aby si čtenář mohl o tom udělat představu zde uvedu, že s obsahem, předmluvou a dodatky má tato kniha celkově víc než 500 stránek. Někteří z theosofů vydání knihy Dopisy Mahátmů nijak zvlášť neuvítali; podle nich totiž rukopisy, které se dnes nacházejí v Britském muzeu, nebyly nikdy určeny k publikaci.

Dopisy od Bratří (Mistrů, Mahátmů) neobdržel jen A. P. Sinnet, který jich ovšem dostal daleko nejvíc. A. O. Hume, manžel dámy jejíž ztracenou brož HPB dokázala během své návštěvy v Simle nalézt a jí předat, obdržel také několik dopisů, jenže Hume se po nějaké době s exponenty theosofie rozešel. Jedním z důvodů k tomu byl dopis, který poslal redakci časopisu The Theosophist a který Blavatská jako redaktorka otiskla, na popud Koot Hoomiho. V zásadě šlo o to jak theosofie nahlíží na koncept Boha, přičemž jak se zdá, nebyl Hume schopen toho se zcela oprostit od některých z předsudků jichž jako člen kongregace skotské presbyteriánské církve kdysi nabyl. V té době se Hume navíc silně angažoval v hnutí pro založení Indického národního kongresu, jehož se skutečně stal v roce 1885 jedním ze zakladatelů, za což mu dodnes patří čestné místo v historii Indie.

Několik jiných členů TS buď obdrželo dopisy od Mahátmů nebo se s některým z nich dokonce i setkalo. Nejvíce se v tomto směru zdál angažovat Mahátma Koot Hoomi. Například William Eglington se prý setkal s KH a vedl s ním obsáhlý rozhovor na palubě lodi Vega. Pokud vezmeme Eglingtona za slovo, KH přišel za ním do kajuty během plavby. Eglington si prý myslel, že se jedná o některého s indických cestujících, KH se mu ale představil a navíc mu podal ruku po zednářském způsobu. V hovoru který spolu potom vedli se prý ukázal být nesmírně znalý poměrů jak východních tak i západních, poté kdy se rozhovor skončil ale kamsi zmizel a Eglington marně až do příštího dne prohledával celou loď, aniž by ho znovu nalezl.

Celá řada svědectví se týká dopisů, které lidé obdrželi, většinou paranormálním způsobem. Tím mím, že se jim buď zničeho nic objevily na stole, či v některých případech jim dokonce spadly do klína odkudsi z prostoru pod stropem. Blavatská ovšem byla zřejmě schopna takovýchto výkonů a dovedla navíc i způsobit to, aby se psaný text objevil na papíře, dokonce v rukopisu té které osoby. Pokud tohle přijmeme (a leccos kolem Blavatské se příčí tomu, co běžný člověk považuje za normální – je zde ovšem veliká pravděpodobnost toho, že takovýto člověk už tuto knihu stejně dávno odložil), také si můžeme dát dohromady, že všechny tyto dopisy nějak "zfalšovala". Tedy zfalšovala způsobem, jaký se stále ještě vymyká tomu, čemu se říká "zdravý rozum".

K tomu všemu musíme vzít v úvahu ještě i to, že si HPB někdy také dokázala z lidí kolem TS tropit šprťouchlata což, jak jsem se už zmínil, bývá dosti běžné u lidí jejího typu. Tak například se jednou zeptala v jisté společnosti, když se právě hovořilo o takovýchto paranormálně doručených dopisech a lístcích s různými sděleními, koho by přítomní označili za největšího nepřítele jejich společnosti v Indii. Jako podmínku uvedla, že v úvahu přicházejí jen ti lidé s nimiž se ani ona ani Olcott nikdy nesetkali a o nichž nikdy ani neslyšeli. Na tuto její výzvu se kdosi vytasil s jménem jistého britského rezidenta, který prý nevynechá jediné příležitosti k tomu, aby o TS neprohlašoval něco obzvlášť nepřívětivého. HPB nato téměř okamžitě vyprodukovala lístek, který se později ukázal být popsán rukopisem právě onoho člověka. Nejen to, na lístku byl krátký dopis adresovaný "Milému plukovníku Olcottovi", jímž se dotyčný pokorně omlouval za zlomyslné pomluvy jichž se dopustil. Nejen to – navíc také vyjádřil přání stát se členem Theosofické společnosti. Pod tím vším byl podpis tohoto člověka, s nímž se HPB nikdy nesetkala a jehož rukopis nikdy neviděla, který ale poznali a ověřili ti, kteří s ním měli v minulosti co činit. Blavatská tohoto pro nás neuvěřitelného výkonu dosáhla tím, že postála chvíli v soustředění uprostřed pokoje, s nepopsaným lístkem papíru mezi oběma dlaněmi. Takovýmto způsobem provozovala HPB své zázraky.

Cesta na Ceylon

V roce 1880 se oba zakladatelé společnosti také na čas přesunuli na Ceylon (dnešní Šri Lanka), přičemž oba absolvovali tzv. Pansil, což je buddhistický náboženský obřad, jehož hlavní částí je slavnostně přednesená přísaha zahrnující pět zásad, jimiž se člověk zříká škodlivosti, krádeže, špatné pohlavní morálky, lhaní a užívání alkoholu. Pokud je tato přísaha provedena za přítomnosti vůdce buddhistické náboženské obce, toto se považuje za oficiální vyznání buddhistické víry. Olcott se nesmírně zasloužil o obrození buddhismu v této ostrovní zemi; složil později také buddhistický katechismus, který se dodnes používá. Lidé kolem buddhistického kláštera nedaleko našeho bydliště, s nimiž jsme se s manželkou potkali a kteří většinou pocházejí ze Šri Lanky, i dnes hovoří o Olcottovi s velikou úctou.

O jedné z příhod na cestě do Colomba se Olcott rozepisuje ve svých Listech ze starého diáře. Kapitán lodi Ellora na níž pluli, byl prý tlustý žoviální člověk. Jednou přistihl Blavatskou při tom jak si vykládá pasiáns, což byla jedna z jejích oblíbených odpočinkových zábav. Zaútočil na ni, aby mu vyložila karty. Blavatská tohle ráda nedělala, nakonec se ale nechala přemluvit. Řekla kapitánovi aby sejmul karty, vyložila je na stole, pohlédla na ně, prohlásila několikrát, "tohle je divné, to není přece možné," atp. Nakonec nechala kapitána sejmout karty znovu. Výsledek byl ale zase stejný, takže nechtěla ani kapitánovi říci, co mu vlastně karty předpovídají. Ten ji ale nakonec přemluvil, načež mu pověděla, že podle toho co jí karty říkají, se po moři už dlouho plavit nebude, že totiž dostane nabídku k tomu pracovat a žít na suché zemi, takže se svého povolání vzdá. Kapitán se hlasitě rozesmál a odvětil nato, že tohle je přesně to, co by mu udělalo tu největší radost, protože plavit se po moři už ho ani trochu nebaví. Takové štěstí, aby mohl loď opustit, prý ho ale nejspíš nepotká! O proroctví Blavatské se ovšem brzy dozvěděla i celá posádka a všichni to považovali za náramný vtip... Asi měsíc po návratu do Bombaje dostala HPB dopis od tohoto kapitána, v němž se jí pokorně omlouval za to, jak se jejímu proroctví tehdy vysmál. Z Colomba loď plula do Calcutty, kde už na něho čekala nabídka na místo ředitele přístavu v Karwaru. Tu kapitán okamžitě přijal a zpět se už vracel jako pasažér na své bývalé lodi!

Olcott si podle všeho nemyslí, že v případě HPB by byly hrály fyzické karty příliš velikou roli. Spíš zde byly jen k tomu, aby jí pomohly při tom když svůj jasnovidný mozek soustřeďovala na kapitánovu auru. Učinila prý celou řadu podobně úspěšných předpovědí lidem, kteří ji o to požádali. Nepamatoval si ale, že by i jen v jediném případě byla bývala schopna předpovědět sama pro sebe různé nepříjemné události které ji samotnou potkaly, většinou přičiněním jejích nepřátel nebo těch lidí, kteří ji v přátelství zradili. Jednou prý v Bombaji ji zloděj okradl o jistou věc, které si vážila, kdo tím zlodějem byl na to ale přijít nedokázala a policie, která byla v tomto případě zaangažována, nemohla také nijak pomoci. Tohle je ovšem typické v případech lidí s psychickými schopnostmi. Vše funguje tak jak by mělo, pokud se tím má nějak pomoci jiným lidem, pokud z toho nemá medium osobní prospěch. V okamžiku kdy taková osoba by mohla něco získat (nebo třeba se i vyhnout něčemu nepříjemnému, co má ale být pro ni zkouškou či lekcí do života), jinými slovy svému karmickému údělu, psychické síly obvykle žalostně zklamou. Blavatská samotná si toho jistě byla velice dobře vědoma.

V květnu 1882 se oba zakladatelé Theosofické společnosti rozhodli učinit značně důležitý krok, který měl společnosti zajistit v Indii budoucnost. Na doporučení indického právníka jménem T. Subba Row totiž zakoupili veliký pozemek nedaleko ústí řeky Adyar do Bengálského zálivu v tehdejším Madrasu (dnešní Chennai nebo česky Čenaj). TS si zde vytvořila své hlavní světové centrum, které je činné do dneška. Subba Row byl brahmín a tzv. *chella* neboli žák Mistrů, který v té době byl velice činný v theosofickém hnutí. Zemřel ale velmi mladý.

ADYAR

9. Rozpory a obvinění

Po následující dva roky Blavatská s Olcottem vyvinuli značné úsilí při propagaci společnosti a jejích ideálů. Nicméně, na zdraví HPB se začínalo projevovat drsné a horké podnebí v Indii, neustálé cestování a také nepříliš dobrá životospráva. Bylo jí doporučeno, aby změnila aspoň na čas místo pobytu. Nabízela se Anglie, kam se Olcott už stejně chystal, aby pomohl posílit vliv TS v tomto světovém centru. Následkem toho v únoru 1884 odpluli oba z Bombaje směrem do Evropy. Blavatská nejprve strávila nějaký čas ve Francii, kam za ní přijel Willam Judge, jemuž prý Mistři přikázali, aby jí pomáhal při psaní *Tajné doktríny*, jejího vrcholného díla, na němž již těsně před odjezdem z Indie začala pracovat. Protože chtěla vrhnout veškeré své síly, jichž už viditelně začínalo ubývat, do psaní této knihy, raději se cestě do Londýna prozatím vyhýbala. Londýnská větev TS totiž právě procházela obdobím značných nepokojů a HPB, která se potřebovala soustředit na psaní, se proto raději držela stranou takovýchto víceméně vnitropolitických záležitostí. Jako obvykle, hlavní problém se zdál ležet v tom, že křesťané v řadách TS prosazovali ve společnosti poněkud jiný směr než ten vytyčený zakladateli společnosti, kteří především nacházeli svou inspiraci v Theravada buddhismu.

Zatímco zejména v Londýně to kolem TS dosti vřelo, Blavatská se celkem úspěšně držela stranou těchto kontroverzí a pohybovala se hlavně mezi Francií, Anglií a Německem, přičemž ponechávala na Olcottovi, aby se pokoušel udržovat jakýs-takýs smír mezi rozhádanými stranami. Mraky se ale také začínaly kolem ní stahovat. Naznačil jsem již v předchozí kapitole o spiritualismu, že se na zemi vyskytují lidé, kteří si jako své životní poslání zvolí to, že musí za každou cenu dokázat, že neexistují žádné "věci mezi nebem a zemí", snad kromě oné příslovečné lampy. Tou si chtějí potom posvítit na každého kdo se něčím liší od normálu, tak jak jej oni vidí. Takto vznikají různé organizace skeptiků, parapsychologů a podobně, které zasvětí obrovské množství času "hledání důkazů" o tom, že ten a ten psychik je bezúhonný. Ve skutečnosti se ale pídí po sebemenších náznacích toho, že někde by mohlo něco nehrát. Kdo hledá, najde. V případě Blavatské, která v té době už byla světoznámá a tudíž k sobě přitahovala takovéto charaktery jak můra k světlu, útoky na ni se začaly hrnout hned z několika stran.

Nejostřejší úder přišel z indického Adyaru, kde se nepřátelům HPB podařilo získat na svou stranu manžele Emmu a Alexise Coulombovy, dva zaměstnance společnosti, kteří znali Blavatskou už od dob jejího pobytu v Káhiře kolem roku 1871. HPB se s nimi znovu setkala na Cejlonu v 79. roce a protože byli v tu dobu oba bez práce a ve finanční tísni, pomohla jim získat místo v Indii a posléze i v hlavním stanu společnosti v Adyaru. Coloumbovi se jí odvděčili tím, že se ji pokusili vydírat. Blavatská s Olcottem byli proto nuceni se na čas vrátit do Indie, kde Blavatská Coloumbovy propustila. Ti zřejmě s něčím takovým předem počítali a byli na to připraveni. Obrátili se na místní křesťanskou misii, pro niž byla TS už po delší čas trnem v oku, kde Alexis prohlásil, že do pokoje Blavatské prorazil tajný vchod, který ona potom používala k falšování vzkazů, atp. Vchod tam byl skutečně nalezen, byl ovšem docela zjevně nedávno postavený a navíc ani nebyl příliš dobře utajený. Blavatská se chtěla s Coloumbovými soudit, výbor společnosti byl ale proti tomu, protože se bál, že by to mohlo ještě víc uškodit pověsti společnosti. Jak se později ukázalo, pravdu měla Blavatská a bylo by bývalo lépe těmto obviněním čelit okamžitě. Blavatská se v rozčilení vzdala své funkce tajemníka společnosti a brzy nato, v březnu 1885, opustila Indii, kam se již nikdy nevrátila.

Zpráva Richarda Hodgsona

Mezitím v Londýně prováděl svá šetření pro *Society for Psychical Research* (SPR) australský parapsycholog Richard Hodgson. Když se doslechl o tom, co se děje v Indii a když se mu dostala do rukou obvinění, která byla vznesena manžely Coloumbovými, odjel sám narychlo do Indie, aby je mohl zahrnout ve své zprávě. Dopisy, z nichž některé byly zcela, zatímco jiné částečně zfalšované a které publikovala křesťanská misie v Madrasu, byly brzy nato zničeny. Dokázat zda byly pravé či zfalšované se proto již nedalo. Přesto je i na těchto materiálech založena podstatná část Hodgsonovy zprávy pro výbor Společnosti pro psychický výzkum, které skoro všichni pochybovači a protivníci Blavatské ještě dodnes citují jako důkaz, že tato žena byla podvodnicí. Navíc se na scéně v té stejné době objevil také ruský spisovatel historických románů Vsevolod Sergejevič Solovjev, bratr daleko známějšího Vladimíra Solovjeva. Vsevolod Solovjev se Blavatské v jistém čase velice obdivoval. Později ale v ní „objevil" špiónku, která prý pracovala ve prospěch carské ochranky. Toto obvinění měly prý dokládat dopisy Blavatské, které, ač k tomu vyzván, Solovjev nikdy nedokázal předložit. Přesto se i tato obvinění objevila ve zprávě podané Hodgsonem. Zprávu, v jejímž závěru se Blavatská prohlašuje za podvodnici, předal Hodgson výboru společnosti v roce 1886.

Richard Hodgson (1855-1905)

Celá záležitost měla dohru, o níž se skeptici a pomlouvači Blavatské nikdy nikde nezmiňují, pokud o ní vůbec vědí. Hodgson, kterému bylo v době kdy prováděl svá šetření asi kolem třiceti let, byl původně již od dob svých studií v Cambridge, skeptikem. Poměrně nedlouho po zveřejnění své zprávy, v níž Blavatskou výše zmíněným způsobem očernil, dostal Hodgson nabídku z amerického Bostonu k tomu stát se placeným zaměstnancem americké branže Společnosti pro psychický výzkum. Od roku 1887 až skoro do své smrti v poměrně mladém věku padesáti let, se potom zabýval především výzkumem jednoho proslaveného amerického media Leonore Piperové. Sám se později přiznal k tomu, že i zde začínal svá šetření z báze přesvědčeného skeptika, postupně ale byl nucen k tomu měnit svůj názor. Nejprve se začal přiklánět spíš k tomu hledisku, že se v případě Piperové jedná o případ dvojité, či rozpolcené osobnosti. Potom ale v roce 1892 zemřel jeho kolega George Pellew, následkem zranění utrpěných při pádu s koně. Pellewův „duch" začal skoro okamžitě s

Hodgsonem komunikovat, právě prostřednictvím media Piperové. Přitom jak jeho vyšetřování pokračovala, začínal být Hodgson stále pevněji a pevněji přesvědčen o tom, že se musí jednat o skutečného Georga Pellewa. Ke konci života už se z něho podle všech okolností stal opravdový spiritualista. Je ovšem ironické, že tohle je právě to, proti čemu se Blavatská stavěla. Na tom, jakou podal Hodgson o dvacet let dpředtím zprávu pro SPR, to vše vůbec nic nezměnilo; odpůrci Blavatské bývá tehdejší Hodgsonova zpráva až do omrzení citována dodnes.

Hodgsonův případ je plný náhlých obratů, takže nepřekvapuje když došlo ještě k dalším překvapením. Jen několik dní po své smrti v roce 1905, se určitým členům Společnosti pro psychický výzkum začal Hodgson prostřednictvím Piperové sám ozývat ze „světa duchů". Profesor William Newbold a William James, spolu s jinými členy společnosti, měli s Piperovou celou řadu seancí, při nichž se jim údajný duch Hodgsonův přihlásil. Podal jim prý velké množství informací týkajících se toho, jakým způsobem dochází k těmto komunikacím, kdy a jakým způsobem mohou být hlasivky media ovládány z „druhé strany", atd.

Domnívali jste se snad, že se tímto případ tohoto Australana konečně uzavřel? Ani nápad! Hodgsonova zpráva pro Společnost pro psychický výzkum vyšla v roce 1886. Skoro na den přesně o sto let později, vyšla v časopise téže společnosti jiná zpráva, kterou napsal Dr. Vernon Harrison. Ten přezkoumal původní zprávu znovu a vyjádřil se o ní velice negativně. Když Hodgson kdysi prohlásil Blavatskou za podvodnici, toto prý potom opakoval jeden pisatel za druhým, po celých sto let, aniž by se někdo pořádně podíval na fakta. Hodgson sám, přitom byl označován za vzor svědomitého výzkumníka a jeho zpráva se stala modelem toho, jak by měl výzkum psychických jevů vyhlížet. Dr. Harrison se dále pouští do delšího rozboru této zprávy a dokazuje přitom, že je to naopak vysoce předpojatý dokument, který si nemůže klást sebemenší nároky na to nazývat se „vědecky nezaujatým". Hodgson byl podle Harrisona naopak silně zaujatý a připravený k tomu užít čehokoliv, jen když by to podle něho poukazovalo na to, že Blavatská byla podvodnicí, jakkoliv pochybná mohla taková evidence být. Citoval přitom nevěrohodné svědky (Harrison tímto naráží na manžele Coloumbovy), užíval nepodložených důkazů (dopisy, které nikdy osobně neviděl a které v době kdy svou zprávu psal už údajně byly zničeny), atp. Přitom všem Hodgson totálně ignoroval jakékoliv důkazy, které by byly mohly dát za pravdu Blavatské.

Co může člověk říci na něco takového? Sám jsem totiž kdysi slyšel Hodgsonovu argumentaci z úst člověka, jehož jsem si jinak vždy velice vážil kvůli smyslu pro spravedlnost, který jindy vykazoval. Také jeho ale muselo nejspíš ovlivnit ono přísloví, není šprochu...

Německo a Belgie

Přes Itálii a Švýcarsko se Blavatská dostala do Německa, kam ji pozvala její přítelkyně švédská hraběnka Constance Wachtmeisterová. Ta píše ve svých pamětech o tom, jak hluboce zarmoucená byla Blavatská po svém návratu z Indie. Prohlašovala prý před ní, že si na sebe přivodila velice těžkou karmu tím, že předváděla různé okultní jevy pro své známé a přátele. Je nám celkem jasné, proč to dělala. Potřebovala lidi kolem sebe neustále přesvědčovat o tom, že tyto věci existují, že není vším jen to, co má člověk přímo před očima, také že život je něco jiného než jen jediný krátký pobyt v tomto slzavém údolí. A takové údolí to pro ni skutečně bylo. Práce na Tajné doktríně celkem pochopitelně příliš nepokračovala v těchto pohnutých časech, když se ale HPB trochu lépe usadila ve Würzburgu, dala se opět do pravidelného psaní. Hraběnka Wachmeisterová popisuje ve svých pamětech následující případ, který nám trochu přiblíží to, jak Blavatská pracovala a komunikovala se svými "mistry":

Jednoho dne jsem vstoupila do místnosti kde HPB psala a uviděla jsem, že na podlaze leží spousta odhozených popsaných papírů. Zeptala jsem se jí proč takový zmatek, načež mi odpověděla:
„*Ano, dvanáctkrát jsem se pokusila o to napsat tuhle stránku tak jak má být a pokaždé Mistr prohlásí, že to je špatně. Asi se z toho zblázním, tolikrát tohle psát, nechte mě ale, já nepřestanu dokud tohle nedodělám, i kdybych na tom měla dělat celou noc.*"

Donesla jsem jí kávu, aby ji to trochu občerstvilo a vzpružilo a nechala jsem ji potýkat se s tím jejím těžkým úkolem. Asi hodinu nato slyším jak mě volá a když jsem znovu vstoupila, dozvěděla jsem se od ní, že pasáž je konečně dopsaná tak jak má být. Pracovalo se jí v té době těžce a výsledky byly často ubohé a nejisté. Usadila se potom pohodlněji v křesle a vychutnávala svou cigaretu, spolu s pocitem uvolnění po těžké práci, zatímco já jsem si sedla na opěradlo křesla v němž seděla a zeptala se jí, jak je možné, že dělá chyby když jen sepisuje to, ce je jí dáváno. Řekla mi:

Hraběnka Wachtmeisterová

„No, to víte, já to dělám takhle. Vytvořím si před sebou něco, co se nedá jinak popsat než jako takové vakuum a na to se soustředím, jak zrakem tak i svou vůlí. Po chvíli se přede mnou začne objevovat jedna scéna za druhou, jako obrázky diorámatu nebo, když třeba potřebuji odkaz na něco snad či citát z nějaké knihy, tak se na to soustředím a astrální část té knihy se přede mnou objeví a tam si potom najdu to co potřebuji. Čím lépe dokáži z mysli vypustit všelijaká rozptýlení, tím víc energie a soustředěnosti se jí dostává a tím snadněji se mi to daří; dneska ale, po všech těch mrzutostech co mě potkaly, jsem se nedokázala pořádně soustředit, takže pokaždé když jsem to zkusila, ty citáty byly celé pomíchané. Mistr mi právě ale řekl, že už je to v pořádku, takže co kdybychom si dali šálek čaje?"

Hraběnka na jiném místě popisuje, co se stalo jedné noci, když spaly obě v jediném pokoji. Blavatská většinou mívala na nočním stolku zapálenou lampu ke čtení, mezi ní a hraběnčinou postelí byla ale zástěna. Jednou už dlouho po půlnoci, lampa stále ještě svítila, i když podle toho jak HPB oddychovala se zdálo, že musí spát. Hraběnka, které to světlo trochu vadilo, se tedy odebrala k její posteli, aby lampu zhasila. Stáhla knot lampy který se ovládal pérkem a vracela se ke své posteli, když se lampa znovu rozhořela. Šla tedy zpátky a zopakovala proces zhasínání lampy, přičemž přidržela ovládací pérko dole o něco déle. Lampa se přesto znovu rozhořela. Hraběnka se pokusila potřetí, zůstala ale na místě, aby viděla co se děje. Lampa se opět rozhořela a ona přitom zahlédla na okamžik hnědou ruku otáčející kolečkem ovládacího mechanizmu. Došlo jí, že z nějakého důvodu má lampa svítit a že se o to nejspíš stará „chella" neboli mistrův učedník.

Hraběnka potom nemohla usnout a nakonec v ní zvítězila zvědavost. Zavolala na Blavatskou a když ta nereagovala, opakovala její jméno ještě párkrát a hlasitěji. Najednou prý zaslechla naříkání:

„Ach, moje srdce, moje srdce! Hraběnko, vy jste mě málem zabila!

Hraběnka běžela k posteli kde ležela HPB. Ta se jí ptala:

„Vy jste mě volala?" A znovu: „Moje srdce!"

Hraběnka cítila pod prsty jak Blavatské buší prudce srdce, naštěstí měla po ruce digitalis, který hned Blavatské dala. Když se uklidnila, HPB jí vysvětila, že byla ve svém astrálním těle na návštěvě u mistra. Prosila ji, aby již nikdy něco podobného nezkoušela. Kdysi prý ji Olcott také málem zabil při podobné příležitosti. Je dobře známo, že media v plném transu nesmějí být ničím náhle vyrušena. Několikrát se stalo v dějinách spiritualismu, že medium zemřelo poté, kdy bylo náhle vyrušeno, právě když se nacházelo v transu.

V roce 1887 se Blavatská, stále ještě v doprovodu hraběnky Wachtmeisterové, přesunula z německého Würzburgu do Ostende v Belgii, kde pokračovala v psaní Tajné doktríny. Onemocněla ale těžkým zánětem ledvin. Lékaři jí nedávali prakticky žádné šance na přežití, ona dokonce už napsala svou poslední vůli. Přes noc se ale náhle uzdravila. Prohlásila poté, že její Mistr jí předložil dvě možnosti: buď být oproštěna od svých bolesti tím, že zemře, nebo se nadále trápit ve svém nemocném těle, ale dokončit Tajnou doktrínu. K tomu aby se tak stalo, musí se ale přesunout do Londýna. HPB se rozhodla, že bude raději psát a trpět.

10. Poslední čtyři roky

Časopis The Theosophist se Blavatské prakticky vymknul z rukou, takže se rozhodla nemarnit zbytečně síly tím, že by se pokoušela o to získat nad ním znovu kontrolu. Místo toho založila ihned po příjezdu do Londýna nový měsíčník, který nazvala *Lucifer*. Význam tohoto slova, které bývá většinou spjato s vládcem podsvětí, je ve skutečnosti "světlonoš". Bertram Keightley se svým synovcem dr Archibaldem Keightleym se v této době silně angažovali v tom, aby HPB jednak přišla do Londýna a hlavně aby Tajná doktrína byla dokončena a připravena k publikaci. Oba si byli silně vědomi důležitosti tohoto díla. Společně pečlivě pročítali rukopis, který prý byl "více než tři stopy (asi metr)" vysoký když se listy na sebe navršily. Byli to také tito dva, kteří přišli s návrhem, aby celé dílo, které podobně jako Odhalená Isis bylo nesourodé, bylo raději rozvrženo do čtyř svazků.

Bertram Keightley a dr Archibald Keightley

Takto vznikly či měly vzniknout čtyři díly. První se zabývá vývojem vesmíru, ve druhém se přechází na vývoj lidstva, třetí část se týká dějin a životopisů některých z nejslavnějších okultistů, zatímco čtvrtý díl se podle jejich návrhu měl zabývat praktickým okultismem. Tento poslední díl v té době totiž měla Blavatská ještě dopsat, oba Keigthleyové ale nikterak nepochybovali o tom, že se jí to podaří. Blavatská na jejich plán přistoupila.

V Londýně zpočátku bydlela Blavatská v Holland Parku v domě který patřil spisovatelce Mabel Collinsové. Zde se také velice brzy po jejím příjezdu do Anglie vytvořila lóže Theosofické společnosti nazvaná po ní Blavatsky Lodge.

Tato lóže je dodnes aktivní. Byla to v té době třetí oficiální lóže společnosti v Evropě, po Londýnské lóži a *Loge Germania* (jejímž členem byl mj. přírodovědec Ernst Haeckel). Zpočátku měla čtrnáct členů, kteří všichni původně patřili k Londýnské lóži, jedním z členů byla také *Annie Besantová (1847-1933)*, která po smrti Blavatské se stala presidentem lóže. Zajímavé je, že se nachází v záznamech této lóže zmínka o návštěvě, kterou zde vykonal v roce 1889 Mahátma Gandhii, pozdější politický i ideologický vůdce hnutí za nezávislou Indii. Gandhi, který byl v té době asi dvacetiletý a Besantová, měli k sobě velice blízko ideologicky. Besantová se později přesunula více či méně permanentně do Indie, kde předsedala adyarské sekci Theosofické společnosti. Spolu s mnohými jinými theosofy se stala rovněž členkou Indického národního kongresu.

Mabel Collinsová, 1851-1927

Mladá Annie Besantová kolem r. 1880

Annie Besantová by si rozhodně zasloužila mnohem víc místa než kolik jí lze poskytnout v tomto pojednání; jde nám zde ale především o Blavatskou. Tyto dvě ženy se poprvé setkaly začátkem roku 1889. Besantová se na nátlak příbuzenstva vdala velice mladá již jako devatenáctiletá, brzy se ale s manželem jehož jméno přijala rozešla, údajně kvůli rozdílnému náboženskému smýšlení. Frank Besant byl totiž anglikánským knězem, zatímco jeho mladá žena projevovala už v té době dosti rozhodné tendence k tomu být ateistkou. V třiadvaceti letech měla už dvě děti, ale v manželství byla krajně nespokojená. Když potom odmítla jít ke svatému přijímání, její manžel, který si jako kněz asi stěží mohl dovolit nechávat před očima své kongregace defilovat takovouto ostentativně rebelantskou manželku, Annie z domu vykázal a zařídil také to, že brzy nato byli již legálně rozvedeni. Sám si vzal k výchově syna, zatímco dcera Mabel byla ponechána matce, s níž potom žila v Londýně. Besantová se přes různá zaměstnání vypracovala až na žurnalistku, což byl v té době sám o sobě veliký úspěch. Stala se přitom také prominentní členkou hnutí za práva žen, vydala knihu v níž propagovala antikoncepci, zúčastnila se demonstrací sufražetek, patřila k Fabiánské společnosti a dokonce si velice vážně pohrávala s ideologií Karla Marxe, když se stala členkou Sociálně demokratické federace. Jejím blízkým přítelem byl v té době Charles Bradlaugh, politický aktivista, později člen parlamentu, a jeden z nejznámějších ateistů devatenáctého století, který mj. založil Sekulární společnost propagující oddělení státu od náboženských organizací, tedy něco co bylo pro Británii téměř po tři století, od dob krále Jindřicha VIII., přímo nemyslitelné.

Besantové už bylo kolem čtyřiceti (opět ten věk...), když se začala sama sebe vyptávat kam vlastně vedou tyto její horečnaté aktivity, zda se někde nenachází něco jiného, něco utajeného, nějaká mocnost jíž by stálo zato pokusit se uvnitř sebe samotné objevit. V té době přišel za ní William S. Stead, editor večerníku Pall Mall Gazette, který jí vrazil do rukou dva svazky Tajné doktríny H. P. Blavatské s tím, že snad má v sobě dost bláznovství k tomu aby o tom napsala recenzi, do čehož se žádnému z jejích mladších kolegů ani trochu nechtělo. Nedlouho předtím, 20. října 1888, vyšel totiž první svazek Tajné doktríny, v nákladu 500 výtisků, které byly všechny již předem rozprodány. Druhý svazek následoval ještě před koncem roku. Stead je nyní oba předal Besantové, aby si je odnesla domů a něco z nich pro kulturní rubriku listu vypotila. Besantová píše, že s tím jak obracela stránky knihy, z letmého počátečního zájmu který se dostavil, se pomalu stával zájem poutavý, posléze že celá věc jí začala připadat jakoby důvěrně známá, zejména když už počínala předem tušit závěry. Bylo to prý přirozené, koherentní, subtilní a přitom všem plně srozumitelné. Byla prý oslněna, oslepena světlem v jehož záři jednotlivá, nesouvislá fakta, bylo možno vidět jako části jediného mocného celku, přičemž všechny hádanky, rébusy a životní problémy, které doposud měla, kamsi zmizely.

Besantová a Burrows obklopeni členy Sociálně demokratické federace

    Besantová napsala editorem vyžádanou recenzi a zeptala se Steada zda by ji mohl představit autorce, kterou potom požádala o schůzku. Dostalo se jí velice srdečného pozvání k návštěvě Blavatské. Besantová k ní šla spolu s Herbertem Burrowsem, rovněž členem Sociálně demokratické federace, který také projevil zájem (později se také stal členem TS). O okultismu prý tehdy nepadlo ani slovo, HPB s návštěvníky hovořila o cestování, cizích zemích atp., prostě zcestovalý člověk bavící svou večerní společnost. Besantová ale přišla zpátky, i když musela zřejmě v sobě vybojovat těžký vnitřní boj. Viděla, že stát se theosofem by pro ni znamenalo vzdát se svého materialistického přesvědčení, fakticky tímto před světem prohlásit, že po nějakých dvacet let se nechávala vést jen svým intelektem a zanedbávala přitom ducha. Jak se bude moci podívat do očí Charlesovi Braudlaughovi? Jak má říci tomuto kovanému ateistovi, že se z ní stal theosof! Musela to být bitva, ostrá ale krátká. Když se skončila, šla Besantová znovu do Lansdowne Street, aby toho zjistila víc o TS. Blavatská se jí podívala hluboko do očí:
    "Četla jste už, co se o mně píše ve zprávě Společnosti pro psychický výzkum?"
    "Ne, o tom jsem, pokud si vzpomínám, nic neslyšela."

"Tak jděte a přečtěte si to. Pokud i potom ještě přijdete zpátky sem, tak možná uvidíme..."

A zase nic na téma okultismu, jen víc povídání o dobrodružstvích v jiných zemích.

Besantová si sehnala kopii zmíněné zprávy a pečlivě si ji přečetla. Brzy prý poznala, že se sice jedná o impozantní stavbu, závěry že ale byly stavěny na hliněných nohách pouhých domněnek a na neověřitelných tvrzeních. Odsouzení si ale podle ní nejvíc zasloužilo to, odkud pocházela údajná evidence. Vše záviselo na pravdomluvnosti manželů Coulombových a tito se sami prohlašovali za partnery při podvodech k nimž údajně mělo dojít. Mohla toto Besantová preferovat oproti nebojácné povaze, kterou vycítila v HPB, oproti hrdé vznětlivé pravdivosti, která zářila z těch čistých modrých očí, poctivých a neohrožených, přitom dětsky nevinných. Bylo by to vůbec možné, aby autorka Tajné doktríny byla takovýmto ubohým hochštaplerem, takovým společníkem podvodníků, kejklířem užívajícím ke svým trikům propadla a posuvné panely ve zdech? Besantová píše, že jí přišla takováto absurdnost k smíchu a že tu lživou zprávu prostě zahodila. Den nato prý šla do kanceláře Theosofického nakladatelství, kde jí hraběnka Wachtmeisterová, která zde pracovala, dala k vyplnění přihlášku k členství v Theosofické společnosti. Šla potom za Blavatskou, kde ji požádala o to, aby ji přijala za svou žákyni. Blavatská souhlasila.

Herbert Burrows (1845-1922) rovněž napsal o svých dojmech z prvního setkání s Blavatskou, k níž šel s Besantovou počátkem roku 1889. Tehdy 44-letý, byl to intelektuálně zaměřený člověk, nacházející se na "nehostinném pobřeží agnosticismu", skeptický, kritický, avšak tužený léty strávenými vedením kontroverzních činností zaměřených proti zákonným zřízením viktoriánské doby. Theosofie představovala pro něho i pro Besantovou něco úplně nového, přičemž i když slibovala hodně, Burrows byl pevně rozhodnut nenechat se jen tak snadno zlákat k tomu, aby se obrátil na novou víru. Popisuje také, jak se Blavatská vyhýbala jakýmkoliv zmínkám o okultismu a jaký dojem na něho udělaly její nádherné oči (v tom není jediný – oči HPB i po více než sto letech dokáží na pouhé černobílé fotografii člověka přímo fascinovat!). Vyzařovalo z nich světlo...

„...a přes neduživost těla, která byla již tehdy žalostně zřetelná, nacházela se zde zásoba energie, následkem čehož měl člověk dojem, že to, co vidí, není skutečná žena, ale pouze povrch charakteru někoho, kdo toho musel mnoho prodělat a proto toho mnoho také věděl."

V roce 1889 vyšla další kniha Blavatské *Klíč k theosofii (The Key to Theosophy)*, což je pojednání ve formě otázek a odpovědí, zabývající se etickými, vědeckými a filosofickými krédy na nichž theosofie stojí. Zatímco v červenci pobývala krátce ve francouzském Fontainebleau, napsala HPB také podstatnou část svého krátkého mysticky laděného díla *Hlas ticha (The Voice of the Silence)*. Korektorem jí přitom byl G. R. S. Mead, který se v té době stal jejím sekretářem a byl také členem vnitřního kruhu zasvěcenců, které si v posledních dvou létech svého života HPB kolem sebe udržovala.

G.R.S. Mead

George Robert Stowe Mead (1863-1933), který se v pozdějších létech vzdal členství TS, aby založil Quest Society, se stal velice vlivnou osobností a autorem mnoha knih, nejprve na esoterické a hermetické náměty a později na téma křesťanské gnóze. Svou prací na těchto polích ovlivnil například básníky a spisovatele jimiž byli Ezra Pound, W. B. Yates, či Hermann Hesse. Snad ještě pozoruhodnější je to, jaký měl vliv na psychologa Carla Gustava Junga, který si podle některých ze svých životopisců (např. Deidre Bairové) pročetl jen celkem zběžně knihy Blavatské, zatímco ve své knihovně měl prý permanentně uložených minimálně osmnáct z Meadových knih, tedy téměř celé jeho životní dílo. Jung dokonce krátce před Meadovou smrtí vykonal cestu do Londýna, aby zde mohl těžce nemocného autora navštívit a osobně mu poděkovat za to, že mu pomohl proniknout do ducha gnosticismu, jímž se Mead především zabýval po rozchodu s theosofií. K tomuto rozchodu s TS napomohlo asi také to, že si Mead zřejmě příliš dobře nerozuměl s Besantovou, která po smrti Olcotta vedla adyarskou větev TS. Hlavním důvodem k jeho odchodu byla ale aféra týkající se s jejího blízkého spolupracovníka a spoluautora C. W. Leadbeatera, o níž si povíme o něco víc v poslední kapitole. Na tu podobně negativně reagovalo i několik jiných prominentních členů společnosti, např. Judge a Steiner..

Mead, který původně studoval matematiku na univerzitě v Cambridgi, ale postupně přešel k humanitárním vědám, nám vylíčil jak vypadala jeho práce s Blavatskou. Ta se započala na ostrově Jersey mezi Anglií a Francií, kam se HPB dočasně přemístila a kam ho pozvala. Nejprve se prý musel těžce potýkat s korespondencí, která se značně nakupila a jejíž vyřizování Blavatská živelně nenáviděla, pokud se ovšem nejednalo o nějakou pro ni zajímavou polemiku. Hlavní jeho práce ale byla spojená s vydáváním měsíčníku Lucifer, kde s ním pracoval také Bertram Keightley jako pomocný redaktor. Každé slovo prý ale musela BPB schválit než se vytisklo, přičemž neustále hleděla na délku jednotlivých článků, kterou vypočítávala podle Meada velmi primitivním způsobem. Když se jí pokoušel ukázat lepší a rychlejší způsob, zahrnula ho pohrdlivými poznámkami o Oxfordském a Cambridgeském vzdělání a ostentativně pokračovala se svými aritmetickými výpočty, zjevně prý hlavně proto, aby ho vyléčila z netrpělivosti a přehnané důvěry ve své vlastní schopnosti. Pokud se jednalo o její literární práce, byla ale prý překvapivě otevřená k tomu vyslechnout si kritické poznámky, což si vůči ní mohl dovolit skoro každý a což prý ona vždy s trpělivostí vyslechla. Strach prý vždy měla z toho, jak budou přijaty její články v Luciferu, i když se mohlo jednat o to nejlepší co kdy napsala. Největší sebedůvěru projevovala tehdy, kdy šlo o její polemické články. HPB podle Meada dovedla být občas silně pedantická i puntičkářská, aby se hned v příští minutě proměnila v laskavého přítele a staršího bratra či kamaráda, tak jak to jen ona sama dovedla.

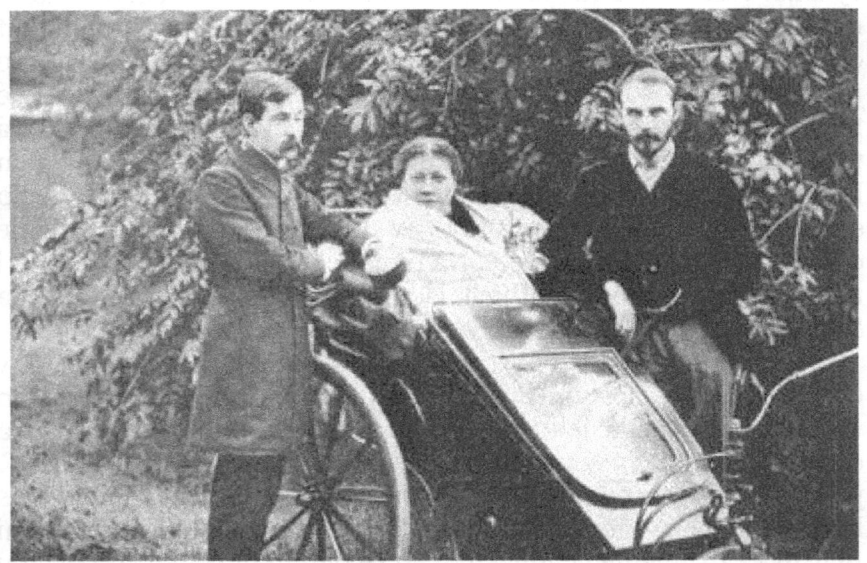

Blavatská v invalidním vozítku, s ní její žáci James Pryce a G. R. S. Mead.

Mead, který jak jsem již zmínil, z TS vystoupil v roce 1909, aby založil svou vlastní společnost Quest, neměl v pozdější době už sebemenší důvod k tomu, aby se Blavatské zastával. Přesto v roce 1924 zopakoval téměř doslova to, co už napsal o dvacet let dříve, když ještě byl členem společnosti:

Členem TS jsem se stal v roce 1884, skoro hned poté kdy jsem ukončil svá studia na Cambridgeské universitě. V roce 1889 jsem se vzdal učitelského povolání a stal jsem se soukromým tajemníkem Jeleny Petrovny Blavatské (Mead píše její jméno správně foneticky rusky jako Yelena Blavatskaja). Po poslední tři roky jejího "života jsem byl jejím tajemníkem a proto v neustálém důvěrném vztahu s ní. Mohu říci jen jediné: ať už byla Jelena Petrovna čímkoliv, rozhodně nebyla vulgární šejdířkou a šarlatánkou, tak jak bývá kreslená v k ní nepříznivě nakloněných populárních legendách.

Když jsem k Blavatské poprvé přišel do práce, byl jsem mladým mužem o němž ona nemohla nic vědět, nicméně, s téměř dětinskou důvěřivostí mi okamžitě předala klíče k zásuvkám u svému stolu, vrazila mi do rukou svou veškerou nově došlou neotevřenou korespondenci se slovy, abych na to odpověděl tak jak budu moci. Že prý ona si jenom přeje, aby měla co nejvíc času k psaní svých knih a článků. Jednání to sice bylo pošetilé a neuvážené, jenže, takto se přece nechová člověk, který podle představ některých lidí by měl provádět složité podvody, spolu se svými četnými komplici.

Meada se nikdo nikdy na tyto jeho názory nezeptal, přestože byl asi tím nejkvalifikovanějším člověkem z blízkého okolí Blavatské k tomu, aby se o ní vyjádřil. Z počátku byl ale příliš mladý, aby jeho názory měly váhu a později již ze společnosti vystoupil. S postupem času, jako specializovaný odborník na křesťanský gnosticismus, se z původního Meada-esoterika a žáka Blavatské, změnil spíš na Meada-učence a originálního myslitele, který tolik zaujal C. G. Junga. S některými částmi učení Blavatské později již nesouhlasil, nicméně, jak sám prohlásil, pociťoval k ní vždycky silnou osobní náklonnost.

HPB se sestrou Věrou, neteří s manželem a Olcottem v Londýně, 1888

11. Smrt v Londýně

Zadní část domu 19 Avenue Road, St. John's Wood, kde Blavatská zemřela

Dům číslo 19 Avenue Road, St. John's Wood, který patřil Annie Besantové, se červnu 1890 stal oficiálním centrem pro evropskou TS a Blavatská se tam také přestěhovala. Zde se konaly schůzky jejího vnitřního kruhu, který čítal dvanáct žáků. Blavatská jistě počítala s tím, že některý z členů této skupiny, pravděpodobně Besantová, se stane jejím nástupcem po smrti. V únoru 1891 se sem přestěhovala také britská sekce společnosti. Dům dnes již nestojí, byl ale značně rozlehlý a měl kolem sebe také dosti velikou zahradu. Dole bylo několik místností užívaných společností; Blavatské zde měla svou pracovnu s přilehlou menší ložnicí. V té době se již pohybovala jen s největší námahou a když se potřebovala dostat na chvíli na čerstvý vzduch, obvykle ji někteří z jejích žáků vytlačili ven v invalidním vozíku, kterému se podle lázeňského města v jihovýchodní Anglii v té době ještě říkalo Bath chair. Nahoře se nacházely obytné prostory, kde měli své pokoje někteří členové společnosti a případní hosté. K zadní části domu přiléhal přednáškový sál, který byl postaven speciálně k tomuto účelu. Stěny měl zvenčí z vlnitého plechu, s dřevěným obložením uvnitř a vešlo se do něj až dvě stě lidí.

K dvanáctičlenné skupině nejpokročilejších žáků Blavatské náleželi tito lidé: hraběnka Constance Wachtmeistrová, Isabel Cooper-Oakleyová, Emily Kisngburyová, Laura Cooperová, Annie Besantová, Alice Cleatherová, Dr. Archibald Keightley, Herbert Coryn, Claude Wright, G. R. S. Mead, E. T. Sturdy a Walter Old.

Tito členové TS se za přítomnosti HPB setkávali jednou týdně v místnosti určené k tomuto účelu, s dveřmi vedoucími k ložnici Blavatské. Sem měli přístup výhradně jen členové této skupiny, kteří zde měli svůj zavedený zasedací pořádek, přičemž když jim Blavatská přednášela, měla v polokruhu usazených šest mužských členů po své pravici a šest ženských členů po své levici.

To vše vyhlíží na první pohled jako dosti nápadný případ elitářství a ve své době to možná bylo tak i míněno – z vlastních zkušeností ale vím, že lidem od nichž se očekává, že vyvinou zvláštní úsilí (čehož je při hlubším studiu esoterických předmětů jistě zapotřebí) se čas od času musí také trochu polichotit, připomenout jim, jak privilegovaní vlastně jsou. Striktně demokratický přístup nemusí být vždy na místě tam, kde ve skutečnosti vládne systém hierarchie. Tím míním, že máme sice na jedné straně smýšlení demokratické, podle něhož jsou si všichni lidé rovni a to platí, i když ne zcela ve všem. Je totiž nutné se občas sklonit před tou realitou, že jsou zde na druhou stranu také lidé, kteří toho vědí víc než ti ostatní. Pokud jsou ochotni se o své vědomosti dělit, ti jimž se jich od nich dostává jsou buď privilegovaní nebo prostě šťastní v tom, že se právě nacházejí na tom pravém místě. Samozřejmě, je zde ještě jedna možnost – jsou k tomu předurčeni, jinými slovy je tomu tak následkem karmy, kterou si v průběhu tohoto i předchozích životů, sami nastřádali. Část těchto učení, která HPB předávala svým žákům, se zcela jistě týkala i takovýchto témat, která se z těch důvodů, že by mohla být buď nesprávně pochopena či přímo někým zneužita, předávají pouze na ty žáky, kteří dosáhli určitého stupně ve svém duchovním vývoji.

Nicméně, nemohlo se v případě vnitřní skupiny žáků HPB jednat o zcela uzavřený kruh, protože podstatná část instrukcí jichž se tehdy těmto lidem dostávalo, se téměř o století později přece jen dostala na světlo světa a to v publikaci *The Inner Group Teachings of H. P. Blavatsky to Her Personal Pupils: A Reconstruction of the Teachings* (Učení H. P. Blavatské pro vnitřní skupinu jejích žáků: rekonstrukce těchto učení). Henk J. Spierenburg tato učení zrekonstruoval z poznámek, které si během přednášek Blavatské činila členka skupiny Alice Cleatherová a které se ve své úplnosti dochovaly. Kdyby se byla Cleatherová nacházela pod nějakou těžkou přísahou, která by ji zavazovala k tomu nevyzradit nic z toho, co Blavatská této skupině svých žáků přednášela, jistě by se byla přesvědčila o tom, že budou jí tehdy psané poznámky nějakým způsobem po její smrti zničeny...

V roce 2010 potom vyšla další kniha na toto téma, nazvaná *The Secret Doctrine Commentaries – The Unpublished 1889 Instructions. (Komentáře na Tajnou doktrínu – nezveřejněné instrukce z roku 1889).* Neměl jsem až doposud příležitost se na tuto knihu lépe podívat, četl jsem pouze některé z recenzí. Čerpá pravděpodobně ze stejného zdroje, autorem je Michael Gomez.

V dubnu roku 1891 přečetla Annie Besantová, která na čas odjela do Spojených Států, dopis od Blavatské při zasedání Americké konvence v Bostonu, který se ukázal být jejím posledním. Ve stejný čas totiž v Londýně propukla epidemie chřipky a většina členů společnosti scházejících se v Avenue Road onemocněla, někteří z nich dosti těžce. Blavatská, která se také nakazila, dostala vysoké horečky a po několik dní měla značné dýchací potíže. 8. května ve 2.25 odpoledne zemřela za přítomnosti třech ze svých přímých žáků. Tělesné pozůstatky Blavatské byly 11. května spáleny v krematoriu ve Wokingu v Surrey. Popel byl později rozdělen na tři části, z nichž jedna zůstala v Evropě a je uložena v Londýně, druhá se nachází v New Yorku v Americe a poslední v Indii, v sídle Theosofické společnosti v Adyaru.

Laura Cooperová, jedna z přímých žákyň HPB, pro nás popsala poslední dny, které Blavatská na zemi prožila.

Pozdě ve čtvrtek 30. dubna dostala HPB silné bolesti v krku a po mnoho hodin měla problémy s polykáním; přitom se zhoršil její kašel a dýchala jen s potížemi. V pátek ráno se to stále ještě nelepšilo a když dorazil doktor Mennell, zjistil, že má angínu na pravé straně hrdla. Po přiložení horkých obkladů došlo k menšímu zlepšení. V neděli ráno 3. května byla na tom HPB velmi špatně, protože následkem potíží s polykáním nedostávalo se jí patřičné výživy a její celková slabost se zhoršovala ... ve středu 6. května se částečně oblékla a došla do obývacího pokoje, kde zůstala až do oběda, když si na chvíli lehla na kanape. Večer doktor Mennell zjistil, že se jí vede celkem lépe, horečky přešly, byla ale vysílená a dýchací potíže vzbuzovaly obavy.

— *Blavatská a theosofie* —

Všichni přítomní začali věřit, že se z toho HPB přece jen dostane v té chvíli, kdy požádala o své křeslo a o karty, aby si mohla vyložit svůj oblíbený pasiáns. Pro doktora Mennella, který byl příjemně překvapen tím jak dobře si vede, dokonce ubalila cigaretu; ukázalo se ale, že to byla ta poslední kterou kdy vyrobila. V noci se totiž znovu dostavily dýchací potíže a ráno už to vypadalo opravdu zle. Blavatská zůstávala při plných smyslech až do úplného konce. Z jejích žáků, Cooperová, Wright a Old byli při ní, když naposledy vydechla. Laura Cooperová píše, že se jí náhle začaly kalit oči, pohybovala ale neustále nohou tak, jak to dělala pokaždé když hluboce přemýšlela, skoro až do úplného konce.

Olcott se v té době už po nějaký čas nacházel na přednáškovém turné v Austrálii. Ve svých Listech ze starého diáře píše:

Prvních náznaků toho, že HPB umírá, se mi dostalo telepaticky přímo od ní a brzy na to ještě jednou. Další přišel od jednoho ze zpravodajů přítomných při mé poslední přednášce v Sydney, který mi řekl poté kdy jsem sestoupil s pódia, že jeho novinám došla telegrafická zpráva o tom, že je Blavatská těžce nemocná. V diáři mám 9. května poznámku, "Mám neblahé tušení, že HPB zemřela." Příštího dne jsem napsal, "Dnes ráno cítím, že je HPB mrtvá. Poslední záznam pro ten den: "Došel telegram, HPB zemřela". Jen ti kteří nás oba znali a vědí o mystickém poutu mezi námi, pochopí, s jakým zármutkem jsem přijal tuto přesmutnou zprávu.

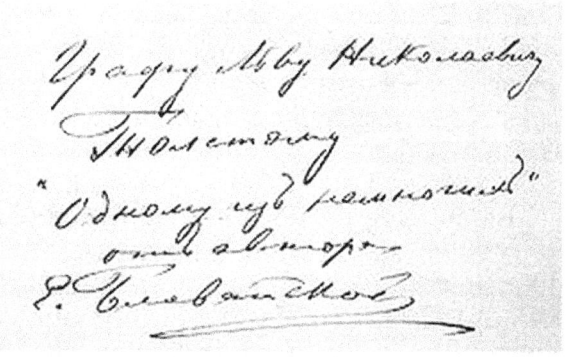

Věnování na výtisku Hlasu ticha, *zaslaného Blavatskou L. N. Tolstému*

12. TS po smrti HPB

Hned několik lidí by si bylo mohlo činit nároky na to, že se stanou nástupcem Blavatské, žádný z nich ale neměl takové okultní schopnosti či vědomosti, aby se jí v tomto směru alespoň přibližoval. Nejdále by se byla asi propracovala Anna Kingsfordová (1846-1888, vlevo), která se již v roce 1883 stala presidentem Britské sekce TS. Zemřela ale dosti náhle v mladém věku jen něco málo přes čtyřicet, ještě o pár let dříve než samotná Blavatská. Kingsfordová se stala druhou ženou v Anglii jíž se dostalo lékařského titulu, přičemž její situace

Anna Kingsfordová (1846-1888)

byla značně ztížená tím, že po celý čas svých studií ve Francii bojovala za to, aby byla postavena mimo zákon vivisekce, která byla v té době běžnou praxí na lékařských školách.

Za těchto okolností byla sice favoritkou k tomu převzít žezlo Blavatské Annie Besantová, úplně jednoznačné to ale nebylo. V Londýně měla Besantová sice celkem neochvějnou pozici, v Americe ale vládl William Judge. Nediskutovanou hlavou společnosti byl ovšem její president plukovník Olcott. A. P. Sinnett, i když po nějaký čas předsedal londýnské lóži, zřejmě velké ambice v tomto směru neměl. V tomto stadiu šlo hlavně o to, kdo povede sekce anglickou a americkou. Olcott s Judgem nevycházeli spolu příliš dobře. S Besantovou se Olcott celkem dohodl, i když osobně se příliš často nepotkávali. Pokud nebyl právě na cestách po světě, Olcott trávil většinu času buď v Adyaru nebo na Ceylonu, často také v Austrálii. Na nějaký čas přesto všechno vznikl jakýsi nejistý triumvirát, který můžeme vidět na obrázku dole. Řekl bych, že jsou na něm tři lidé, spíš než skupinka třech lidí, nemyslíte?

Besantová, Olcott a Judge, nedlouho po smrti Blavatské

O tom, jak nesmírně se zasloužil o rozmach Theosofické společnosti svědčí to, že během 32 let která strávil jako její president, vydal Olcott celkem 893 chart čili zakládajících listin pro jednotlivé lóže společnosti, roztroušené po celém světě. V době kdy neexistovala letecká doprava to znamenalo obrovské množství hodin procestovaných po zemi i po moři.

Judge s Besantovou se rovněž vzájemně nemohli vystát. Celkem nevyhnutelně tehdy došlo ke schizmatu a americká větev, kterou Judge vedl až do své předčasné smrti v roce 1896 a která měla sídlo v kalifornské Passadeně, se prakticky oddělila od té vedené Olcottem. z Adyaru. Tam se po smrti Olcottově ve věku 75 let na srdeční záchvat přemístila Besantová, kterou většina členů společnosti zvolila jejím druhým presidentem. Stav jakéhosi mírného napětí mezi mezinárodní TS a její americkou sekcí do jisté míry přetrvává až do dnešní doby, i když většina hlavních rozporů mezi Adyarem a Passadenou se již vyřešila. O tom, že to začíná po nějakých sto letech v Theosofické společnosti konečně opět fungovat, svědčí například kariéra Američanky Joy Millsové, která se stala členem TS v roce 1940, kdy jí bylo pouhých dvacet let. S Joy jsem se setkal v roce 1979, když jsem s ní dělal rozhlasové

Joy Millsová (1920 –)

interview při příležitosti pravidelné theosofické konference, toho roku konané zde v Brisbane, jíž jsem se také zúčastnil. Joy Millsová tehdy byla vicepresidentem mezinárodní sekce se sídlem v Adyaru, což je oficiálně druhá nejvyšší funkce v TS, hned po presidentovi, jímž byl v té době John Coats. O několik let později přesídlila na čas do Austrálie, kde byla brzy zvolena presidentem Australské sekce TS. Ještě později se vrátila do USA, kde se narodila a kde se stala po čase presidentem Americké sekce TS.

Něco takového by o století dříve nebylo bývalo možné – adyarští, australští a kalifornští theosofové by se prostě nebyli dokázali dohodnout na společném postupu. Když se potom v Adyarské verzi TS o něco později (zhruba po roce 1900) začala prosazovat dvojice Annie Bessantová a Charles Webster Leadbeater, byl rozkol mezi oběma frakcemi prakticky dokonán.

Leadbeater, který byl původně knězem anglikánské církve, "vyřešil" problém rozpolcené loajality který v křesťanském duchu vychovaní členové TS měli (a v mnoha případech stále ještě mají) dosti radikálním způsobem. Spolu s J. E. Wedgewoodem (původem z rodiny proslavené výrobou porcelánu v Anglii) založili tzv. Liberal Catholic Church, liberální katolickou církev, v níž se z obou stali biskupové. Liberálně katolická církev je od té doby celkem

Charles Webster Leadbeater
(1854-1934)

volně napojená na Theosofickou společnost (v Brisbane, kde žiji, mají liberální katolíci například svůj kostel hned vedle budovy, kterou vlastní TS). Tato církev, která má ve svých učeních také doktrínu o reinkarnaci, představuje jakýsi most pro ty členy společnosti, kteří se nechtějí jen tak vzdát svých křesťanských kořenů. Existuje přitom ještě další možnost, kterou mají jak členové TS tak i liberální katolíci. Je jí tzv. Co-freemasonry (česky známá jako Humanitas Bohemia), což je zednářský řád sdružující jak lóže mužské tak i smíšené, mužské a ženské. Annie Besantová, která v mládí proslulá jako anglická sufražetka, byla později velice prominentní při zakládání Co-freemasonry. Lidé kolem Theosofické společnosti, zejména potom manželské páry, dosti často přináležejí k jedné či oběma z výše uvedených organizací.

Rudolf Steiner, 1861-1925

Odbočil jsem zde poněkud od hlavního směru tohoto pojednání, to proto, abych jen velice stručně naznačil kam se TS v poslední dekádě života Blavatské už začínala ubírat. Po její smrti se to jen zvýraznilo. Aby toto nakousnuté téma aspoň trochu dokončil, musím se na tomto místě zmínit ještě o třetím hlavním proudu, který se také oddělil od TS zhruba ve stejnou dobu, na přelomu 19. a 20. století. Tím je *antroposofie*. Její zakladatel *Rudolf Steiner*, jehož význam stále ještě roste, byl původně theosofem; brzy poté kdy poznal, že společnost se nachází na rozhraní, rozhodl se pro to oddělit se od ní úplně. Svou vlastní verzi, která sice vychází z theosofických myšlenek, která se ale postupně rozšiřovala a dnes zahrnuje například antroposofickou pedagogiku (známou také jako Waldorfské školství), duchovědné léčebné metody, dotýká se také alternativních agrikulturních metod, dramatického umění a dokonce i etického bankovnictví, začal Steiner vytvářet hned v první dekádě dvacátého století. Podobně jako Olcott, také Steiner byl neúnavným cestovatelem, který přednášel ve většině evropských zemí, často i v Praze. Antroposofie se rozšířila zejména po Evropě a v německy mluvících zemích, kde v podstatě nahradila theosofii.

Podle samotného Steinera je antroposofie „vědecký výzkum duchovního světa, který prohlédá jednostrannosti pouhého poznávání přírody i jednostrannosti obvyklé mystiky a který, než se pokusí proniknout do nadsmyslového světa, nejprve v poznávající duši rozvíjí síly, které běžné vědomí ani běžná věda nepoužívá, a které umožňují do něho proniknout".

Po odjezdu Blavatské s Olcottem z Ameriky a jejich přesunu do Indie v roce 1879, se vytvořilo na opačné straně Atlantiku jakési vakuum, které Judge nedokázal zcela vyplnit. Charismatická Blavatská tam prostě chyběla. Judge se také musel silně ohánět aby se uživil jako právník a měl navíc zdravotní problémy, když na cestě do Jižní Ameriky dostal tzv panamskou horečku, která podobně jako malárie dokáže silně znepříjemnit život svému nositeli. Přesto všechno zůstával Judge neoddiskutovatelným vůdcem americké sekce společnosti, přičemž mnozí v něm dokonce viděli jejího hlavního představitele a to nejen v USA. Judge si ale nikdy příliš dobře nerozuměl s Olcottem, s nímž byl většinou jen v písemném styku. Po smrti Blavatské se tyto zřejmě vzájemné antipatie, které se v případě Judgeově týkaly také Besantové, ještě postupně zesilovaly, až vyvrcholily v roce 1895, kdy se Judge rozhodl Americkou sekci TS zcela vyjmout z jurisdikce společnosti. Od té doby v podstatě existovaly dvě hlavní větve společnosti, jedna nazývající se "mezinárodní" se sídlem v kalifornské Pasadeně a druhá, která má hlavní stan v Adyaru v dnešním Chennai. Tato situace v zásadě přetrvává do dneška, i když poměry se do značné míry ustálily. Judge vedl americkou sekci jen asi po necelý rok, když v březnu 1896 podlehl již zmíněné nemoci k níž se později přidala také tuberkulóza. Bylo mu jen necelých 45 let. Nástupkyní Judgeovou se stala Katherina Tingleyová, po čase se ale od této americké sekce odtrhla další část, kterou vedl Ernest Temple Hargrove, která přetrvala po více než čtyři desetiletí, až do počátku čtyřicátých let dvacátého století.

Mezinárodní TS s vedením v Adyaru si volí svého presidenta každých sedm roků (k volbě naposledy došlo v roce 2008). Přesto však měla až doposud za téměř půl druhého století své existence pouze sedm presidentů. Jsou jimi:

Henry Steel Olcott 1875–1907
Annie Besantová 1907–1933
George S. Arundale 1934–1945
Curuppumullage Jinarajadasa 1946–1953
Nilakanta Sri Ram 1953–1973
John B S Coats 1973–1979
Radha Burnierová (1979 –)

Burnierová se nachází ve funkci presidenta společnosti už od roku 1979. Je dcerou Sri Rama, pátého presidenta společnosti a narodila se přímo v Adyaru v roce 1923.

TS měla také zatím jen třináct vicepresidentů, pokud nepočítáme několik počátečních roků, tuto funkci zastávalo najednou několik lidí. Mezi nimi nacházíme jména jako A. P. Sinnett, či W. Q. Judge.

Ani Adyarská sekce TS se nevyhnula problémům. Annie Besantová byla sice celkem pevně usazena v pozici presidenta společnosti, starosti jí ale dělal její blízký spolupracovník Charles Webster Leadbeater. Byl původně knězem anglikánské církve, později biskupem liberálně katolické církve, postupně se stal v TS velice prominentní, přičemž ale také silně kontroverzní, postavou. Byl nesmírně plodným a dodnes hodně čteným autorem, napsal celou řadu knih, některé z nich společně s Besantovou, kromě množství článků. Kolem roku 1906 byl ale obviněn z homosexuality a z pedofilie.

Leadbeater byl v době, kdy se měl dopustit údajných přestupků, více či méně natrvalo usazen v australském Sydney, kde kromě svých povinností jako biskup, vedl také školu pro děti, které většinou pocházely z rodin členů Theosofické společnosti. Z velké části se jednalo o školu internátní, v níž převládali chlapci pubertálního věku. Aby se předešlo problémům spojenými s prudkým vývojem po sexuální stránce, k nimž v tomto věku většinou dochází, Leadbeater zřejmě některé ze svých svěřenců poučoval o možnosti sebeukojení, které v jeho mysli bylo menším zlem než to, kam by to mohlo vést kdyby se s tím nic nedělalo. Podle své výpovědi neměl ale fyzické styky s žádným ze svých žáků. Zhruba takto to později Leadbeater vysvětloval když se aféra provalila, poté kdy se jeden z žáků svěřil o tom doma rodičům. V dnešní době by tento případ byl asi také kontroverzním. Na jednu stranu by mohl být Leadbeater prohlášen za progresivního pedagoga, na druhou by mohl také skončit ve vězení jako pedofil. Ve společnosti stále ještě velice blízké ve svém smýšlení viktoriánské éře, ale jakákoliv zmínka o homosexualitě většinou znamenala konec kariéry. Dokonce samotná Besantová, která byla spoluautorkou několika z Leadbeaterových knih a která měla jinak velice liberální názory, se proti němu obrátila. Následkem těchto obvinění se Leadbeater vzdal členství v TS. O pár let později byl ale překvapivě jako člen znovu navržen a také přijat, což vedlo k již zmíněnému vnitřnímu rozkolu, kdy se s Theosofickou společností definitivně rozešli lidé jako G. R. S Mead či Rudolf Steiner. Tedy naprostá smetánka, protože oba zmínění byli asi největšími mysliteli, které tehdejší TS měla. Rozšířil se tím nadále i rozkol s americkou větví TS. Na Leadbeaterovi už navždy potom zůstala určitá skvrna, která také poněkud zastínila jeho pozdější nesporné autorské úspěchy. Leadbeaterovy knihy jsou přesto dnes, po uplynutí větší části století po jeho smrti, stále ještě pravidelně vydávány.

— *Blavatská a theosofie* —

I když má zdravé jádro, žádná společnost se z dlouhodobého hlediska nedokáže vyhnout vnitřním rozporům. Buď se naskytne osobnost, jakési prudce oslňující světlo, které naprosto dominuje a utlumí ta všechna ostatní, jak tomu bylo v případě Blavatské. Nebo je zde těch světel víc, všechny z nich o něco méně zářivé, což se stalo po její smrti. Potom nutně vznikají frakce. Vím například o tom, že v australském městě Brisbane, kde po větší část svého života působím, se kromě té viditelné TS, přičleněné k Adyaru, ještě poměrně nedávno vyskytovala sice podstatně menší, ale činná skupina, mající rovněž theosofii ve svém názvu. Nikdy jsem se o to hlouběji nezajímal, předpokládám ale, že byli orientováni spíše směrem k americké větvi, o níž jsem se zmiňoval. Vzhledem k tomu, že v hlavní lóži, jak jsem si tehdy všiml, převládalo právě v té době (zhruba uprostřed 80-tých let) cosi, co bych nejspíš nazval "kultem Krišnamurtiho" (a co mne od TS poněkud oddálilo), nijak zvlášť mě to nepřekvapovalo. „Objevitelem" Krishnamurtiho byl právě Leadbeater, který prý díky svým jasnovideckým schopnostem

Jiddu Krishnamurti
(1895-1986)

označil tehdy asi čtrnáctiletého chlapce, s nímž se setkal v Madrasu, za budoucího duchovního vůdce. Příliš moc se nespletl, i když Krishnamurti, od něhož se očekávalo, že převezme jednou žezlo vůdce Theosofické společnosti, své příznivce zklamal, když se tehdy asi 25-letý se společností rozešel a nalezl si svou vlastní cestu, po níž kráčel s řadou následovníků po příštích 60 let.

***

Co říci závěrem o Blavatské? Většina lidstva se dívá na věci takto: buď je to bílé nebo černé, buď je to pravda nebo lež. Ve skutečnosti nic není černé či bílé – bývá tomu obvykle tak, že jedno nad tím druhým převažuje. Mezi těmito dvěma extrémy se vždy také nachází široké pásmo, které bychom snad mohli nazvat šedým. Každý z nás máme v sobě něco šedého a chápavý člověk si je toho vždy vědom.

Pokud se zabýváme něčím či někým, kdo žil před více než stoletím, jak je tomu v této biografii, bývá to složité, chcete-li určit odstín šedi, který by předmět vašeho zájmu nejlépe charakterizoval. Nenaleznete již jediného žijícího člověka, který by vám mohl poskytnout informace nejen z první ruky, dokonce ale ani z té druhé. Když nepočítám to, co vše bylo o Blavatské napsáno (a toho jsou stohy a stohy), informace, jichž se dostalo mně samotnému, pocházejí minimálně z třetí ruky. Například, jak jsem se již zmínil, seznámil jsem se a dělal jsem dosti rozsáhlé rozhlasové interview s tehdejším vicepresidentem Theosofické společnosti Joy Millsovou, která v té době byla umístěna v Adyaru, později ale předsedala po jistou dobu jak americké tak i australské sekci TS. Sem do Austrálie byla v lednu 1979 pozvána jako hlavní řečník při theosofické konvenci, která se koná každoročně. Joy, které v době kdy toto píši je už víc než devadesát let, se ovšem musela znát s celou řadou lidí, kteří se osobně znali či aspoň potkali s Blavatskou.

Znal jsem se také před lety a pravidelně jsem se stýkal s jedním členem Theosofické společnosti, který se v mládí znal s C. W. Leadbeaterem. Řekl mi o tom, že jste v jeho přítomnosti mívali pocit, že Leadbeater, který byl uznávaným jasnovidcem, "se díval tak nějak skrze vás".

Leadbeater, který zemřel v roce 1934, se jako mladý muž po několik let setkával v Londýně pravidelně s Blavatskou. Ve své autobiografii také napsal, že HPB "hleděla jaksi skrze vás".

DÍL DRUHÝ
ZÁKLADY THEOSOFIE

OBSAH

DÍL DRUHÝ

1. Úvod do theosofie	155
2. Theosofická pečeť	162
3. Lidská těla – principy	168
4. Éterické tělo	173
5. Astrální tělo	201
6. Život po smrti	212
7. Mentální tělo	243
8. Kauzální tělo	261
9. Skupinové duše	271
10. Funkce kauzálního těla	284
11. Planetární řetězce	301
12. Citáty z prací Blavatské	322

1. Úvod do theosofie

Theosofie je slovo řeckého původu. Poměrně často užívali slovo theosofie pochopitelně starořečtí filosofové, na příklad Pythagoras, mohlo ale být užíváno už i dříve. Objevuje se znovu kolem 3. století nl. v učení novoplatonistů, zejména ve spisech Iamblichových. Od té doby po dlouhá staletí bylo poměrně zřídka užíváno, čas od času je lze ale nalézt v některých ze středověkých spisů. Je to slovo složené ze dvou kořenů; *theo* znamená v řečtině božstvo, boží, zatímco *sofia* značí moudrost. Tedy moudrost sahající dále než kam nás může zavést náboženství. Slovo vzkřísila opravdu až Jelena Petrovna Blavatská, když v roce 1875 založila společně s Henry Steel Olcottem v New Yorku Theosofickou společnost. Blavatská při kdejaké možné příležitosti nabádá své čtenáře k tomu, aby si z předloženého materiálu vybrali to, co je blízké jejich srdci i rozumu a nic nepřijímali jen na základě samotné víry. Toto je ostatně hlavním krédem většiny seriózní theosofické literatury. Theosofie, tak jak ji od začátku chápali její zakladatelé, se nikdy neměla stát náboženstvím. Přesto vše, jak jsem se sám mohl přesvědčit, v pozdějších dobách některé její lóže neměly někdy příliš daleko od nábožných sekt. Pokud k něčemu takovému došlo, až doposud ale vždy následovalo hnutí „zpět k základům", jímž byly právě knihy Blavatské. Ta totiž vždy učila, že nic nesmí stát na pouhé víře. Student okultismu něco buď prostě ví a pokud neví, potom nečiní nad ničím žádné pevné rozhodnutí. Pochopitelně, že když je něco pro nás nové, jako může být nová právě theosofie pro ty, kteří čtou tyto řádky, je rozumné si o těchto věcech nejprve něco přečíst a hledět na to jako na hypotézu, kterou můžeme či nemusíme přijmout. Pokud po čase přijdeme na to, že to nějak ladí s našimi představami, můžeme se potom pokoušet si to dokazovat sami pro sebe. Opravdový theosof se nikdy nebude snažit vás přesvědčovat o své pravdě a hlavně se nebude pokoušet vás nějak obrátit na svou víru. Pokud nějakou náboženskou víru v sobě máte, potom by vám theosofie mohla být dobrá k tomu, aby vám vysvětlila proč tuto víru v sobě nosíte. Sama o sobě ale theosofie na víře postavena nebyla a není.

Co je theosofie?

Není-li theosofie náboženstvím, čím tedy je? Přesná definice neexistuje prostě proto, že každý z nás jsme zcela unikátní bytostí a proto také máme každý svou vlastní interpretaci; každý z nás chápeme věci trochu jinak. Někdy i hodně jinak. Mám-li ale generalizovat, což se v učebnicích (a toto by jistý druh učebnice určitě být měl) obvykle dělá, potom musím prohlásit, že je theosofie školou filosofie, školou prastaré moudrosti, která zde vždy byla a stále ještě je, i když moderní doba ji jaksi přehlíží. Lze to říci také jiným způsobem. Jedná se zde o tu pravdu, která více či méně skrytá, stojí za všemi náboženskými systémy, které si kdy lidstvo vypěstovalo. Theosofie je zároveň vědou, i když to není takový druh vědy jaký se pod tímto výrazem dnes běžně chápe; tedy vědy založené na analytickém způsobu myšlení. Theosofie si vyžaduje syntetický způsob myšlení, přičemž nestojí a nikdy nestála na víře, což by bylo typické pro náboženství. Analytická věda, která opanovala pole v posledních dvou až třech stoletích, v zásadě rozebírá na menší a menší kousky vše to, co nás obklopuje, tedy materiální svět. Člověk je ale schopen dohlédnout dále, hlouběji a výše než za hranice, které nám vytyčila hmota a právě o to v theosofii jde: zkoumat to, co se za těmito hranicemi nachází. Předpokladem je, aby zde byla ochota se za ty hranice podívat. Ta zde totiž vždycky není. Lidé mívají strach z toho, že by mohli vypadat jiní, než ti kolem nich. Hledač pravdy to má proto vždycky těžké; nemůže si dovolit být ortodoxní, tím že se liší, stává se ale často solí v očích těm ostatním.

Náboženské systémy tohoto světa prakticky všechny stojí na jedné jediné platformě, odkud zpravidla vychází v různých formách toto do jedné věty zhuštěné nedělní kázání: *člověk má ve svém těle duši a ta je nesmrtelná!* Theosofie se ale na to dívá jinak a jaksi obráceně – theosof vám řekne, že **člověk JE nesmrtelnou duší, která má momentálně tělo**. Navíc také to, že těch těl má člověk několik a že každé z nich je uzpůsobené k tomu žít a pohybovat se na jedné z rovin existence, jimiž v průběhu svého evolučního vývoje všichni procházíme. Vše je založeno na vibracích, což nám ostatně dnes potvrdí kterýkoliv vědec-fyzik, přičemž každá z rovin existence má jiný vibrační kmitočet. Roviny se navzájem prolínají, aniž by si vzájemně překážely. Člověk na zemi si je plně vědom pouze jedné z těchto rovin, té hmotné, přičemž o existenci těch ostatních může, ale také nemusí, mít tušení. V některých případech si ale je jejich existence plně vědom, což většinou znamená, že se jedná o člověka duchovně vyvinutého.

Pokud jde o tu duchovní stránku člověka – potom lze říci, že theosofie je ve své zásadě monotheistická; pro theosofa je veškerá existence jednou jedinou věcí. Tu můžeme dále už nazývat jak si přejeme – jediným bohem, jediným životem, jedinou realitou, stavitelem vesmíru, architektem Všehomíru, zdrojem všeho bytí i všech bytostí, Pánembohem. Vše kolem nás, včetně nás samotných, pochází z jediného kořene, k němuž se také vše jednou navrátí. Vše kolem nás je živé a nabývá to určité formy, přičemž pro theosofa jsou například minerály živé stejně tak jako rostliny či zvířata. Tyto formy se po kratším či delším čase rozpadnou, avšak to co je nesmrtelné a co se jednoho dne navrátí ke svému zdroji, je jejich podstata.

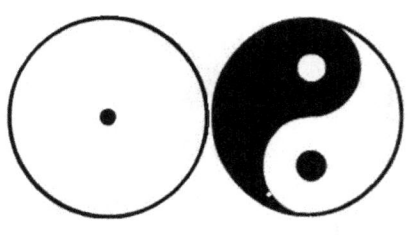

Monáda: základní i dualistický koncept

Mohli bychom k určení této podstaty užít slova "duše", to je ale výraz tolikrát se opakující ve všech možných náboženských spisech, že se jeho význam už docela rozmělnil a je prakticky pro nás k nepoužití. Theosofie si proto vybrala jiný možný výraz, jímž je *monad* či *monád*, česky často také *monáda*. Protože v češtině je slovo "duše" ženského rodu, hodlám v tomto spise užívat výrazu **monáda**. Význam tohoto slova je "jedinečná součást bytí", **která je dále již nedělitelná**. Monádu lze

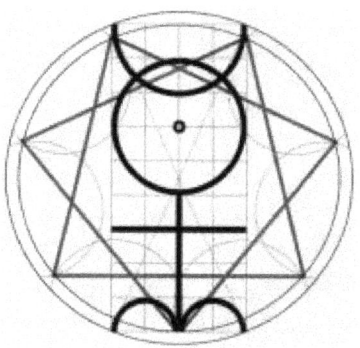

Monas Hieroglyphica, obsahuje monádu, 7 planet, 12 znaků zodiaku i jiné, hlavně alchymistické, symboly

také přirovnat k jiskřičce, která se sice oddělila od svého zdroje, ohně, stále ale k němu náleží a náležet nepřestane, i když to, co jiskření způsobuje, se časem spálí a jiskřička pohasne. Můžeme v tomto podobenství pokračovat a představit si dál, že vyhaslá jiskřička spadla zpět do ohně, z něhož ale opět povstane, jako bájný pták Fénix. Pro člověka, který se chce stát theosofem (či antroposofem) je nutné si pro jednou uvědomit, že v zásadě vzato, vše se vším všude a vždy souvisí. My si ovšem v zájmu lepšího porozumění při studiu esoterických věd rozdělujeme věci na jednotlivá pole, zabýváme se některými jejich aspekty, atp. Krátce řečeno, tomu analyzování se nikdy tak docela vyhnout nedokážeme. Obrázky, které vidíme na předchozí stránce, jsou zde, aby nám dokázaly, že koncept monády tu byl od samých počátků a to jak ve východní tak i v západní filosofii, včetně středověké alchymie a hermetismu.

Jak nahoře, tak i dole

Tarotový mág – jak nahoře, tak i dole

Tento snad nejzákladnější z hermetických axiomů, univerzální klíč k pochopení veškeré naší existence, nám nejlépe znázorňuje postava mága, tarotový trumf číslo jedna. Ten jednou rukou v níž drží kouzelnickou hůlku míří vzhůru, zatímco prstem té druhé ukazuje dolů, směrem k zemi. Vesmír, který máme nad hlavou i všude kolem nás, je jistě nesmírně starý, nekonečně veliký, ohromně složitý, nám lidským tvorům těžko pochopitelný, v zásadě je to ale neustále fungující systém jímž je pro nás dobré se řídit. Některým jeho částem celkem rozumíme, víme jak pracují, i když ne vždy už si můžeme být jisti tím, proč tu jsou a v jakém poměru k nám se nacházejí. Přesně tak, jak to říká v Haškově Švejkovi kuchař-okultista (neboli theosof) Jurajda, když se snaží přivést hltouna Balouna k tomu, aby si uvědomoval, jaký je jeho poměr k játrové paštice. Malé věci nám totiž mohou poskytnout klíče k tomu, jak se to má ve velkém. Esoterický princip "Jak nahoře, tak i dole" nás učí, že spousty věcí si můžeme vyvodit už prostě tím, že pozorujeme co se děje nahoře. Platí to samozřejmě i naopak. Vesmír je makrokosmos, obrovský, dobře zavedený systém, zatímco člověk společně s prostředím které jej obklopuje je mikrokosmos, který je jakýmsi odrazem makrokosmu. Sluneční sytém také má svůj odraz v jádře atomu, kde okolo protonu (slunce) obíhají elektrony (planety). Na opačné straně máme naši galaxii, která se zdá být něčím jako obrovským slunečním systémem. Galaxie nejspíš patří k nějakému ještě většímu systému, na jehož okraje už z našeho stanoviště nedohlédneme.

Člověk je aktivní na hmotné rovině, jsou zde ale i jiné roviny na nichž se také pohybuje, i když z hlediska fyzického to není vždy právě viditelné či hmatatelné. Pro člověka, který není právě úplně zaslepený materialistickými názory, nemusí být například těžké si uvědomovat, že rovina emocí může pro něho být stejně důležitá jako ta fyzická, na níž se právě nachází. K čemu by se jinak v potu tváře snažil a pracoval, tj. překonával pro hmotnou rovinu typickou gravitaci, kdyby ho k tomu nevedly emocionální vztahy ke svým bližním, k životnímu partnerovi, k dětem, k příbuzným, k přátelům..? Kam by to všechno navíc vedlo, kdyby přitom neužíval svého rozumu, kdyby ve stejnou chvíli také nebyl jeho mozek aktivní na rovině mentální? Takto se nám velmi rychle podařilo identifikovat hned tři z rovin, na nichž se každodenní lidské aktivity konají, kam lidské vědomí, či často také jeho nevědomá část, dosáhne. Jsou jimi roviny *fyzická, emocionální a mentální*. Theosofie nás ale učí, že takovýchto rovin je v přírodě **sedm** a že sedm je také celkový počet rovin na něž může dosáhnout lidské vědomí, na nichž může člověk žít, pohybovat se, uvažovat, vzpomínat si, uvědomovat si, a vůbec být přítomen aspoň některými z aspektů své osobnosti. Dvě z těchto sedmi rovin jsou nicméně pro nás momentálně nepřístupné; proč je tomu tak si později také vysvětlíme.

Živly a elementální bytosti

Číslo sedm tedy hraje nejdůležitější roli v celém systému, rozhodně aspoň z hlediska našeho, tj. bytostí obývajících třírozměrný prostor. Symbolicky si můžeme číslo sedm představit jako čtverec se čtyřmi stranami a čtyřmi úhly a nad ním postavený rovno-ramenný trojúhelník. Vyjádřeno rovnicí, tedy:

4 + 3 = 7

Na tomto místě je dobré si také uvědomit, jaký je potenciál čísla sedm. To už se nacházíme na poli tzv. posvátné numerologie, někdy také zvané pythagorejské, kde každé číslo je jakoby živoucí bytostí a jako taková má tato bytost jistý potenciál, který nám naznačuje kam až se může vyvinout. Tento potenciál se nám vyjeví, když se sečtou jednotlivé číslice z nichž se sestává. V případě sedmičky tedy:

1 + 2 + 3 + 4 + 5 + 6 + 7 = 28

Dohromady dvacet osm. Máme-li co dělat se dvou, či vícemístným číslem, toto se vždy zredukuje na číslo jednomístné. Dvacet osm zredukováno na dvě a osm nám v součtu dává deset. Deset je stále ještě dvoumístné číslo, takže musí být dále zredukováno. Sečteme-li jedničku s nulou, výsledek je jedna. Takže číslo sedm, stejně jako číslo čtyři (1+2+3+4=10=1+0=1), nás vlastně vede zpátky k jednotě! Takto jednoduchým způsobem nám pythagorejská numerologie předkládá důkaz toho, že vše se pohybuje v kruzích, v cyklech!

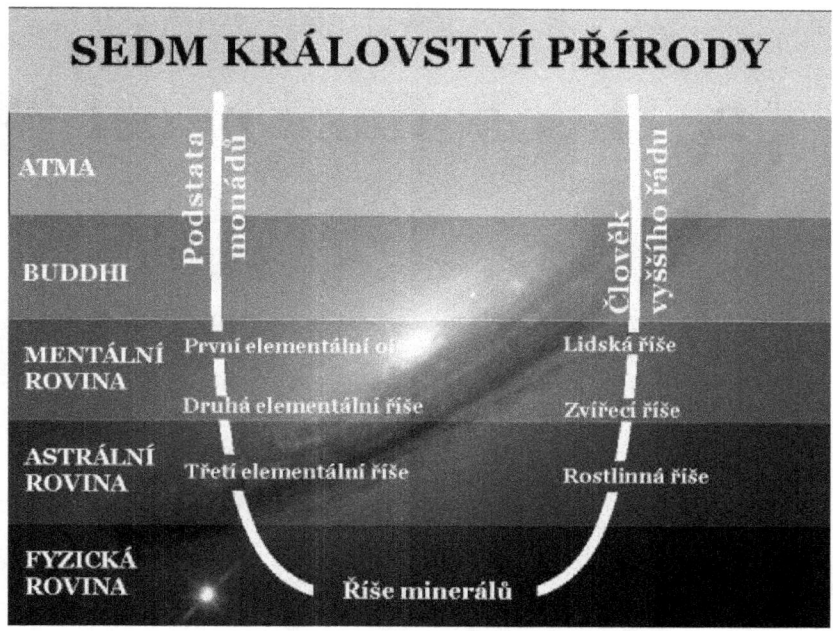

Čtyři živly prastarých mudrců jsou tak dobře známy, že o nich nejspíš aspoň něco zaslechli dokonce i ti lidé, kteří se o okultní záležitosti jinak vůbec nezajímají. Jsou jimi **země, vzduch, oheň** a **voda**. K nim přidejme částečně hmotný **éter**, který je pro nás již neviditelný a potom ještě další dva, které v tomto stadiu vývoje se již nacházejí zcela mimo dosah lidských smyslů. Každý z těchto živlů má svého "správce". Těmi hlavními jsou tradičně archandělé, jichž je rovněž sedm, z nichž ale jen čtyři momentálně, tak říkajíce „mají službu".

Anděl se v sanskrtu řekne *deva*, archandělům se potom říká *radža-deva*. Tito mají pod sebou celé armády pomocníků, kteří stejně jako všechno ostatní v tomto světě, podléhají hierarchickému zákonu. Tři říše elementálních bytosti, které se starají o chod přírody, se nacházejí na počátku vývojového cyklu. Na diagramu vidíme, že lidská říše se nachází v té vyšší části mentální roviny.

2. Theosofická pečeť

Povězme si nyní něco o pečeti užívané Theosofickou společností, kterou navrhli její zakladatelé. Ta je založena na okultní tradici sahající celá tisíciletí do minulosti. Pečeť se poprvé objevuje zhruba ve stejnou dobu kdy byla společnost v New Yorku založena, tedy roku 1875. Nebyla ale vždy v úplně stejné formě v jaké ji vidíme nyní; hákový kříž, který se později stal tolik kontroverzním, původně dominoval. Celý emblém se sestává ze sedmi prvků či základních částí, které byly navrženy tak, aby tvořily jednolitý celek. Jak jsme si již pověděli a jak ještě uvidíme, číslo sedm je v theosofii zásadní; na něm vlastně celý systém stojí. Theosofie má sice své kořeny v náboženských systémech Východu, v Theravada buddhismu, nepřeje si ale být považována za stranickou a její zakladatelé si byli tohoto velice dobře vědomi. Proto lze v tomto emblému vidět jednotlivé symboly pocházející z různých náboženských tradicí a kultur.

Na samém vrcholu nacházíme sanskrtské slovo *AUM* (čte se OM), což je velice posvátné slovo, uctívané v Indii jak hinduisty, tak i buddhisty, jakožto i mnohými z těch lidí hlásících se k jiným vírám a sektám. Toto slovo je do češtiny prakticky nepřeložitelné, protože zde záleží především na zvuku, způsobu vyslovení. Tři sanskrtská písmena A U M, která je tvoří, symbolizují vlastně to samé co například pro křesťana značí božská trojice. Pokud trváme na tom nalézt si nějaký překlad, potom navrhuji prostě výraz „slovo" stejně jako máme v řečtině výraz stejného významu, jímž je *logos*. Tedy, „na začátku bylo slovo"; je to slovo které pronesl Stvořitel a které je u základu veškerého bytí. "Ten kdo má uši k slyšení" v tomto onomatopoickém slově navíc vytuší symbol třech základních živlů, vzduchu, ohně a vody. Čtvrtý živel země je zde potom přítomen jako kombinace těch ostatních. Zkuste si velice pomalu a nahlas vyslovit slovo a–u–m. "A" je přitom vzduch, který vydechneme, "U" nám bude znít jako hučení ohně, zatímco "M" nám připomene mlasknutí jaké způsobuje na hladinu vody padající kapka.

Slovo *aum* je na vrcholu také proto, že představuje božskou trojici nám známou z křesťanství jako *Otec, Syn a Duch svatý*, kterou nacházíme také v hinduismu či buddhismu a rovněž jako božskou trojici. Tvoří ji *Bráhma, Šiva a Višnu*, tito jsou ale přítomni také jako tři roviny existence *Atma, Buddhi a Manas*. Máme je i v kabale a hermetismu, jako nejvyšší tři sefiroty *Keter, Binah, Chochma*. Jinými slovy řečeno, toto slovo je zde proto, aby nám provždy připomínalo božský původ toho všeho, co kolem sebe vidíme.

Těsně pod slovem AUM se na poněkud pozměněné pečeti nyní nachází to, co způsobilo theosofii nemalé potíže uprostřed 20. století. Přesněji řečeno, tyto potíže způsobila především lidská neznalost. Připomeňme si proto znovu slova z preambule původního theosofického manifestu:

"...neexistuje zde žádná diskriminace, ať už podle etnického původu, pohlaví, barvy pleti, národnosti či náboženské víry."

Hákový kříž byl tolik těsně spojován s Hitlerovým nacistickým režimem, že to zanechalo takřka nesmazatelný dojem v lidských myslích. Přitom je hákový kříž neboli *svastika* prastarým symbolem a Blavatská a spol. pochopitelně nemohli tušit, že právě tento symbol si přisvojí o půl století později nacisté. V sanskrtu slovo „svastika" značí „dobro" a v Indii byl vždy hákový kříž považován za znak štěstí. Ve středověku býval také znám v Evropě jako *gamadion*, protože se sestává ze čtyř řeckých písmen gama. Hákový kříž vlastně vychází z normálního kříže, k němuž jsou připojeny v pravých úhlech ramena, která naznačují pohyb – kříž se tedy otáčí, přičemž to vypadá jakoby jeho konce zachovávaly stopy. Jedná se zde o pohyb, který je vlastní všemu živému, celé přírodě, veškerému dění v naší sféře, která je zde navíc jasně vyznačena kruhovitou čarou na okraji, takto uzavírající tento nesmírně potentní symbol. Hákový kříž je jedním z vůbec nejstarších symbolů, které si lidstvo vytvořilo.

Pro ty, kteří stále ještě zůstávají na pochybách a vím, že se tací naleznou a že jich nebude málo, uvedu ještě jeden očisťující fakt. Pohlédnou-li pozorně na hákový kříž nacistů a porovnají-li jej s tím, který užívá theosofie, zjistí, že se zde nachází jeden podstatný rozdíl. Nacistický "Hakenkreuz" se zásadně točil směrem zprava doleva – okultně pojato, nacisté mířili doleva, tj. sledovali tzv. stezku levé ruky, oproti směru hodinových ručiček, což je směr jímž se ubírá černá magie. Kříž, který vidíme na theosofickém emblému víří opačným směrem, zleva doprava, dalo by se říci, s tím jak plyne čas, tak jak tomu má být. Uprostřed, kde se protínají obě hlavní ramena kříže se nachází bod kde vše je v klidu, kde máme také hlavní osu kolem níž se otáčí neustále se měnící svět, *omfalos* starých Řeků neboli pupek světa. Ten zde vždycky byl a vždycky bude, dokonce i tehdy kdy se už dávno zapomnělo na jeho sebe zvané dobyvatele, jejichž mánie trvala pár docela zapomenutelných desetiletí...

Had požírající svůj vlastní ocas je dalším všeobecně rozšířeným symbolem. Znali a užívali jej především gnostikové, nachází se ale také u středověkých alchymistů. V zásadě se jedná o podobný symbol s nímž jsme se již setkali v podobě svastiky a kruhu, který ji obepíná. Zde máme navíc množství kruhovitých šupin na hadí kůži (což bohužel na stylizovaném černobílém znaku není příliš dobře vidět), které představují veškeré cykly většího i menšího rozsahu, jimiž disponuje příroda.

Mnohé z nich známe velice důvěrně jako dny, týdny, roky, atp; jsou zde ale i jiné cykly, jejichž existenci si třeba vůbec neuvědomujeme, o nichž ale vědí někteří okultisté či vědci. Příkladem tohoto je například tzv. hvězdný rok, cyklus trvající přibližně dvacet šest století, o němž velice dobře věděli již sumerští astronomové a zejména astrologové a který se v podobě zvířetníku objevuje na mnoha artefaktech z té doby. V hindu tradici je had, tzv. *naga*, strážcem veškerého dobra a bývá také spojován s moudrostí. S něčím podobným se setkáváme i v Číně v případě okřídleného hada či draka. Had je navíc tradičním symbolem léčení a léčitelů – dva vzájemně se proplétající hadi obtočení kolem svislé osy či žezla tvoří tzv. *kaduceus*, symbol obrody

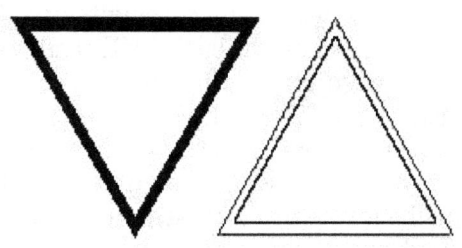

života. Je zde také vědomí o tom, že had pravidelně svléká kůži, což jej učinilo symbolem obrody, pohybu v kruhu.

Dva vzájemně se proplétající trojúhelníky tvoří tzv. Šalamounovu pečeť, známou také jako Davidova hvězda, která vstoupila do povědomí jako symbol židovství zejména poté, kdy nacisté nařídili, že ji Židé musejí nosit na kabátech.  Jako všechny ostatní symboly jimiž se zde zabýváme, i tento je rozšířen univerzálně a je už užíván po staletí – v Čechách například byl známý již v dobách Karla IV. Bílý trojúhelník, který míří vzhůru, symbolizuje ducha, zatímco ten černý, mířící směrem dolů, představuje hmotu. Trojúhelníky jsou propojeny tak, že se jejich ramena vzájemně proplétají, což je činí prakticky neoddělitelné. To proto, že stejně se tomu má ve vztahu ducha s hmotou; jeden totiž vždy závisí na tom druhém a na této rovině existence oba vždy tvoří jediný celek. Dvanáct úhlů (šest vnějších a šest obrácených dovnitř), které vidíme na okraji Šalamounovy pečeti (nebo také tři strany a tři úhly každého ze dvou trojúhelníků) je číslo, s nímž se setkáváme často v mytologii a symbologii národů a religiózních systémů. Příklady zde nám mohou být dvanáct znaků zvěrokruhu, dvanáct synů biblického patriarchy Jákoba, dvanáct učedníků Kristových, dvanáct rytířů kolem stolu krále Artuše, dvanáct Héraklových úkolů, atp.

Ankh neboli *anch* (egyptský kříž, také zvaný závěsný nilský kříž, *crux ansata*, kříž s rukojetí) symbolizuje život nebo také číslo sedm. V podstatě je to řecké písmeno *tau* nebo naše T zakončené kruhem. Ankh je sedmým principem theosofů nacházejícím se ve středu šestiúhelníku, představujícího oněch předchozích šest principů. Případně se můžeme na anch dívat také jako na číslo třináct, což je

dvanáct rozšířené o jednu – dvanáct znaků zvířetníku plus Země, dvanáct synů Jákobových plus Josef, dvanáct apoštolů plus Ježíš, dvanáct rytířů u kulatého stolu plus král Artuš, atd. Tímto se dokončuje cyklus života. Toto se obráží v některých z těch nejstarších známých zvířetníků, které mívají třináct znaků.

Kolem celé pečeti se vine heslo – *There is no religion higher than truth* (žádné náboženství se nevyrovná pravdě). To jsou poněkud volné překlady, jak do angličtiny tak i do češtiny, z původního sanskrtu: *Satyan nasti paro dharmah*, což značí spíše "není NIC většího než pravda". Ovšem, i to je přeloženo dosti volně, hlavně proto, že je velice těžké, vskutku nemožné, přeložit sanskrtské slovo *dharma*. S tímto slovem se velice často setkáváme a může mít celou dlouhou řadu významů, mimo jiné také ten podobný řeckému slovu *nemesis*, značícímu nezadržitelnou sílu osudu, něco čemu nelze uniknout. Slova „dharma" a „karma" jsou si sice podobná, nemají ale úplně stejný význam. Dharma značí to, co je naším životním úkolem i údělem, zatímco karma spíš představuje ty kroky, které k naplnění svého poslání člověk potřebuje nutně učinit. Dharma je též něčím „co je pevně ustanoveno", potažmo zákon, je to ale také povinnost (morální), spravedlnost (vyššího řádu), náboženská víra, teorie náboženství, atp. Což nás přivádí zpět ke slovu OM nacházejícím se na samotném vrcholu emblému, k tomu původnímu slovu v němž je obsaženo vše, tedy veškerá mocnost světa, která nemůže vyústit v nic jiného než v PRAVDU. Cyklus se tímto uzavírá, ovšem jen proto, aby se mohl započít cyklus nový.

3. Lidská těla – principy

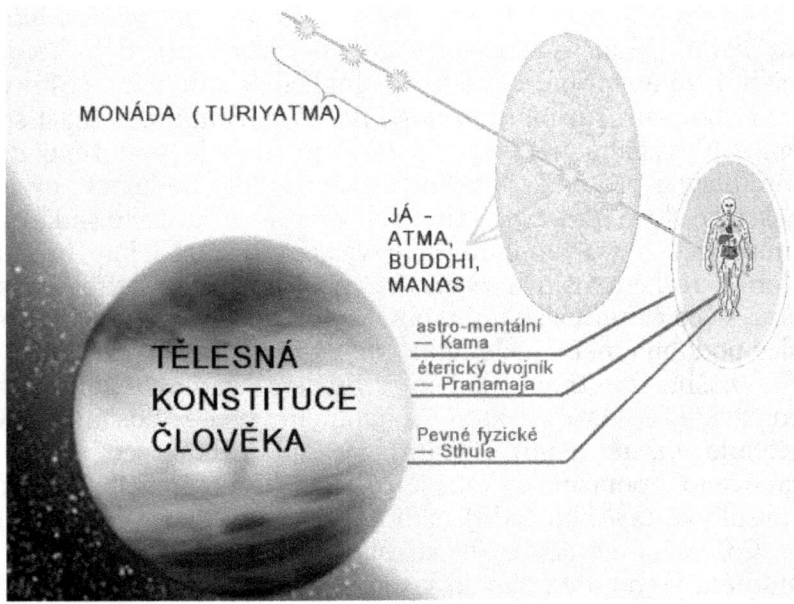

Materialista uznává existenci pouze jediného lidského těla – toho sestávajícího se z viditelné hmoty. Celý materialistický náhled na věc by se dal tudíž shrnout do jediné věty, té věty kterou také v různých verzích tolik často slýcháváme, až do omrzení: "Uvěřím tomu, až to uvidím na vlastní oči!" Na oko to zní celkem rozumně, proč tedy nevzít materialistu za slovo? Viditelná část světelného spektra, kterou náš zrak dokáže vnímat, je omezena na vlnové délky v rozmezí přibližně 0.000000375 a 0.000000775 metru. Tedy zhruba asi čtyři až osm deseti-tisícin milimetru. Na svět, v němž se po celý život pohybujeme a který, pokud jsme materialisty, je to jediné co považujeme za reálné, se tedy vlastně díváme jen malinkou skulinkou. Přesvědčenému materialistovi bychom proto mohli říci, že svá pozorování, na nichž postavil většinu svých životních moudrostí, vlastně celou svou životní filosofii, provádí tak, že se na svět dívá jakoby dírkou po vypadlém suku! Z toho, co tímto způsobem objevuje mnohé navíc padne za oběť cenzuře, protože náš civilizací vycepovaný mozek si vybírá jen určité podněty a ty, které mu do jednou už vytvořeného konceptu nezapadají, prostě ignoruje. Je nasnadě, že naše ostatní smysly na tom nejsou o moc lépe.

Materialistická věda je podobně omezená jako jsou naše smysly. Před jejím vše pokořujícím tažením světem (tak jak to vidí materialista/ateista), zhruba asi do poloviny 17. století, bývali lidé přece jen o něco více otevřenější a vnímavější; po nástupu tzv. Osvícenského věku se ale postupně nechávali přesvědčovat o správnosti jediného způsobu osvícení, toho prováděného materialistickou vědou. Přesto se i dnes mezi námi pohybují lidé, kteří mají schopnosti za určitých okolností dohlédnout o něco dál i když, jak jsme si v případě spiritualistických medií už ukázali, tohle vůbec nemusí znamenat, že by jim takovéto schopnosti zajišťovaly převahu nad ostatními smrtelníky. V mnohých případech je tomu dokonce spíš naopak. Znamená to jen to, že v jistém směru a snad také častěji, dokáží lidé s mediálními schopnostmi vnímat o něco víc než to, čeho je schopen průměrný člověk. Ten mívá někdy, za mimořádných okolností, ostatně také zvýšené schopnosti vnímání; potom může být svědkem jevů které mu připadají nadpřirozené, prostě proto, že je nelze vysvětlit rozumem uvyklým pouze uvažování podle materialistické linie.

Naše západní civilizace si s postupujícím materialismem vypěstovala systém myšlení, který je dosti odlišný například od systémů východních. Vše má vždy svou světlou i stinnou stránku. Následkem toho, že jsme od útlého mládí byli přesvědčováni o přednostech tzv. vědeckého přístupu k řešení problémů, jsme uvyklí tomu klást na každém kroku otázky a nenechat se jen tak o něčem přesvědčit, aniž bychom to neuměli také dokázat. Vědecko-materialisticky orientovaný způsob myšlení, v západních zemích převládající už po celou řadu generací, vycvičil naše mozky k častému používání analýzy, přičemž metoda syntetická, která dominovala až poměrně donedávna, byla v posledních několika stoletích do značné míry potlačena. Chceme-li se ale zabývat theosofií, která je založena na východních filosofických směrech, analytický přístup k věci by nám asi úplně nestačil. Žákům východních mistrů, jímž se obvykle říká *guru*, bývá po přijetí do esoterické školy řečeno zhruba toto:

"Taková a taková je pravda, zde se vám dostává do rukou klíčů k univerzálnímu vědění, jděte a užívejte jich, přesvědčte se přitom postupně sami o tom, že to je pravda skutečná!"
    Něco podobného by byl uslyšel také žák Pythagorův někdy před dvěma a půl tisíci let. Pythagoras, který zřejmě získal mnohé z toho co věděl také kdesi na Východě (kde přesně, to se asi nikdy nedozvíme, je ale dosti pravděpodobné, že během svých tovaryšských putování se ocitl i v Indii), nestrpěl, aby se jeho žáci na něco ptali a to po několik roků – většinou se uvádí, že jeho žáci směli jen naslouchat tomu co se jim říkalo po celých pět let. Potom teprve směl žák začít klást otázky. Tohle je ovšem něco úplně jiného, než na co je zvyklý žák v dnešním západním systému výuky. Na Východě, učení a důkazy prostě nejdou ruku v ruce, to první je teprve po jistém čase následováno (pokud si to zasloužíte) tím druhým. S postupující amerikanizací, k níž dochází zejména díky internetu, je jistě mnohé i v zemích Orientu na pohybu.
    Poněvadž jsem si ale vzal za úkol poněkud přiblížit čtenářům theosofickou doktrínu vycházející z východních esoterických systémů, bylo by obtížné se vyhýbat použití podobných metod. Nebudu tedy se hned na začátku snažit vysvětlovat proč se věci mají tak a ne jinak, předložím prostě před čtenáře základy tohoto systému a ponechám na nich, aby se sami rozhodli zda je mohou přijmout, zda je dokáží sloučit se svým vlastním smýšlením. Ti z čtenářů, kteří mají jisté znalosti západních esoterických směrů, zejména potom hermetismu či kabalismu, narazí přitom docela určitě na jisté souvislosti, čímž pádem si budou moci do určité míry ověřit validnost těchto myšlenek. Pokud jde o důkazy, ty si musí čtenář nalézt jen sám v sobě, v tom, že ozvěna jeho vlastních myšlenek bude snad nějak rezonovat v souladu s tím, co mu zde předkládám. To ostatně doporučovala i Blavatská, která při každé vhodné příležitosti svým žákům říkala: „poslechněte si, ale udělejte si o věcech svůj vlastní úsudek."
    Podle theosofů, dokonalý a úplný člověk se sestává ze sedmi základních principů. Můžeme se na to dívat také tak, že máme celkem sedm těl, vytvářených z postupně stále jemnější a jemnější

substance. Z těchto sedmi, pouze čtyři jsou funkční, zatímco to páté u většiny lidí za současného stavu vývoje funguje jen částečně. Zde máme těla člověka seřazena v tabulce, od toho nejhmotnějšího k tomu nejjemnějšímu. Vedle českých názvů, uvádím také odpovídající názvy v původním sanskrtu:

1. Hmotné tělo — rupa
2. Éterické tělo — prânâ, živa
3. Astrální tělo — linga šaríra
4. Mentální tělo — kâma rupa
5. Kauzální tělo — manas
6. Duchovnost — buddhi
7. Duše — atma

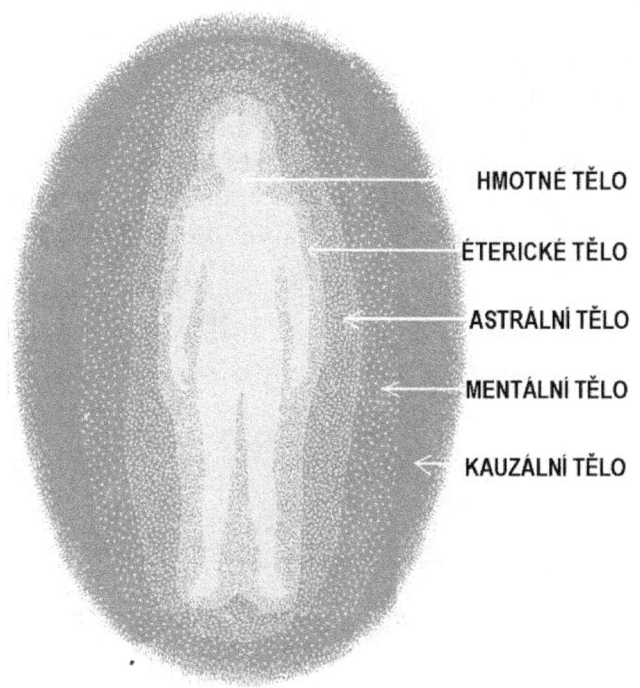

Uvedené principy nelze ovšem chápat jako zcela samostatné, musím zdůraznit, že pokud budeme kdekoliv v tomto pojednání něco kategorizovat, bude tomu vždy jen pro usnadnění našeho chápání. Vše se vším se vždy a všude, ve větší či menší míře, vzájemně překrývá. To zde zdůrazňuji a ještě to pro jistotu na dalších stránkách zopakuji. Celý systém, jak jsem už napsal, je založen na čísle sedm; je tedy možné kategorizovat dále a rozdělit na příklad hmotný stav na dalších sedm stupňů, sedm dílčích kategorií, podle zvyšované hutnosti, tak jak to učinila žákyně Blavatské Annie Besantová, která rozlišuje následující stavy hmoty:

atomární
subatomární
nad-éterický
éterický
plynný
kapalný
pevný

S tímto lze ovšem argumentovat, musíme ale vzít v úvahu, že Besantová toto napsala někdy kolem roku 1900, tedy jen krátce poté kdy manželé Currieovi objevili radioaktivitu. Moderní vědec by sice užil poněkud jiných výrazů, jistě by ale také dokázal nalézt odpovídající kategorie, pokud ovšem v sobě má mystické jádro, což v poslední době bývá, zejména u atomových fyziků, dosti častým případem.

4. Éterické tělo

Protože si nechceme věci zbytečně dále komplikovat, přidržíme se názvů jichž užívá Besantová. Poslední tři z uvedených stupňů hutnosti hmoty, stav plynný, kapalný a pevný, jsou nám ovšem důvěrně známy z hodin fyziky a chemie. Z hmoty nacházející se v některém z těchto stavů se sestává vše co je kolem nás viditelné, včetně našeho hmatatelného těla. Také o čtvrtém stavu hmoty, tzv. éterickém, už možná čtenář něco zaslechl; éterickým tělem (stejně tak jako astrálním tělem) se totiž ohání kdejaký rádoby okultista. My se teď pokusíme si povědět něco více o tomto éterickém těle, které je sice pro nás neviditelné, jehož existenci sice věda neuznává, které je ale základem naší životnosti, jak to ostatně nám Čechům naznačuje jeden z jeho sanskrtských názvů, *živa*. Povíme si o tom, jak toto tělo vyhlíží, jaké jsou jeho funkce, jaká je jeho poloha vzhledem k ostatním zmíněným tělům, atp.

Éterické tělo bývá někdy také známo pod německým názvem *Doppelgänger* neboli "dvojník". Samo o sobě nemá éterické tělo vůbec žádné vědomí; jeho hlavní úlohou je přijímat a hmotnému tělu předávat životní sílu, *pránu*, takže je vlastně přímo zodpovědné za naše zdraví. Stejně jako hmotné tělo, také éterické tělo umírá a rozkládá se, což je proces k němuž dochází poměrně brzy poté kdy se skončila ta část našeho životního cyklu, která nás poutá k této zemi. Éterické tělo a s ním související elementální síly, bývají obvykle zodpovědné za to, co se nejčastěji projevuje v průběhu spiritualistických seancí, jako klepání stolků, levitace předmětů, jejich materializovaní, aporty, atp.

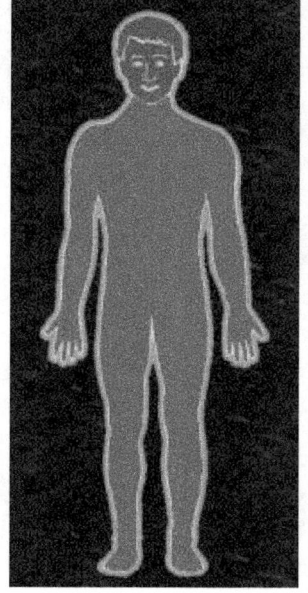

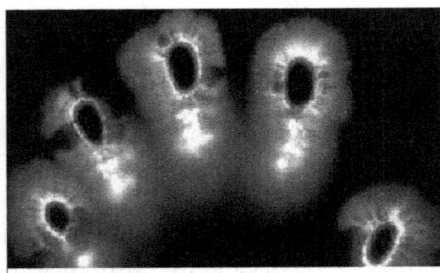
Kirliánská fotografie prstů ruky

Všichni živoucí tvorové, tedy lidé, zvířata a dokonce i rostliny, mají svá éterická těla, která jsou vlastně jejich neviditelnými duplikáty, zpravidla o něco málo většími, takže z našeho hlediska bytostí obývajících prostor o třech dimenzích by se dalo říci, že je přesahují o několik milimetrů až centimetrů. Tato přesahující éterická hmota přitom vytváří jakýsi obal, který je právě tím co vidí lidé s jasnovideckými schopnostmi a za určitých okolností mohou zahlédnout dokonce i běžní lidé. Existuje tak zvaná *"kirlianská fotografie"*, podle ruského elektrotechnika *Semjona Kirliana*, metoda vypracovaná ve čtyřicátých letech, pomocí jíž se tato *"aura"* dá i vyfotografovat a objevuje se potom na fotografiích jako barevné světelné paprsky vystupující z povrchu živé hmoty, na příklad z listu nějaké rostliny nebo z prstů lidské ruky.

Hmotné tělo s tělem éterickým se navzájem prolínají a obě těla jsou spolu pevně propojena, takže pokud se člověk rozhodne pročistit svoje hmotné tělo (na příklad tím, že přijímá jen určité druhy potravin, tak jak to dělají například vegetariáni), zároveň tím také zhodnocuje svoje éterické tělo. Platí to ovšem i naopak. Požíváním narkotik, nadměrného množství alkoholu a podobně, znehodnocujeme svoje éterické tělo; jeho celkové oslabení potom způsobuje, že se stáváme náchylnými k nemocem. Narkotika, včetně marihuany a hašiše, mohou proto při častém užívání mít prakticky nevyléčitelné následky.

Při této příležitosti by snad bylo na místě se zastavit na chvíli u problému požívání narkotik a povědět si něco o tom, jak na něj nahlíží esoterik. Asi před čtvrt stoletím jsem poznal jistou dámu, která k nám tehdy s manželem občas přicházela na návštěvu. Byla v té době, jak se anglicky říká, ještě na té „správné straně čtyřicítky", původem z Ameriky, kde v létech šedesátých, kdy to na amerických univerzitách nejvíc vřelo, studovala na kalifornské Berkeley, tedy jedné z těch v tomto směru nejaktivnějších. Není se tudíž čemu divit, když na jistý čas ji také zachvátila horečka experimentování s narkotiky, jemuž propadla spousta jiných „baby boomers". Na štěstí se jí podařilo se návyku na narkotika zbavit, pokud jsem věděl, v době o níž píši už po nějakých deset let žádná neužívala. Ještě předtím než jsem se dozvěděl o této její temné minulosti, povšiml jsem si jedné zvláštnosti na jejím chování. Vedla se normální společenská konverzace a ona, pokud se jí právě přímo nezúčastnila, čas od času se jakoby celá stáhla do sebe. Duchem jaksi nepřítomná, byla zahleděná kamsi do prázdnoty, nevnímala přitom zřejmě nic, včetně mých zkoumavých pohledů. Trvalo to někdy i několik minut, než se zase vrátila do přítomnosti, potom stále bylo ještě chvíli patrné, že pochytává nitky rozhovoru, které jí mezitím unikly. Tedy něco podobného, jak o tom píše plukovník Olcott v souvislosti s Blavatskou, když u ní docházelo k "výměně stráží".

Stav media nacházejícího se v transu a stav člověka po užití narkotik mají mnohé společné. Je ostatně známo, že šamani některých domorodých afrických, jihoamerických či asijských kmenů někdy drogy užívají krátce před svými produkcemi; u středoamerických Indiánů to je dokonce i pravidlem. Drogami navozený pocit lehkosti, po němž tolik baží člověk na drogách závislý, se dostavuje proto, že vědomí nebo spíše ta nevědomá část člověka v bdělém stavu, se soustřeďuje na éterické tělo, čímž se vlastně dosahuje více či méně intenzivní formy transu. Čím déle a čím častěji k tomu dochází, tím více se ovšem narušuje přirozená rovnováha mezi éterickým a hmotným tělem. Člověk, jehož život je drogami ovládaný, se takto dostává do permanentního stavu částečné odtažitosti; žije jakoby více či méně nakloněný ke svému éterickému tělu. Hmotné tělo, jemuž se nedostává patřičné pozornosti, mezitím postupně a pomalu chátrá. Celý proces lze zastavit tím, že člověk přestane narkotika brát, návrat k původnímu stavu už ale většinou možný není, rozhodně ne úplně. Přirozené spojení mezi éterickým tělem člověka a jeho fyzickým tělem už totiž nejspíš bylo permanentně narušeno. U lidí, kteří byli po delší dobu pod vlivem návykových drog, i když se jim podaří návyk překonat, se tak i po letech projevují jisté následky. Je na nich patrná občasná duševní nepřítomnost, prázdnota pohledu, tak jak tomu bylo v případě zmíněné dámy. Původní vazba jejího éterického a hmotného těla i po letech abstinence zůstávala i v jejím případě stále ještě mírně narušená.

Pokud se týče stavby éterického těla, tím si nemůžeme být zcela jisti, podobně jako moderní věda nám stále ještě nedokáže přesně popsat co je ve skutečnosti na příklad elektřina. O té se sice ví jak se projevuje, čím a jak se přenáší, jak ji lze vyrobit, její podstata pro nás ale přesto zůstává tajemstvím. Je ovšem pro člověka normální o takovýchto věcech hloubat a nějaká možná vysvětlení si alespoň představovat. O již zmíněných čtyřech stupních hmoty, které následují po pevném, kapalném a plynném a o jejich funkcích, by se pak snad daly vyslovit následující hypotézy:

První éterická rovina	*prostředí v němž se přenáší běžný elektrický proud a zvukové vlny*
Druhá éterická rovina	*Prostředí, v němž se projevují světelné vlny*
Třetí éterická rovina	*Umožňuje projev útlejších forem elektřiny*
Čtvrtá éterická rovina	*Prostředí v němž se přenášejí myšlenky mezi jednotlivými mozky*
Plynná rovina	vzduch
Tekutá rovina	voda
Pevná rovina	země

Zdůrazňuji, že výše uvedené jsou pouhé hypotézy, které tzv. vědeckými metodami nelze momentálně nikterak ověřit. Množství praktických léčebných metod, zejména těch které pocházejí z východních kultur, je ale založeno těchto principech. Podle toho lze říci, že éterické tělo má dvě hlavní funkce. Tou první je příjem *prány* neboli *životní energie*, její přenos a rozdělení do hmotného těla. Druhou jeho funkcí je být prostředníkem mezi hmotným tělem a o mnoho jemnějším tělem astrálním. Stará se přitom také o přenos vědomí z astrálních i vyšších sfér do hmotného mozku a nervového systému. Pro tyto účely si éterické tělo vytvořilo jistá centra, tzv. *čakry*, tedy jakési brány jimiž naše vědomí může proniknout do vyšších sfér existence. O nich se ví už od pradávných dob a právě s nimi pracují ti léčitelé, kteří užívají výše zmíněných metod. Západní lékařská profese velice zdráhavě začíná připouštět možnost jejich existence teprve v poslední době. Kdyby byla v tomto směru více otevřená, asi by si ušetřila hodně práce. Doplatily by na to ale farmaceutické společnosti, takže je to pouhá utopie.

Éterické tělo je ve své zásadě jen neviditelnou částí těla hmotného, může proto být jen přechodným sídlem našeho vědomí a to jen za určitých okolností. Jakýkoliv odklon od jeho hlavních funkcí je nepřirozený a nezdravý; u normálních a zdravých lidí je v bdělém stavu oddělení éterického těla od těla hmotného téměř nemožné. Výjimkou bývají právě lidé s mediálními schopnostmi, u nichž k takovémuto oddělování dochází poměrně snadno a kteří jsou tudíž vlastně úchylnými jedinci. Zde také bychom pravděpodobně mohli hledat původy na jiných místech zmiňovaných nestálostí charakteru, závislosti na alkoholu či na drogách (jak víme, dokonce i samotná Blavatská byla velmi silným kuřákem) i častých zdravotních problémů, které je postihují.

K definitivnímu oddělení éterického "dvojníka" od hmotného těla dochází až v okamžiku smrti (čímž se budeme podrobněji zabývat v samostatné kapitole). K dočasnému oddělení může ale někdy dojít, nejčastěji při náhlých nehodách. Po podání anestetik také dochází k částečnému a někdy i k úplnému, i když dočasnému, oddělení éterického těla. Může se potom stát, že oběť nehody nebo pacient během operace, se s pocitem podivné netečnosti a odtažitosti (jak to mnozí z těch, kteří něco podobného zažili, celkem shodně popisují) dívá na svoje bezvládné tělo ležící na silnici či na operačním stole, na ambulantní zřízence, na doktory a jejich asistenty, kteří jsou kolem něho shromážděni.

Takovéto případy byly sice mnohokráte a dosti podrobně popsány a to věrohodnými svědky, většinou se ale nad tím stejně nakonec mávne rukou a prohlásí se, že dotyčný se stal obětí nějakých halucinací. Na mysl mi připadá ještě jeden podivný a materialistickými vědními metodami těžko vysvětlitelný úkaz. Lidé, kteří přišli o část těla, na příklad ti kteří měli amputovánu nohu, si občas stěžují na bolesti, které jim připadají jakoby vycházející z té neexistující části, třeba z prstů amputované nohy. Uznáváme-li existenci éterického dvojníka, je nám to snadno vysvětlitelné. Éterické tělo zůstalo i po amputaci celé, odříznuta byla pouze hmotná část nohy a mozek tudíž třeba i po letech stále ještě reaguje na určité podněty podávané mu éterickým dvojníkem.

Životnost

Podle indických mudrců prastarých dob i současnosti, existují tři hlavní síly, vycházející ze slunce a působící na naši planetu. V sanskrtu jsou tyto síly nazývány *fohat, prânâ* a *kundalíni*. Moderní čtenář vychovaný kulturou západu většinou očekává, že se mu dostane aspoň nějakých informací, které by mu pomohly si tyto síly zařadit do schematu vytvořeného naší vědou, který je mu známý už od doby kdy sedával ve školní lavici. To je téměř nemožné, protože zmíníte-li je před moderním vědcem, asi se na vás s účastí podívá, ale nebude se s vámi dále bavit. Fohat, prânâ a kundalíni jsou totiž pojmy s nimiž moderní vědec běžně obeznámený není. Jsou spíše podobné třem "živlům" filosofů antiky, jimiž jsou *vzduch, voda* a *oheň* (čtvrtým živlem přitom byla pevná země). Fohat ve své podstatě zahrnuje všechny fyzikální síly které známe a které jsou navzájem konvertibilní. Elektřinu si na příklad můžeme vyrobit s pomocí turbíny poháněné pohybovou silou vody, ale také slunečními bateriemi, které využívají světelné energie nebo parním strojem, poháněným tepelnou energií, či v atomovém reaktoru, případně také s použitím magnetu, atp. Řekneme-li si nyní velice zjednodušeně, že fohat je elektřina, nebudeme snad příliš daleko od pravdy.

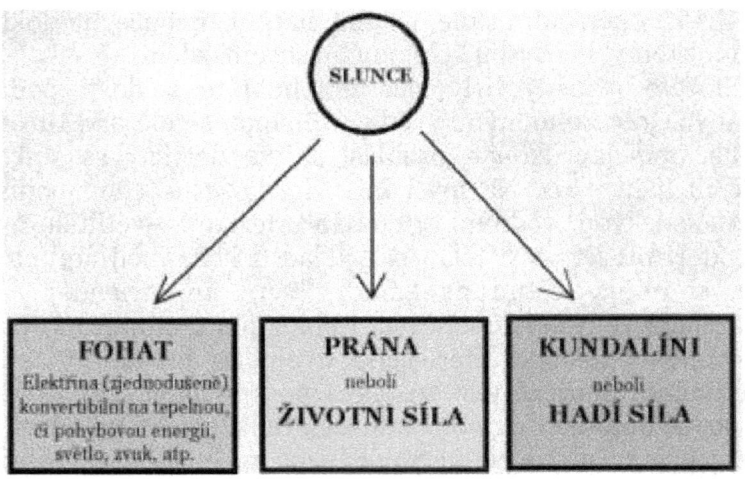

O *práně*, životní síle, jsem se už zmiňoval. Je to jedno z těch sanskrtských slov, která přešla do mnoha jazyků a užívá se celkem běžně i v češtině. To přesto, že oficiální věda pro pránu zatím místo nemá, i když někteří biologové údajně začínají docela vážně uvažovat o tom, zda by ji snad neměli adoptovat. Sanskrtské slovo *prâna* vzešlo ze spojení slov „pra" (dále) a „an" (dech, pohyb, život). Jeho významem je tedy "pokračující život", neboli životnost. Spojení pojmů dech a život ovšem nacházíme také hned na počátku Starého zákona, kde Bůh, poté kdy vytvořil člověka z hlíny, tedy z hmotného materiálu, vdechuje do chřípí prvního člověka Adama duši (které se hebrejsky říká *nešáma*), čímž ho oživuje. V hebrejském konceptu je Adam pánem všeho tvorstva; stejně tak i pro sanskrtské mudrce je prâna univerzálním dechem života, který oživuje celou přírodu a který pochází přímo od Brahmana.

Kundalíni je silou o níž se toho ví poměrně nejméně, zato se o ní o to víc spekuluje. To hlavně proto, že jistým způsobem souvisí kundalíni s našimi pohlavními pudy. Už to jí zaručuje popularitu v jistých kruzích a to se do ní ještě ani nedaly reklamní agentury. Raději se zatím zmíním jen o tom, že má kundalíni spirálovitý charakter, podobně jako model DNA a že se jí proto také říká "hadí síla".

Pránu přijímají všichni živočichové, rostliny, dokonce i minerály. Ty poslední pochopitelně v mnohem menším množství. Bez dostatečné zásoby prány by příroda prostě nemohla existovat. Nesmírně důležité je také to, že příjem a rozdělení životní energie se musí dít rovnovážně; nadměrné množství prány může totiž ohrozit život organizmu stejně tak, jako její nedostatek. Blavatská přirovnává pránu ke kyslíku, který přijímáme dechem a který je aktivním chemickým prvkem, nutným k existenci veškerého organického života. Dusík, který je naopak pasivní, se zdá být hlavním komponentem éterického těla. Píši „zdá se být", protože za současného vědění nemáme pro nic takového důkazy. Centrální nervový systém, jímž jsou naše těla ovládána, je ovšem vytvořen z pevné látky, aktivizován je ale právě onou pránou, která na úrovni éterického těla proudí v oblastech nervů a přenáší vnější podněty, stejně tak jako pohybové podněty vyprovokované mozkem, buď cílevědomě nebo automaticky.

Pokud cituji Blavatskou nebo jiné theosofy z těch, kteří přišli krátce po ní, potom je nutné ovšem brát v úvahu, že tito mohli ve svých analogiích užívat pouze přirovnání s vědeckými obory a vědomostmi na úrovni doby v níž žili. Chemie byla v tomto směru tehdy poměrně nejdále, zatímco na příklad atomová fysika ještě vůbec neexistovala. Kdyby se byla Blavatská narodila o sto let později, jistě by její spisy a komentáře byly poněkud jiné. Ve své době mohla reagovat jen na té úrovni, jakou jí povoloval aktuální stav vědy. V dnešní době jsou zde vědci v mnoha oborech, kteří se zároveň zabývají i theosofií. Jen ti z nich, kteří nejsou závislí na příjmech z obvyklých zdrojů, se k tomu běžně přiznávají.

Čakry

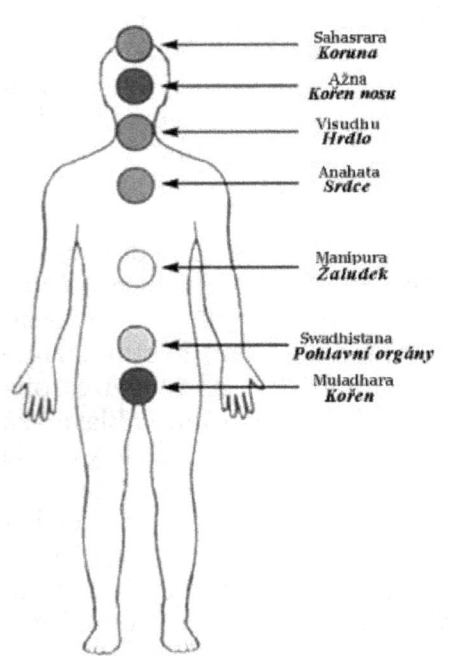

Éterické tělo, stejně tak jako všechna ostatní těla neboli principy, o nichž si povíme později, si v průběhu evoluce vytvořilo silová centra, které se v sanskrtu nazývají *čakry* (nebo často také *čakramy*). Toto slovo značí kolo nebo otáčející se disk. Čakry jsou umístěny na povrchu éterického těla, tedy asi půl centimetru od povrchu kůže. Člověku, který má jasnovidecké schopnosti, se jeví jako více či méně rychle se otáčející víry, s viditelným prohloubením uprostřed. Velikost, výraznost i rychlost otáčení se u jednotlivých lidí značně liší; u těch méně duchovně vyspělých bývají čakry někdy jen stěží viditelné, pomalu rotující, velikosti asi pěti centimetrů. Duchovně značně vyspělí lidé naopak mohou mít čakry v poměrné velikosti až nějakých patnácti centimetrů, zářivé, skoro jako malé sluneční kotouče. Není jistě náhodou, že různým světcům bývaly od nepaměti na obrázcích přimalovávány nad hlavami svatozáře. Jedna čakra je totiž umístěna přímo nad temenem hlavy a je to právě ona, která bývá poměrně nejsnadněji viditelná, často nejen jasnovidcům, ale i těm lidem kteří mají jen poněkud zvýšenou citlivost. Takže je možné, že docela obyčejný člověk žijící před tisíci lety, v době kdy nemusel čelit znečištění ovzduší a kdy nebyl zavalován energickými vlnami telekomunikací jimiž je dnes éter nasycen, mohl celkem snadno zahlédnout značně vyvinutou čakru nad temenem hlavy někoho, kdo byl později prohlášen za svatého.

Čakry mají dvě hlavní funkce. Tou první je již zmíněný příjem životní síly prány a její distribuce v éterickém těle a odtud i po celém hmotném těle. Druhou jejich funkcí je spojení s odpovídajícími astrálními centry. Jak si později také ukážeme, značnou část našich životních cyklů prožíváme ve stavu, kdy je naše vědomí soustředěno na astrální rovinu existence. Jsou lidé, kteří tvrdí, že nikdy nemívají žádné sny. Vědecké pokusy přitom dokazují, že každý člověk prochází ve spánku fázemi, kdy se mu sny evidentně zdají. Problém je zřejmě v tom, že lidé, kteří jsou přesvědčeni, že se jim žádné sny nezdají, si do bdělého stavu ze snů, které docela určitě mají, nepřinášejí buď nic nebo jen velice málo. To, jak mnoho si dokážeme zapamatovat z našich výletů na astrální rovinu, závisí hlavně na tom jak spolehlivé jsou mosty po nichž se tyto zkušenosti přenášejí. Lidé, kteří mají plně nebo aspoň dobře vyvinutá éterická centra, jsou schopni si toho zapamatovat víc než ti ostatní.

Celkem existuje sedm druhů prány a jim odpovídá sedm čaker. To ovšem neznamená, že každé z těchto center by bylo schopno přijímat jen jeden druh životní síly, znamená to pouze, že jeden určitý druh zde značně převládá. Prána přichází z astrální roviny do středu čakry jakoby kolmo vzhledem k rovině povrchu éterického těla (to je poněkud nepřesné, musíme totiž vzít v úvahu naši neschopnost toho představovat si čtyř a vícedimenzní prostor). Odtud vyzařuje opět v pravém úhlu, tedy souběžně s rovinou povrchu těla. Počet směrů v nichž jsou tyto přímé paprsky vedeny se různí a to podle toho o jakou čakru se jedná. Čakra tak bývá přirovnávána buď ke kolu s paprsky vedoucími od náboje k okraji nebo ještě častěji ke květu. Čakry bývají také spojovány s těmi orgány lidského těla, v jejichž blízkosti se nacházejí. Zde tedy následuje jejich seznam, umístění a odpovídající sanskrtské názvy:

1. *Muladhára – kořenová čakra.* Nachází se v tříselní oblasti, mezi řitním otvorem a šourkem u mužů, na zadní straně děložního hrdla u žen. Barvu má červenou. Muladhára odpovídá Malchutu kabalistů, je tedy spojená se zemí, se zemskou energií a s činnostmi, které s ní souvisí. Zabývá se základními aspekty existence a instinkty, jimiž jsou například potřeba jíst, pít, mít bezpečné obydlí, atp. Zablokovaná první čakra způsobuje, že má člověk celkově málo síly - fyzické, mentální i duševní.

2. *Svadištána – bederní čakra.* Nachází se u spodku páteře, je oranžové barvy. Svadištána odpovídá kabalistickému Jesodu. Jako taková má na starosti tvořivé síly, lidské emoce a vztahy, sexuální energii. Zablokování v této čakře způsobuje pohlavní frigiditu a celkové potlačování emocí.

3. *Manipúra – solar-plexus, žaludek.* Nachází se na solar plexu, bývá barvy žluté, až do zlatové. Tato čakra kontroluje osobní vůli a mentalitu člověka. Pokud se zablokuje, následkem bývá ztráta odvahy, narušené myšlenkové pochody, vedoucí k falešným představám, atp.

4. *Anaáta – srdeční čakra.* Nachází se přímo nad srdcem, většinou barvy zelené, často ale také do žluta. Jak každý ví, zde je sídlo lásky a to k sobě samotnému, jakožto i k jiným lidem, k celému světu. Neschopnost milovat či lásku přijímat je způsobena zablokováním této čakry.

5. *Višuda – krční čakra.* Nachází se přímo nad ohryzkem, je barvy světle modré, často až do stříbrné. Zabývá se veškerými projevy člověka, řečí i ostatními způsoby komunikace. Vyjadřovací schopnosti člověka závisejí na správném chodu této čakry.

6. *Adžna – čelní čakra.* Na spodku čela, nad kořenem nosu, mezi obočím, přesně tam kde Indové nosí drahokamy či si dělají barevnou tečku značící tzv. třetí oko. Barva: tmavě-modrá, až

fialová. Zabývá se intuicí a duchovními schopnostmi, které scházejí v případě narušené funkce této čakry.

7. *Saásrara – temenní čakra.* Nachází se na vrcholku hlavy, tam kde bývá umisťována královská koruna, bývá barvy fialové, může ale mít téměř jakoukoliv barvu. Přijímá energii shora; jí se řídí celková duchovní vyspělost člověka.

Stejně jako mezi západními okultními společnostmi a řády, také mezi těmi východními se vyskytují takové, které se zabývají tím, čemu se obvykle říká „černá magie". Tyto se často zmiňují o ještě dalších třech čakrách, které podle nich mají spojitost s nižšími lidskými orgány. Nebudu se jimi zde dále zabývat a zmiňuji se o nich hlavně proto, abych čtenáře varoval před některými praktikami, na které může případně narazit, které jsou nejen nežádoucí, ale mohou být také nanejvýše nebezpečné.

Z těch regulérních, *nejníže položená čakra se nalézá na úrovni posledního obratle páteře.* Má čtyři paprsky neboli květní lístky. Toto centrum je hlavním dodavatelem lidské pohlavní energie a bývá také úzce spojováno s "hadí silou" *kundalíni* která, obrazně řečeno, zde jako do klubíčka svinutý had dříme, dokud není něčím probuzena. Zdali je pro člověka žádoucí se o probuzení tohoto hada vědomě pokoušet, je ovšem nanejvýše sporné. Rozhodně není nijak dobré, když k tomu dojde předčasně. Přesto existují některé nábožné sekty, které si s kundalíni pohrávají a jejichž mnozí členové na to také těžce doplácejí. Prastará indická moudrost o kundalíni prohlašuje, že "dává svobodu jogínům a nasazuje pouta hlupákům". Pouze ti, kteří se dokáží povznést nad požadavky svých nižších pudů, mohou očekávat, že probuzení tohoto centra jim přinese užitek. Ti, kteří zůstávají otroky svých vášní, naopak riskují, že probuzené síly se obrátí směrem dolů, k již zmíněným nižším centrům, to vše s těžkými duševními, fyzickými a hlavně karmickými následky. Proto zauvažujte nad těmito varovnými slovy: pokud o těchto záležitostech příliš mnoho nevíte, nebylo by pro vás asi dobré si začínat něco s těmi lidmi, kteří příliš hlasitě hovoří o probouzení kundalíni. Na štěstí se to většině z těch, kteří se o to vědomě pokoušejí, nikdy nepovede; pokud si ale o tom chcete promluvit s některým z těch "úspěšných", poměrně nejlepší příležitosti k tomu vám kynou v ústavech pro choromyslné...

V ideálním případě stoupá probuzená energie této čakry vzhůru podle páteře až do mozku, kde způsobuje důležité změny a nesmírně zvyšuje intelektuální kapacitu člověka. Protože ale riziko u většiny lidí daleko přesahuje možné zisky, nebudu se dále o této záležitosti rozšiřovat, abych náhodou čtenáře nevyprovokoval k něčemu neuváženému. Pouze zopakuji: pokud opravdu nevíte co děláte, nehrajte si s kundalíni!

Čakra nacházející se *nad slezinou* má šest lístků. Šest ze sedmi zmíněných druhů prány prochází těmito paprsky a sedmý je absorbován i vyzařován jeho středem. Díky této rovnováze, je tato čakra především zodpovědná za naše zdraví. Lidé s robustním zdravím mívají dobře fungující slezinu, jejíž centrum absorbuje někdy i více prány než jejich organizmus spotřebuje. Nepoužitá prána je v takovém případě éterickým tělem opět vyzařována a takový člověk mívá potom léčitelské schopnosti. Je-li si toho člověk vědom a usiluje-li dokonce o to léčitelem se stát, dokáže tento proces takto dále zintenzivnit. Mnozí lidé se cítí být povoláni k tomu, aby se stali léčiteli. V takovémto případě je pro člověka dobré si uvědomit co ho k tomu vede, zda se jedná o skutečný altruismus. Opravdoví, ryzí léčitelé, totiž instinktivně vědí, že dar, jehož se jim dostalo, nese s sebou také značnou dávku zodpovědnosti. Proto se nepokoušejí na věci vydělávat víc než kolik jim stačí k udržování určité hladiny energie. Pokud tato základní pravidla, která se ovšem v jednotlivých případech mohou značně lišit, přestoupí, mohou očekávat, že zdroj nadbytečné prány po čase vyschne. Zde platí to samé, co jsme si již řekli o spiritualistických mediích. V tom případě, že si na svých schopnostech vybudují výdělečný podnik, může se jim snadno stát, že v nějakém bodě své léčitelské kariéry mohou být označeni za podvodníky, šejdíře či tak podobně a to i v tom případě, že jejich léčitelské schopnosti byly původně opravdové. Ortodoxní medicína a zejména moderní farmaceutické společnosti, si žárlivě střeží svá teritoria. Lidé s nimi spojení po takovýchto případech neustále pasou a také neustále nějaké nacházejí, protože takový už je běh světa.

Léčivé schopnosti mají ovšem i rostliny a dokonce i některé z těch minerálů u nichž bychom to neočekávali. U těch posledních se sice dá stěží hovořit o éterickém těle, spíše jen o přítomnosti éterické hmoty, ta je ale přesto schopna absorbovat i vydávat pránu. Že nějakou takovou energii vydávat musí i obyčejná kuchyňská sůl se mohla přesvědčit moje manželka, kterou z nemoci, s níž si nevědělo rady dokonce několik specialistů, vyléčil před mnoha lety homeopat tím, že jí předepsal *natrium muriatum* ve vysoké potenci (tzn. mnohonásobně zředěnou). Lidé také odjakživa sbírali a užívali léčivé byliny. Rostliny, minerály i mnohé živočišné produkty, mají léčivé schopnosti proto, že vyzařují určitý a specializovaný druh prány, právě ten jehož se nedostává těm lidem, kteří jsou nějak nemocni. Právě existencí prány je tak možné vysvětlit, jak vlastně působí homeopatické léky, o nichž je statisticky prokazatelné, že po mnohanásobném ředění nemají v sobě už jedinou molekulu původní látky a přesto (nebo právě proto) se jejich účinnost ještě zvyšuje. Zakladatel homeopatické léčby Samuel Hahnemann ve svém Organonu racionální léčby píše následující:

Ve zdravém stavu je člověk ovládán duchovní silou (autokracií), která hmotné tělo (organizmus) oživuje v podobě dynamis a udržuje všechny jeho části v obdivuhodně harmonickém souladu pocitů a činností, takže náš rozumný duch přítomný v našem nitru může tohoto živého zdravého nástroje svobodně užívat k vyššímu účelu našeho bytí.

To, co Hahnemann nazývá „dynamis", je ovšem prána. Asi před patnácti lety jsem v jistém českém internetovém deníku uveřejnil článek, v němž jsem se zastával homeopatie. Článek vyvolal dosti rozsáhlou polemiku, během níž jsem byl prudce napaden několika předními českými vědci - materialisty, které právě to, že silně rozředěný homeopatický lék prokazatelně neobsahuje nic z látky z níž byl původně vyroben, evidentně přivádělo do stavu zuřivosti. Po několika dnech strávených psaním dalších polemických článků a hlavně odpovídáním na četné emailové

Samuel Hahneman (1755-1843)

dopisy, mi začalo být jasné, že tyto skeptiky, kteří budou ze zásady pochybovat o všem na co si nemohou sáhnout, prostě nelze přesvědčit o účinnosti homeopatické léčby, o níž jsem se sám mnohokrát mohl ujistit a kterou mnohokrát potvrdilo i nezávisle vedené laboratorní testování. Tzv. dvojité slepé testy potvrdily to, co homeopati, kteří dávno vyloučili možnosti chemického působení homeopatických léků, tvrdí už pár staletí. Pokud se ale některé ze skeptiků podaří o tom přesvědčit, uchýlí se zcela předvídatelně k teorii o placebu. Což už dávno bylo také vyloučeno, například už jen tím, že homeopaticky lze léčit také zvířata. Přes veškeré snahy skeptiků a zejména farmaceutického průmyslu, jemuž vadí nejvíc, homeopatie jako organizované hnutí existuje už déle než 200 let a je dnes rozšířena prakticky po celém světě. Kdyby nedosahovala žádných výsledků, dávno by už byla zanikla. Opak je pravdou, v dnešní době se stále více pacientů svěřuje homeopatickým lékařům. Proč je tomu tak?

Hahnemann narazil na něco, co se dotýká samotné podstaty bytí. Pokud dáme za pravdu indickým mudrcům a uznáme existenci prány (či dynamis), je nám okamžitě jasné, že tato se přenáší nezávisle na hmotě (tak jak ji chápe materialista) a může tedy být přítomna v léku připraveném až tisícinásobným rozřeďováním původní látky, získané dejme tomu z byliny, jejíž léčebné schopnosti jsou uznávané už po celá tisíciletí. Bylina má tyto schopnosti právě proto, že obsahuje pránu o určitých vlastnostech (mohli bychom se snad i dohadovat, že se jedná o vibrace o určité frekvenci), která se procesem ředění nějakým nám zatím neznámým způsobem vytříbí a jejíž léčebné účinky se takto zmnohonásobí. Když se potom takto vyrobený lék podá pacientovi, vibrace v léku přítomné buď ruší ty, které v pacientovi způsobují nemoc, nebo naopak ladí s těmi vibracemi, které by měl pacient mít když se nachází ve zdravém stavu a tudíž je posílí. Tak nějak si představuji, že homeopatické léky které, jak jsem sám poznal, svou pouhou existencí dokáží rozčilit jinak celkem klidné a rozumné lidi k nepříčetnosti, v zásadě fungují. Pochopitelně, že fungovat nemohou pokaždé a na každém; svou roli jistě musí také hrát karma pacientova i jiné faktory, takže skeptik bude mít po ruce vždycky dostatek případů na něž bude moci poukazovat, když homeopatii prohlásí za šarlatánství. To, že ortodoxní léčba také vždycky úspěšná nebývá, se přitom pomíjí.

Tam kde homeopatie úspěšná je, bývá zároveň důkazem (a nevím o žádném lepším) toho, že existuje něco, co můžeme nazvat pránou či dynamis, či prostě životadárnou energií. Může se to sice nacházet mimo dosah přístrojů jimiž vládnou nevěřící moderní vědci, to ale na věci nic nemění. Je to zde, je to všude kolem nás.

Na rozdíl od přírodních léčitelů, kteří pránou oplývají, některým lidem se naopak životní energie nedostává a ti se potom mohou stát houbami, které do sebe bezděky (ale někdy i vědomě) vtahují energii jiných lidí, zejména těch senzitivních. Je to vlastně jakýsi druh upírství, jemuž můžeme takto být v jejich přítomnosti vystaveni a po němž se můžeme cítit duševně i tělesně vyčerpáni. Nevíme nejspíš co se s námi stalo, pravděpodobně ale máme pocity silných antipatií vůči takovému člověku. Nejsme ale vůči něčemu takovému tak docela bezbranní, i když se vždy nemůžeme setkání s psychickým upírem vyhnout. Pokud k němu dojde, jsme obvykle schopni toho se ochránit, jak si také povíme na jiném místě.

Vyvinuté slezinové centrum umožňuje také člověku si pamatovat více z toho, co zažil během cestování po astrální rovině. Při částečném vyvinutí nebo při jeho náhodné stimulaci, nám někdy na mysli zůstanou prchavé pocity o snadnosti pohybu v tomto prostředí neboli, jak se to populárně nazývá, létací sny.

Centrum umístěné nad pupečním otvorem má deset paprsků nebo lístků. Tato čakra přijímá zejména druh energie, která oživuje naše vnitřní orgány, žaludek, játra, ledviny, atp. Po psychické stránce ovlivňuje především náš emocionální život. Dokonce i v materialisticky zaměřených kruzích v oblasti medicíny je dobře známo, jak se může na příklad stressová situace projevit při tvorbě žaludečních vředů. K tomu dochází tehdy, kdy je funkce tohoto centra omezená a rovnováha narušená. Žaludeční centrum je hlavní bránou do světa emocí, tedy do astrálního světa. Současně s tím, jak se v něm vyvíjí tato čakra, člověk si začíná více všímat astrálních vlivů, aniž by ale vždy příliš dobře věděl o co vlastně jde.

Dvanácti paprsková *čakra, umístěná nad srdcem*, je sídlem našich citů. Že si jsme toho nějak vědomi, dokazují slova jichž často užíváme v případech kdy jsme o něčem pevně přesvědčeni, i když nevíme proč, i když pro to postrádáme logických důkazů. Tehdy pronášíme něco jako: "Cítím to v srdci!" Probuzené srdeční centrum umožňuje člověku chápat a sympatizovat s jinými lidmi a to na vyšší myšlenkové i duchovní úrovni. O vlídném člověku, který má porozumění pro jiné lidi se ostatně říká, že je "srdečný".

Pátá čakra má šestnáct paprsků a *je umístěna na hrdle*, přímo nad ohryzkem. Funkce tohoto centra souvisí se schopnostmi člověka komunikovat se svým okolím a to na více úrovních. Čakra je spojena především se sluchem a je-li plně vyvinuta, umožňuje člověku vnímat zvuk také na astrální úrovni. S pomocí právě tohoto centra je možné "slyšet hlas svého Mistra" neboli hlas svého vlastního "Já", které se nalézá na vyšší rovině existence.

Šestá čakra má devadesát šest lístků a *je zrakovým orgánem na vyšší úrovni*. Čtenář možná slyšel o tzv. třetím oku, které je umístěno na čele, těsně nad obočím. Členové některých indických nábožných sekt si značí tuto čakru a dělají si líčidlem na tomto místě tečku nebo, zejména ženy, si zde dokonce nechávají vsazovat drahokam.

Poslední, *sedmé centrum, je umístěno nad temenem hlavy*. V indických knihách bývá často označováno jako "lotos o tisíci květních lístcích", přesné množství jeho paprsků je ale udáváno jako 960. Tato čakra má navíc ve svém středu jakýsi vnitřní vír, u něhož lze rozpoznat dalších dvanáct paprsků. Probuzení tohoto centra umožňuje člověku opouštět hmotné tělo i se do něho navracet, aniž by se přitom narušila kontinuita jeho vědomí. Tak zvaná tonzura neboli vyholené místo na temeni hlavy, které mívají katoličtí kněží a někteří mniši, má pochopitelně souvislost s tímto centrem. Původně byla zřejmě míněna k tomu, aby se odstranily jakékoli překážky pro psychické síly, které se meditující mnich pokoušel uvolnit.

Zrození a smrt éterického těla

Hned na počátku této kapitoly opětně zdůrazňuji, že znovuzrození neboli reinkarnace je pevnou a nedílnou součástí theosofické doktríny. O cyklech lidských životů i o jejich částech si povíme ve větším detailu na jiném místě. Nyní se zaobíráme především naším éterickým dvojníkem, jehož "polo-hmotná" substance se skládá ze čtyř éterických podskupin hmoty. Obsáhlá literatura, která se kolem theosofie vytvořila, užívá mimo sanskrtu především anglické výrazy, z nichž některé jsou dosti těžko přeložitelné do češtiny. Jedním z takovýchto slov je *"Self"*, což je vlastně slovní předpona znamenající "samo", v tomto smyslu ale spíše značící totéž jako česká slova "bytost", "jedinec", nebo také prostě „Já". *Já*, psáno s velkým písmenem na začátku, toho si prosím povšimněte, protože se zde jedná o duchovní podstatu člověka, což i v dnešní době internetu, kdy jak si všímám, více a více lidí píše svá vlastní jména s malými začátečními písmeny, je dobré zdůraznit. Pokud se ovšem někdo malým být cítí a podle toho se chce i podepisovat, brát mu to nehodlám. Výraz *„Já"*, si prozatím necháme, i když tam kde budu hovořit o samostatném duchovním jedinci, jehož podstata se může projevovat na více rovinách jeho celkové existence, dávám přednost ještě jinému výrazu. Tím je již zmíněná *monáda*, o tomto pojmu ale víc později. Zde jsme ještě příliš blízko hmotné rovině. Monáda je vlastně pojmem abstraktním, v zásadě netělesná, bezpohlavní, čistě duchovní.

Éterické tělo začíná být budováno ještě dřív než dojde k jeho "obydlení" do hmoty sestoupivším neboli reinkarnujícím se jedincem. Podle esoterické tradice, na jeho stavbu společně dozírají myšlenkové formy čtyř duchovních bytostí zvaných *"devaradža"*. Devaradža je sanskrtské slovo, složené ze slov *deva* (opět blízce příbuzné s českým „div, diviti se") a *radža* (vládce, král). Podle theosofů má každý projev hmotné existence, tedy na příklad jakýkoliv druh minerálu, krystalu, rostliny, mikroba, zvířete, atd., svoji devu neboli bytost, která je nositelem té které myšlenkové formy nebo, chcete-li, genetického plánu. Devaradža má mnohem větší sféru působnosti, v tomto případě každá z těchto bytostí dozírá na stavbu v jedné z již zmíněných čtyřech podskupinách éterické hmoty. Celý proces je ovšem zaběhnutý a děje se tedy více méně automaticky.

Na tomto místě odbočím, jenom krátce, protože se nám zde nabízí přirovnání s hebrejskou kabalou, od níž mnohé převzala křesťanská mytologie. Povšimneme-li si občas takovýchto souvislostí, pomáhá nám to průběžně si ověřovat validnost celého systému. K jediné pravdě může ovšem vést celá řada cest. *Deva* je v zásadě synonymní s *andělem*, *devaradža* je potom totéž co *archanděl*. Archandělé židovské i křesťanské mytologie jsou také čtyři, *Michael, Uriel, Rafael* a *Gabriel*. Každý z nich vládne nad jedním z „živlů", z nichž každý je dále převládajícím prvkem v jedné z podskupin éterické látky. Theosof s kabalistou si zde podávají ruce.

Tvorba zárodku budoucího dítěte se tedy začíná na éterické rovině, kde se vytváří nejprve éterické tělo, jehož hmotná forma potom následuje. Elementální síly, které přitom působily, se po skončení svých úkolů rozkládají. Kvalita éterické hmoty, která byla k tvorbě těla použita, závisí především na dvou faktorech. Prvním je to, který ze sedmi základních "paprsků" (neboli formy prány) při stavbě převládal. Druhým faktorem je karma, neboli celková bilance vlastností především morálního charakteru, nashromážděná v průběhu předchozích existencí, kterou si ten který jedinec do budoucího života přináší. Existuje anglický idiom *"Like attracts like"*, jímž se lakonicky vyjadřuje stejná pravda, kterou potom dále překrásně rozvádí podobné české přísloví: "Vrána k vráně sedá, moudrý moudrého si hledá". V tomto případě to znamená, že celkový typ elementální hmoty, kterou k sobě inkarnující se jedinec svými činy v minulosti přilákal, se podílí na stavbě těla, které mu po délku trvání následujícího života připadne. Neboli, když už jsme u těch přísloví, co jsme si upekli...

Z hlediska theosofie není tudíž pravdou to, co si drtivá většina lidí představuje, že totiž nijak nemůžeme za to jaké máme tělo, jaký máme mozek, zda jsme přirozeně inteligentní, energičtí, vzrušiví, či hloupí, pomalí a líní. Karmické souvislosti rozhodují o tom, že jsme více či méně automaticky přitahováni do určitého prostředí a tudíž k rodičům, jejichž geny nám přirozeně vyhovují. Duchovně vyspělejší jedinec přitom má v jistých bodech možnosti do tohoto procesu zasáhnout; naopak čím nižší stupeň vyspělosti, tím menší bývá v tomto směru iniciativa inkarnujícího se člověka. Podle těchto (i jiných) kriterií je budoucí člověk jakoby nasměrován k tomu genetickému fondu, který jeho celkové situaci nejvíc odpovídá. Ten už se potom postará o to, aby byla k dispozici látka potřebná ke stavbě budoucího těla. Z takto shromážděného genetického materiálu se potom vybírá při stavbě těla tak, aby to vyhovovalo požadavkům, které se na ně budou klást. Velice zjednodušeně se to tedy dá shrnout tak, že se každému z nás v nastávajícím životě dostane přesně takového těla, jaké jsme si zasloužili a také s tím potenciálem, jaký by nám měl vyhovovat. Jak s tím vším budeme v životě nakládat je ovšem na nás a na naší svobodné vůli, kterou disponujeme v rámci těch limitací, které byly předem určeny a na jejichž plánování jsme se mohli, ale také nemuseli, podílet. O tom, co nastávající inkarnaci předchází a jak dalece se může jedinec podílet na volbách, které je nutno učinit dřív než se do hmoty ponoří, si povíme v pozdější kapitole, která se bude zabývat kauzálním tělem-principem.

Duchovní podstata inkarnující se bytosti vstoupí do přímého styku s hmotným tělem až o dost později. Většinou k tomu dochází nějaký čas před narozením, někdy ale i nějaký čas po narození, ve výjimečných případech až do sedmého roku života. Hmota vytvářející éterické tělo dítěte pochází ovšem z matčina těla, takže je důležité, aby budoucí matka udržovala svoje tělo v dobrém stavu a pokud možno se zdržela příjmu nečistých a nevhodných druhů potravy. Stejně důležitý je i psychický stav budoucí matky. Myšlenkové formy, které ji obklopují a jimiž se budeme podrobněji zabývat v kapitolách o astrálním a mentálním těle, mají totiž také značný vliv na tvorbu zárodku dítěte. Toto vše nastávající matky často vědí instinktivně a podle toho se také chovají a jednají.

Všechna těla, která člověk během cyklu inkarnace obývá, jsou smrtelná a podléhají zhruba stejnému procesu smrti a následného rozkladu. Pověděli jsme si již, že éterické tělo se může za jistých okolností oddělit na určitý čas od hmotného těla. V takových případech si s ním ale udržuje spojení pomocí jakéhosi provazce, který si dočasně vytváří z éterické látky. Lidé s jasnovideckými schopnostmi a někdy i ti, kteří zakusili stav tzv. "Out of Body Experience" (dále zkráceně OBE), tj. zažili takovéto oddělení při plném vědomí, popisují celkem shodně jak tento provazec vyhlíží. Zhruba se podobá pupeční šňůře, mlhovité a stříbřité nebo šedě namodralé, která vychází často také z pupku, někdy ale i z jiného centra éterického těla a nejčastěji vede do středu zad mezi obě lopatky. Při OBE zůstává tato "stříbrná šňůra", o níž se takto dokonce píše i v Bibli, neporušená a po opětném splynutí obou těl je éterickým tělem okamžitě znovu vstřebána. Smrt nastává v okamžiku, kdy je tato šňůra přetržena. Jakmile je spojení definitivně ztraceno, éterické tělo se už k hmotnému tělu vrátit nemůže; tělu se následkem toho už nedostává potřebné prány. Tělo se postupně promění jen na pouhý shluk jednotlivých buněk, v nichž život sice může ještě po nějaký čas pokračovat, jen ale dokud tyto nevyčerpají svou vlastní zásobu životnosti. Tělo jako celek je už mrtvé, jeho jednotlivé části ale zůstávají po určitou dobu živé, protože jen tak je možný jeho nastávající rozklad.

Obraz na řecké váze: Thanatos, bůh pokojné smrti, dohlíží na své pomocníky.

Poté, kdy se definitivně oddělilo od hmotného těla, éterické tělo se od něho většinou příliš nevzdaluje. Příbuzní zemřelého, pokud mají trochu zvýšenou citlivost, je občas mohou i zahlédnout a někdy proto i vědí, či spíš vytuší, že dotyčný právě zemřel. Skoro každý z nás už někdy slyšel nějakou historku o podivných úkazech jimiž byla provázena smrt některého člověka. Občas padají obrazy se stěn (to se prý mělo stát nejlepšímu příteli mého vlastního otce, v přesném okamžiku otcovy náhlé a nečekané smrti), jindy se ozývají nějaké zvuky nebo je dokonce možné zahlédnout přízrak zemřelé osoby. Pro nás je těžké odhadovat jak často by toto mohlo být způsobováno éterickým dvojníkem zemřelého a kdy by za to mohla spíš být zodpovědná nevědomá část mysli svědkovy, která se snad na jiné rovině existence dozvěděla o tom, co se právě stalo a která takovýmto způsobem na to reaguje. Možné je obojí.

Dochází ještě k jinému zvláštnímu úkazu. Lidé, kteří stanuli na samotném prahu smrti a vrátili se zpět, často popisují, jak celý jejich život proběhl před jejich vnitřním zrakem, v několika vteřinách, jako nesmírně zrychlený film. Jakoby jedinec přitom znovu prožíval každý zapomenutý okamžik své slávy i svých neúspěchů, lásky i nenávisti, s tendencemi které jeho život ovládaly a které si s velikou naléhavostí vyžadují pozornost. Posuzováním právě uplynulého života, jak si později ukážeme, se jedinec bude zabývat i na jiné úrovni. Po takovéto rychlé revizi uplynulého života se obvykle dostavuje stav bezvědomí, během něhož se éterická hmota zbavuje svého spojení s astrálním tělem. Doba trvání tohoto stavu se u jednotlivých případů může značně lišit. Někteří lidé se z obalu éterické hmoty, který se kolem nich vytvořil, dokáží vyprostit už během krátkého času. Jiným to může trvat několik dnů, někdy i týdny, ve výjimečných případech i mnohem déle, dokonce i celé roky.

Egyptská kniha mrtvých: Bůh Anúbis, jemuž asistují bohové Thoth (vlevo) a Horus (vpravo) váží duši právě zemřelého člověka. Duše musí být při vážení lehčí než péro z čelenky bohyně spravedlnosti Maat, jinak ji pozře již připravený netvor Ammit.

Nejlépe jsou na tom ti lidé, kteří se dokázali už za života připravit na nastávající smrt. Většina náboženských systémů si vytvořila praktiky, které mají k tomu nějak napomáhat. Od nepaměti existující rituály byly na příklad popsány v *Egyptské knize mrtvých* či v *Bardo Thodol* neboli Tibetské knize mrtvých; do stejné kategorie ale patří například i rituál zaopatřování umírajících, prováděný katolickými kněžími. Při některých zasvěcovacích obřadech, na příklad v těch prováděných svobodnými zednáři, se symbolicky sleduje posmrtná cesta lidské duše oblastmi jimiž bude krátce po smrti procházet, s důrazem na jisté překážky, na které přitom může narazit a dokonce i s návodem k tomu, jak si přitom pomoci. Ti, kteří se s něčím takovým za života seznámili, dokonce i ti kteří o tom třeba jen četli, jako právě čtenáři této knihy, by většinou neměli mít žádné větší problémy s tím, jak se vyrovnat s posmrtným stavem.

Tohle všechno, bohužel, neplatí o každém člověku. Účelem této knihy sice není zabočovat do oblasti literární fantazie (skutečnost ostatně dokáže často daleko předstihnout i tu nejbujnější fantazii), přesto se ale chci na tomto místě zmínit o některých výjimečných případech; to abych poněkud lépe osvětlil situaci v níž se mohou nacházet nedávno zemřelí lidé. V okamžiku, kdy se přerušilo spojení éterického těla s tělem hmotným, ve chvíli kdy se přerušil stříbrný provazec, není už možné pro zemřelého člověka se dostat zpět do svého nyní již mrtvého těla. Většina lidí se s touto situací dokáže celkem snadno vypořádat a navíc, jak si později také povíme, nejsou přitom zcela bez pomoci. K tomu, aby této pomoci mohli ale také využít, musejí mít přinejmenším mysl otevřenou, jinak se k nim „astrální pomocníci" nemohou dostat. Nicméně jsou zde lidé a není jich málo, pro něž neexistuje nic jiného než hmotný život a ti jsou v takovéto chvíli nutně ovládnuti hrůzou. Jsou schopni celkem čehokoliv, jen aby mohli zůstat ve styku s hmotným tělem, s životem tak jak jej znají, s prostředím na něž jsou zvyklí, s majetkem, který pracně nastřádali, atp. Protože jim chybí vůle k tomu, aby se oprostili od éterické hmoty, jejich vědomí se proto nemůže soustředit na astrální tělo, ocitnou se proto v limbu, jakoby zavěšeni mezi oběma světy. Uzavřeni v oblaku éterické hmoty, nemají žádný kontakt s astrálním světem a protože už nedisponují fyzickými tělesnými smysly, jsou odříznuti i od pozemského života. Tento stav někdy trvá dosti dlouho a oběť přitom jistě značně trpí, i když to je zcela jasně následkem její vlastní viny. V různých pověstech o pekle či o očistci se mohou odrážet právě takovéto posmrtné stavy.

Zde také mají původ pověsti o upírech či vampírech nebo o zvířatech posedlých lidskými dušemi, například vlkodlacích. Většina lidí se v posmrtném stavu se z takovéto situace dostává přirozeně tím, že éterický obal, který je obklopuje, se i po déle trvajícím stavu suspenze postupně sám od sebe rozpadne. Jedincům obzvláště fyzicky orientovaným se ve zcela ojedinělých případech může podařit si najít cestu k tomu, jak svoje rozkládající se éterické tělo přiživovat a to tím, že sají životnost z jiných, žijících lidí. Tím také mohou dosáhnout toho, že se jejich již pohřbené hmotné tělo bude rozkládat mnohem pomaleji. Je potom možné, jak se ve všech pověstech o upírech celkem shodně tvrdí, že při exhumaci mrtvého těla, bylo toto nalezeno ve skoro čerstvém stavu, dokonce i dlouhý čas po smrti takového údajného upíra. Nejlepším způsobem jak takovémuto ne zcela zemřelému mrtvému zamezit další činnost, je tělo spálit, jinak se také doporučuje proklát srdce vampíra dřevěným kolíkem. Je na scénáristech hororových filmů se rozhodnout, která z těchto metod přinese víc radosti diváctvu.

Vlastnosti éterického těla

Šance na to, aby by se čtenář zúčastnil honu na vampíra, jsou ovšem v našich krajích mizivé. Mnohem pravděpodobnější nebo spíše skoro jisté je to, že přijde do styku s vampíry živými, aniž by si toho byl příliš vědom. Jak jsme si již pověděli, nevědomá část naší mysli nebezpečí většinou rozpozná, což se projeví tím, že k takovýmto lidem máme antipatie a celkem automaticky se jim snažíme vyhnout. Někdy to ale možné není. Nacházíme se třeba v davu lidí, z něhož se nemůžeme rychle prodrat ven. Nebo jsme beznadějně upoutáni k sedadlu v kabině Boeingu 727, po celých dvacet čtyři hodin během letu z Austrálie do Evropy, což jsem sám dosti často zažil. Za takovéto situace si nemůžeme příliš vybírat vedle koho sedíme, v bezprostřední naší blízkosti se nachází možná stovka jiných pasažérů a šance, že někteří z nich nám mohou být nepohodlní, je dosti značná. Znám lidi, kteří tvrdí, že po takovémto letu to vždycky odnesou nějakou nemocí. Je sice pravdou, že klimatizační zařízení v letadle je ideálním prostředkem k roznášení všemožných bacilů a virů, stejně dobře je ale možné to, že hlavní příčinou nemoci je úbytek životní síly, kterou si od nich někdo pro sebe bez dovolení vypůjčil, zatímco oni podřimovali v křesle někde nad Indickým oceánem...

Za podobných okolností bývá pro nás žádoucí si kolem sebe vytvořit ochranné pole. Naše éterické tělo je toho schopno, vše co k tomu potřebuje je, aby se přitom zapojila naše vůle a představivost. Soustředíme se na chvíli a představíme si, že si kolem sebe vytváříme ochranný obal. Důležité je, abychom se přitom vyvarovali negativního přístupu k věci. Dáváme průchod jen kladným myšlenkám. Nechceme se zcela izolovat od světa, chceme jen zabránit průchodu nepříznivých vlivů. V mysli proto zmobilizujeme jen to dobré co v nás je a intenzivně si představujeme, že vítáme jen podobnou dobrotu. Éterická hmota se potom už sama zformuje tak, aby kolem nás vytvořila ochranný val. Pokud nám má takovýto obal vydržet po určirý delší čas, jako třeba v uvedeném případě zámořské cesty letadlem, několikrát jej stejným způsobem oživíme, zejména těsně předtím než se uložíme ke spánku.

Je na místě, abychom si pověděli víc o smyslových orgánech jimiž disponuje naše éterické tělo. Každý z nás máme do jisté míry vyvinuté schopnosti "nadpřirozeného" vnímání. V podstatě lze na příklad rozlišit dva způsoby tzv. jasnovidectví, první nižšího a druhý vyššího řádu. Ten první se vyskytuje zejména u primitivních národů a je v dnešní době na ústupu. Projevuje se na příklad ještě sporadicky u australských domorodců. Většina z nich už sice žije uprostřed naší západní civilizace, některé kmeny si ale ještě stále uchovávají aspoň do jisté míry svou původní vnitřní soudržnost. V takovýchto případech se někdy stává, že člověk domorodého původu, který už léta pobývá v některém z australských měst, kde třeba i vlastní dům a chodí pravidelně do práce, náhle z ničeho nic zmizí. Australany tohle nijak zvlášť nepřekvapí, vědí, že dotyčný "went walkabout", šel na vandr. Civilizovaný domorodec totiž podlehne neodolatelnému nutkání odebrat se na určité místo, pravděpodobně kdesi daleko v buši, nejspíš někde v oblasti která kdysi bývala teritoriem jeho původního kmenu, na místo kde třeba nikdy v životě předtím ani nebyl. Tam se potká s jinými domorodci, které osobně nikdy předtím nepoznal a které tam zavedla stejná náhle se dostavivší touha. Společně zde pobudou několik dní, provedou nějaké rituální tance a potom se zase rozjedou do svých současných domovů, často na tisíce kilometrů vzdálených! Tohle ale snad není jen výsadou australských domorodců. Mám to totiž z dobrých pramenů, že podobně si občas počínají také někteří z těch nejhorlivějších českých trampů!

Výše uvedené je příkladem nadpřirozeného smyslu, fungujícího naprosto podvědomě. Takovéto smysly mívají ostatně i zvířata. Podobnou životní pouť vykonávají také třeba jeseteři když se vracejí do horních toků řek a to stejnou cestou kterou se vydali v mládí a kterou také pluli jejich předkové. Takto se chovají také někteří ptáci. Signál, který je k tomu vede a jehož podstata uniká většině fyzicky orientovaných environmentalistů, vydává v případě zvířat tzv. skupinová duše, o níž si povíme mnohem víc o něco později. Pro lidi tento signál přichází jaksi shora a je zaznamenán éterickým smyslem a předán hmotnému mozku, v němž se projeví jako nejasné ale neodolatelné puzení. S postupující civilizací se takováto senzitivnost ztrácí a naopak se prohlubují intelektuální schopnosti člověka. Přitom ale, pokud se člověk dostane na duchovní úroveň vyššího řádu (například studiem theosofie či jiných esoterických systémů), podobné jasnovidné schopnosti se mu mohou opět vrátit, tentokráte ale také na vyšší úrovni.

Každý z nás jsme do jisté míry schopni vyvinout v sobě to, pro co se v posledních letech ujal název *ESP* (zkratka pro *Extra-sensory perception* neboli *mimosmyslové vnímání*). Ale pozor! Jestliže se někdo domnívá, že se takto dozví jaká čísla si má příště vsadit do loterie, potom ho musím zklamat. S určitou dávkou trpělivosti se určitě dá získat to, čemu se v hindustánštině říká *sidhi*. Pod tímto názvem je shrnuta celá škála schopností které nám mohou připadat jako nadpřirozené, počínajíce od malých vnuknutí, až po levitace či materializace, jaké provádějí ta nejslavnější západní media. Na vyspělého indického jogína, který je mistrem tzv. *radža jógy* neboli "královské jógy", neudělá ale člověk který si osvojil nějaké ty sidhi nijaký zvláštní dojem. Spíše naopak. Předvádění takovýchto schopností je podle moudrých joginů spíš známkou jisté duchovní zaostalosti. Dalo by se také říci, že je to důkaz převládajícího egotismu.

Neuškodí snad, když na chvíli odbočíme a podíváme se na problém z hlediska psychologického. Náramně se nám k tomu hodí následující analogie, kterou jsem již zmínil v jiné knížce, která je ale natolik názorná, že stojí zato ji zde zopakovat. Představme si dům o několika patrech. Těch může jistě být víc, pro zjednodušení nám ale stačí přízemí a dvě patra. Naše vědomá stránka, kterou v tomto příkladě nazvu ego, přebývá v přízemí domu, v němž je domovníkem. V prvním poschodí bydlí nájemník, nad ním další lidé, zatímco skutečný majitel domu obývá nejhornější patro. Zaklepeme-li na dveře domu jako návštěvníci, přijde nám otevřít domovník, v tomto případě symbolizující naše ego. Jak už tomu u domovníků bývá i tento je veskrze prosáklý vědomím vlastní důležitosti a bude proto před námi předstírat, že on je tou nejdůležitější osobou v celém domě. Dávno totiž zapomněl, že je pouhým zaměstnancem, že jeho úkolem je starat se o budovu, uvádět návštěvníky a tak podobně. Chceme-li se dostat dál, musíme takovéhoto namyšleného domovníka něčím usadit. Existují různé nábožné sekty, které přítomnost svého domovníka nesou těžce a nejraději by s ním udělaly krátký proces. Pokud ale našeho domovníka prostě zlikvidujeme, nijak si tím nepomůžeme. Kdo nám potom bude otevírat dveře? Domovník má v domě své místo, pouze je nutno mu objasnit jaká je jeho skutečná pozice, že není žádným majitelem, dokonce ani nájemníkem, že je pouhým zaměstnancem. Pokud si tohle domovník uvědomí, může třeba začít dobře vycházet s nájemníkem v prvním patře a dokonce i samotný majitel domu ho třeba někdy pozve k sobě na večeři a předá mu nějaké své moudrosti. Pokud mu to jeho namyšlenost nedovolí, dokud si podrží klapky na očích, zůstane ušmudlaným domovníkem, který si ani není příliš vědomý existence jiných, vzdělanějších a důležitějších lidí v domě.

Naše egotická, domovnická stránka, nám často a hodně znesnadňuje výstup do vyšších pater. Pokud jde o náš duchovní vývoj, často se nás pokouší něčím oslnit nebo nám namluvit, že různé jevy, na příklad ty předváděné spiritualistickými médii, jsou známkou duchovní vyspělosti. Ubíráme-li se cestou duchovního vývoje, začnou se nám i kolem nás dít určité věci, začneme si všímat toho, co jungovští psychologové nazývají synchronistickými událostmi, projeví se v nás některé až doposud netušené schopnosti. Někdy to bývají maličkosti. Zazvoní nám třeba v bytě telefon a než zvedneme sluchátko, prostě víme, že to je někdo na koho jsme už málem zapomněli, kdo nás teď po letech chce znovu navštívit. Dokonce třeba i tušíme, co po nás chce... Jsou to takové malé odměny za to, že jsme byli pilní, taková drobná ujištění, že se na té naší cestě někam dostáváme. Nesmíme se ale nechat něčím takovým příliš unášet, příliš na takových věcech nesmíme budovat.

Nejsou totiž nijak stálé, po čase mívají tendenci opět zmizet. Jestliže se nám zdá, že nás naše náhlá vnuknutí, na něž jsme si už pomalu začínali zvykat, náhle opustila, ani tím bychom se neměli nijak trápit. Pravděpodobně to totiž znamená, že jsme postoupili o stupínek dál a že synchronistické události, které nám to posléze mají potvrdit, se ještě nacházejí v inkubačním stádiu. Po nějaké době se tyto schopnosti nejspíš znovu vrátí, mohou se nám začít dít častěji, atp. V žádném případě si nesmíme povolit, abychom se stali arogantními jen proto, že se nám dostalo nějakých "nadpřirozených schopností".

Pokud to nepřeženeme, našemu éterickému zraku můžeme trochu pomoci ve vývoji. K tomu účelu zapojíme svoji představivost. Jednou takovou nenásilnou metodou bývá na příklad si představovat, jak asi může vypadat nějaká část hmotného předmětu kterou nevidíme, na příklad vnitřek zavřené krabice nebo část stěny nacházející se za rohem budovy. Pokud provádíme takováto cvičení pravidelně, pravděpodobně zjistíme, že naše "dohady" se začínají pomalu upřesňovat a snad i překračovat hranice vytyčené teorií pravděpodobnosti. Je to dobré duchovní cvičení, jen ale pokud mu nebudeme přikládat příliš veliký význam.

Rozhodně nedoporučuji to, co dělají mnozí spiritualisté a co nazývají "sitting for development", volně přeloženo "vývojový kroužek". Byl jsem svědkem toho, kdy byli lidé při podobných příležitostech nabádáni k tomu, aby se soustředili na již zmíněné *kundaliní* a pokoušeli se nechat tuto dřímající hadí sílu vystoupat podél páteře nahoru do mozku. Což může být krajně nebezpečné, jak jsme si již pověděli. To, že to bylo míněno dobře, na věci moc nemění. Snažit se o předčasný vývoj mediálních schopností, které jsou potenciálně ukryté v každém z nás, paradoxně může spíš takový vývoj zbrzdit. Spiritualisté mívají své „vývojové kroužky", v nichž se často pokoušejí právě o to vzbudit v lidech tyto schopnosti předčasně, což nemusí vždycky být dobrá věc.

Na tomto místě otisknu část přednášky kterou v září v roce 1929 přednesl v Ostravě v té době známý český nakladatel Bedřich Kočí, o němž se v Česku dnes už ale nejspíš moc neví. Kočí byl původně theosofem, později ale přesedlal na antroposofii, která měla v té době v Evropě větší slovo, díky zejména práci Rudolfa Steinera. Kromě toho byl Kočí neobyčejně úspěšným (a tudíž silně pomlouvaným) lidovým léčitelem.

Je jistě mnohem pohodlnější nevěřit v nic víc, než v tento život hmotný. Mnohé zlo, které zde lidé páší zdánlivě beztrestně, svádí k následování. Jen tato morálka vnesla tolik sobectví, bezohlednosti, falše a podvodů do života dnešních lidí, kteří se starají jen o to, aby den za dnem proplouvali šikovně mezi úskalími zákona, a necítí pražádné zodpovědnosti za své činy.

Až lidstvo bude poučeno o tom, že existuje posmrtný život, až bude poučeno o tom, co na nás čeká, až se naše duše odpoutá od fyzického těla, až si bude vědomo toho, že každý náš skutek, každé naše slovo i každá naše myšlenka vytváří vlastně náš vlastní osud a nese také své ovoce, že všecka utrpení, která nás potkávají, mají svou příčinu právě v našich skutcích, ať v tomto životě nebo v životě předcházejícím spáchaných, pak snad dá si mnohý lepší pozor na své skutky a bude více přemýšlet o tom, co je správné a jak by měl jednat. S tohoto hlediska spiritism má veliký význam. Nesmí však být zneužíván tak, jak se povětšině dnes děje, k věcem hmotařským, které s duchovní podstatou pravého spiritismu nemají nic společného.

Možno říci, že spiritism je pouze prvým krokem na první stupeň duchovního poznávání. Má nás přivést k přesvědčení, že naše duše existuje již od počátku světa, že musela projít dlouhým vývojem, mnohými reinkarnacemi, že jsme žili zde již v mnoha a mnoha různých životech, ve kterých jsme sbírali vždy nové a nové zkušenosti. Spiritism přesvědčí nás, že toto naše opětné vtělování poskytovalo naší duši příležitost, aby se zušlechťovala a zbavovala různých svých vad a chyb, které jsme na sebe nabrali při svém sestupu z Otcovského domu až do hmoty i na svém vzestupu z této hmoty výše.

Neexistuje žádný pevný časový rozvrh, jehož by se musel student držet při studiu esoterické nauky. Každý z nás jsme totiž absolutně unikátní bytostí, každý z nás jsme tudíž i svým vlastním zákonodárcem. Ovšem, jsme proto také plně zodpovědni za veškeré své činy, dobré či špatné. Existující vyšší formy spravedlnosti se vždy a neúprosně postarají o to, že „sklidíme to, co jsme zaseli". O tom, jak lidské životy bývají ovlivněny karmickými zákony, si také ještě povíme víc v dalších kapitolách.

5. Astrální tělo

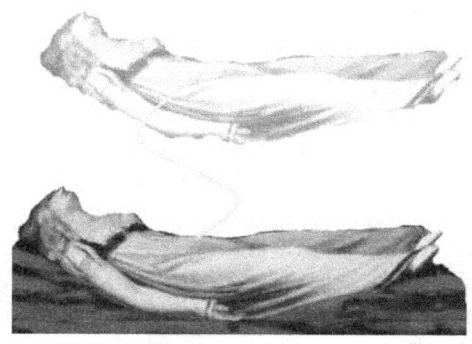

Přestože (či možná, protože) je nám éterické tělo bližší, zdaleka se o něm nepíše či nediskutuje tolik často, jako o těle astrálním. I zde platí přísloví, že pod svícnem je tma. O existenci astrálního těla se alespoň doslechl snad každý kdo se jen trochu otřel o esoterické nauky; dosti pravděpodobně na nějakou zmínku o něm narazil již v první knížce na tento námět, která mu padla do ruky.

Pohledu jasnovidce se astrální tělo jeví svým tvarem podobné jako tělo hmotné, avšak obklopené aurou zářivých barev, v nichž se obrážejí emoční stavy člověka. Podobně jako tělo éterické, astrální tělo je také jakýmsi mostem, v tomto případě spojujícím hmotný mozek s myslí, kterážto sídlí v řádově ještě vyšším těle mentálním. Jiný důležitý rozdíl je v tom, že astrální tělo má oproti tělu éterickému, které se začne rozkládat téměř okamžitě po smrti hmotného těla, podstatně delší životnost.

Každý člověk sice má a používá svoje astrální tělo, nicméně málokdo si je jeho existence vědom, ještě méně je potom těch lidí, kteří jsou schopni je kontrolovat za plného vědomí. U velké většiny lidí se jedná spíš jen o shluk prvotní astrální látky, tj. látky ještě mnohem menší hmotnosti než jak tomu bylo v případě těla éterického, astrální látky která se ještě nedokázala plně zformovat. Jsou zde přitom ale lidé a není jich nijak málo, jejichž astrální tělo je, i když ne plně potom aspoň do značné míry vyvinuté a dobře fungující mající, tak říkajíce, svůj vlastní život a jsoucí prospěšné svému majiteli a to i v té době, kdy tento se nachází na hmotné rovině.

Potenciálně největší užitek ze svého astrálního těla může mít člověk v době spánku. U člověka duchovně nepříliš vyvinutého, kterýžto stav se obráží i na jeho nevyvinutém astrálním těle, mívá spáč pouze nejasné sny, z nichž si po probuzení pamatuje jen málo nebo spíš vůbec nic. V případě duchovně vyspělejšího člověka, jehož hmotné tělo se právě oddává hlubokému spánku, může tentýž vést v astrálním těle nadmíru aktivní, zajímavý a užitečný život. Také je za určitých podmínek schopen si tyto sny přenést do hmotného mozku, zapamatovat si je. Pro takového člověka se život přestává dělit na stavy denní bdělosti a nočního bezvědomí a stává se jediným, neustále plynoucím životem, zatímco jeho vědomí osciluje mezi hmotným a astrálním světem.

Astrální tělo je schopno pohybu a to navíc pohybu značně rychlého. Podobně jako malé dítě se naučí batolit a většinou také chodit ještě dřív než začne mluvit, tak i jednou z prvních věcí, kterou se člověk v astrálním těle naučí dělat, je v něm cestovat a to často i do značných vzdáleností od spícího hmotného těla. Tímto se ovšem dá vysvětlit mnohé z toho, co nám jinak připadá podivné či zhola nemožné: třeba znalosti míst na nichž jsme nikdy nebyli, „létací sny", či lidmi občas zahlédnuté přízraky bližních a známých, kteří se fyzicky třeba i nacházejí na opačném konci světa, atp.

Studenta esoterismu ovšem fascinuje hlavně to, že astrální tělo je místem kam se přesunuje vědomí člověka po smrti hmotného těla, tedy místem v němž je nám prožít další a nezanedbatelnou část cyklu naší současné inkarnace.

Složení astrální hmoty

Jak jsme již viděli a jak ještě uvidíme, v theosofii má zcela zvláštní význam číslo *sedm*. To se ovšem nevztahuje pouze na theosofii, sedmička je stejně prominentní například i v učení kabalistickém, pythagorejském atp. Ještě než se pustíme do dalšího rozboru, bylo by dobré si znovu uvědomit, že kategorizování, která přitom budeme provádět, nelze nikdy přijímat úplně a doslova. Všechny světy, veškeré sféry, říše, těla, v těch vyšších i nižších kategoriích, prostě vše o čem se v theosofickém učení dozvídáme, ve skutečnosti nemá žádné pevné hranice; vždy a všude dochází k jistému prolínání, ve všem máme určitou míru volnosti. Tuto hlubokou esoterickou pravdu pro jistotu často opakuji, aby snad nedošlo k mýlce.

Podobně, jako rozlišujeme sedm skupenství hmoty *(pevné, kapalné, plynné, éterické, nad-éterické, subatomické a atomické)*, také astrální hmota se dělí na sedm stupňů. Ten nejjemnější a tudíž řádově nejvyšší očíslujeme jedničkou, nejnižším je tudíž sedmý stupeň. Materialistická věda si je už dlouhou dobu vědoma toho, že základní stavební kámen hmoty – atom, je ve skutečnosti skoro úplná prázdnota. Přitom jak vědci postupně odhalovali nové a nové atomové částice, nikomu se až doposud nepodařilo přijít na to, jaký je v tom vlastně systém. V době kdy se začínaly vytvářet ideje theosofů, nebyly ještě zdaleka známé teorie moderní fyziky a matematiky, jako například Heisenbergův princip neurčitosti, Pauliho princip vyloučení v kvantové fyzice, atp. Ty, jak se postupně objevovaly, se zdají vždy naznačovat to, co je už dávno známé jak některým z buddhistů a theosofů, tak například i kabalistům. Hypoteticky by se snad dalo prohlásit, že některé subatomické částice ve skutečnosti náležejí k vědou zatím neuznávanému „atomického systému" astrální hmoty. Pokud takovouto hypotézu přijmeme, elektron by mohl být ve skutečnosti astrálním atomem, který by se mohl dále skládat z jiných, ještě menších částic, atp. Jednalo by se potom vlastně o dva „paralelní světy", které se navzájem prolínají, protože ale „vibrují" na zcela odlišných vlnových délkách, nijak si vzájemně nepřekážejí. Jak si později ukážeme, podle theosofů existují světy ještě vyššího řádu než ten astrální a je docela pravděpodobné, že některé z objevených a atomovými fyziky popsaných částic mohou patřit k těm ještě vyšším sférám. To, že současná atomová fyzika se každým rokem stále víc oddaluje od ortodoxní vědy materialistů a začíná se spíš blížit představám mystických filosofů, už dávno není žádným tajemstvím. Jak jsem se již jinde zmínil, u jednoho mého známého, kabalisty světového formátu, si atomoví fyzikové už po léta podávají dveře...

Vraťme se ale k astrálnímu světu. Pokud čtenář správně pochopil výše uvedené principy, porozumí i tomu, že astrální svět není žádnou vzdálenou říší, že ve skutečnosti se nachází přímo vedle, dokonce i uvnitř nás samotných. Jinými slovy řečeno, nejedná se zde o místo čili lokalitu, ale spíš o určitý stav a to jednak mysli, ale také přírody nebo spíše "nadpřírody". Proto jsme také schopni, ať již vědomě, či mnohem častěji nevědomě, se s tímto světem spojovat a dokonce tam pořádat objevné výlety. Protože na celkovém složení našeho astrálního těla se podílí všech sedm stupňů (skupenství) astrální hmoty, jsou nám teoreticky přístupné všechny říše astrálního světa. Z hlediska člověka je astrální svět místem kde se vytvářejí, shromažďují a naplňují jeho přání a tužby. Theosofové hovoří zejména o tzv. „živelné tužbě" *(Desire-Elemental)*, která ovládá astrální tělo každého jedince. Tímto zásadním pojmem se budeme ještě zabývat.

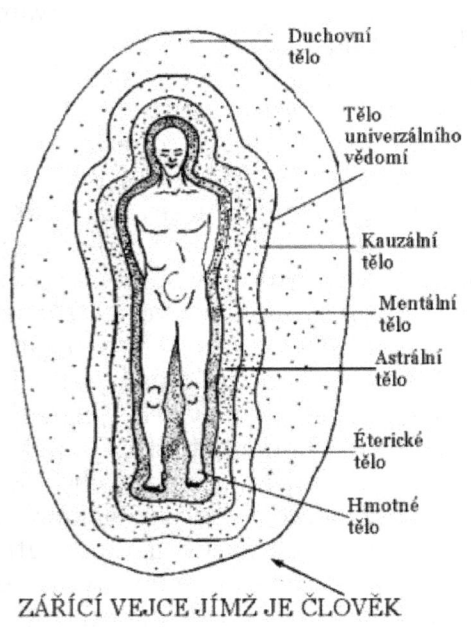

ZÁŘÍCÍ VEJCE JÍMŽ JE ČLOVĚK

Z hlediska theosofa, vše kolem nás, co je stvořeno z fyzické hmoty, má také svůj astrální protějšek. To ovšem platí nejen o předmětech které kolem sebe vidíme, ale i samotné naší Zemi, o ostatních planetách, o celé sluneční soustavě... Když se nad tímto trochu hlouběji zamyslíme, asi to pomůže poněkud změnit náš filosofický postoj a náhled na přírodu, ekologické prostředí, atp. Zabývat se hlouběji těmito věcmi by ale znamenalo překročit rámec těchto stránek, které mají být spíš jen úvodem do theosofie.

Duchovně nepříliš vyspělý člověk má doposud neorganizované astrální tělo, v němž převažují astrální látky nižšího řádu. Pohledu jasnovidce se jeví jako poměrně tmavá oblačná substance, která místy i zastírá tvar hmotného těla, jímž celým prostupuje a které přesahuje přibližně o 25 - 30 cm.

Člověk po morální a intelektuální stránce poněkud vyspělejší, i když nepřesahující nijak podstatně průměr, má už větší astrální tělo, které v takovémto případě může přesahovat jeho hmotné tělo přibližně o půl metru na každé straně. Obrys astrálního těla takového člověka je navíc mnohem ostřejší, také jeho barvy jsou z pohledu jasnovidce živější. Astrální těla těch opravdu vyspělých jedinců bývají ještě rozsáhlejší a barvitější a poskytují tak opravdu krásnou podívanou tomu, kdo je schopen je vnímat. Barvy, které v astrálním těle převládají, jsou obrazem emočního stavu jedince. Zde, spíše jen pro zajímavost, předkládám čtenáři tabulku obsahující hlavní barvy a jim přibližně odpovídající druhy emocí:

Černá: nenávist nebo zlomyslnost
Červená: záblesky, hněvu
Rudý oblak: popudlivost
Nachová: horlivost
Krvavě rudá: smyslnost
Šedo-hnědá: sobectví
Zeleno-hnědá: žárlivost.
Šedá: olovnatá, tmavá - deprese
Šedá, zsinalá: hrůza
Karmínová: sobecká láska
Růžová: nesobecká láska
Jasně růžová: také se šeříkovou barvou - láska k lidstvu
Oranžová: Pýcha, ambice
Žlutá: inteligence
Okrová žluť: inteligence sobecká
Petrklíčová žluť: rozum zaměřený spíše duchovním směrem
Zlatá: rozum čistý, filosoficky či matematicky zaměřený
Zelená: vyjadřuje schopnost přizpůsobit se podmínkám
Modrá, jasná: nábožné cítění
Modrá, světlá: oddanost duchovním ideálům
Modře fialová: hlubší duchovnost s vysokými cíly
Fialová: zvýšené psychické schopnosti
Rudě-fialová: člověk zabývajícího se černou magií

Jak již bylo řečeno, astrální tělo jednak zcela zaplňuje tělo hmotné, které ale také přečnívá jako jakýsi oblak. Této přečnívající části se obvykle říká „aura". To je jedno z klíčových slov, s nímž se setkáváme v okultní literatuře velice často, řekl bych dokonce, že je tento výraz poněkud nadužívaný. Aury to totiž vidí (nebo si spíš myslí, že vidí) hodně lidí, takže se o tomto tématu raději rozšiřovat nebudu.

Funkce astrálního těla

V zásadě lze říci, že astrální tělo má tři základní funkce.

1. Umožňuje lidské pocity a emoce.
2. Je prostředníkem mezi lidskou myslí a hmotným tělem.
3. Může být dočasným sídlem vědomí a nezávislého počínání.

Theosofové obvykle dělí sedm základních principů, z nichž se sestává dokonalý člověk, na dvě skupiny – čtveřici nižších – **rupa, prâna, linga šaríra, kâma rupa** a trojici vyšších – **mânas, buddhi, atma**. Kâma rupa, projevující se v astrálním těle jímž se právě zabýváme, je tudíž tím nejdokonalejším z principů tvořících spodní skupinu. Charaktreristickými atributy kâma jsou lidské (ale také zvířecí) vjemy, pocity a emoce. Pod tímto pojmem se ovšem skrývá celá škála citových vjemů. Můžeme sem zařadit téměř jakýkoliv vjem, například od prostého pocitu hladu, jaký má právě po potravě slídící hyena na nehostinné a horké poušti Afriky, až k té nejromantičtější lásce, jakou může ke svému idolu pociťovat strádající básník, žijící někde v studeném nevytopeném podkroví středověkého domu na Starém městě pražském. Mezi těmito dvěma extrémy se nacházejí veškeré možné emoční vjemy, jakými mohou být na příklad pohlavní touha, závist, nenávist, žárlivost, atp.

Stejně jako je tomu v pohádce o krásce a zvířeti, kâma je tím archetypálním zvířetem uvězněným v lidském těle, které musí být nakonec osvobozeno milující kráskou – lidskou duší. To, co lidstvo poutá nejvíc k hmotnému světu, není to nejhmotnější lidské tělo, ale právě ten nejvyšší ze zmíněných čtyř nižších principů, *kâmarupa*, který v hmotném světě jedná prostřednictvím hmotného těla, jenž jest oním zvířetem, které je obývá. Kâma je především žádostivostí, touhou. Ta představuje ten nižší, k vnějšímu světu se obracející aspekt lásky, tedy lásky namířené především k věcem či k jednotlivým lidem. Vyššími formami lásky jsou potom láska k životu, k národu, k lidstvu, ke Stvořiteli...

Emoce vzbuzující touha není ovšem jen výsadou lidstva. V jistém směru se nachází již ve světě minerálů, kde se jakoby váhavě začíná projevovat v chemicky založených vztazích. Podstatně více rozvinutá již je kâma v říši rostlin, u nichž pozorovatel dokáže v jednotlivých případech docela jednoznačně rozpoznávat na příklad oblibu či odpor k určitým osobám či jevům. Člověku milujícímu květiny, který jim své city dává patřičně najevo, se květiny často odměňují tím, že rostou rychleji do větších rozměrů a jasnějších barev. Naopak, v přítomnosti lidí, kteří květiny ničí, tyto prudce povadají. Jeden můj přítel, který je hudebním vědcem, učinil řadu pokusů s tím, jak rostliny reagují na různé druhy hudby. Ukázalo se, že pokusné rostliny daleko nejlépe prospívaly, když se jim hrála hudba klasická, méně, když se jim nehrála žádná hudba a dosti špatně se jim vedlo, když byly nuceny poslouchat rockovou hudbu, kterou zcela zjevně rády neměly. Docela s nimi souhlasím. Otázkou ovšem je, jak dalece se na těchto výsledcích podílely skutečné zvuky hudby, zda se na nich nepodílela také osobnost experimentátorova, jehož vkus je v tomto směru značně podobný mému. O tom, jak dokáží své emoce projevovat zvířata, se snad rozepisovat nemusím. Většina z nás pravděpodobně máme své zkušenosti s tím, jak naši domácí mazlíčci dokáží reagovat na různé podněty, od těch nižších pudů jako ukojení hladu (kdy se například majitelé větších psů a určitých ras pro jistotu drží stranou) až po ty vyšší, jako vyjadřování lásky a oddanosti.

Druhou funkcí astrálního těla je být mostem mezi myslí a hmotou. Éterické tělo, které se stará o přenos životní síly prány, by samo o sobě dostatečně nefungovalo v tomto směru – potřebuje k tomu dostat impulz od těla mentálního, jímž se také budeme samostatně zabývat později. Na tomto místě si pouze povíme, že mentální tělo neboli *mânas* se dělí na dvě části, z nichž ta nižší je ve styku s astrálním tělem, zatímco ta vyšší je sídlem vyšších principů, které jsou nesmrtelné. Malá tabulka snad trochu napomůže vašim představám:

1	ATMA BUDDHI VYŠŠÍ MANAS	NESMRTELNÉ
2	KAMA-MANAS	PODMÍNEČNĚ SMRTELNÉ
3	PRÁNA ÉTERICKÝ DVOJNÍK PEVNÉ TĚLO	SMRTELNÉ

    Kâma-manas neboli astrální tělo, má v sobě, jak vidíme, jednak komponenty, které později přežívají tzv. "astrální smrt" a o níž bude ještě řeč později, ale také části, které náležejí k nižším sférám a které jsou po smrti fyzického těla absorbovány do těla éterického, s nímž se rovněž rozloží, stejně jako se to stane s tělem hmotným.
    Třetí funkcí astrálního těla je být nezávislým prostředníkem vědomí a činnosti. K tomu může někdy, avšak nepříliš často, dojít už i za plného vědomí fyzického mozku, většinou když je zapotřebí řešit nějakou náhle nastalou situaci, s níž bychom si jinak nedokázali poradit. Mnohem častěji bývá astrální tělo zapojeno do činnosti jen ve chvílích spánku či případně v transu. Potom je schopno se plně oddělit od těla fyzického a celkem volně se pohybovat na rovině, která je jeho doménou. Za jistých, zcela ojedinělých okolností, je možné pro astrální tělo být vědomě a s rozmyslem ovládáno člověkem, který se dostal na jistou, poměrně vysokou úroveň ve svém duchovním vývoji. Konečně, po smrti fyzického i éterického těla se vědomí stáhne do těla astrálního a člověk potom povede další život, jehož trvání může, ale nemusí nutně být poměrně dlouhé a který se může vyznačovat i dosti značnou intenzitou. Takový život může ale být také poměrně krátký a přechodný, jen pouhá epizoda, po níž se vědomí přenese do ještě vyšších rovin existence. Podobně, jak se to má na této hmotné rovině, kde někteří stráví dlouhý čas, zatímco jiní se tu jen mihnou.

Myšlenkové formy

Myšlenkové formy zahrnují nesmírně rozsáhlé pole možností a jak lze očekávat, na charakteru a momentálním rozpoložení mysli jejich tvůrce závisí jak působivými či také jak bezpředmětnými se mohou stát. Také to, zda budou mít kladné či záporné účinky na své okolí. Hladový bezdomovec na jedné straně, může například vytvářet myšlenkovou formu či formy párku s houskou, které kromě jeho samotného nikoho v jeho okolí příliš neovlivní, které ale budou jistě mít poměrně blízko k fyzické rovině. Stejně tak někdo posedlý myšlenkami na výhru, jemuž v hlavě bez přestání běhají koně, či někdo jiný s utkvělou představou vítězných čísel v loterii. Matematik, rovněž ovládaný určitým druhem posedlosti, v tomto případě ale nějakým složitým úkolem, vytváří jiné, abstraktní formy složitého charakteru, které ale veliký dopad na nikoho jiného spíš mít nebudou, pokud se v jeho blízkosti zrovna nenachází nějaká spřízněná duše. Naopak babička, tiše a vroucně se modlící k panence Marii, může strhnout větší množství lidí ke společné modlitbě a to tak, že je k tomu povedou myšlenkové formy, které ona přitom vytváří a nikoliv slova, která nikdo neslyší. Nejen to. Nedaleko se nacházející muslim může také být ovlivněn vibracemi, které modlící se babička vytváří a protože ty mají podobný účinek na jeho mentální tělo, začne se svým způsobem modlit k Alahovi. Totéž hindu modlící se ke Krišnovi.

Astrální i mentální elementální esence mají v sobě určité schopnosti jaksi dřímající inteligence, která velice rychle a ochotně reaguje na podněty, které jim předkládají lidské myšlenky a touhy. Z takto vytvořených elementálních forem se dokonce mohou stát jakési živoucí bytosti, oživené tou myšlenkou, která jim dala za vznik. Lidé, kteří mají skryté psychické schopnosti, jichž si ale nejsou příliš vědomi, si je potom mohou dokonce i splést se skutečnými živoucími bytostmi. Když na něco myslíme, vytváříme přitom maličký obrázek toho co si představujeme, něco co se jakoby vznáší před naší tváří, skoro tak jak to někdy malují karikaturisté. Jasnovidec to potom dokáže, když už ne přímo vidět, často aspoň vytušit. Takováto myšlenková forma zůstává "naživu" po ten čas kdy na ni myslíme a většinou ještě o něco déle. V krajních případech zde ale může zůstat o mnoho déle, když už tu my třeba ani dávno nebudeme, měsíce, někdy i roky, dokonce i celá staletí. Takto mohou vznikat aspoň některé z přízraků, duchů, strašidel a podobných nadpřirozených jevů. Emocemi silně nabitá událost, která stála na počátku, sice už dávno pominula, myšlenková forma či formy přitom vzniklé ale přetrvávají po dlouhé věky. Výraznost a ostrost takto vytvořené myšlenkové formy se přitom řídí hlavně tím, s jakou určitostí a vyhraněností na ni její tvůrce v tom okamžiku myslí či myslel. Tvar myšlenkové formy se řídí tím, co bylo její podstatou. Pomyslíme-li například na to, že si přejeme být doma, může naše myšlenková forma mít tvar domu, či zapáleného krbu, více či méně schematizovaný. O tom, jakou bude mít taková myšlenková forma barvu, rozhodne v zásadě kvalita našich emocí. Očekáváme-li doma klid a pohodu, potom bude myšlenková forma mít docela jinou barvu než kdybychom například tušili, že na nás tam bude hned za dveřmi čekat žena ozbrojená válečkem na nudle.

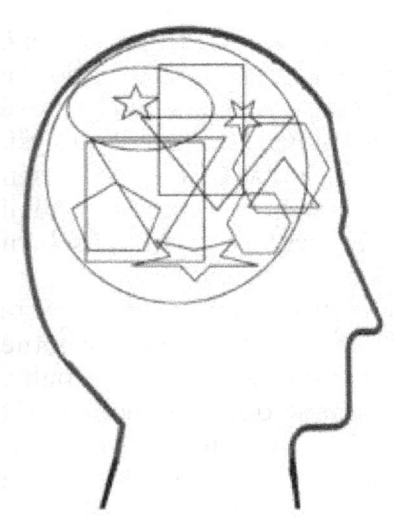

Každý z nás jsme neustále obklopeni myšlenkovými formami, které si bez ustání vytváříme. Pokud máme velmi dobrou představu o tom, čeho chceme v životě dosáhnout a přemýšlíme-li o tom tak říkajíce dnem i nocí, hlavní myšlenková forma kterou tímto vytváříme může být opravdu velice mocná a může mít také dlouhé trvání. Skoro se přitom může podobat živoucí bytosti a mít přitom i tomu odpovídající schopnosti. Podle svého charakteru nám může pomáhat plnit naše dobrá předsevzetí; může se ale také stát oním "ďáblem", který nás povede k pokušení. Pokud k něčemu takovému dojde, je zde navíc ještě i nebezpečí, že takto vytvořená umělá bytost bude v sobě mít instinktivní touhu po tom prodloužit si co nejvíc svoji existenci. Potom nás může nutkat k tomu znovu a znovu vytvářet pro ni "potravu" v podobě myšlenek podobného charakteru. Naopak, člověk který nemá žádné pevné cíle a který se proto nechává ovládat svými emocemi, si časem může kolem sebe vytvořit jakousi klec stvořenou ze svých habituálních myšlenek. Dívá se potom na celý svět skrz ně, vše má pro něho stejný barevný/emocionální nádech.

Pokud je nějaká myšlenka dostatečně silná a hlavně pozitivní, jako například přání ochraňovat někoho z našich bližních, potom příliš nezáleží na tom jak daleko se fyzicky nachází člověk jemuž je určena. Přátelské myšlenky a dobře myšlená přání tak mohou vytvářet něco podobného strážnému andělu, který se potom neustále nachází v blízkosti toho člověka, na něhož myslíme. Pomyslíme-li na určité místo, jakkoliv vzdálené a představujeme-li si, že se tam právě nacházíme, pokud jsou naše myšlenky opravdu silné, může se potom stát, že se naše podoba objeví před očima toho člověka jemuž jsou určeny, pokud právě se na tom místě právě nachází. Pravděpodobnost toho, že takový přízrak spatří se ještě zvýší, má-li tento člověk skryté jasnovidecké schopnosti.

Svět myšlenkových forem je vůbec nesmírně komplikovaný a příklady toho, co se s nimi může dít, bychom mohli naplnit celé knihy. V zásadě platí jedno pravidlo. Čím přesněji a s čím větší ostrostí dokážeme ve své mysli vykreslit obrazy toho, co si představujeme, tím účinněji se budou projevovat i na této rovině.

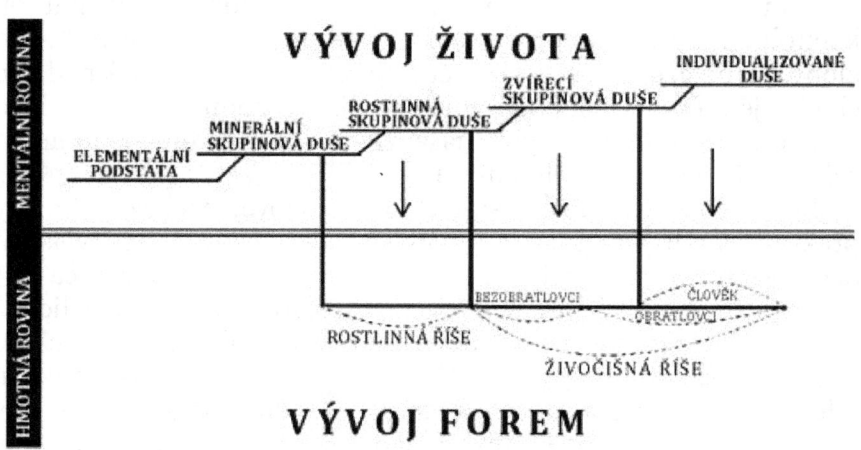

6. Život po smrti

Téma posmrtného života si prostě vyžaduje samostatnou kapitolu. Theosofie je především o cyklech jimiž se řídí náš svět, glóby, planetární řetězce, sluneční soustava, vesmír. Když nad tím člověk jen trochu hlouběji zapřemýšlí, uvědomí si, že by bylo opravdu s podivem, kdyby naše životy se neřídily podobnými zákony. Kdybychom měli umřít a ... nic ...

Budeme se nyní zabývat situací v níž se člověk nachází poté, kdy překročil práh smrti za normálních, ale někdy i neobvyklých okolností. Jednotlivé případy se sice mohou vzájemně lišit, často i značně lišit, je zde ale určitá už dobře prošlapaná cesta, jíž se lidská duše ubírá a o níž se ví v jistých kruzích zasvěcenců už po tisíciletí. Proroci, vůdcové či zakladatelé náboženských hnutí všech věků, lidé jimiž byli například Pythagoras, Buddha, Krišna, Lao Tse, Konfucius, Platón, Apollonius z Tyjány, Ježíš Kristus, atp., své žáky učili o tom, že jsou zde jiné sféry, jiná království, jiné roviny existence, obývané jinými bytostmi, kam my také míříme a kam se dříve či později také dostaneme. Jakým způsobem se tam dostaneme, čím nám bude nutno procházet a s čím se budeme muset vyrovnat, to vše se více či méně zastřené nachází v různých rituálech provozovaných po celém světě, zpočátku v jeskyních či na lesních mýtinách, později ve svatyních, chrámech, kostelích, kaplích, katedrálách, při všemožných shromážděních jaká lidé pořádají už od nepaměti. Tam, kde je přítomna široká veřejnost, jako na příklad při pravidelně se konající mši v běžném vesnickém kostele, to nebývá obvykle příliš patrné; vše je zde podáváno jaksi všeobecně, přesto ten "kdo má oči uvidí a kdo má uši uslyší". Čím vybranější je společnost, zejména pokud se jedná o morální stránku člověka, tím soustředěnější a specifičtější budou potom rituály, jejichž pomocí se přítomným dostává instrukcí či aspoň náznaků toho, co bude dál, co je očekává.

Protože o to zde především jde: dozvědět se co bude, co se s námi stane po smrti, jíž žádný z nás neujdeme. Z toho si potom také snad budeme moci odvodit jiné věci, najít odpověď na jiné otázky, na ty nejhlavnější: odkud jsme přišli, kam směřujeme, co tu děláme, jaký je smysl toho života, který právě prožíváme. Některé společnosti, jako svobodní zednáři, rozenkruciáni, templáři, či někteří buddhističtí lámové, podávají svým členům dosti podrobné instrukce o posmrtném stavu člověka, znázorněné v rituálech, jejichž původ bývá prastarý. Theosofové, kteří se rituálními obřady většinou příliš nezabývají (pokud individuálně nenáležejí i k jiným spolkům, které se takto zaměřují), mají zato na toto téma značně rozsáhlou literaturu. Z ní si na následujících stránkách pokusíme vybrat to podstatné.

Zážitek blízké smrti

Slovo *karma* se v západních zemích ujalo až poměrně nedávno. Hlavní zásluhu na tom má opět theosofie. Dnes už i lidé, kterým slovo theosofie vůbec nic neříká, vědí alespoň zhruba, co slovo karma znamená, že člověk sklidí to, co zasel. Tohle ovšem nalezneme i v křesťanské víře, v učení Ježíšově, sv. Pavla i pozdějších světců. Je to hluboce zakořeněné; nachází se to už u starořeckých mudrců, kteří měli svou *nemesis*, což má velmi podobné mínění.

Karma je ovšem záležitostí individuální, proto nelze o ničem z toho, co nás očekává, nikdy hovořit jinak než dosti povšechně. Ve druhé polovině dvacátého století se začalo stále víc lidí zabývat těmi případy, kdy byli lidé klinicky mrtví a "vrátili" se na tento svět. Mezi těmi kteří vyšetřovali "near death experience", zážitek blízké smrti, byli také četní doktoři, zejména psychologové, následkem čehož už máme k dispozici velmi dobře vedené záznamy. V nich se kromě individuálních variací nachází řada podobných rysů. Na ty se nyní podíváme.

Nedávno se v tisku snad po celém světě objevila zpráva o americkém chirurgovi jménem Eben Alexander, který se specializuje na operace mozku a který, poté kdy onemocněl zánětem mozkových blan, upadl na celý týden do bezvědomí. Dr Alexander byl, spolu s mnoha svými kolegy, po dlouhá léta své činnosti jako chirurg, pevně přesvědčen o tom, že to co člověk prožívá, veškeré jeho vědomí, je pro něj „vytvářeno" mozkem, zejména mozkovou kůrou. Slyšel prý o podobných zážitcích jaké měl mít později on sám od některých z pacientů, vždy si ale myslil, že se jedná jen o „zbožné přání". Poté kdy se sám probral z kómatu, změnil ale úplně svůj názor. Pro americký časopis Newsweek o něco později napsal článek, v němž popisuje co se s ním dělo během toho času, kdy byl ve stavu tzv. NDE, *near death experience*. Jeho zážitek blízké smrti je typický pro tyto případy: cesta tunelem, setkání se zářivými bytostmi, zrychlený pohled na svůj uplynulý život, atp., věci o nichž si zde ještě povíme. Co se tedy událo těm, kteří se byli podívat na druhé straně a vrátili se, aby nám o tom mohli povědět?

Lidé, kteří měli značné bolesti, v případech zážitku blízké smrti tyto většinou okamžitě ztratí. Často si bývají vědomi toho, že se ocitli nějakým způsobem odděleni od svého hmotného těla, které přitom obvykle i vidí, třeba ležící na operačním stole obklopené lékaři, či celé potlučené někde na silnici po automobilové nehodě, atp. Mohou se dokonce i snažit o to domlouvat se s operujícími lékaři, se zdravotníky, či s okolostojícími lidmi, pochopitelně neúspěšně. Teprve po čase jim snad dojde, že se pro ně stali neviditelnými a neslyšitelnými. To, že celá věc nebyla jen nějakou halucinací či snem, jim potom dokazuje to, že jsou schopni opakovat přesně to co bylo přitom řečeno, popsat to co se dělo s jich tělem, zatímco oni se nacházeli kdesi jinde, i když mučivě blízko. Po případě si to vše mohou později i ověřit tím, že hovoří s těmi lidmi, kteří při tom byli. Nicméně, typicky bývají značně opatrní v tom komu se s tím svěří, s kým o takovémto zážitku hovoří a co přesně o tom jiným lidem povědí. Tuší totiž instinktivně, že lidé jim spíš věřit nebudou a nechtějí jim tudíž být pro smích. Hodně dlouho si proto vybírají, než se rozhodnou komu se mohou svěřit.

Dosti často se stává, že lidé kteří přežili svou smrt a vrátili se do svého těla, prohlašují, že prožili jakousi mnohonásobně zrychlenou a zhuštěnou revizi celého svého života, od útlého mládí až do okamžiku "smrti". Jiným dojmem, který si mnozí odnášejí, bývá pocit toho, že je zde přítomna jakási překážka, stěna, zeď, plot, vodní tok, ale snad daleko nejčastěji tunel, na jehož konci se nachází světlo. Tímto tunelem musejí projít, případnou překážku musejí překonat, přenést se přes ni... Na druhém konci bývá potom bytost, často popisovaná jako "zářící postava", anděl, Ježíš Kristus, Krišna, Buddha, to podle toho, jaké náboženské výchovy se jim dostalo. Zajímavé přitom je, že i zapřísáhlí ateisté tuto zářící bytost v takovéto situaci potkávají. Mohou ji potom mít třeba za nějakého nepozemšťana, ufona, či něco podobného. Pokud přitom také proběhla již zmíněná revize života, což bývá celkem pravidlem, setkají se u této bytosti s naprostým porozuměním a sympatiemi – nejsou z ničeho viněni, nic z toho co v životě učinili se přitom nekritizuje. Proč je tomu tak, pochopíme, až se dostaneme ke kapitole o kauzálním těle. Záleží totiž na monádě jaká učiní rozhodnutí na základě nabytých zkušeností, až se na celý uplynulý život bude moci podívat kritickým pohledem. V tomto bodě se žádné závěry ještě dělat nedají.

Většina lidí se poté, kdy se na čas ocitli v místech kde vládne klid, mír a lidské pochopení, kde nemají žádné bolesti, nechce už vrátit do "slzavého údolí" svého bývalého života. Pochopitelně, že drtivá většina z těch kteří na druhou stranu přejdou se sem už nevrátí; potom se ale od nich ničeho nedozvíme. Zde se jen zabýváme případy těch lidí, kteří svou smrt nějak přežili. Těm v jistém bodě dojde to, že na druhé straně zdi, tunelu či řeky, tam odkud přišli, se stále ještě nacházejí lidé k nimž oni mají ještě nějaké povinnosti. Nebo jim je tou bytostí s níž se právě setkali a jíž důvěřují, prostě řečeno, že mají vůči někomu ještě nějaké povinnosti, které se neskončily, že leží před nimi ještě nějaké důležité úkoly. Může to také být zemřelý příbuzný, rodič, přítel, jejich vnitřní hlas, celkem kdokoliv, kdo jim vysvětlí, že ještě nenastal čas k tomu, aby na druhé straně zůstali permanentně, že se musejí vrátit na svět. K tomu aby toho dosáhli stačí obvykle jen to, aby pomysleli intenzivně na návrat do hmotného těla a téměř okamžitě se tam ocitnou.

Vše zde na zemi je pro ně stejné jako předtím, ale přitom také jiné. Co se změnilo a na tom se shodují snad všichni kteří něco podobného zažili a netajili se s tím, je jejich přístup k životu. Obvykle si toho brzy všimnou i jejich blízcí, ti jichž se to nejvíc týká, ať už s nimi o tom dotyčný pohovoří či nikoliv, i když si to nechá pro sebe a poví to snad jen nějakému psychologovi či někomu kdo se těmito věcmi zabývá a komu se podaří si u něho získat důvěru. Život na zemi je výchovným zařízením, dalo by se v kostce shrnout to, co si po takovýchto zkušenostech o tom všem myslí ti, kteří něco podobného zažili.

Musíme mít stále na zřeteli, že se zde jedná o stavy v nichž se nacházejí lidé blízko smrti, často velice blízko. Mohou přitom cítit, že už by stačil jen jediný krok a oni by se přenesli tu bariéru, která je od další sféry existence dělí. Ten krok oni ale neučinili a proto jsou zde, kde o tom mohou hovořit, popsat nám to, pokud ovšem chtějí. Je to jen takové jakoby nakouknutí přes zeď, krátký pohled onou skulinkou po vypadlém suku. Podobně se to má s lidmi, kteří se nacházejí na smrtelné posteli a kteří, někdy k úžasu těch přítomných, hovoří k někomu koho oni docela zřejmě vidí a koho slyší, o kom lidé na této straně nic nevědí. Někdy ale tuší, kdo by to mohl být...

Po smrti skutečné

Těsně před smrtí většinou dochází k již zmíněné revizi uplynulého života, který proběhne jako zrychlený film před vnitřním zrakem umírajícího. Smrt nastane v tom okamžiku, kdy se přeruší ona stříbrná šňůra, kterou mnozí popsali a o níž se píše už ve Starém zákoně. Ta je z éterické látky a obstarává spojení mezi hmotným tělem člověka a jeho vyššími principy, v tomto případě především s astrálním tělem. Přesněji řečeno, spojení mezi prvními čtyřmi principy (hmotným, éterickým, astrálním a nižším mentálním) a třemi vyššími (vyšším mentálním, dále buddhi a atma, neboli kauzálním tělem a vyšším "já"). V okamžiku kdy k tomuto přerušení dochází, už zde není žádná možnost návratu. V té chvíli upadá naprostá většina lidí do hlubokého bezvědomí, které může trvat krátký nebo i poměrně dlouhý čas, několik vteřin nebo i několik týdnů. Téměř ve všech případech bývá samotná smrt naprosto bezbolestná a to i v případech kdy jí předcházela delší nemoc plná bolestného utrpení. To se obvykle obráží i na tváři právě zesnulého člověka, která bývá klidná. Smrt naopak bývá ale zobrazována nejčastěji jako kostlivec s kosou, nelítostně srážející hlavy lidí, ať už jsou to hlavy korunované či nikoliv. Hlavní myšlenkou zde ovšem je to, že smrti se žádný z nás nevyhneme. Je v tom totální demokracie, v níž jsme si všichni naprosto rovni. Tak je například vyobrazena smrt na stejnojmenné tarotové kartě typu Marseille, který bývá považován za nejklasičtější. Problém je myslím v tom, že se zde příliš zdůrazňuje aspekt násilnosti, což člověku majícímu se podívat smrti do tváře rozhodně odvahy nepřidá. Stejný tarotový trumf navržený počátkem dvacátého století A. E. Waitem, na němž je smrt zobrazena jako majestátní jezdec na koni, třímající vlajku nesoucí obraz bílé růže na černém poli *(uprostřed)*, je myslím v tomto směru mnohem vhodnější.

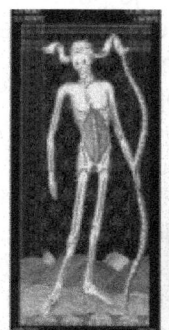  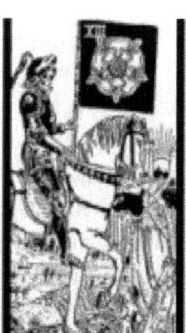  

Něco dosti nepříjemného se ale stát může, i když ne každému. V astrálním těle zemřelého totiž dochází brzy po smrti k důležitým změnám, které mohou dost ovlivnit to, co se s ním stane a jak celý proces přeměny bude probíhat. Většina látky z níž se sestává astrální tělo je stvořena z tzv. *živelné podstaty* (angl. elemental essence). Ta je sice živoucí, avšak postrádá inteligence; chová se tedy více či méně instinktivně. Tato živelná podstata se ale nachází na sestupné části evoluční křivky a protože se nacházíme v oblasti *Kâmaloka*, kde touha je tou hlavní hnací silou, živelná podstata má tendenci odtud sestupovat směrem do nejhustší hmoty – lépe by snad bylo říci, že *touží* po tom stát se minerálem, po tom ocitnout se na tom nejnižším evolučním stupni. V tomto okamžiku se ale nachází v konfliktu se vším tím co zde zůstalo poté, kdy vědomí člověka opustilo hmotné tělo, tedy se zbývajícími šesti principy lidské monády, která se už v tomto bodě nachází na vzestupné části vývojové křivky. Na tři nejvyšší z principů, jimiž jsou Manas, Buddhi a Atma, to přílišný vliv nemá, tento rozpor je ale nejvíc pociťován právě v oblasti Kâma-loka, na astrální rovině, kde se vědomí lidské monády bude od této chvíle soustřeďovat. Živelná podstata touží po tom si udržovat svou vlastní existenci a sestupovat přitom směrem do hmoty, takže se instinktivně brání všemu, co by mohlo vést k jakémukoliv vzestupu. Seskupí se proto tak, aby si kolem astrálního těla vytvořila cosi podobného krunýři. Člověk je takto jakoby v tomto krunýři uvězněn, následkem čehož pro tu chvíli je schopen vnímat pouze to, co přináleží k těm nejspodnějším vrstvám astrální roviny. Takto přeskupenému astrálnímu tělu se říká *Jâtanâ*, tělo utrpení.

Právě popsaným způsobem přeskupená a uvězněná je pouze ta část astrálního těla, která si podržuje tvar těla materiálního, ne však astrální tělo celé, které má tvar vejčitý. Následkem toho, jen ty jeho části nacházející se blíže povrchu vejce jsou schopny reagovat na vibrace vyššího řádu. Zbytek astrálního těla, podstatná jeho většina, vidí a slyší jen to co je toho nejnižšího, nejpodřadnějšího charakteru. Pokud se nachází v blízkosti nějakých bytostí, lidských či jiných, opět pouze to nejhorší, to nejhrubší pokud jde o vibrace, je mu pro tu chvíli viditelné a přístupné. Odtud pravděpodobně pochází pojem Pekla či Očistce, protože být peklem či očistcem se to může skutečně zdát, zejména těm lidem, kteří nejsou příliš duchovně zaměřeni. Místo v němž se právě nacházejí jim může připadat jako obývané jen samými obludami, netvory a zrůdami, přičemž si nijak neuvědomují, že to, co vnímají, jsou jen ty nejhorší stránky, jak již jiných lidí nacházejících se v podobné situaci jako oni, tak i ostatních bytostí tyto oblasti obývajících.

Záleží především na tom, jak dalece je člověk vyvinutý po stránce duchovní a morální. Také na tom, zda byli nějak předem informováni. Pokud například prošli nějakým zasvěcovacím rituálem, mají proti ostatním lidem značnou výhodu. Potom se přes tyto věci poměrně snadno přenesou, někdy dokonce tím, že zůstanou po nějaký čas v bezvědomí, často i tak, že si velice rychle uvědomí co se s nimi děje a že pokud budou mířit vzhůru, dostanou se z této situace brzy. Oblast bývá navíc frekventovaná různými astrálními pomocníky (tito často fungují podobně jako nám dobře známé dobrovolné záchranné organizace, horské či pobřežní), kteří dělají co mohou, jen aby se "probourali" k těm, kteří jsou takto uvězněni. Přitom jim mohou také pomáhat různé rituály spojené se zaopatřováním mrtvého, ať už prováděné katolickým či protestantským knězem, nebo třeba tibetským lámou. Někdy to nebývá snadné. Stává se totiž, že některým nedávno zemřelým lidem tato situace dokonce i vyhovuje. Mohou zůstávat v té nejnižší sféře, kde se třeba cítí docela dobře, kde jim vyhovuje společnost jakou zde mají, přesně podle hesla "rovný rovného si hledá". Po čase se zmíněný krunýř sám od sebe rozpadne, tj. pokud jej člověk sám něčím dále nepřiživuje, v kterémžto případě zde může zůstat a působit i po celé roky. Teprve když krunýř zmizí, může lidská monáda přenést ohnisko svého zájmu na některou z vyšších sfér – tu která nejlépe vyhovuje jejím charakterovým vlastnostem a zájmům. Postupně přitom bude procházet jednotlivými sférami. To, co kolem sebe uvidí, se bude stále méně a méně podobat astrálním protějškům materiálních věcí a přibývat budou myšlenkové formy svěžejších a sytějších barev. Lidé, které snad přitom potká, se také budou zdát lepšími a lepšími; to proto, že sám bude schopen přijímat a oceňovat vyšší a vyšší vibrační tóny.

Zasvěcovací obřady, které se snad odjakživa prováděly ve všech dobách a kulturních epochách, se vždy soustřeďovaly především na to, aby člověku co nejvíc usnadnily a urychlily průchod těmi nejnižšími sférami. Zasvěcenec těchto mysterií, ať už egyptských, řeckých či třeba zednářských, si pravděpodobně bude celkem dobře vědom toho, že zemřel a bude proto také vědět co má dělat, aby se vyhnul tomu nejhoršímu co by zde mohlo jeho postup zpomalit. **Stačí totiž pouhá myšlenka, která ale musí být dostatečně pevná, aby se zabránilo přeskupení astrálního těla.** Pokud člověk hned od počátku ví, že právě zemřel a že nyní směřuje do mnohem vyšších sfér, potom přes ty nejnižší se přenese téměř jako by tyto neexistovaly. Tu a tam ho může na chvíli ovanout pocit přítomnosti něčeho nepříjemného a to je vše. Vědět o tom, co nás očekává po smrti, znamená, že naše cesta bude mnohem snadnější než například cesty těch, kteří ještě za života tvrdošíjně odmítali dokonce jen připustit, že by něco takového vůbec mohlo existovat.

Základní principy posmrtného života

Poté kdy přestoupil práh smrti se člověk nijak v zásadě nezmění, ovšem kromě toho, že už nemá fyzické tělo. Po stránce inteligenční zůstává stejný, zachová si bývalé ctnosti a neřesti, sklony k tomu či onomu. Pokud se chce vyvíjet směrem k větší duchovnosti, o což zde především jde a čehož si nejspíš bude vědom, potom věci ryze materiálního druhu, jimiž bývají například různé sportovní disciplíny, se pravděpodobně brzy ocitnou kdesi na periférii jeho zájmů. Pokud ovšem hrál v mládí fotbal a potom se po zbytek života zabýval tím, že trénoval a vychovával jiné fotbalisty, bude možná i nadále vyhledávat společnost sobě podobných. Jak dalece a jak dlouho ho ale bude bavit aranžování a provádění ideálních útočných či obranných akcí a formací v myšlenkových formách na astrální rovině, to je už jiná věc. Do značné míry zde totiž chybí to, co v podmínkách vládnoucích na hmotné rovině představuje tu hlavní výzvu: odpor neboli to, co kabalisté nazývají *cimcum*. Jedná se zde o univerzální zákon týkající se restrikcí, který sice platí ve všech sférách, v té hmotné se ale projevuje nejsilněji.

Katolická církev se svým Nebem, Peklem či Očistcem to celkem dosti dobře vystihla, ovšem v této doktríně chybí koncept reinkarnace, který je k pochopení všeho klíčovým. Staří Řekové měli svůj Hádes, který byl jak se zdá také docela podobný astrálnímu světu, aspoň těm nižším jeho sférám. Podle toho, co se píše v Odysseii, stíny zemřelých s nimiž se Odysseus při své návštěvě podsvětí setká, se nezdají si být příliš vědomi svého stavu. Někteří dokonce touží po tom, okusit znovu různých radovánek o něž byli smrtí připraveni. Vypadá to tak, že Homér zde popisuje právě ty situace, s nimiž si musí poradit člověk těsně poté kdy překročil řeku Styx. Některé z nich jsou ale dost podivné.

Například, náš hrdina si zajistí služby jistého proroka tím, že mu dá napít čerstvé krve z jehněte, na níž má prorok náramnou chuť. A to je, prosím, prorok! Po čem asi prahnou ti nejobyčejnější z lidí? Vezměme si fiktivní případ takového obyčejného člověka naší doby, který se ocitl náhle na druhé straně. V posmrtný život nevěřil, žádné vysoké ideály nikdy neměl, stačilo mu ke štěstí celkem málo, hlavně když měl kde hlavu složit, když neměl hlad, k tomu dostatek sexu a trochu jiné zabavy, vsadit si na koníčka, podívat se na fotbal, zajít do kina, dívat se na svůj oblíbený televizní seriál. Zpočátku si bude nejspíš připadat jakoby se ocitl ve snu. Když už ale ten sen potrvá trochu příliš dlouho, začne si, nejprve pomalu, všímat některých rozdílů. Může se sice nacházet v domě podobného tomu na jaký byl zvyklý, jenže stěny i nábytek v něm vypadají malinko jinak. Možná, že uvidí kolem sebe své příbuzné a známé, zjistí ale ke svému překvapení a snad i hrůze, že s nimi nemůže nijak komunikovat, protože oni ho zřejmě nevidí. Postupně mu takto začne docházet co se s ním asi stalo, zejména když si všimne, že necítí žádnou únavu ani bolesti, které ještě nedávno měl.

Kâmaloka neboli astrální rovina je obydlená množstvím bytostí všemožných druhů, podobně jako se to má i na zemi. S některými z nich se můžeme potkat ve snu, asi si toho ale ani nebudeme vědomi. Pokud si takováto setkání vůbec pamatujeme, nejspíš je budeme považovat za výtvory naší fantasie. O něco později si povíme o nich víc, nyní se ale soustřeďme na člověka a jeho posmrtný úděl a především cíl, který se před ním nachází. Pokud není právě něčím či někým poutaný pevně k zemi, což se občas také stává, i když se téměř vždy jedná o stav dočasný, je tento cíl celkem jasný. Je pro něho především nutné projít touto nejnižší zónou a dostat se do oněch dalších oblastí nacházejících se na vzestupné části oblouku, který představuje jeden ze cyklů životů lidské monády. Čas strávený v oblasti Kâmaloka se velice různí, podobně jako se různí délky pozemských životů. Jedna věc ale přece jen chybí: lidé zde nepřicházejí o život při neštěstích, ani nebývají zavražděni či nespáchají sebevraždu. Záleží jen více či méně na nich samotných, jak dlouho zde hodlají pobývat. V zásadě jde o to, aby se z pavučiny, jíž Kâmaloka představuje, dokázali vymotat, což nebývá vždy tak snadné jak se to může jevit. Jde jim v první řadě o to, aby se zbavili (aspoň pro tento cyklus) těch z vášní a emocí, které se v nich v průběhu pozemského života nahromadily. Potom teprve budou moci přejít na tu příští, mentální rovinu existence.

V theosofické literatuře se nachází několik pokusů o stanovení průměrné délky života prožívaného ve sféře Kâmaloka. Protože vím, že tohle lidi většinou dost zajímá, učiním rovněž takový pokus. Celková tendence bývá taková, že ti duchovně nejvyvinutější zde stráví poměrně nejkratší dobu, která se postupně prodlužuje s tím jak se přibližujeme k průměru i podprůměru. Velice zhruba (a to zdůrazňuji) vzato, lidé na té poměrně nejnižší duchovní i inteligenční úrovni, ti kteří bývají nejen nezaměstnaní, ale snad i nezaměstnatelní, zde pobývají poměrně nejdéle, obvykle asi půl století. Ti kteří jsou o něco výše, například zaměstnanci bez kvalifikace a tak podobně, snad o deset let méně, kolem 40 let. Kvalifikovaní zaměstnanci, řemeslníci či drobní podnikatelé, možná 25-30 let, ti s vysokoškolským vzděláním snad o něco méně, kolem 20 let. Nejkratší čas stráví v této sféře ti, kteří jsou duchovně nejvýše; v některých výjimečných případech se zde dokonce ani prakticky nezastaví, prostě jí projdou jaksi v bezvědomí a procitnou až na další, mentální rovině. Naopak, jiní poměrně dosti vyvinutí jedinci, zejména ti zabývající se uměním, vědou, náboženstvím či filosofií, se zde ale mohou zastavit na delší čas, protože je to pro ně ideální místo k provádění různých experimentů. Z těchto důvodů se někteří mohou zdržet i déle než kdokoliv jiný, třeba i celé století. Jiným pravidlem bývá, že lidé kteří opustili hmotnou rovinu poměrně brzy, tedy zemřeli mladí, ať už z jakýchkoliv důvodů, většinou mívají delší život na rovině astrální, než ti kteří dosáhli vysokého věku na zemi, čímž se to vše jaksi vyrovnává.

Nesmíme ovšem ani zapomenout na to, že čas v astrální říši se chová poněkud jinak – může plynout rychleji či pomaleji než jak jsme tomu uvyklí, takže uvedené časové intervaly jsou opravdu jen velice hrubými odhady. V každém případě se na délce času stráveného v oblasti Kâmaloka poznamená především to, čím se člověk zabýval během času prožitého v materiálním světě. Také to, jak dalece člověk přitom propadl různým zlozvykům, holdoval alkoholu, nikotinu či jiným drogám. Překonat takovéto návyky je skoro stejně těžké jako je tomu zde, snad jen s tím rozdílem, že v astrálním světě drogy běžně k dostání nebývají, takže je přece jen o něco snadnější odolat. Píši "běžně k dostání nebývají", protože ten kdo je opravdu pevně odhodlaný si nějaké náhražky vždycky najde, i kdyby se měl kvůli tomu potloukat kolem hospod a barů, či dokonce na čas okupovat tělo a mysl nějakého opilce, což se také občas stává. Podobně odhodlaného úsilí je také zapotřebí k tomu, abychom se dostali se přes jiné překážky, které nás brzdí ve vývoji. Člověk takto v sobě nosí svůj vlastní očistec, ale potenciálně také i nebe, jímž je theosofický *devačan*, jak ještě uvidíme.

Nehodlám zde zavádět žádnou "Černou kroniku" posmrtných stavů; k tomu jsou jiné knihy. Postačí jen říci, že mnohé z hororových románů či filmů bývají založeny na skutečných událostech, které se odehrávají v těch nejnižších oblastech astrálního světa a které občas vnímají jasnovidci, od nichž se o nich nakonec z první, druhé či desáté ruky dozvědí autoři podobných knih. Je lépe se zabývat pro nás tím kladnějším, čímž je například to, že člověku na astrální rovině odpadá nutnost "na sebe si vydělávat". Tím pádem má čas na jiné věci. Pokud má zájem například o hudbu, otevírají se mu zde nové možnosti a to takové, o jakých se mu nesnilo. Jakkoliv jemný může být orgán jimž je lidské ucho, astrální smysly jsou mnohem ostřejší, takže harmonie, které je zde možné uslyšet, bývají mnohem bohatší. Totéž platí o barvách, takže na své si mohou přijít výtvarníci. Není proto divu, že právě umělci často stráví na astrální rovině delší čas než většina ostatních lidí. Astrální radovánky dovedou někdy svádět podobně jako ty pozemské, takže existuje nebezpečí, že lidská monáda se zde může zdržet ve svém vývoji, či nabrat si špatnou karmu. Ta se dá v astrální oblasti ovlivnit snad ještě víc než na hmotné rovině, protože zde často dochází ke zvýšené aktivitě na straně těch kteří se zde nacházejí. Protože si nemusejí vydělávat na živobytí, což pro mnohé bývá na zemské rovině značnou brzdou, mohou dělat jiné věci, přičemž činí rozhodnutí, což je právě tím, čím se karmické zákony mohou nejvíce projevovat a ovlivňovat.

Případy náhlé smrti

Přirozené smrti, k níž došlo po delší nemoci či prostě stářím, se jistě s hlediska lidské monády a jejího vývoje musí dát přednost. Nicméně, někdy tomu bývá jinak. I sem ovšem zasahují karmické zákony. Pokud člověk zemřel náhle, například následkem nehody, spojení mezi principy kâma (touha) a prânâ (životní síla) se nedá snadno přerušit, takže astrální tělo bývá tímto prudce oživeno. Těch částí astrální látky, které vibrují nejpomaleji a které jsou tudíž relativně nejtěžší, by se v případě smrti přirozené člověk byl zbavil a to už v době kdy se k smrti schylovalo. Pokud ale dojde k náhlému úmrtí, tyto pomaleji vibrující části se stále ještě nacházejí na svých původních místech a proto způsobují, že člověk prudce a nečekaně vržený do svého astrálního těla, se nutně musí nejprve ocitnout v těch nejnižších astrálních oblastech. Když se k tomu navíc přidá mentální šok a snad i hrůza, navíc také dosti reálná možnost toho, že se kolem bude potulovat něco zlého či aspoň někdo nepříjemný, není to právě ten nejlepší způsob toho jak být do astrálního života uveden.

Kdyby zde existovalo větší obecné povědomí pokud jde o věci jimiž se zde právě zabýváme, souhlas s trestem smrti, který by v případném referendu prakticky ve všech zemích stále ještě téměř určitě dosáhl silně nadpoloviční počet hlasů, by rázem prudce poklesl. Logika běžnému člověku říká, že když se na zemi popraví zločinec, zamezí se tím tomu, aby takový člověk mohl páchat další zločiny, které by si vyžadovaly jeho fyzické přítomnosti. A že o tohle tu přece jde. Takový názor je ale silně zjednodušující. Z našeho hlediska si totiž musíme klást jinou otázku: k čemu v takovém případě dojde na rovině astrální? Odpověď zní: k ničemu dobrému! Těsně za zdí, která rozděluje oba tyto světy, se po své popravě nachází ten stejný zločinec, nyní skoro určitě plný hořkosti, planoucí nenávistí k jiným lidem, lačný pomsty. Navíc i schopný tu pomstu vykonat, pokud má k tomu dostatečné odhodlání. Stačí mu aby si nalezl někoho vhodného v hmotném těle, člověka který by se dal třeba i pouhým našeptáváním snadno ovlivnit a brzy zde můžeme mít jiného vraha, aniž bychom měli sebemenší potuchy o tom, kde se to v tom člověku náhle vzalo!

Občas dochází k zločinům nad nimiž nám prostě zůstává rozum stát. Někdo, často mladý člověk, od něhož by nikdy z jeho okolí nic takového neočekával, si z čista jasna třeba vezme automatickou zbraň a postřílí řadu lidí, které většinou vůbec nezná. V obchodním středisku, v kině, ve škole, kdekoliv. Jakoby se mstil společnosti za něco, co mu udělala, i když nic očividného zde není. Nestál za tím nějaký zlý člověk jako našeptávač? Nemusel by to být nutně popravený zločinec, ale prostě někdo na druhé straně zdi, kdo si takto vyléval zlost na celou společnost, kterou viní z nějakého důvodu za to, co se mu v jeho mizerném životě stalo? Kategorií samotnou pro sebe jsou sebevraždy. Církev vždycky sebevrahy odsuzovala a nedovolovala na příklad, aby se těla sebevrahů pohřbívala na hřbitově jinak, než za hřbitovní zdí. Jak uvidíme, měla k tomu jisté důvody. Obrovská škála možných pohnutek, které teoreticky mohou vést člověka k tomu aby spáchal sebevraždu, ovšem znamená, že zde nemůžeme činit žádné jednotné závěry. Snad každý souhlasí s tím, že je nesmírný rozdíl mezi činy například řeckého filosofa Sokrata či vlastence Jana Palacha na jedné straně a válečných zločinců Adolfa Hitlera a Hermanna Göringa na straně druhé. Ti všichni spáchali sebevraždu, nicméně karmické následky, i když ty musí být za jakýchkoli okolností jistě závažné, se nutně také musí u jednotlivých případů podstatně lišit. Existuje přitom i cosi jako předem určený čas, který má člověk během inkarnace na zemské rovině prožít. Když toto člověk z vlastního rozhodnutí poruší, potom musí hlavně záležet na tom, jaké důvody ho k tomu vedly. Pokud tyto důvody byly morálně čisté, nezávadné, pokud se tím nikomu neublížilo, výsledkem bude nejspíš to, že dotyčný stráví nějaké ty roky, zhruba tolik kolik si jich z původně stanovené délky života svým činem ubral, v jakémsi limbu, či ve stavu téměř úplného bezvědomí. Z toho se probere teprve až nastane čas k tomu, aby přešel za plného vědomí na astrální rovinu. Odtud vše bude nejspíš pokračovat normálním způsobem, i když nějaké karmické následky v tomto případě jistě potrvají. Ve většině sebevražedných případů ale se spíš někomu ublíží – sebevrah často může zanechat na zemi lidi, kteří po zbytek svých životů si činí výčitky, že mu v činu nezabránili, takže jejich životy to poznamená. Karmické následky to tudíž mít musí.

V dřívějších časech, snad až tak do 19. století, ale ještě i po proslulém krachu na burze ve 20. letech minulého století, páchali často sebevraždu lidé, kteří se dostali do finanční tísně následkem neuvážených nebo třeba i nešťastných finančních transakcí. Považovalo se to dokonce za čestný způsob toho jak se například vyrovnat s nepříznivou finanční situací, jak by se měl zachovat člověk, který má určité principy. To už je jistě sporné, protože prakticky na každou takovou sebevraždu a vyhnutí se zodpovědnosti, skoro určitě nějak doplatí jiní lidé. Karmicky si takový člověk spíš hodně uškodí. Například lidé, kteří od něho nedostali zaplaceno, mohou sami přijít o své majetky, což je může vést k jiným zoufalým činům, atp.

Ještě hůře se to z karmického hlediska může mít s člověkem, který se pokusil sebevraždou uniknout trestu za spáchané zločiny, jak tomu bylo u výše zmíněných válečných zločinců. Potom to nemůže sebevrah mít ani trochu lehké. Na nejnižší astrální rovinu se totiž dostane za plného vědomí. Obrazy plné groteskních situací a obývané monstrózními bytostmi, jaké ve středověku malovávali například Hieronymus Bosch či Pieter Bruegel, kteří nejspíš oba měli určité mediální sklony, mohou být ještě poměrně krotké v porovnání s tím, co takového sebevraha očekává po smrti. Pokud si myslí sebevrah, který zvolil tuto cestu proto aby unikl problémům které si nejspíš sám způsobil, že tímto způsobem nalezl řešení, skoro určitě ho čeká velice drsné probuzení z takového snu. Dosti pravděpodobným následkem může navíc být i to, že po čase stráveném za krajně nepříjemných okolností v nejnižších sférách, se podobný život bude pro něho opakovat v příští inkarnaci. Znovu a znovu bude stavěn před ty stejné úkoly jimž se předtím pokoušel vyhnout, dokud si nenajde vhodnější řešení.

V případech lidí zabitých při nehodách, přírodních katastrofách, atp, záleží především na tom, zda toto bylo či nebylo součástí karmického uspořádání, tak říkajíce modrotisku pro ten který život. Podobně se to má i v případech vojáků zabitých při válečných akcích. Ať už je pravda na té či oné straně (či nejpravděpodobněji na žádné straně), budou takoví vojáci nejspíš přesvědčeni, že bojují za správnou věc. Jestliže jim to nějak prospěje, pokud jim třeba dojde jak absurdní je to, že na straně nepřítele bojují jiní, jejichž přesvědčení o tom, že pravda je na jejich straně, je stejně pevné, třeba jim to pomůže naučit se lépe rozpoznávat dobro od zla. V celkovém vývoji je to potom může dokonce postrčit kupředu. Pokud zde ale jde o pusté vraždění, jak tomu bývá v případech tzv. svatých válek vedených náboženským fanatismem naočkovanými teroristy, tito se potom oněch slibovaných odměn v posmrtném životě asi jen tak snadno nedočkají. Stejně tak ti, kteří je k tomu navedli či je podporovali. V zásadě zde jde o to, že zabíjet jiné lidi bezdůvodně a namátkově nemůže nikdy vést k ničemu dobrému a ať už je jakékoliv víry, člověk by měl být tak dalece schopen rozpoznávat dobré od zlého, aby se dokázal podobným situacím vyhnout. V celém našem pozemském putování vlastně o nic jiného nejde, než o dosažení rovnováhy.

Děti, které zemřou v mladém věku, musí nutně tvořit samostatnou kategorii. Protože ve své nevinnosti ještě neměly čas ani možnosti k tomu vytvořit si jakékoliv význačnější asociace s čímkoliv zlým, co by se nacházelo v těch nejnižších sférách astrální roviny, přenesou se obvykle ihned po smrti přes tato místa, která pro jiné mohou být hrozivá, a to pravděpodobně velice rychle. Naleznou si potom své místo na některé z vyšších rovin, kde často ve společnosti jiných dětí s podobným údělem i zájmy setrvají, dokud nenastane čas k tomu posunout se ještě výš.

Astrální rovina

Zákon sedmi platí i zde, takže astrální rovina se dělí na sedm dílčích rovin či sfér. Znovu zde ovšem zdůrazňuji, že nesmíme nikdy nic brát doslova, že vše se vším se vždy a všude prostupuje a překrývá. Jedno základní pravidlo ale platí univerzálně: pokud se jedná o přístup na jednotlivé sféry, potom záleží vždy na tom, jak daleko se člověk propracoval duchovně a mentálně. Pokud jeho astrální tělo vibruje na úrovni frekvence té nejvyšší neboli první roviny, má tam přístup kdykoliv, ať už tam chce či nechce pobývat. Stejně tak má pochopitelně přístup i na všechny roviny nižšího řádu. Je potom také schopen komunikovat s inteligentními bytostmi stejného a nižšího řádu. Je sice dosti pravděpodobné, že se po čas svého života v astrální sféře bude vyskytovat na té nejvyšší rovině, může se ale také rozhodnout, že chce kupříkladu pomáhat jiným lidem, těm kteří právě překročili práh smrti. V takovémto případě se bude pohybovat nejspíš v té nejnižší, sedmé sféře. Lidem, které takto potká a kteří se vyvinuli na úroveň, dejme tomu, čtvrté sféry, přitom třeba pomůže se do ní dostat a zabydlet se tam. Do jeho první sféry oni zatím přístup nemají, i když tam v zásadě také směřují. Své chráněnce proto může po čase nechat v jejich domácké čtvrté sféře a sám se vrátit do té nejvyšší sféry, odpočinout si tam, nabrat sil, setkat se se svými vrstevníky, atp. Tak jak to děláme my zde na zemi, kde také máme své společenské kruhy či odborná pracoviště, kde se stýkáme s lidmi podobného ražení. Nebo když jedeme na dovolenou. Jak dole, tak i nahoře.

„Místo kde se Země a Nebesa setkávají" Flammarionova Populární meteorologie (1888)

Popisovat prostředí, v němž se člověk na astrální rovině pohybuje, se příliš dobře nedá. Něco z něho snad již známe ze svých výletů během spánku, problém je ale nejen v tom si je pamatovat, ale také v tom popsat v jazyce, který se vyvinul v hmotné sféře, například myšlenkové formy s nimiž se setkáme, které se navíc neustále mění. Představte si, že jste se narodili v nějaké středověké vesničce kdesi u polárního kruhu a že jste se nějakým způsobem dostali do rovníkové Afriky. Vrátíte se odtamtud po nějakém čase a pokoušíte se svým soukmenovcům popsat, co jste tam všechno zažili a s čím jste se setkali. Jak vysvětlíte obyvatelům bílé tundry, že za pro ně nepředstavitelného vlhkého horka tam v hustých korunách neustále zelených stromů přeletují pestrobarevní ptáci a přeskakují opice s větve na větev, že v mokré zelené trávě leze všemožný hmyz, včetně jedovatých housenek a škorpiónů, že si také musíte neustále dávat pozor na hady, kteří vás mohou uštknout či uškrtit, na tygry, kteří se vás pokusí sežrat, na slony či nosorožce, kteří vás mohou ušlapat i na jinou havěť. Jak těm, kteří neznají nic jiného než sněhové pláně s trochou křoví, lišejníků a několika druhů polárních zvířat, vysvětlíte tohle a ještě mnohem, mnohem víc? Tak nějak podobně je na tom návštěvník astrální roviny.

Nejnižší sedmá rovina vypadá úplně jinak a má i jiné obyvatele, než například rovina druhá. Ta nejnižší může vyhlížet našim očím jako poněkud pozměněná a pokroucená hmotná rovina, po níž můžeme chodit, zatímco na té šesté čili druhé nejvyšší, si třeba budeme připadat, že se jakoby vznášíme prostorem plným předmětů neustále měnících jak tvary tak i barvy. Můžeme se zde také setkat a popovídat si s někým kdo se zajímá o filosofii a kdo si bude při názorném výkladu pomáhat tím, že před našima očima bude vytvářet různé myšlenkové formy. Naopak, dole na sedmé rovině to možná nebude pro nás zdaleka tak příjemnou zkušeností; výlety tam mohou být i dosti znepokojivé, zvlášť když přitom potkáme nějaké společenské vyvrhely. Sedmá dílčí rovina je místem kde se nejčastěji vyskytují různí opilci, zločinci či všelijací požitkáři, kteří se nedokáží odtrhnout od pozemských radovánek a podobná individua, takže i průměrně vyvinutý člověk zde pravděpodobně nenalezne nic z toho, co by ho příliš lákalo.

Také na té příští, šesté rovině, člověk nalezne podobné kulisy, které se nebudou příliš lišit od toho na co je zvyklý až na to, že mu budou asi připadat jaksi zkreslené. Bytosti, s nimiž se zde setká, budou ale už dost jiné než ty s nimiž se setkal na té předchozí rovině, i když mu také nemusí příliš vyhovovat. Může se mu stát, že se ho zde třeba bude snažit přesvědčovat o své pravdě nějaký náboženský fanatik, rasista či patriot. Lidé s omezenými názory vůbec mívají tendence se na této rovině slučovat; typicky se pohybují ve společnosti jiných dogmatiků a v prostředí velmi podobném tomu jaké znali na zemi. Je tomu tak hlavně proto, že ti kteří tyto oblasti obývají, postrádají tak trochu představivost, takže vytvářejí celkem bezděky svými myšlenkovými formami prostředí podobné tomu, na jaké byli předtím na zemi zvyklí.

S tím jak postupujeme výš a výš, mění se i prostředí, které není vlastně ničím jiným než ustálenými myšlenkovými formami, které vytvořili jeho obyvatelé, bývalí i současní. Poté kdy opustíme čtvrtou sféru, začne se ale všechno dosti podstatně měnit k lepšímu. Kolem třetí dílčí roviny se potom rozkládá to, čemu spiritualisté rádi říkají Summerland, Země věčného léta. Mohou to také být ona šťastná loviště amerických Indiánů či snad i Valhalla severských národů, atp. Nebyli jste tam náhodou? Pokud jste se dnes ráno probudili do nového dne se šťastnými pocity v duši, tak to možná byla ozvěna této vaší návštěvy!

Hlas ticha a astrální říše

Hned na počátku své poeticky laděné knížky *Hlas ticha (The Voice of the Silence)*, nám Blavatská dává následující rady, větší část z nichž se týká právě astrálního světa. Protože je význam dosti zastřený a často se zde nacházejí výrazy v sanskrtu, jaké se užívají v Theravada buddhismu, přidal jsem k nim raději na konci vysvětlivky.

Trojí síní, ó zmožený poutníče, povede se cesta k cíli tvého trmácení.
Tři síně, ty jenž jsi dosáhl vítězství nad Mara (1) tě provedou třemi stavy vědomí (2), až do toho čtvrtého (3) a odtud do sedmi světů (4), světů nekonečného odpočinku.
Nauč se jejich jména, poslyš a zapamatuj si.
První síň se zve NEVĚDOMOST – Avydja.
Je tou síní v níž jsi spatřil světlo, v níž se nacházíš a v níž i zemřeš (5).
Název druhé síně je Síň učení (učení zkušebního). Zde tvá duše nalezne květy
života, avšak pod každou květinou také stočeného hada (6).
Ta třetí se nazývá Síní moudrosti, za ní se nacházejí bezbřehé vody AKŠARA, nezničitelná fontána vševědoucnosti (7).
Pokud se bezpečně dostaneš přes první Síň, potom nedovol své mysli splést si ohně chtíče, které zde plápolají, se Slunečním světlem života.
Pokud máš bezpečně projít druhou Síní, nenadýchej se omamných vůní jejích květin. Máš-li se oprostit od řetězů Karmy, nehledej svého Guru (8) zde, kde Mája (9) vládne.

MUDRCI nemeškají zbytečně v zahradách smyslných radovánek.
MUDRCI nenaslouchají sladkým slovům iluze.
Pátrej po tom kdo ti pomůže při zrodu (10) v Síni moudrosti, té která se nachází dále, kde nejsou žádné stíny a kde světlo pravdy září v nepohasínající slávě.

(1) Mara – v sanskrtu Pán temnot.
(2) Těmito třemi stavy jsou *Jagrat*, *Swapna* a *Sušupti* – probuzení, snění a tvrdý spánek.
(3) *Turya* – stav nad bezesného spánku, stav vysokého duchovního vědomí
(4) Někteří sanskrtští mystici vidí sedm rovin existence nacházet se uvnitř těla *Kala Hamsa*, labuti sedící na lotosovém květu plynoucím nad čistými vodami života.
(5) Svět fenoménů, smyslový svět omezený pouze na zemi.
(6) Astrální oblast, psychický svět vysoce vyvinuté smyslnosti a klamu, svět spirituálních medií. Každá květina, která kdy byla zde utržena a donesena na zem, měla vždy kolem stonku omotaného hada. Toto je svět Velkých iluzí.
(7) Zde se nachází říše plného duchovního vědomí, za níž již neleží žádné nebezpečí pro toho, kdo dorazil až sem.
(8) *Guru* – zasvěcenec mysterií, učitel.
(9) *Mája* nebo *Maya* – iluze. Náš celý svět je světem pouhých iluzí.
(10) Guru, kterého zde nalezne, dovede svého žáka až k duchovnímu, neboli druhému, zrození.

Astrální bytosti, lidské

S kým se můžeme na astrální rovině potkat?

1. *S jakýmkoliv normálním žijícím člověkem*. Těch asi bude daleko nejvíc. Kterýkoliv z nás se zde můžeme ocitnout, zatímco naše hmotná těla se oddávají spánku. Někteří lidé (není jich mnoho) si mohou být i velice dobře vědomi toho, v jakém stavu se nacházejí a dokáží svá astrální těla také celkem slušně ovládat. Většina se ale nachází ve snovém stavu, z něhož si nebudou příliš

mnoho pamatovat poté, až se probudí. Astrální tělo je prakticky neunavitelné a člověk permanentně usazený na astrální rovině žádný spánek nepotřebuje. Totéž ale nelze říci o těle hmotném, jak všichni velmi dobře víme. Co se unaví, jsou ty fyzické části člověka, především jeho mozkové buňky, nervy a pod., nikoliv ale mysl. Když prohlásíme, že jsme "mentálně unaveni", není to tudíž pravda, unavily se pouze fyzické komponenty našeho těla a hlavně našeho mozku, které si potřebují odpočinout právě tím, že se veškerá činnost přenese jinam, tedy na astrální rovinu. Pokud se s člověkem v tomto stavu na ní potkáme, je možné že spolu povedeme nějaký rozhovor, jehož obsah si sice můžeme pamatovat, spíš ale oba zapomeneme, případně nám zůstane z takového setkání jen nějaký nejasný pocit.

2. *S člověkem, který je při vědomí,* zatímco se zde nachází dočasně. Psychicky poměrně vyvinutý člověk si často bývá dobře vědom toho, že upustil dočasně své tělo a že se nachází na výletě v astrální oblasti. Jelikož ale takový člověk neměl pravděpodobně v tomto směru žádný trénink, může snadno podléhat různým iluzím. Navíc, mívá zde často své "oblíbené místo", kam ho jeho vibrace celkem automaticky přenášejí a většinou se odtud příliš nevzdaluje. Rejstřík jímž vládne je proto omezený, i když může docela dobře být přesvědčený, že to co zde vidí je vše, co je k vidění. O tom se může potom pokoušet přesvědčovat i jiné lidi, například některé naivní spiritualisty, zejména pokud působí jako medium a požívá u nich jisté autority.

3. *S adeptem či s jeho žákem.* Do této kategorie, která je ještě podstatně menší než ta předchozí, patří ti duchovně značně vyvinutí lidé, kteří mají plnou kontrolu a to nejen nad svým astrálním tělem, ale také nad tělem mentálním, jímž se budeme zabývat jinde.

4. *S černokněžníkem či s jeho žáky.* Jedná se zde o ty, kteří se vydali tzv. levou stezkou, kteří své nabyté síly využívají k zlým, sobeckým účelům. Typicky se v pozadí nacházejí sexuální pohnutky, které je k tomu vedly.

Tyto čtyři základní kategorie představují lidi, kteří jsou živi na zemi. V těch následujících nacházíme potom ty bytosti, které fyzická těla nemají.

1. *Normální člověk po smrti.* Sem patří všichni lidé, kteří již opustili svá hmotná těla. Nacházejí se na všech astrálních rovinách a to podle toho, jak dalece jsou vyspělí duchovně.

2. *Astrální Stín.* Totéž jako astrální mrtvola. Na rozdíl od mrtvoly fyzické, může a většinou má v sobě ještě poměrně dost života. Po tzv *druhé smrti* na astrální rovině se vědomí přenáší do *mentálního těla*, jímž se zabývám na jiném místě. Vlastní *Já*, které se inkarnuje, většinou nedokáže z astrálního těla zcela odejmout to vše, co představuje princip Manas neboli mentální princip. Následkem toho, část této látky či energie, zůstává ve spojení s jinak již opuštěným astrálním tělem. Toto, i když už ve skutečnosti není ničím jiným než mrtvolou, si takto nadále udržuje stejnou podobu, mívá určité charakteristické chování, mívá také jistou, i když omezenou paměť, atp. Přestože není v zásadě už ničím jiným než bezduchým ranečkem vlastností nižšího řádu, které skutečný člověk kdysi míval, nebývá si astrální stín nikterak vědom této skutečnosti a často se proto za onoho skutečného člověka i považuje. Protože se sestává z látek nižšího řádu, mívá také tendenci klesat směrem dolů astrální oblastí, většinou až na tu nejnižší úroveň. Ne vždy se tam dostane, protože po celý čas postupně chátrá a pomalu se rozpadá. Ty ze stínů, které se na nejnižší astrální rovinu nakonec dostanou, se potom mohou často pokoušet se spojit právě se spiritualistickými medii, která ve většině takovýchto případů nemají potuchy o tom, s kým se to vlastně stýkají, komu případně propůjčují svůj hlas a někdy i části své vlastní paměti. Protože zcela postrádají vyššího principu, tyto stíny se také snadno nechávají ovládat a případně využívat těmi, kteří vědí jak si je podmanit, tedy lidmi zabývajícími se černou magií. Ti takto někdy dokáží prodloužit délku trvání existence stínu, nikoliv ale natrvalo. Každý stín, po kratší či delší době, ztratí i ty poslední zbytky inteligence a vědomí a stane se z něho astrální kostra.

3. *Astrální kostra čili skořápka.* Jak jste si už asi všimli, na astrální rovině se umírá pomaleji než na rovině fyzické. Astrální kostra sice nemá normálně žádnou inteligenci či vědomí, přesto může na krátkou chvíli a za určitých okolností obživnout, zejména dostane-li se do blízkosti media. Potom může stále ještě důvěřivé lidi obalamutit tím, že předvede něco čím se vyznačoval člověk za něhož se vydává, jako například jeho rukopis.

4. *Oživená kostra.* Nemá sice nic společného s člověčenstvím, uvádím ji zde pouze proto, že prapůvodem z něho pochází. Oživena kostra bývá umělou elementální bytostí, obvykle ovládaná pomocí černé magie. Je proto vždy zlovolná a nejlépe je takovýmto stvořením se zdaleka vyhnout. Naštěstí jich mnoho není a šance, že nějakou potkáte, je proto malá.

5. *Sebevrah či oběť náhlého neštěstí.* Již jsem se o nich zmínil. Některé oběti mohou "prospat" čas a to až do té chvíle, kdy by je byla čekala přirozená smrt. V případech sebevrahů zejména, bývá ale takovýto člověk při plném vědomí, takže v této situaci může prožívat značné utrpení. Může se proto také pokusit o to se vám svěřovat, žádat či prosit vás o pomoc, kterou jim naneštěstí většinou poskytnout nemůžete, i kdyby jste si tak přáli celým svým srdcem. Je totiž těžké, spíše nemožné, plavat proti proudu karmických následků, které si sebevrah sám přivodil.

6. *Upír či vlkodlak.* Řeknete si nejspíš: to se už ale opravdu zachází do extrémů! Možná, že v dnešní době upírství není již zdaleka tak časté, jak tomu snad bývalo v minulosti. Archeologické nálezy ale dotvrzují, že se lidé kdysi upírů báli natolik, že se pokoušeli mrtvoly lidí podezřelých z upírství (sání krve či prány z těl živých lidí) "zabít", často tím, že jim prokláli srdce. Kolik jich ale bylo zneškodněno tím, že byla jejich "nemrtvá" těla spálena na popel, což bývalo jinou účinnou metodou likvidace upíra, se už nikdy nedozvíme. Jak u upírů tak i u vlkodlaků, jednotlivým případům obvykle předchází jistá znalost černé magie, je také možné, dokonce pravděpodobné, že něco z toho se událo už za plného života takového člověka. Upírství psychologické, o němž jsem se už zmínil, je i v dnešní době celkem běžné, snad dokonce běžnější než tomu bývalo v minulosti. To skutečné upírství je

naopak silně na ústupu; podle některých theosofů patřilo spíše do dob Atlantské rasy a objevuje se proto občas jen u některých jejích potomků.

7. *Černokněžník či jeho žák.* Tuto možnost zde pouze zmiňuji a nehodlám se o ní rozšiřovat. V některých případech si lidé uměle prodlužují život v astrální formě; děje se tak vždy na úkor někoho jiného. Karmické spojitosti bývají přitom velmi složité.

8. *Žák připravující se k reinkarnaci.* Žák okultního mistra (tzv. *čela,* angl. *chela*) si může z různých důvodů zvolit takovou cestu, při níž se začne nový život v hmotném těle co nejdříve a to aniž by prošel celým cyklem, tak jak se tomu děje v ostatních případech. Je k tomu ale zapotřebí zvláštního povolení – byrokracie zřejmě existuje i u zákonné moci spravující karmické záležitosti.

9. *Nirmânakaya.* Je to prý vzácné, nicméně se to někdy stává. Nirmânakaya je lidská bytost, která již prošla všemi koly duchovní evoluce a nemusí se tudíž znovu rodit v lidském těle na zemi. Nicméně si udržuje se zemí kontakt a z různých důvodů se někdy může objevit až v astrální a dokonce i ve fyzické formě, aby podle všeho koordinovala dění na naší zemi. Jakási šedá eminence. Raději budu zticha, abych náhodou nevzbudil konspirační teoretiky...

Jiné astrální bytosti

1. *Elementální bytí (esence, podstata).* Zde by mohlo snadno dojít k nedorozumění a proto se pokusím vysvětlit podrobněji co mám na mysli. Proč užívám slova "bytí" a nikoliv "bytost"? To druhé by značilo individuální bytost, která je již vyvinutá v tom směru, že vykazuje určité základní individuální charakteristiky, jako tvar, či barvu, má také určitou povahu, atp. Elementální bytí nic takového nemá. Ptáte se proč? Jedná se o druh energie, která se vyronila hned na samotném počátku velkého cyklu existence (*Manvantara*), která až doposud ale nedosáhla stavu permanentní individualizace, rozlišení. Tato energie prostupuje veškeré roviny i

dílčí roviny. Co si musíme především uvědomit je, že to čemu říkáme **elementální bytí** se nachází na **sestupné** části evoluční křivky. To znamená, že to teprve sestupuje dolů směrem k hmotě, že se to "vyvíjí" v obráceném smyslu slova. V angličtině se celkem běžně užívá výrazu „involution", značící opak evoluce, obrat dovnitř. V češtině sice toto slovo také existuje, „involuce" se ale užívá spíš jen v medicině. Já je ale užívat budu a to ve výše uvedeném smyslu.

Elementální bytí, poté kdy dosáhlo nejnižší roviny existence, se v příštím cyklu stane minerálem. Pouze poté kdy dosáhlo tohoto vývojového stupně, identifikuje se totálně s hmotou; odtud potom bude moci začít cestu směrem vzhůru. Z těchto důvodů je můžeme také nazývat "monádickou esencí" – teprve až u ní dojde k zmíněnému rozlišení, vzniknou zde individuální monády. Elementální bytí na astrální rovině je nesmírně citlivé na jakékoliv lidské myšlenky a reaguje na ně tím, že se téměř okamžitě zformuje do tvaru a nabude barev podle toho, jak si to naše vůle vyžaduje. Vše co je k vidění na astrální rovině je tudíž stvořeno z tohoto materiálu. Tvary, jakých to nabývá, mohou potom být jak měnivého, tak i víceméně permanentního charakteru. Takto vzniká to, co my můžeme považovat za "bytosti" – ty ovšem jsou vždy a za všech okolností umělého charakteru a i když mohou mít jistou inteligenci, nejsou schopny se chovat, činit samostatně rozhodnutí a tudíž jednat tak jak jednají lidé. Elementálního bytí lze využívat pro různé účely; na příklad, většina magických obřadů je zcela závislá na jeho manipulování, ať už se tak děje pomocí společné vůle lidí, kteří se k tomu účelu shromáždili (jako například při konání mše svaté v kostele), či pomocí vůle jednoho člověka, mága, kouzelníka, který ví přesně jak je ovládat.

2. *Astrální těla zvířat.* Člověk by očekával, že toto musí být velice objemná kategorie a tak tomu skutečně i je. Nicméně, na astrální rovině se většina zvířat příliš neprojevuje. Jsou k tomu dva hlavní důvody. Jednak je těch zvířat, která by byla plně individualizována, poměrně málo a i pokud k tomu již došlo, pobyt na astrální rovině bývá pro ně poměrně krátký. K nim patří zejména domácí zvířata, jako psi a kočky, o nichž bychom mohli také říci, že jaksi podstupují trénink v tom, aby se mohla v budoucnu stát lidmi. Naprostá většina zvířat se ale okamžitě po

smrti připojí ke své tzv. *skupinové duši*, o níž si povíme trochu více jinde.

3. *Duchové přírody*. Toto je zcela zvláštní kategorie, o níž stojí zato si něco říci, i když s námi lidmi do styku příliš často nepřicházejí. Nepatří totiž do stejné evoluční skupiny k níž náležíme my. S duchy přírody prostě obýváme stejnou planetu, jinak ale s nimi většinou nemáme moc co dělat. Tu a tam se nicméně zájmy jedněch a druhých z různých důvodů mohou zkřížit a potom může docházet i ke konfliktům. V pohádkách a bájích se člověk buď ocitne v jejich moci a musí se nějakým způsobem vykoupit, jindy naopak si jejich pomoci vyžádá a oni mu ji poskytnou, buď z dobrého srdce nebo také ze zištnosti. Celkem existuje sedm tříd těchto bytostí, tři z nich se ale nacházejí na nám normálně nedostupných rovinách, takže pokud se s některými z duchů přírody setkáme, jedná se obvykle o jednu ze zbývajících čtyř kategorií.

Tyto kategorie jsou lidstvu od nepaměti známy, i když moderní doba je jaksi odsunula do pozadí a do oblasti pověr. Ve středověku, kdy se lidé těmito věcmi častěji zabývali a bývali v tomto směru senzitivnější, se tyto čtyři základní třídy duchů přírody nazývaly *gnómové* (spříznění se zemí), *undiny* (vodní víly), *sylfové* (duchové vzduchu) a *salamandři* (duchové ohně). Jinak jsou či byli také známi jako koboldi, permoníčci, víly, rusalky, satyrové, fauni, gnolové, skřeti či skřítkové, elfové, šotci, atp. Pokud je člověk někdy zahlédne, potom typicky vyhlížejí jako jakési karikatury lidí, obvykle menších postav, to jest když se ovšem nechají vidět, což nebývá příliš často, aspoň ne na naší hmotné rovině. Jak ve skutečnosti vypadají nevíme, protože vcelku, jak se zdá, mohou měnit podoby podle své vlastní vůle. Mají své představené. V sanskrtu se hlavní vládci těchto jednotlivých tříd nazývají *Akâsha* (éter), *Agni* (oheň), *Pavana* (vzduch) *Varuna* (voda), *Kshiti* (země). Podle tradice, ti z lidí kteří se s duchy přírody dokáží dohodnout, které oni přijmou, musejí být ve všech směrech čistí a neposkvrnění – jak po tělesné tak i po duševní stránce. Pokud tyto podmínky splňují, potom se jim může od nich dostat i značné pomoci. Zde asi mají původ různé mýta a pohádky, v nichž prostý človíček, pasáček ovcí či tak podobně, má styky s těmito bytostmi, od nichž se mu dostane nějaké kouzelné moci. Jinak se nám ale duchové přírody většinou vyhýbají. Podle theosofů, ale také občas hrávají různé role při spiritualistických seancích, aniž by si toho byli jejich účastníci vědomi. Mají zřejmě skoro jakoby dětinskou radost z toho, když mohou nějakým způsobem lidi obalamutit, i když většinou to nemyslí nijak zle. Prostě se takto rádi baví. Určitá spontánnost, hravost hraničící s naivitou, bývá typickou vlastností mnohých z duchů přírody.

4. *Devy.* Deva je v zásadě totéž co anděl v západním náboženství a mytologii. Západní kultura vždy také uznávala a uznává existenci andělů, vidí je ale poněkud jinak než ta východní. Andělé jsou dodnes populární, i v časech kdy ve světě vládnou tzv. vědecké názory. Zkuste si zadat v Google slovo anděl, či ještě lépe anglickou verzi „angel". V tom posledním případě vám zaručím, že se vám dostane aspoň miliardy odkazů.

Theosofové se spíše přiklánějí k východnímu pojetí, podle něhož devy přináležejí k jiné evoluční skupině a s lidmi se stýkají víceméně jen tehdy, kdy se zájmy obou „ras" buď nějak kříží nebo mají společnou bázi. Což je v kontrastu například s náhledem některých kabalistů, kteří naopak vidí v andělech jakési služebníky lidí, kteří byli Bohem stvořeni jen právě k tomuto účelu. Devy se dělí na tři hlavní třídy – *Kâmadeva, Rûpadeva* a *Arûpadeva*. Ti první mají jako své nejnižší tělo právě to astrální a níže již jít nemají, což by devy stavělo v evolučním systému výše než lidstvo, ať už se na to lidé dívají jakkoliv. Mohli bychom také vyslovit takovou hypotézu, podle níž jsou devy prostě o jedno celé kolo dále ve vývoji než lidé. Vládcem těchto bytostí je tzv. *Devarâdža,* který je v zásadě totéž co *archanděl* náboženských systémů západu. Stejně jako archandělé, jsou zde také čtyři Devarâdžové, i když nám musí být vcelku jasné, že někde nad nimi se musejí nacházet další tři, kteří se budou postupně zapojovat do akce až ve vyšších kolech vývojového schématu.

Elementální bytosti umělého druhu

1. *Nevědomě stvořené elementální bytosti.* Víme už, že elementální bytí či esence, se dá člověkem zformovat a to do celkem jakéhokoliv tvaru, Pokud k tomu ale dojde bez plného

vědomí jeho tvůrce, takovýto elementál se nenachází pod jeho kontrolou a žije tak říkajíce podle svého, po dobu jejíž délka závisí hlavně na tom, jak silná byla myšlenka která mu dala za vznik. Obvykle to bývá jen několik minut, někdy ale i značný počet dní.

2. *Elementálové stvoření vědomě.* Záleží opět na tvůrci, jímž může být jak bílý mág tak i černokněžník. Podle toho jaký úkol je mu svěřen se bude řídit také délka jeho existence, inteligence a celkové schopnosti.

3. *Umělí lidé.* Prý je toho možné docílit, aspoň si to lidé vždycky mysleli, jak se zdá. Od Golema rabího Leva, přes Homunkula alchymistů až k Čapkovým Robotům, vždy se tradovalo, že umělého člověka lze vytvořit. Aby to ovšem opravdu byl člověk, musel by mít také astrální tělo...

Ještě ke spiritualismu

Protože nyní už toho víme trochu víc o astrální rovině a o tom s čím se zde můžeme setkat, chtěl bych ještě něco dodat k tomu, co již bylo řečeno o spiritualismu v části pojednávající o Blavatské. Ta sice se spiritualismem začínala a to už ve velmi mladém věku a později znovu, když se nacházela v Káhiře a v Americe, ještě později se ale proti jeho praktikám stavěla velice otevřeně. Až si tímto znepřátelila některé prominentní zastánce spiritualismu, včetně Daniela Dunglase Humea. Proč se tak stalo?

Spiritualismus je dvojsečný. Na jedné straně, pomůže přesvědčit lidi, kteří by se asi jinak jen tak přesvědčit nedali, o existenci posmrtného života. Na druhou stranu, může vážně ohrozit vývoj člověka, který právě přešel na druhou stranu zdi, která nás dělí od astrálních oblastí. Pro takového člověka je nejžádoucnější, aby postupoval plynule přes nižší astrální roviny, až na tu rovinu na kterou patří, podle toho jak daleko se dostal ve svém vývoji. Pokud se ale lamentujícím příbuzným podaří se s ním spojit, což se občas stává, jistě to jeho postup musí když ne přímo zastavit, tedy aspoň zpomalit. Čas, který potřebuje strávit v oblasti Kâmaloka, se tímto prodlouží, čímž pádem vše může být narušeno. To i v případě, kdy se komunikace přes medium zdaří! Jenže, zdařit se to nemusí, dokonce je pravděpodobnější, že sice budou příbuzní zemřelého přesvědčeni, že se zesnulým jsou ve spojení, přičemž ve skutečnosti ale k ničemu takovému nedošlo. Někdo se za toho zemřelého člověka úspěšně vydával. Nejen to. Některý z přítomných navíc mohl ze seance odejít v patách s nebezpečnou bytostí, která je schopna toho ovládnout tohoto člověka či někoho z jeho okolí jen proto, aby si splnila svoje vlastní nečisté touhy a úmysly.

Problém se nachází v tom, že není skoro nikdy možné odhadnout správně kdo se právě pokouší z druhé strany komunikovat. Mohl by to být kdokoliv z následujících:

Skutečný zemřelý člověk na astrální rovině. Může to sice být skutečně člověk, nikoliv ale ten, kterého se někdo z přítomných chtěl dovolat. Vydávat se za něho může tak, že si z vědomí živého člověka vytáhne nějaká fakta, která tento o zemřelém ví a tudíž se může prezentovat jako zemřelá osoba. Proč by to dělal? Často pouze proto, aby se pobavil, zahnal nudu. Může mít ale i horší postranní úmysly, jako případnou posedlost tohoto člověka.

Skutečný zemřelý člověk nacházející se v devačanu. Spojit se s člověkem nacházejícím se v devačanu je možné pouze v případech médií, která jsou duchovně značně vyspělá. Přitom je těžké přesně vyjádřit co se medium takto dozví, protože v této situaci je zemřelý člověk silně odtažený od zemských podmínek. Medium si potom často bezděky pomůže tím, že přidá něco ze sebe.

Astrální stín nebo stíny. Může to sice být stín původního člověka, s ním ale už nemá skoro nic společného, kromě vzpomínek. Případná konverzace se stínem proto nemůže nikdy vést příliš daleko.

Astrální kostra či kostry. Platí to samé co předtím, pouze v ještě zvýšené (či ve skutečnosti snížené) míře.

Oživená kostra. Zde už může jít o pokus někoho nějakým způsobem se vetřít do důvěry člověka.

Duch přírody. Někteří duchové přírody bývají celkem hraví, podobně jako malé děti. Tím, že se jim daří ohlupovat přítomné, se prostě náramně baví.

Osobnost samotného media. To se může stát, aniž by si toho medium bylo nějak vědomo. I když se může jednat o nějaký klam, o tzv *alter ego* (druhé já) media, informace jichž se přítomným dostane mohou být dosti kvalitní. Jindy to ale tak skvělé být nemusí. Záleží prostě na tom, jak vyspělé, či naopak, je medium.

Kontrolní duch media může být opravdu tím, za koho se vydává, i když to zdaleka není pevným pravidlem. Samotné medium mohlo být hned na počátku oklamáno a naivně potom nadále věří tomu, co mu bylo původně řečeno. Je na příklad s podivem, kolik kontrolních duchů mívalo, zejména počátkem dvacátého století, jména amerických Indiánů. Bylo by skutečně zvláštní, pokud aspoň někteří z nich by se za Indány byli nevydávali podvodně. Běžný návštěvník seance nemá žádnou možnost si ověřit to, ce je mu takto předkládáno a existuje mnoho způsobů toho, jak z astrální roviny oklamat člověka nacházejícího se na hmotné rovině. Celkově lze jen znovu zopakovat, že pokud spiritualismus nějak napomůže tomu, aby se zboural materialismus, který některé lidi dokáže opravdu vážným způsobem zdržovat ve vývoji, mohou zde být dobré důvody k tomu se jím zabývat. Ovšem jen jak se říká česky: "odsud posud". Jakmile je účel splněn, je nejlépe co nejdříve přejít na něco jiného, vyššího řádu. Pokud se někdo nechá svést k tomu, aby si ze spiritualismu učinil náboženství, příliš daleko ho to dovést nemůže.

Astrální smrt

Během svého pobytu na astrální rovině, si mysl člověka, zpočátku plná vášní, emocí a tužeb, pomalu a postupně tyto věci vytříbí a ponechá si z nich jen to, co se bude hodit "vyššímu Já". Nesmrtelná trojice Atmâ – Buddhi – Manas se potom bude moci zbavit toho všeho co z tohoto života už potřebovat nebude, poté kdy vědomí přešlo do stavu jemuž se říká *devačan,* o němž se dozvíme více jinde. Zatím jen to, že devačan je v zásadě totéž, čemu například křesťané říkají Nebesa.

Vyšší Já, jemuž theosofové často říkají Ego, podle latinského výrazu stejného významu, si v určitém bodě potřebuje do sebe stáhnout a absorbovat to vše kladné, co z této inkarnace získalo. Na konci života v astrální oblasti dojde tak k něčemu podobnému tomu, co se děje v případě přirozené smrti lidského organizmu na zemi. Astrální smrt, jíž se někdy také říká druhá smrt, se v lečem podobá té první. Živelná podstata, z níž se astrální tělo skládá, se podobně jako tělo hmotné smrti brání a na rozdíl od něho se mu obvykle podaří si něco uchovat. Proto také pozdější astrální mrtvola, či kostra, může ještě mít v sobě trochu z toho života, jímž žila na astrální rovině. Protože to "něco" navíc bývá poněkud smíšené s látkou ještě vyššího řádu, tou z níž je složeno tělo mentální, něco málo z této látky zůstane po smrti na astrální rovině promíchané s astrální látkou. Proto také si může astrální kostra ještě zachovat po nějaký čas určitou dávku inteligence. To, co "za něco stojí", si ale po svém odtažení od astrální roviny vyšší Já ponechá. Je to jako úrok, který si odneslo ze své investice, jíž byla inkarnace jak v hmotném tak i v astrálním těle.

7. Mentální tělo

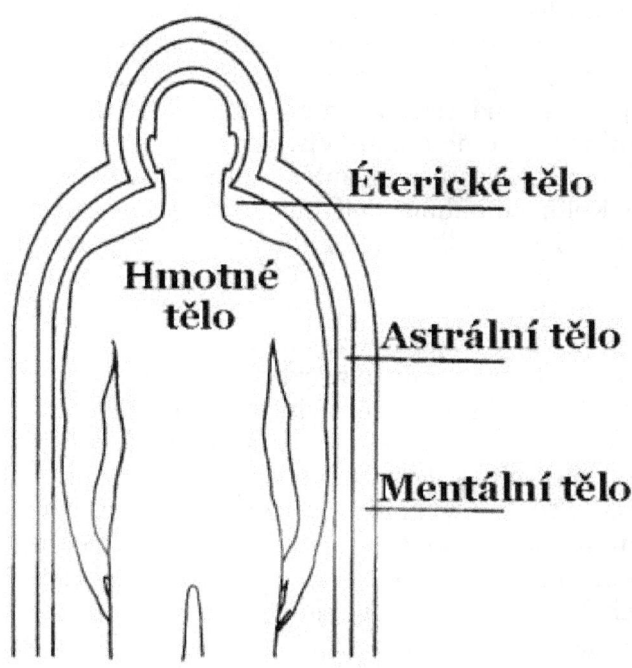

Mentální tělo (princip) neboli **manas**, se nachází o stupeň dále (či výše, to podle toho jak na věci hledíme) než tělo astrální. Podobně jako umíráme ve hmotném světě, očekává nás také smrt na rovině astrální. Někoho dříve, jiného později, čím tohle se řídí jsme si již pověděli. Dojde k tomu většinou přirozeným způsobem, protože na astrální rovině se nehody či živelné pohromy běžně nedějí – člověk prostě dozraje k tomu, aby se posunul o rovinu výše. Jak to funguje v běžném fyzickém životě, do toho jsem měl možnost aspoň trochu nahlédnout, když jsem před lety sledoval svou matku v posledních několika měsících jejího života. Přijel jsem v roce 1992 do Česka, hlavně abych ještě strávil nějaký čas s ní, protože jsem tušil, že jí toho života už příliš mnoho nezbývá. Ona to tušila také a byla s tím vyrovnaná. Bylo jí 88 let, fyzicky sice byla celkem zdravá, stařecká demence se ale už projevovala a to hlavně ztrátou paměti. I toho si byla vědoma a přičítala to nedostatku příležitostí ke komunikaci s lidmi. Problém ležel hlavně v tom, že naprostou většinu svých kdysi četných známých přežila, takže se v posledních několika letech už skoro s nikým nestýkala. Záležitosti tohoto světa ji už stejně nijak zvlášť nezajímaly, když neměla nikoho s kým by si o tom mohla promluvit. Někdy se na chvilku podívala na televizi, nic ji ale příliš dlouho nezaujalo. Jednou mi zničeho nic řekla: "Víš, když mě už ten život tak nějak nebaví..." Jindy jsem ji vezl autem; projížděli jsme přitom kdesi nedaleko Kolína dlouhou alejí hustých stromů. Matka najednou prohlásila: "To je divné..." Zeptal jsem se, co je divného. Odpověděla jen: "To světlo..." Světlo slunce občas probleskovalo mezi větvemi stromů; to muselo být co tím mínila. Bylo to také to jediné, co v ní vzbuzovalo živý zájem. Světlo.

Podobně se to musí mít se smrtí na astrální rovině. Čas pomalu dozraje k tomu přejít na jinou rovinu existence; člověk přijde na to, že tam kde se nachází už nemá celkem nic na práci a že je na čase pohnout se o stupínek dále. Jednoho dne (řečeno obrazně, protože dny a noci tak jak je známe na této rovině nejsou) se probudí ve světě mentálním. Podobně jako když odešel ze světa hmoty, také si toho sebou nenese o moc víc než ten příslovečný blázen z tarotových karet, to znamená jen tolik, kolik se toho vejde do malého ranečku, který si nese přes rameno. Běžný člověk byl v životě vedeném na astrální rovině (taktéž i na rovině hmotné) neustále obklopen množstvím myšlenkových forem. Značné části z nich se v tomto bodě již zbavil. Například, pokud sázel pravidelně na koně, často si nejspíš představoval ten veliký den na dostihovém závodišti, kdy se konečně dostaví ta vytoužená výhra a on si ji od bookmakera přijde vybrat. Jenže, přijde čas kdy pochopí, že by z té výhry už neměl zdaleka tolik jako dříve – ví, že už si ze zdravotních i jiných důvodů řadu věcí nemůže dovolit.

Něco z posedlosti sázením na koně se mohlo promítnout i do života v astrálním těle. Zpočátku to člověku mohlo i přinést nějakou radost. Přání a tužby se na astrální rovině naplňují daleko snadněji než v tom pozemském životě, následkem čehož kůň, či myšlenková forma závodního koně, zde běhá přesně tak jak běhat má, aby kůň vyhrál. Zákonitě musí celá ta věc jaksi ztratit na zajímavosti a takového člověka brzy přestane bavit. To je ovšem jen malý příklad; každý z nás, snad kromě některých ze zasvěcenců, kteří mají rovnou namířeno výše a celou astrální rovinou proto projedou jak na koni, si tam nějakého toho "koníčka" sebou přivádíme. Na mentální rovině je tomu opět jinak a takovéto věci už docela pozbývají významu, takže člověku zde zbude jen to, co opravdu stálo za námahu. To co bylo na něm sobeckého, nemůže se na tuto rovinu již dostat, zůstane to tudíž na astrální rovině a spolu s astrální mrtvolou to klesne do těch nejnižších poloh, kde se to rozloží. Altruistické myšlenky na mentální rovinu naopak patří a proto si je lidská monáda sebou bere a může jich zde užívat tak, jak se patří.

Podobně jako se to mělo s tělem astrálním, ani mentální tělo nebývá u lidí v tomto stadiu plně vyvinuté, v mnohých případech dokonce vyvinuté jen velice málo. U většiny lidí bývají lépe vyvinuté některé jeho části, zatímco jiné se ještě vyvinout nestačily. V celkovém systému vývoje lidstva potom pátá pod-rasa páté rasy, to jest ta která je dnes na světě nejvíc zastoupená, má za úkol právě vývoj mentálního těla. Proto také, stejně jako na jakémkoliv staveništi, některé jeho části hýří pohybem a aktivitou, zatímco jinde naleznete jen prázdné lešení. Takováto analogie nám může aspoň trochu objasnit, proč někteří lidé mívají zvláštní talent k tomu či onomu, když něco se jim nadmíru daří, zatímco v jiných směrech naopak zaostávají. V pozemských podmínkách se také stává, že brilantní matematik není schopen toho si sám uvařit jídlo, zatímco někdo jiný, stěží schopný dát dvě a dvě dohromady, je vyhlášeným kuchařem.

Funkce mentálního těla

Naše mysl je vědomí, které se individualizovalo, to jest soustředilo se na aktivity a zážitky lidské monády, toho člověka jímž jsme. Na každé z rovin existence jimiž jsme se až doposud zabývali, jsou tyto zážitky poněkud jiné pro každého individuálního člověka, mívají ale jistý společný aspekt odpovídající právě té rovině na níž se nacházejí. Takto, na rovině hmotné, převládajícím tónem bývá snaha nabývat a udržovat si vlastnictví předmětů, hmotných prostředků, realit, atp. O stupeň výš, na astrální rovině, se touhy k tomu být movitým člověkem a ne jen pouhým bezzemkem, buď postupně vytvářely (pokud se monáda nachází na sestupné části křivky) nebo se jich člověk zbavuje – ovšem pouze dočasně, protože v příštím oběhu se vše opět vrátí. Zda se to vrátí s větší či menší intenzitou záleží na tom, kam až jsme dospěli celkově v našem vývoji. Ovšem, k tomu abychom mohli vůbec začít pociťovat touhu k tomu něco vlastnit, nad něčím dominovat, musíme být schopni tyto věci identifikovat, být si vůbec vědomi jejich existence, jejich hodnoty, atd. K tomu je zapotřebí inteligence, což je hlavní notou jíž vibruje tato rovina. Na ještě vyšší rovině, jíž je rovina buddhická, potom převládá už čistý rozum, schopný pochopit to vše, co monádu vedlo k tomu aby se vnořila do takto schematicky načrtnutého dobrodružství, jímž je sestup do hmoty a následný vzestup.

Mentální rovina *manas* a tudíž i mentální tělo člověka, se dělí na dvě části, *vyšší manas* a *nižší manas*. Nižší mentální rovina se dále dělí na čtyři dílčí roviny. Tou vyšší mentální rovinou o třech částech, také nazývanou rovinou *kauzální*, se budeme zabývat samostatně. Na tomto místě chci pouze zmínit, že právě na této kauzální rovině se nachází onen *myslitel*, který vše sleduje a jímž je naše skutečné JÁ.

V theosofii se často pro toto *Já* užívá také výrazu *Ego*. To je na neštěstí poněkud zavádějící, hlavně proto, že moderní psychologie, která se od dob Freudových vyvíjela během uplynulého více než století, také užívá výrazu *ego*, který zde ale má jiný smysl. Blavatská Sigmunda Freuda předcházela o celou generaci, takže ona ani její současníci nemohli předvídat jakým směrem se výraz *ego* ve slovnících moderní doby pohne. To na vysvětlenou, proč dávám přednost výrazu *Já*, značícího naše skutečné "jáství", tu část monádické esence jíž je naše vlastní, naprosto unikátní, bytost.

Mentální tělo je prostředkem užívaným naším Já, které ve svém vlastním prostředí uvažuje abstraktním způsobem. Dejme tomu, že mu připadne na mysl myšlenková forma útulku, která může mít vysoce abstraktní formu, jakou například představuje hebrejské písmeno Beth, které znamená dům, obydlí. Abstraktní myšlenkové formy tohoto typu by neměly příliš nadějí na úspěch na nižších rovinách existence, takže se musejí nejprve transponovat na myšlenky konkrétnějšího charakteru, což se děje právě v mentálním těle. Zde už budeme mít základní představu domu, i když ještě silně schématickou. Vibrace, které tyto myšlenky představují, se potom přenesou o další oktávu níž (uvažovat v hudebních termínech je vůbec vhodné a to i pro ty, kteří mají i jen dosti základní hudební vzdělání, jako mám já sám). Astrální myšlenkové formy, jaké si mysl vytvoří na astrální rovině, budou pravděpodobně mnohem pestřejší a fantastičtější, než co by nám naše kapsa nakonec dovolila. Z astrálního těla se vibrace přenesou ještě níže do éterického těla, odkud teprve přejdou do šedé hmoty mozku. Člověk už potom může navštívit agenturu s realitami a začít si hledat něco konkrétního, co by odpovídalo jeho představám. Nebo představám jeho manželky. Popřípadě se nedohodnou a on si najde útulek pod mostem.

Z toho všeho vidíme, že se jedná o složitý proces, který se v různých obměnách opakuje znovu a znovu a to po veškerý čas strávený v hmotném těle. Pouze s výjimkou toho času kdy spíme, v kterémžto případě se vše zastaví na rovině astrální, aby se to zobrazilo jen ve formě snů, které si buď pamatujeme nebo spíš nepamatujeme. Přesto tím budeme nějak ovlivněni, pouze se od nás nedá očekávat okamžitá akce.

Mentální tělo má následující základní funkce:

Je prostředkem, který užívá naše vlastní Já k vytváření konkrétních myšlenkových forem.
Tyto konkrétní myšlenky vyjadřuje v hmotném těle, kam je zasílá přes astrální tělo, odkud tyto dále postupují do mozku přes jeho éterickou část a nervový systém.
Vytváří v člověku schopnosti paměti a představivosti.
Je schopno toho stát se nezávislým nositelem vědomí člověka na mentální rovině.
Vstřebává do sebe zážitky, které si lidská monáda odnáší z každého jednotlivého života na zemi, které, jak si později ukážeme, potom předává vlastnímu Já nacházejícímu se v kauzálním těle.

Situace člověka nacházejícího se ve svém mentálním těle je podstatně jiná, než jak tomu bylo v případě těla astrálního. To měl člověk tak říkajíc vyzkoušené a i když si toho z nočních výletů v něm příliš nepamatoval, jakmile se zde ocitl permanentně bylo to přece jen pro něho něco familiárního. S mentálním tělem takovéto zkušenosti většina lidí nemá. Mnozí se v něm vlastně nacházejí poprvé, čímž miním poprvé v této inkarnaci. Pokud jste kdy řídili osobní auto, nebudete mít skoro určitě žádné větší problémy pokud se vám třeba do rukou dostane vůz jiné značky, než na jakou jste zvyklí. Rozkoukáte se v něm trochu a během několika minut v něm už nejspíš budete jako doma. Tato analogie se hodí dobře i tehdy, kdy se jedná o přechod od hmotného k astrálnímu tělu. S přechodem na mentální tělo se to ale má spíš tak, jako byste náhle byli bez jakékoliv přípravy postaveni před úkol pilotovat letadlo. Navíc letadlo, které je prototypem, kde se ještě na lecčem pracuje, kde spousta věcí třeba ještě ani nefunguje. Nejenže nebudete mít potuchy o tom co kde máte zmáčknout – dokonce ani skoro vůbec nic neuvidíte, poletíte jaksi naslepo, jako se silně zamlženými okny. Mnohé z toho co jste předtím kolem sebe viděli během života v astrálním těle, náleželo k té nižší stránce vaší osobnosti i přírody kolem vás viditelné. To zde po astrální smrti už nebude, zůstanou vám jen ty myšlenky a ideály, které jsou vytříbené a vznosné. Ty se teď kolem vás shluknou a vytvoří jakousi kukaň, z níž poznáte a budete schopni reagovat pouze na určité frekvence vyššího řádu, než jakými jste byli obklopeni předtím. Myšlenkové formy, které vás na rovině *manas* obklopují, se podobají těm viděným na astrální rovině *kâma*, až na to, že bývají mnohonásobně a nepopsatelně barvitější i zářivější.

Jedním si můžeme být jisti: tam kde se nacházíme, to jest na nižší mentální rovině, je toho k spatření a k zažití mnohem víc, než co je nám možno vidět a zažívat. Pouze jsme ještě nedospěli tak daleko ve svém vývoji, aby to před námi leželo v celé své kráse! Každý z nás ale máme v sobě aspoň něco nezištného, něco noblesního a to samo o sobě už postačí k tomu, abychom z tohoto polo-nebeského světa něco měli. Běžný člověk v mentálním světě nemůže projevovat příliš velikou aktivitu. Dalo by se říci, že zde není proto, aby něco vydával, spíš jen proto, aby přijímal. Přijímat ovšem může jen to, k čemu je připraven, takže opravdu záleží velice moc na tom, kam se ve svém duchovním vývoji dostal. Nejlépe jsou zde na tom v tomto směru asi ti, kteří se za života jak v hmotném tak i astrálním světě věnovali umění, hudbě, filosofii a tak podobně. Zde mohou dosáhnout těch největších požitků, zde se jim může také dostat těch nejlepších instrukcí.

Přenášení myšlenek

O tzv. telepatii snad každý člověk aspoň slyšel a ať už si toho byl vědom či ne, tento jev na něj měl nějaký vliv. V zásadě existují tři způsoby telepatie, které se nás mohou nějak týkat. První možností je přenášení myšlenek mezi éterickými částmi mozků dvou lidí. K tomu dochází, když například někdo silně a soustředěně pomyslí na někoho jiného, nejčastěji na člověka který je mu nějak blízký. Sem patří i jinde zmíněné předtuchy a neblahá tušení, které lidé někdy mívají ve chvíli smrti někoho jim blízkého, mohou to ale být i věci daleko běžnější a celkem nezávažné. Myšlenka, která se zrodila v mentálním těle se vibracemi na určité frekvenci přenese přes astrální rovinu až do éterického těla člověka. Orgán, který se o takovéto přenosy stará, je *epifýza (corpus pienale)* neboli *šišinka* – také si čeština mohla pro tak důležitý orgán najít slovo, které by vypadalo a znělo trochu serióznější! Tento orgán se nachází na tom místě na čele, kde si vyznavači hinduismu malují či vsazují drahokamy značící tzv. třetí oko. Takto vyslané vibrace potom zachytí éterická část mozku člověka, buď toho člověka jemuž jsou přímo určeny nebo člověka jiného, popřípadě i více lidí, jejichž éterické mozky jsou k tomu patřičně naladěné. Podobně vznikají i některé fenomény davové psychózy, které mohou být buď konstruktivní nebo i destruktivní. Má zde svůj původ i tzv. *egregor*, kdy se nevědomá část člověka dokáže spojit s nevědomím jiných lidí, kteří se mohou nacházet na podobné vlnové délce s námi, aby je navedlo na cestu která se potom nějak zkříží s tou jejich. Mezi lidmi, kteří myslí podobně, se vůbec vyskytuje jakési běžnými smysly nepostižitelné pouto, které je nejvíce patrné například tehdy, když se tito sdružují v různých spolcích.

Egregor je něco jako skupinový duch, který se (obrazně řečeno) vznáší nad hlavami lidí patřícím ke stejnému hnutí, duchovnímu, náboženskému, kulturnímu, politickému, kmenovému, národnostnímu, atp. Prakticky každá společenská skupina má svůj egregor, který je autonomní psychickou entitou slučující myšlenky zejména těch přítomných, ale i nepřítomných avšak aktivních nebo aspoň významně sympatizujících lidí. Egregor bývá ovšem nejsilnější tehdy, když se vědomě pracuje na jeho posílení, což se typicky děje při shromážděních různých nábožensky, případně okultně zaměřených společností, zejména když se přitom provozují k tomuto účelu určené rituály. Takovýmto rituálem může být například katolická mše, která ovšem nejvíc ovlivní mysli těch osob, které jsou fyzicky přítomné, přičemž ale i ti kteří do kostela toho nedělního rána nezašli, pocítí přinejmenším výčitky svědomí. Dochází zde přitom ke komunikaci, která se může začít na úrovni éterické, ale pravděpodobně pokračuje také na vyšší úrovni, astrální či ještě pravděpodobněji mentální.

Druhou možností přenášení myšlenek je metoda astrální, kdy ani mozek, ani jeho éterická část, nejsou vůbec nijak zapojeny a ke komunikaci dochází přímo mezi astrálními těly dvou bytostí. Píši *bytostí*, protože se může jednat i o telepatický přenos mezi člověkem a kupříkladu devou-andělem nebo některou z elementálních bytostí, skřítkem, vílou, či podobně.

Třetí možnou metodou je přenos myšlenek na mentální úrovni. K tomu příliš běžně nedochází; bude se to ale pravděpodobně dít stále častěji s tím, jak se lidstvo bude vyvíjet po duchovní stránce. Zatím se děje to, že lidská monáda na úrovni *manas* vysílá vibrační signály, které může pochytit spřízněná duše. Ta potom vyšle vlastní myšlenkovou formu, která se spojí s původcem myšlenky. Takto může docházet třeba k opětnému shledání milenců, které smrt rozdělila, i k podobným setkáním s příbuznými, blízkými přáteli, atp. Protože hodně lidí o něčem takovém sní a takováto setkání si představuje, není nijak překvapivé, že k nim dochází. Ne ovšem zcela tak, jak si lidé mohou představovat. V zásadě se přitom totiž nesetkáváme se skutečným člověkem, i když se tak děje s jeho souhlasem, ale s myšlenkovými formami, což bývá charakteristickým rysem většiny komunikací k nimž na této úrovni dochází.

Podobně jako se dá vybudovat fyzické tělo člověka tak, že jeho svaly systematicky procvičujeme, například tím, že chodíme pravidelně do tělocvičny nebo máme i své vlastní náčiní pro mučení fyzického těla doma, lze také vylepšit kondici našeho mentálního těla. Nehodlám se na tomto místě dlouze rozepisovat o těchto věcech – nejlépe bude, když si čtenář sám najde buď nějakou knihu (myslím, že i na českém knižním trhu se jich začíná objevovat dost) nebo, ještě lépe, začne-li navštěvovat kurzy meditace. Ideální jsou spolky které mají spojení s *radža jógou*, kterážto disciplína je pro tento účel nejvhodnější. Protože žiji v Austrálii a o poměrech v Česku mám jen dosti povšechné informace, nemohu v tomto směru příliš dobře poradit.

Devačan

Poté kdy došlo k tomu, čemu se někdy také říká druhá smrt, tzn. když vědomí opustilo astrální tělo a soustředilo se plně na tělo mentální, dostává se do stavu jemuž theosofové říkají "devačan" (správně v sanskrtu *devasthân*). O devačanu můžeme směle říci, že se dosti nápadně podobá tomu, co křesťané nazývají nebem. Zde se sice člověk nachází ve světě myšlenek, nezúčastní se ale žádného dění aktivně – v tomto bodě se prostě stává pasivním, toho nebe které si v potu tváře vysloužil, si prostě užívá. Je to místo, přesněji stav mysli, kdy to co člověku přinesl život v hmotném (a také v astrálním) těle může být v klidu zažito. Veškerá trápení a zla, s nimiž se mohl předtím setkat a jimž musel čelit, jsou v tomto stavu zapomenuta. Když člověk nabude vědomí po druhé smrti, to první co pocítí je neskonalá blaženost a nově probuzená životní síla. Už i život v astrálním těle nabízel podstatně zvýšené pocity štěstí oproti tomu, co člověk mohl zažít v těle hmotném, devačan ale to vše zastíní svými barvami, tóny, šířkou rozhledu, atp.

Jsme zde ve světě v němž cokoliv zlého je nepředstavitelné, jsme prostě v nebi, což samo o sobě znamená, že se jedná o něco těžko popsatelného. Navíc, nemáme zkušenosti s tím, ce nás zde může očekávat – předtím jsme byli schopni například konat výlety z hmotného do astrálního světa, přičemž část z dojmů které jsme takto nasbírali nám zůstala. Výlety v mentálním těle ale nejsou nikterak běžné, protože toto tělo je u naprosté většiny lidí stále ještě značně nevyvinuté a tudíž k takovémuto cestování nevhodné. Nicméně, i ten nejzkaženější člověk, který byl na zemi schopen těch nejhorších činů, musí mít někde v sobě aspoň něco duševně čistého, nesobeckého a to je právě tím, co se zde probudí a rozvine. Nejlépe v tomto směru jsou na tom zde ti lidé, kteří si již za života ve fyzickém těle vytvořili do mentálního světa jakási okénka, jimiž se nyní mohou dívat. Ta se u člověka mohou například zakládat na jeho zájmu o umění, hudbu, filosofii, zkrátka věci vznosnějšího charakteru. Je zde také možné setkat se s lidmi k nimž jsme v minulosti měli blízko, s přáteli, příbuznými, druhy a družkami... Ovšem, to vše se nyní děje na jiné, mnohem vyšší úrovni. Zjednodušeně to lze popsat například tak, že tam kde nás kdysi mohly třeba hlavně spojovat myšlenky na společné trampoty, které nám bylo překonávat, toto se v této nové situaci stalo irelevantním a to v důsledku negativnosti, která to vše provázela. Co nás nyní bude naopak spojovat budou společné cíle, které se náhle zdají být mnohem dosažitelnějšími než byly předtím. Naopak, s lidmi s nimiž nás vázala jen hmotná či astrální pouta, jimiž třeba byli různí sexuální partneři s nimiž jsme jinak neměli příliš mnoho společného, nebudeme pravděpodobně mít v devačanu nic co dělat. Už vůbec ne potom s těmi, s nimiž jsme se nacházeli v nesouladu, neřkuli ve stavu nepřátelském. Nic negativního sem nepronikne.

V devačanu se také z toho, co mělo nějaké hodnoty zatímco jsme se nacházeli v hmotném světě a to zejména po morální a duchovní stránce, stává trvalá schopnost, dovednost, nadání. Takto zakotvený talent nám potom už zůstane a můžeme jej proto využít při příští inkarnaci. Z běžného hudebníka se takovouto cestou může stát skladatel, či z člověka uvyklého pilnému studiu univerzitní profesor, aniž by kterýkoliv z nich si pamatoval detaily, které ho k tomu vedly. Prostě zde k něčemu takovému vznikla kapacita. Vše o čem jsme uvažovali, veškeré ambice které jsme měli, ale i všechna rozčarování, která jsme zažili, takto povedou k vytvoření něčeho, z čeho se v budoucnu stanou naše aktiva.

Jak dlouho zde pobýváme?

To se různí a velice značně. Rozdělení času na to, jakou jeho část stráví lidská monáda ve hmotném, astrálním či mentálním těle, závisí především na tom jak dalece vyvinuté je naše Já po stránce duchovní. V dnešním světě se již nevyskytuje mnoho lidí, kteří by žili v prostředí v jakém se ještě poměrně donedávna nacházely divošské kmeny. To přitom neznamená, že by lidstvo bylo učinilo v průběhu pár staletí tak veliký skok. Vše je relativní. Kdo mohl být nedávno ještě divochem, může dnes žít uprostřed miliónového města; přitom mentálně nemusí být na příliš vysoké úrovni. V takovémto případě může žít téměř výlučně v hmotném světě, v astrálním jen poměrně krátce a toho mentálního se jen jakoby dotkne. S tím jak se člověk vyvíjí, jeho astrální život se bude prodlužovat a i na mentální rovině začne trávit určitý, i když poměrně krátký čas. Ten ale také bude mít tendenci k tomu neustále se prodlužovat. U některých lidí nacházejících se na samotné hranici před nástupem na rozhodující duchovní cestu, to může také být tisíc let i déle. V jiných případech naopak jen několik málo let. V zásadě jde o to, co si člověk odnesl ze života na nižších sférách; čím toho je víc, tím déle to zpravidla potrvá než se vše přetaví, přefiltruje a pročistí.

V minulosti, kdy lidé žili ve fyzickém světě s mnoha myšlenkami na svět příští, tomu bylo jinak než je tomu v dnešní době. Nám dnes stačí se podívat na náměty, které se vyskytují ve výzdobách kostelů, chrámů a podobně, abychom si uvědomili, že dnes je lidstvo více zaměřené směrem hmotným. Což se jistě obrazí na tom, jak dlouho budou žít na mentální rovině. Pravděpodobně dosti krátce. Také hodně záleží na tom, jakým směrem se myšlenky člověka ubírají – například ten kdo chodil často do kostela, myslel ale přitom hlavně na záchranu svojí duše, není na tom stejně jako ten, kdo tam chodil vzývat boží slávu. V prvním případě se jedná o záležitost v zásadě sobeckou, která k devačanu nevede, pokud je zde ale opravdová zbožnost, která nemyslí na sebe ale na lásku k božskému ideálu a k lidstvu, může to vést k delšímu životu na mentální rovině a to na jejím poměrně vysokém stupni. To samé platí o členství v jiných organizacích, zejména takové které mají humanitární cíle. Velice zajímavé bude také sledovat, jak se budou rozvíjet a jakými směry se vydávat různé sociální sítě, které se začaly vytvářet teprve v poměrně nedávné době. To, že lidé z různých částí světa, kteří ale mají podobné zájmy, se mohou nyní s pomocí internetu sdružovat do větších i menších skupin, se jistě obrazí na celkovém budoucím vývoji. Něco takového zde předtím nebylo; kromě výměn dopisů (a i to jen v menším rozsahu) lidé byli po dlouhé věky omezeni v tom, že se mohli pouze stýkat a sdružovat s lidmi ve své fyzické blízkosti. Pochopitelně, že prudký rozvoj sociálních sítí atp., bude mít své pozitivní i negativní stránky. To negativní se ale vybije na těch nižších rovinách, hmotné a astrální, zatímco na rovinu mentální pronikne pouze to, co má místo na některé z jejích dílčích rovin.

Což nás přivádí k tomu, jaké stupně mentální roviny se běžně v theosofii rozlišují. Nemusím snad ani opakovat, že podobná dělení jsou zde jen pro názornost, což znamená, že ti na té které rovině se nacházející, si něčeho takového vědomi nejsou, pokud ovšem na to přímo nepomyslí.

Čtyři dílčí roviny

Mentální rovina má dvě části, nižší a vyšší. Zabýváme se na tomto místě tou nižší, která má čtyři dílčí roviny. Začneme od té nejnižší. Nejspíš jste se už někde setkali s rčením, že s dobročinností je nejlépe začínat doma. Sedmá dílčí rovina neboli první nebe, je toho důkazem. Lidé, pro něž je tato rovina nejideálnějším prostředím a kteří se zde proto nejčastěji zdržují, byli pravděpodobně ve hmotném světě dobrými manžely, partnery a rodiči svých dětí a nejspíš i spolehlivými přáteli. Tím se to ale více méně skončilo, jinak by totiž mohli klidně být členy mafie a pobytu v devačanu by jim to nezabránilo. To co bylo v jejich životě až doposud negativním, nechali nyní za sebou. Zde má místo jen to pozitivní, čímž bývá v takovýchto případech typicky láska k těm lidem, kteří jim jsou nejbližší, tedy především rodinní příslušníci. To, že byl takový člověk schopen toho zatracovat ostatní lidi, ty kteří do jeho koncepce života nějak nezapadali, že by zločince, ať už pravé či takto vnímané, nejraději věšel na šibenici, to už na tuto úroveň nepatří, takže takovéto myšlenky zde jsou eliminovány. To co zůstane, v tomto případě láska k těm nejbližnějším, je to co je sem přivede a na čem se může dále budovat.

Nábožné cítění typu který se nazývá antropomorfický, bývá charakteristické pro lidi, kteří se vyskytují na příští, druhé dílčí rovině. Potkáme se zde například s lidmi, kteří byli více či méně slepými vyznavači té či oné víry, ať už katolíky, protestanty, mohamedány, hindu, atp. Slyšel jsem ale i takovéto vyznání:

„Když já za to nemůžu, že jsem ten socialista!"

Není zde přitom sebemenší nebezpečí, že by si vyznavači konkurujících doktrín vzájemně vjeli do vlasů. Mezi náboženskými fanatiky se mohou proplétat marxisté, leninisté, maoisté i jiní -isté, které sem všechny přivede jedna společná věc – láska či aspoň nezastřený obdiv k božství. Není žádný zásadní rozdíl mezi uctívačem boha Višnu či Šivy, Ježíše Krista či panenky Marie nebo proroka Mohameda na jedné straně a člověkem, který pevně věří v ty humanistické ideály jaké se vyskytují v učení Marxe, Engelse či Lenina, na straně druhé. Pokud je budete hledat, najdou se docela jistě i v Maově rudé knížce. To co v praxi znamenají tyto ideologie či náboženské doktríny, veškerá negativnost v nich se projevující ve hmotných podmínkách, je z toho vyňata. Co zde zůstává, jsou oddanost ideálu, náboženská úcta, poctivé zanícení. Jak tomu bývá u každé náboženské víry, to co zde chybí jsou především vědomosti.

Na další rovině, třetím nebi, se už podobná víra a oddanost ideálu může projevovat aktivním způsobem. Zde si na své přijde filantrop, který může uvést v činnost své grandiózní idealistické plány, které budou, na rozdíl od pozemských podmínek, proveditelné. To samé platí o misionářích, kteří mohou pro své uspokojení převádět na svou vlastní víru množství jiných lidí. Nemusím snad dodávat, že se jedná, jako ve všech podobných případech, o iluzi. Ti lidé, kteří v sobě nosí skutečnou lásku k lidstvu, patří k té vyšší rovině.

Čtvrté nebe je tím nejvyšším na úrovni tzv. *nižší rûpa*. Zde život přímo hýří aktivitou. Následující je ovšem silně zjednodušené, můžeme ale zde rozlišovat čtyři základní kategorie, přičemž vždy se jedná o činnost k níž popudy jsou nezištné, nesobecké:

1. *Snaha o získání duchovních vědomostí.*
2. *Filosofická a vědecké myšlenky vyššího řádu*
3. *Literární či umělecká činnost*
4. *Služby poskytované nezištně ostatním lidem*

Roviny neboli světy		Prvky filosofů starověku	
Sanskrt	Česky	Sanskrt	Česky
Atmá	Vůle	Akásha	Éter neboli obloha
Buddhi	Intuice	Váyu	Vzduch
Manas	Rozum	Tejas or Agni	Oheň
Káma	Vědomí	Apas or jala	Voda
Sthúla	Hmotný život	Prithivi	Země

Akašické záznamy

Pokud jste se nikdy nesetkali s výrazem *akašické záznamy*, potom jste nejspíš aspoň slyšeli o *astrálním světle*. V zásadě se jedná o to samé, tomu prvnímu výrazu bych ale dal přednost, i když také není ideální. Akašické záznamy jsou ale mnohem přesnější – *âkâša* značí v sanskrtu látku z níž se skládá mentální rovina. Jasnovidec či spiritualistické medium hovořící o astrálním světle pravděpodobně míní, že se na tyto záznamy díval na astrální rovině. Problém spočívá v tom, že na astrální rovině tyto záznamy sice jsou k vidění, to na co zde hledíte je ale pouhý odraz toho, co se nachází na vyšší mentální rovině, které se rovněž říká kauzální a jíž se budeme zabývat o něco dále. Představme si vodní hladinu na jezeře. Za ideálních okolností uvidíme odraz toho co se nad ní nachází celkem čistý a tudíž o něm můžeme podat celkem dobrou a poměrně přesnou zprávu. Jenže, s ideálními podmínkami se na jezeře shledáme jen zřídka. Skoro vždycky bude foukat slabší či silnější vítr, hladina se bude čeřit, na jezeře se budou tvořit vlny, které místy zvednou ode dna kal, atp. Někdy to bude opravdu zlé, to když bude pršet nebo dokonce řádit bouřka, takže neuvidíme vůbec nic.

Ty nejspolehlivější záznamy se nacházejí na tom nejvyšším místě, kde je má k dispozici *solární logos*, tam my ovšem nedohlédneme. Na nižší roviny *âtmâ* a *buddhi* také v tomto kole planetárního vývoje přístup nemáme, takže z těch dostupných jsou pro nás nejideálnější záznamy z kauzální roviny, kam se, jak ještě uvidíme, dostane v současnosti v plném stavu vědomí jen málokdo. Musíme tudíž spoléhat hlavně jen na záznamy z nižší mentální roviny, které na štěstí pro nás jsou ještě poměrně spolehlivé. Ty, které se k nám nejčastěji prostřednictvím medií dostávají, pocházejí ale skoro vždycky jen z astrální roviny. Tím se dá mj. vysvětlit, proč bývají notoricky nepřesné, zejména pokud se týče časových údajů. Předpovědi, které jsou na nich založeny (a které různá periodika populárního druhu s oblibou otiskují) bývají většinou úspěšné jen v procentech případů snad jen o málo přesahující očekávaný průměr. Člověk by řekl, že by si noviny měly dát v tomto směru pokoj. Nedají.

Deva neboli anděl

Obyvatelů mentální roviny není zdaleka tolik, kolik jich naleznete na té předchozí, astrální, aspoň ne těch lidských. Podle theosofů jsou lidé, kteří se zde mohou pohybovat tak jak si přejí, poměrně vzácní. Většina z těch, kteří se zde vyskytují v posmrtném stavu, se nachází v devačanu, což je činí nekomunikativními a celkem nepohyblivými. Jsou uzavřeni v jakési kukani, odkud mají jen omezený výhled a to podle toho, jaká "okénka" si během svého života v nižších sférách dokázali vytvořit. Ti z lidí, kteří sem zavítají ve snovém stavu, nemívají většinou patřičně vyvinutá svá mentální těla, takže si toho z takového výletu příliš mnoho neodnesou. Pouze zasvěcenci a adepti okultních věd jsou schopni nějaké akce. Spíše se ale budou pohybovat v ještě vyšších sférách, takže je zde asi také neuvidíme.

Poměrně nejčastěji zde můžeme narazit na bytosti jimž se v sanskrtu říká *deva*, což znamená totéž jako anděl v hebrejsko-křesťanské tradici. Kdo (či snad co) jsou andělé? V Bibli se užívá několika výrazů, které všechny znamenají totéž. Nejčastěji *malach*

Elohim, jindy *malach Adonai*, což obojí značí posel Boží. Někdy také *benai Elohim*, synové Boží. Snad všechna náboženství mají někde v nějaké formě anděly. Ve Starém zákoně se nachází zmínka o andělech 108-krát, v Novém zákoně 175-krát, v celé Bibli tedy celkem 283-krát. Kromě andělů se v mytologii různých národů nacházejí i další nadpřirozené bytosti, které mívají čas od času styky s lidmi, jako skřítci, víly, elfové a ostatní představitelé jednotlivých živlů.

Anděl a jeho protějšek z vedických spisů deva, což je sanskrtské slovo znamenající „zářící bytost", je stvoření ostentativně se nacházející na vyšší duchovní úrovni než kde se nacházíme my lidé, i když to je poněkud sporné. Někteří kabalisté například prohlašují, že andělé pohybující se ve vyšších sférách existence nemají kontakt se zemí a nemusejí proto čelit podmínkám s nimiž se musíme vypořádávat my, tudíž je jejich duchovní vývoj v jistých směrech poněkud omezený. To je ovšem míněno ve srovnání s lidmi, kteří se dostanou na podobnou úroveň poté, kdy prošli zemskou sférou a nadobro ji opustili. Takovýto náhled na věc mi připadá celkem logický. Protože ale toho víme o andělech tak málo, nemůžeme si být jisti tím, jakých jiných zkušeností mohou tito nabývat, zejména je-li pravdou to, co o tom tvrdí někteří theosofové a sice, že andělé-devy představují paralelní evoluci ve srovnání s tou naší. Jejich existence se jak v Bibli, tak v kabale, stejně jako v hinduistické tradici, prostě bere za hotovou a nijak se o ní nediskutuje. Předpokládá se, že andělé jsou součástí původního stvořitelského procesu, kdy jich vzniklo určité, zřejmě značně veliké množství, které se od té doby nemění. Andělé zde tedy byli odjakživa, nerodí se ani neumírají, prostě tu jsou. Mohou se podle okolností pohybovat mezi různými sférami existence, záleží přitom na tom jaké je jejich poslání a také na tom jakou mají hodnost.

Podle toho co si můžeme složit dohromady z různých zdrojů, andělé či devy mají poněkud omezenou pravomoc a mají také svá jasně vymezená pole působnosti. Na jednom se snad všechny zprávy shodují: existuje přísný hierarchický systém jemuž andělé podléhají. Dál už je to složitější a podle toho který z mnoha možných zdrojů si vybereme, se jména jednotlivých andělských druhů, tříd a podtříd mohou značně lišit. Protože těch možných pramenů informací máme tolik a nevíme přitom, které z nich mohou být věrohodnějšími a které jsou jen výplodem něčí bujné fantazie, nemá žádný význam se tímto zde příliš zabývat. Různé středověké i pozdější magické řády, které se andělologií dosti zabývaly, například uvádějí celé stovky andělských sborů. Někteří z andělů, ti kteří mají vyšší hodnosti, jako na příklad cherubové či serafové a pochopitelně ti nejvyšší archandělé, se zdají být spojováni hlavně s morálními či duchovními koncepty. Nacházejí se proto v těch nejvyšších sférách a s lidmi do styku pravděpodobně příliš často nepřicházejí. Můžeme dále předpokládat, že ti andělé, kteří mají co dělat s lidmi, jsou nižších, i když snad ne těch nejnižších, hodností. Dostává se jim jistých úkolů, od jejichž plnění se nesmějí odchýlit. Může se přitom jednat o jednorázové poslání, jakým může být na příklad úkol spojit se s určitým člověkem a dát mu instrukce, vyřídit poselství od Boha, jak je tomu například v biblickém příběhu o Abrahámovi. Také to mohou být úkoly dlouhodobé, jakým může třeba být ochrana nějakého člověka ve smyslu všeobecném.

Andělé či devy se podle theosofů nezabývají jen lidstvem, ale přírodou celkově, přičemž v tomto směru se do značné míry specializují. Někteří mají na starosti pouze přírodní úkazy, jako třeba tvorbu dešťových mraků, sopečnou činnost, atp., zatímco jiní mají na starosti zvířata, rostliny či minerály. Jsou zde zřejmě úkoly a povinnosti permanentního druhu, jakými může být ochrana některé sféry, dohlížení nad určitou částí rostlinné či živočišné říše, nad jistým druhem, čeledí či podčeledí zvířat, rostlin a minerálů, atp. Jejich *reason d'etre* se zdá být pomáhat lidstvu v jeho vývoji, stejně tak jako celé zemské sféře. Je ale docela dobře možné, že andělé mají i jiné úkoly, které se nás netýkají a o nichž tudíž vůbec nic nevíme.

Přítomno na mentální rovině je také to, čemu říkáme *druhé elementální království* neboli *elementální bytí, životnost*. Je to obdoba elementální esence, jaká byla přítomna na předchozí, astrální rovině. Tam ji dělil od vstupu do pevné hmoty už jen jeden krok; až jej v příštím kole učiní, stanou se z ní minerály. Zde je od hmoty elementální bytí vzdáleno celé dva stupně. Znamená to jednak, že je elementální bytí zde sice méně vyvinuté, je ale také o to "poslušnější", reagující rychleji na myšlenkové popudy a povely, jichž se jim dostává od těch, kteří jsou schopni provádět akce na této rovině.

Smrt mentálního těla

Když jsme se naposledy zabývali člověkem na nižší mentální rovině, nacházel se v devačanu. Tedy, nacházela se zde podstatná většina těch, kteří se dostali na tuto rovinu. Asimilovali přitom zkušenosti jichž se jim dostalo během života na obou předchozích rovinách a zpracovávali je do jakési esence, kterou si sebou vezmou na příští rovinu, *vyšší mentální*, obvykle zvanou **kauzální rovinou**. Pro většinu z nich je již cesta v tomto cyklu inkarnace téměř skončena. Zbývá jim jen krátký dotyk s kauzální rovinou, několik prchlivých okamžiků strávených v kauzálním těle. To je totiž podmínkou dalšího vývoje. K němu by nemohlo dojít bez tohoto styku s nejvyšším tělem, které je nám v tomto bodě evolučního cyklu k dispozici.

Opětně se dostaví onen zrychlený film, v němž člověk zahlédne předcházející život a dostaví se přitom pravděpodobně i celkový dojem z toho, zda byla tato inkarnace úspěšná či nikoli, jaká poučení si lidská monáda odnesla. Může zde být také krátká předpověď týkající se toho, co se nachází v blízké budoucnosti, jakým směrem by se měl člověk ubírat v příštím kole. To ale přijde až po kratším či delším pobytu v kauzálním těle.

8. Kauzální tělo

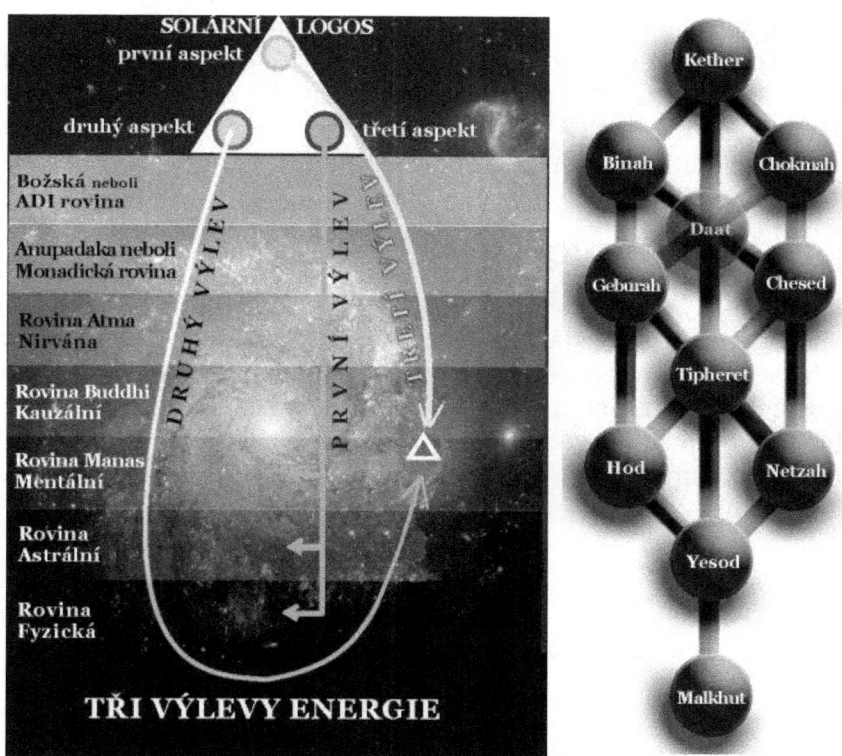

Dva obrázky, které zde vidíme vedle sebe, se navzájem nijak zvlášť nepodobají, spíš by se dalo říci, že naopak. Přesto v nich jde o jednu a stejnou věc. Umístil jsem je sem proto, abychom si lépe uvědomili, jak odlišnými cestami se mohou ubírat teoretické výklady týkající se počátku Univerza, či aspoň jednoho velkého cyklu manifestace. Vlevo máme znázorněno jak se na věc dívají theosofové, vpravo je klasické kabalistické schéma Stromu života. Nyní se podívejme na obě schémata podrobněji. To čemu theosofové říkají *Solární logos*, je totéž jako tři nejvyšší sefiroty (sféry) *Kether*, *Chokmah* a *Binah* kabalistů. Na schématu vlevo jsou dále znázorněny tři výlevy energie, o nichž hovoří theosofové.

Kabalisté mají něco podobného, když rozeznávají na svém stromě života tři hlavní sloupce – ten prostřední zahrnující pět sefirotů a oba postranní, po třech. Nejdůležitější na tom je, že v obou případech zde máme nahoře trojúhelník, který je jaksi oddělený od zbytku "pole evoluce" (v případě kabaly je tím dělícím bodem sefira *Daat* nacházející se těsně pod tímto trojúhelníkem na prostředním sloupci). Našli bychom jistě mnohem víc takovýchto styčných bodů, zabýváme se zde ale theosofií a u ní také zůstaneme. Kabalu sem přivádím hlavně kvůli těm, kteří mají nějaké znalosti západních okultních a hermetických systémů.

Pole evoluce

Pole evoluce se sestává ze všech sedmi rovin či světů či sfér, na nichž se odehrává celé drama, jímž je evoluční vývoj člověka. Děje se zde přitom mnohem víc, máme zde také paralelní evoluční oblouky, těmi se ale zabývat nebudeme, abychom si věci zbytečně příliš nezkomplikovali. Výše zmíněných sedm rovin se dále dělí na tři skupiny:

1. Adi
2. Anupâdaka

---

3. Atma
4. Buddhi

---

5. Manas
6. Kâma
7. Sthula

První dvě roviny *Adi* a *Anupâdaka* v první skupině, jsou čistě doménou loga neboli Božího rozumu a protože se momentálně nacházejí mimo hranice možného dosahu našeho vědomí, nebudeme se ani jimi nijak zvlášť zabývat. Roviny *Atma* a *Buddhi* tvořící druhou skupinu, jsou kam může dosáhnout lidské nebo spíš "nadlidské" vědomí, to jest vědomí těch lidí, kteří se dostali hodně vysoko ve svém duchovním vývoji. Nicméně je tato rovina dosažitelná, i když v současnosti pouze v řídkých případech. Zde se pohybují tzv. *Mistři* neboli *Adepti*, tj. zasvěcenci vyššího řádu. Normální člověk sem sice nepronikne; k tomu aby se na tuto úroveň dostal ale veškerý jeho vývoj směřuje. Naskýtá se otázka: jak poznám, že je někdo takovýmto adeptem, když jím sám ještě nejsem? Odpověď zní: pokud se s takovým člověkem potkáte, skoro určitě o tom nebudete vědět. Pokud k tomu dojde za normální situace, bude totiž vypadat a jednat jako každý jiný člověk. Pokud se rozhodnete vydat se cestou duchovního vývoje, potkáte se dost pravděpodobně hned na počátku s několika lidmi, kteří na vás učiní patřičný dojem. Po nějaký čas se možná budete častěji nacházet ve společnosti lidí podobného smýšlení a několikrát přitom potkáte někoho, o kom si budete myslet, že by mohl být zasvěcencem vyššího řádu, nebudete si s tím ale jisti. Jednoho dne k tomu ale dojde a vy se ocitnete v blízkosti opravdového adepta. To potom skoro určitě poznáte intuitivně.

Nejnižšími třemi rovinami *Manas*, *Káma* a *Sthula* jsme se již zabývali trochu podrobněji dříve, v souvislosti s těly hmotným, éterickým a astrálním.

Místo je vyznačeno	Logos se objeví jako bod	Logos se pohybuje ve třech směrech	Vědomí se vrací samo k sobě
○	⊙	(tři směry)	(trojúhelník)

Na diagramu nahoře se znázorňuje manifestace tzv. "Božské čtveřiny", v kabale známé jako JHVH – písmena *jod, he, vav, he* tvořící jinak nevyslovitelné jméno boží. V učení Pythagorově je stejný symbol známý jako *tetraktys*. Tu si můžeme také představovat jako pyramidu viděnou z nadhledu, pyramidu o třech stranách a s trojúhelníkovým základem. Slovo pyramida pochází z řeckého "pyros" neboli oheň. Třístranná pyramida je potom tou základní a nejjednodušší možnou pyramidou.

Panenská hmota prostoru	Logos se objeví jako bod ve sféře hmoty	Bod vibruje mezi středem a obvodem kruhu	Bod a vzniklá čára vibrují kolmo k předcházející vibraci
○	⊙	⟵•⟶	⊕

V dalším vývoji se na druhém diagramu z původního trojúhelníku stane čtverec (ke třem původním živlům ohni, vzduch a vodě přibude čtvrtý – země). Člověk, který se v takto vymezeném prostoru vyvíjí, je neodolatelně puzen vzhůru směrem k duchovnosti. Jeho úkolem je tudíž symbolicky spojit čtyři rohy čtverce nebo tři rohy trojúhelníku s bodem v prostoru nahoře. Tím vznikne pyramida o čtyřech stranách.

Do takto připraveného pole evoluce mohou nyní sestoupit monády, jiskřičky od Boha pocházejícího ohně. Monáda theosofie je totéž jako *živátma* indické filosofie – všimněte si onoho "živá" v tomto sanskrtském slově, které musí jistě být příbuzné s českým slovem stejného znění i významu. Monáda je naprosto samostatná jednotka; monádou jsme každý z nás, proto marné jsou a marné vždy musejí být veškeré pokusy dobrodinců lidstva o to nás lidi regimentovat – je to asi tak stejně nemožné jako pokoušet se nahnat kočky do stáda. Čím víc je vyvinutý jedinec, který monádu na naší rovině existence "zastupuje", tím samostatnějším se stává. Monáda je jaksi "zakořeněna" v obráceném slova smyslu v rovině

Anupadáka; odtud také pocházejí pověsti o stromech rostoucích z nebes, tak jako bájný *Yggdrasil* nordické mytologie. Odtud potom "vyrůstá" směrem dolů, přičemž každý z našich mnoha životů, těch minulých i budoucích, si lze představovat jako větev, která vyraší, vyroste, na níž svítí slunce, aby na ni vzápětí padal déšť, do níž se potom opírá vítr, lehají si pod ni milenci, sedá na ni ptactvo, hmyz, atp. Míza, která v ní po celý ten čas proudila, si tohle všechno zapamatuje a je nakonec vstřebána do pně stromu, zatímco lístky uschnou, spadají dolů, následovány suchými větvemi. Takto shrnut vypadá cyklus života.

K tomu, aby monády mohly rozšířit svou působnost na nižší roviny, musejí nejprve být k tomu patřičně připraveny. *První Logos* prostě sestoupí, aniž by nějak zvlášť ovlivnil situaci. V kabale se nazývá *Keter*, což značí *korunu*. Co to především znamená je, že je zde boží přítomnost, že se nacházíme v božím království. *Druhý Logos*, který je aspektem *moudrosti*, má v kabale název *Chochma*.

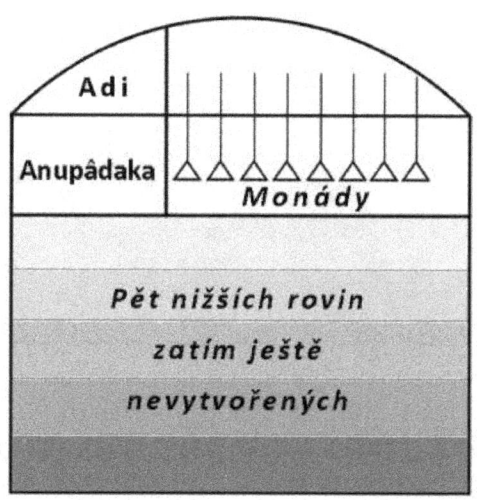

I když půda je tomu již připravena, stále ještě nedochází k úplnému sestupu směrem k hmotě. Monády, které na diagramu vidíme jakoby zavěšeny na rovině Adi, se nacházejí na rovině Anupâdaka. O to aby sestoupily, se postará až *Třetí logos* a to tím, že se stane aktivním. Kabalisté mu říkají *Bina* neboli *Porozumění*.

Na příštím diagramu vidíme opětně vířící kruh, svastiku, čili onen hákový kříž, který si opravdu ani trochu nezaslouží tu špatnou reputaci a opovržení, jakého se mu kvůli zneužití nacisty dostalo.

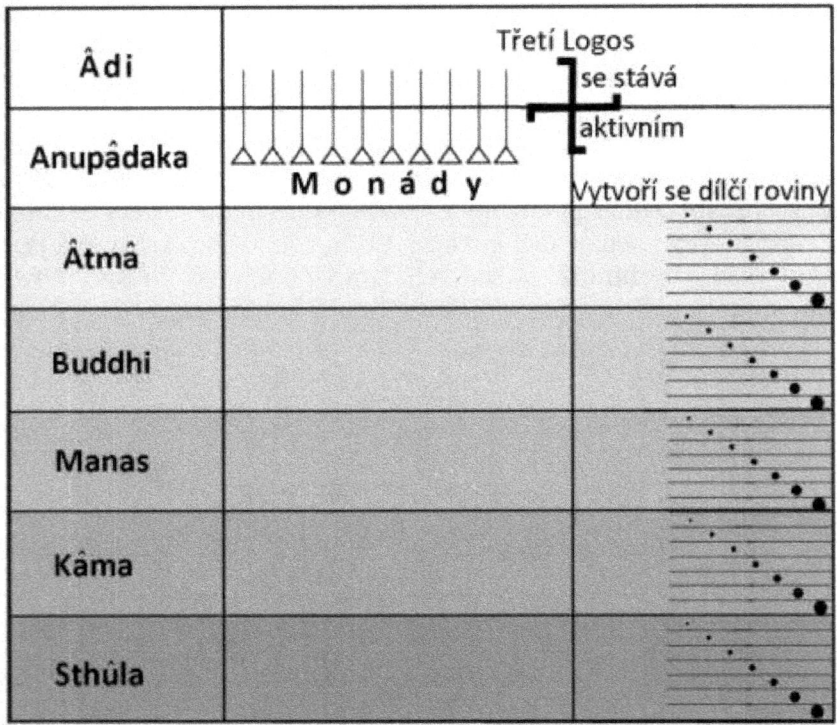

Zde totiž je jeho činnost vysoce pozitivní – vidíme také, že pohyb je na něm naznačen jako zleva doprava (nacisté to měli obráceně), po směru hodinových ručiček, tak jak jsou vyřezány závity na šroubech, prostě tak, jak to má být! Atomy na každé z budoucích rovin se tímto pohybem jakoby probouzejí, uvědomují si náhle to, že se zde před nimi nacházejí možnosti z nichž si mohou vybrat. Prostě porozumí co se od nich očekává, odtud Binah kabalistů. Je zde náhle před nimi *ano* či *ne*, jsou zde možnosti jako černé–bílé, horké-studené, přitažlivost–odtažitost, tedy vlastně binární systém, to na čem jsou založeny moderní počítače, na jednom z nichž právě píši. Odtud už cesta vede dále – mohou se začít vytvářet molekuly a to tím, že atomy, které v sobě potenciálně mají přitažlivost (cítí lásku) k jiným atomům, se s nimi spojují, shlukují. Pohyb směrem dolů je spirálovitý; proto také molekuly DNA, jimiž se z generace na generaci předávají genetické vlastnosti, mají spirálovitý tvar. Na každé z rovin se dále se nachází potenciál k vyhraničení sedmi dílčích rovin zde – to už si uděláme spíš my sami, pro snadnější naše porozumění.

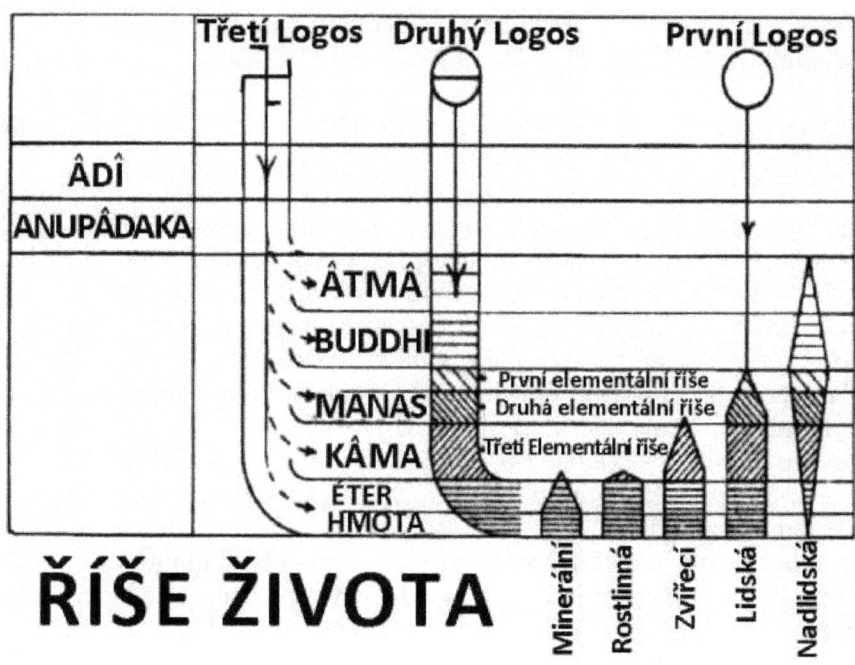

Na diagramu znázorňujícím životní říše, jsou nejzajímavější ony špičaté sloupce, které vyrůstají od spodní čáry a které představují jednotlivé říše života. Jsou zde momentálně čtyři, případně pět, pokud počítáme onu říši, která je toho nejvyššího momentálně dosažitelného řádu a kterou tudíž označuji jako "nadlidskou". Vidíme, že minerální říše je plně usazena v hmotné části diagramu, do éterické části proniká svou zúženou částí a nepatrnou částí své špičky se dotýká oblasti Kâmaloka neboli astrální roviny. V příští, rostlinné říši, má každá monáda již plně vyvinuté éterické tělo a o něco širší svou špičkou zasahuje dokonce už i na astrální rovinu. To proto, že v rostlinách je již do značné míry vyvinutá schopnost toho po něčem toužit, což nám jistě potvrdí každý kdo se rostlinami a jejich životem trochu významněji zabývá. V příští říši zvířat už nacházíme dosti vyvinutý ten nejnižší stupeň astrální roviny, zúžená část potom prochází celou rovinou Kâmaloka, zatímco úplná špička dokonce už proniká až na rovinu mentální. To jsou ta nejchytřejší zvířata, u nichž už dochází k vývoji inteligence, což bývá nejvíc patrné u domácích zvířat i snad u některých divokých. Dnes to například v našem subtropickém Brisbane vypadá už od rána na horký letní den a přede dveřmi už na mne čekala naše fenka Roxie, abych ji vpustil k sobě do pracovny o níž ví, že je klimatizovaná. Mlok by si dát tohle dohromady asi ještě nedokázal.

Člověk mívá plně vyvinutá dvě těla, jimiž jsou tělo hmotné a éterické. Astrální tělo, jak jsme si již dříve ukázali, bývá často poměrně dosti vyvinuté a schopné pohybu, u jiných lidí jen v primitivní formě; to už je individuální. Mentální tělo máme sice také každý z nás, někteří je máme už i docela slušně vyvinuté, i když nejspíš ještě těžko ovladatelné ve spodní části roviny Manas. V některých případech činí lidé ale už jakési pokusy o to naučit se ovládat i část té vyšší mentální roviny, přičemž někteří nejdále se vyvinuvší jedinci dokonce už sahají až k rovině Buddhi. Jimi jsou právě již zmínění adepti. Člověk vyššího řádu (raději se vyhnu výrazu „nadčlověk", který byl také těžce pošramocený a znehodnocený nacistickou a podobnými ideologiemi) má svůj domov na vyšší mentální rovině, přičemž jeho vědomí sahá nahoru, potenciálně až k rovině Atma a také dolů, až do těch nejhlubších částí hmoty.

Na příštím diagramu vidíme jeden celý cyklus života, počínajíce od místa kde se my všichni kteří obracíme stránky této knihy nacházíme, až nahoru do kauzálního těla a zpět. Na každé z dílčích rovin jimiž člověk prochází, zanechává po sobě něco, říkejme tomu mrtvá těla, kostry, skořápky, třeba i odložené pláště. To nepotřebné zůstává na té rovině k níž to náleželo a z jejíž látky (vibrací) se to sestávalo. Pomalu to klesne dolů do nejnižších částí své roviny, kde se to postupně rozloží, podobně jak se tomu děje s hmotným tělem. Tohle všechno jsme si již pověděli a snad tomu všichni rozumíme.

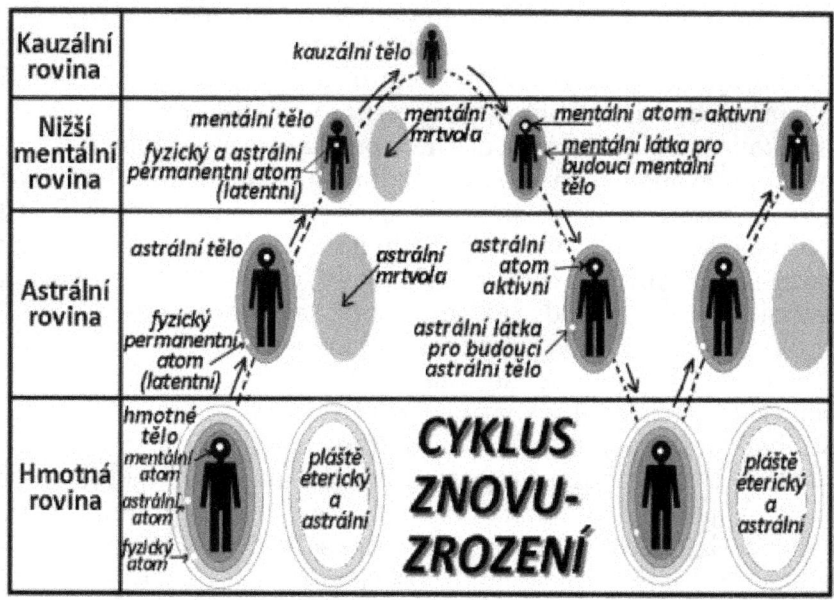

Permanentní atom

Bystrého člověka přitom všem napadá jedna zásadní otázka. Pokud je tomu tak a pokud všechno bylo, jest a bude vždy takto opouštěno a ponecháváno svému osudu na oněch rovinách jimiž duše prošla, muselo by se při každém příštím výletu do hmoty, při každé nové inkarnaci, začínat se vším znovu od začátku. Potom by tu něco nehrálo. Nebylo by takové úsilí jen marným plýtváním energie? Pochopitelně, že by bylo. Proto zde musí být něco, co nám zajistí, že se nevracíme do stejných míst kde už jsme byli a že nemusíme vždy začínat znovu a "z gruntu". Tomu něčemu theosofové říkají *permanentní atom*. Permanentní atom jsem na diagramu označil bílou tečkou, kterou naleznete na každé z rovin nacházejících se pod rovinou kauzální.

Pochopitelně, že se ve skutečnosti nejedná jen o jeden jediný atom, výraz "atom" je navíc jistě velice nepřesný. V dobách kdy se theosofická terminologie utvářela, to jest několik desetiletí předtím než vědci vůbec přišli na to, že atom není tou nejmenší částečkou hmoty, býval tento jakýmsi symbolem všeho toho co je neměnné, stabilní, podstatné. A právě o toto mínění nám zde jde. To podstatné, co každá jednotlivá inkarnace přinesla našemu Já, se v jaksi koncentrované formě ocitne v permanentním atomu, který si entita vzdávající se svého těla, odhazující už nepotřebný plášť, vezme sebou. V okamžiku kdy se ocítá mimo své prostředí, například když hmotný permanentní atom dosáhne astrální roviny, stává se nečinným. Je stále zde, pouze ale ve svém potenciálu. Zaktivizuje se jen tehdy, až se při příštím ponoru ega do hmoty dosáhne té dílčí roviny, k níž tento permanentní atom náleží. Takto je postaráno o to, aby se nic zásadního neztratilo a člověk v příštím svém životě nemusel znovu opakovat tu lekci, kterou již do sebe vstřebal, znovu pracně získával některé z dovedností jichž už dříve nabyl. Je to zde, uložené v permanentním atomu, odkud to přejde do genů, jak to máme znázorněné na příštím diagramu. Tím se ovšem zcela nevylučuje, že nějakým způsobem se ta lekce opakovat nebude. K tomu může dojít třeba ve zhuštěné formě – víme, že někteří žáčci ve škole přece také bývají mírně natvrdlí, no dejme tomu že jsou pouze nepozorní...

V sériích životů, jimiž procházíme, se neustále pokoušíme o to, získávat si lepší, výkonnější, lépe vybavené tělo pro každou z rovin na níž se přitom zastavíme. Na permanentní atom můžeme také nahlížet jako na počítač, který v sobě neustále buduje informace. Dejme tomu, že vaše celková bilance se sestává z tisíce životů prožitých v tomto velkém cyklu. Výsledkem nebude tisíc permanentních atomů, ale pouze jeden, v němž jako v onom počítači bude vše uloženo.

Jiný způsob jakým si to můžeme přiblížit, je přirovnání k DNA, deoxyribonukleové kyselině. Každá její molekula v sobě nese celý genetický program, pomocí jehož lze, aspoň teoreticky, vytvořit úplný organismus k němuž tato molekula patří. Stejně jako lidské monády, molekuly DNA jsou naprosto unikátní pro každého jedince.

9. Skupinové duše

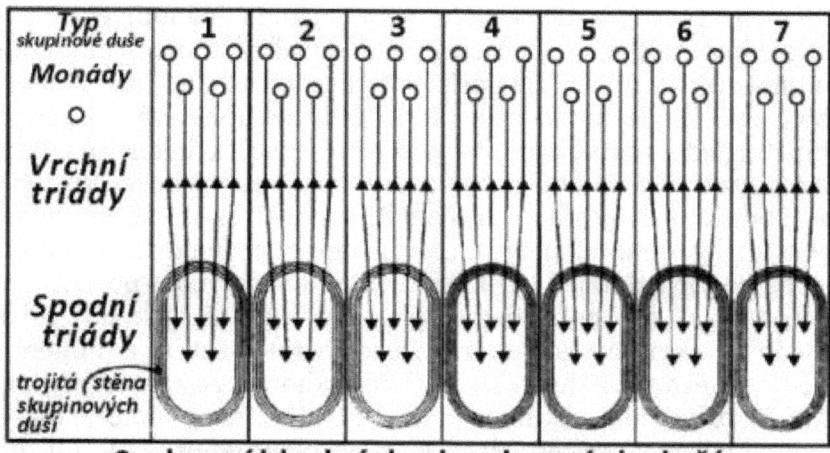

Sedm základních skupinových duší

Pro tento diagram jsem si vybral pět monád každého ze sedmi typů, které zde vidíme zobrazené jako malé kroužky. Oněch pět představuje ovšem v každém z případů obrovské množství, které se může počítat dokonce snad i na trilióny nebo výše. Každá monáda má k sobě připojenu tzv. *vrchní triádu*, které jsou znázorněné černými vzhůru mířícími trojúhelníčky, zatímco spodní triády představují černé dolů mířící trojúhelníčky. Ty jsou jakoby uzavřené v oválném pouzdře. Každé z pouzder má stěnu, která je buď jednoduchá, dvojitá, či trojitá. Zde si ukazujeme stěnu trojitou, tedy obzvlášť pevnou a neprostupnou, jakou mají skupinové duše minerálů. Pouzdro představující **skupinovou duši** jednotlivé triády jednak chrání, také je ale udržuje ve formaci. Obal každého z pouzder je tvořený elementální živelní podstatou jednoho ze tří druhů, které mají k dispozici devy určené k tomu, aby dohlížely nad celým procesem.

Vrchní triáda se sestává z *permanentních atomů* třech rovin *Atma*, *Buddhi* a *Manas*. Spodní triádu potom tvoří permanentní atomy rovin *mentální*, *astrální* a *fyzické*. Co si představujeme pod výrazem "permanentní atom" jsme si již vysvětlili. Ten se vytvářel s tím, jak monáda získávala a absorbovala zážitky a zkušenosti z jednotlivých inkarnací. Toho co na nich bylo negativního a nepotřebného, se postupně oprošťovala, zanechávala to s hmotnými, astrálními i mentálními mrtvolami na jednotlivých rovinách. To co za něco stálo, se v každém jednotlivém životě posbíralo a stalo se to součástí permanentního atomu, s nímž se to potom zúčastnilo každé příští inkarnace. Takto se neustále obohacuje každá monáda, z níž se tak postupně stává naprosto unikátní jednotka pohybující se od inkarnace k inkarnaci. Proto také nejsou a nemohou ani být, dva úplně stejní lidé. Dokonce i jednobuněčná dvojčata se v něčem liší a byl by to pro ně asi smutný život, kdyby tomu tak nebylo. Lidé se mohou jeden druhému pouze trochu podobat a to jen v některých aspektech svých osobností.

To, co si zde popisujeme, platí univerzálně, jak pro lidské monády, tak i pro skupinové duše zvířat, rostlin a minerálů. Každou z těch posledních tří ještě čeká dlouhá cesta tou říší k níž náleží, případně jinými říšemi, až nakonec, poté kdy se „individualizuje", to jest zbaví se toho obalu který z ní činí duši „skupinovou", vstoupí do říše lidské.

K vývoji dochází v sedmi základních proudech neboli *paprscích*. Každý z těchto paprsků představuje určitý vývojový typ. Opět, tohle platí univerzálně, jak pro monády náležející ke skupinovým duším, tak i pro ty individualizované, lidské. U těch posledních bývají ale vlastnosti a individuální charakterové rysy výraznější. Každý z nás jsme sice jiný než ti všichni ostatní, v něčem se ale podobáme, máme podobné vlastnosti a schopnosti. Někteří z nás jsme třeba menších kulatých postav, jiní naopak dlouhých a tenkých. Některým z nás šly ve škole lépe počty, jiní zase měli raději zeměpis, někdo hraje rád fotbal, jiný se na to raději jen dívá jak hrají jiní, ještě jiným jde fotbal a míčové hry na nervy, zato si to ale rádi rozdávají s jinými, jim podobnými lidmi, v boxerském ringu. To společné, co člověk má s jinými lidmi, je zde proto, že se to vyvíjelo ze společného základu s jinými monádami, které si kdysi zvolily ten určitý paprsek, podle něhož se budou spouštět do hmoty.

Pohleďme na příští diagram. Nahoře máme opět monády, pod nimi vyšší triády, zatímco dole již jsou nižší triády poněkud roztroušené, některé jakoby usazené na povrchu země, jiné tam směřující. Každá z nich má ale spojení s balónkem své monády docela nahoře. Každá z těchto linek prochází také prstencem o trojité stěně, představujícím skupinovou duši minerálu určitého druhu. Každá z nižších triád musí na své dlouhé cestě projít minerální říší, v níž hmota docílí své nejhustší formy a kde se celá hlavní vlna života obrací a začíná znovu vystupovat nahoru.

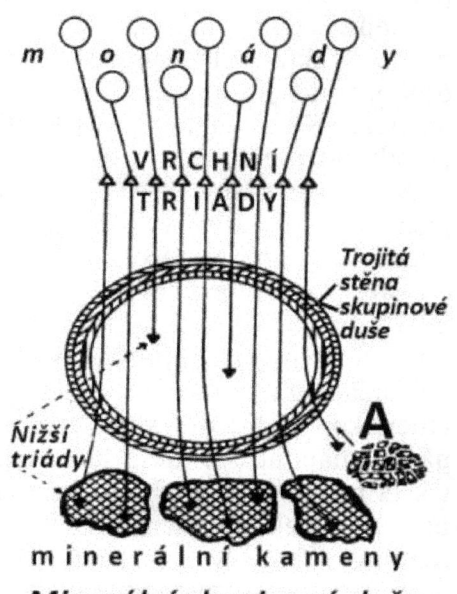

Minerální skupinová duše

Minerály mají jistý, i když těžko určitelný a popsatelný stupeň vědomí, něco co bychom snad pouze mohli označit jako pomalu se probouzející a ještě velmi, velmi nejasné vědomí vlastní existence, pocit, že "toto jsem já", zatímco "tamto je něco jiného". Čím více se tento pocit upevňuje, tím lépe organizovaná bude vyhlížet struktura toho kterého minerálu. Až se dostaneme k těm opravdu nejvzácnějším minerálům, které už mají velmi dobře vyvinutou strukturu a které jsou schopny vytvářet například krystalické formy, často velice složitých tvarů. Chemické složky určitého typu mohou přitom k sobě pociťovat vzájemnou přitažlivost či naopak odpor. Nikdy jsem nebyl příliš dobrý v chemii, takže raději se nebudu ani pokoušet o nějaké složité výklady či analogie; ti kteří naopak dobří jsou, si jistě dokáží představit co se asi může na této rovině dít, co se s radostí slučuje s čím a co si vzájemně jde nejvíc na nervy, atp. Podstatné je na tom to, že téměř ke všem akcím, chemickým reakcím, zde dochází jen na hmotné a éterické rovině, jen s občasnými kratičkými výlety do astrální oblasti a to jen v řídkých případech. To když třeba takový diamant zatouží po tom, být skvěle vybroušený a nacházet se v objetí vzácného kovu zlata, to jest stát se součástí prstenu, který na svém štíhlém prstu nosí krásná kněžna! To ale asi přeháním. Jinak, být takovým minerálem se asi nejvíc podobá tomu nacházet se v dlouhém, téměř ničím nepřerušovaném spánku. Jak si jistě umíte představit, drahokamy či vzácné kovy nejsou potom ničím jiným, než v poměru k ostatním minerálům nejdále vyvinutější a tudíž strukturálně nejlépe organizované minerály. To samé platí o vzácných kovech. Sedm paprsků, podle nichž se tyto formy vyvíjejí, lze již určit a tyto nám udávají vývojový směr, jakým se ta která minerální skupinová duše ubírá. Takto zde máme například sedm hlavních druhů drahokamů: diamant, safír, smaragd, jaspis, topas, rubín a ametyst. Ke každému z nich patří jim přidružená delší řada polodrahokamů, atd.

Na pravé straně všech diagramů máme vždy tvar označený písmenem "A" který vyhlíží poněkud jinak než ty ostatní, spíš jako hromádka hlíny či něco takového. Představuje to, co z nějakého důvodu přestalo existovat jako forma, tedy vlastně "zemřelo". Na úrovni minerálů není ještě smrt tolik nápadným jevem, jak tomu bude na těch dalších jimiž se v sérii inkarnací prochází, počínajíce například už u rostlin. Cleve Backster, který původně pracoval pro americkou CIA s detektory lži, dostal někdy v šedesátých letech nápad napojit na detektor některé z rostlin nacházejících se v květináčích v jeho laboratoři. Vznikl z toho neobyčejně zajímavý projekt. Backster zaznamenával jemné elektrické proudy jimiž rostliny reagovaly na různé situace. Tyto reakce pochopitelně nebyly tak výrazné jako u lidí, nicméně se ukázalo, že rostliny nejen reagovaly na to, když někdo některou z nich zničil, pamatovaly si ale dokonce i kdo to byl a ovládlo je cosi podobného „pocitu strachu", kdykoliv ten samý člověk člověk-vrah vstoupil do místnosti!

U zvířat už se z toho stává ještě významnější událost, přičemž ta nejvíce vyvinutá zvířata už jsou dokonce schopna toho vykazovat smutek nad smrtí druha či družky. Dejme tomu ale, že v prvním případě byl určitý minerál člověkem vytěžen a zpracován tak, že byl rozdrcen na prášek, který se navíc smísil s nějakou jinou minerální látkou, aby se z toho něco vytvořilo. Ta původní minerální forma, dejme tomu nějaký oblázek či balvan, tedy přestal existovat, zemřel. Skupinová duše v takovémto případě do sebe vstřebá nižší triádu, která s touto mrtvou formou byla spojena. Totéž potom platí v různých obměnách i pro následující diagramy rostlinné a zvířecí skupinové duše.

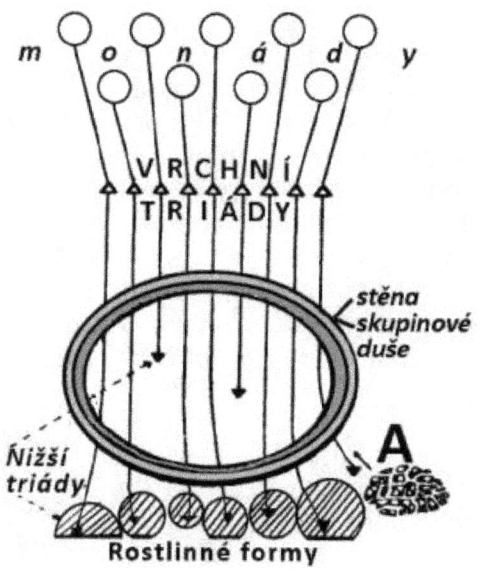

Rostlinná skupinová duše

U *rostlinné duše*, jak vidíme, vše zůstává více méně stejné jako u minerální skupinové duše, pouze její obal má nyní jen dvě vrstvy, jednu z astrální elementální podstaty, druhou z té mentální. Některé z nižších triád jsou napojeny dole na rostlinné formy, jiné končí uprostřed oválu skupinové duše, protože nejsou momentálně spojeny s žádným rostlinným životem. Opětně zde máme bod „A" představující ty formy, které jako organismus přestaly existovat a jejichž esenci si stáhne a do sebe vstřebá skupinová duše. Jak v případě minerálních tak i rostlinných skupinových duší, dochází zde k značným aktivitám na straně dev neboli andělů, do nichž my příliš dobře nevidíme. Devy mají své úkoly, které bývají většinou spjaty s evolucí či případně involucí, přičemž nižší triády se zejména zdají být v ohnisku jejich zájmu. Vibrační frekvence jsou jimi přitom různými způsoby přenášeny od jedné skupinové duše k druhé. Skupinové duše se také neustále rozdělují, přičemž jemnými způsoby mění své charakteristiky, atp.

V jedné ze svých knih jsem kdysi napsal o tzv. "soumračné zóně" v níž, aniž bychom si toho byli my lidé vědomi, se příslušníci některé z jiných říší jaksi v tichosti nenápadně vykradou a přesunou se to té vedlejší zóny. Existují minerály, které jsou už téměř rostlinami, jsou zde rostliny, které už skoro sahají po zvířecím statutu, mohou zde být... Docela určitě existují i možnosti a způsoby překrývání se mezi sousedícími říšemi.

Jak vidíme na tomto diagramu, obal který kolem sebe má *zvířecí skupinová duše* se zde ztenčil na jedinou vrstvu, kterou tvoří směrem do hmoty sestupující elementální podstata patřící ke čtvrté dílčí mentální rovině. Skupinová duše zvířat se nyní rovněž nachází na této nižší mentální rovině. A opět zde máme naznačený případ, kdy zvíře náležející k určité skupinové duši zahynulo a to "něco" co ze svého života vytěžilo si do sebe duše stáhla. A opětně jsou zde nějakým způsobem zainteresované devy, které nade vším dozírají.

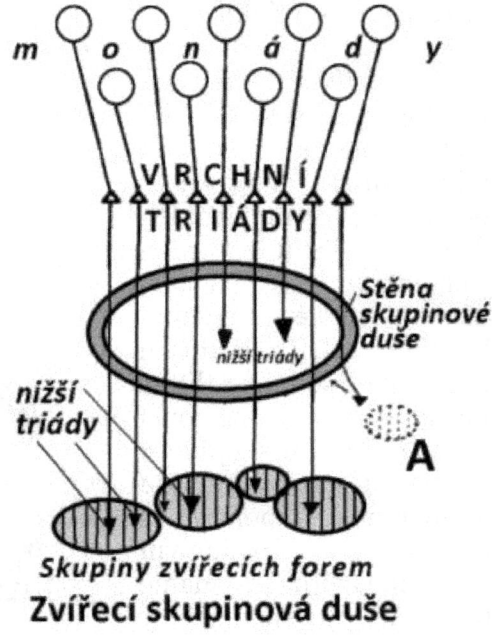

Zvířecí skupinová duše

Tážete se asi, jak se to vlastně má s těmi devami? Na odpověď k této otázce si asi budeme muset nějaký čas počkat; zřejmě není míněno, aby o tom lidstvo v tomto stádiu svého vývoje příliš mnoho vědělo. Podle toho, co nám naznačují různé mytologické příběhy a pohádky, bývají zejména devy těch nižších řádů, které mají zřejmě spojení s evolucí minerálů a rostlin, dalo by se říci poněkud žárlivé na své úkoly. V těch nejlepších případech se mohou tito duchové přírody chovat celkem blahosklonně, často ale mohou být i dosti zlobní, to když se nějakým způsobem jejich zájmy zkříží se zájmy nás, lidí. Což se ovšem děje dosti často, v moderní době potom stále častěji, poté kdy jsme si vytvořili a postupně zdokonalovali nové a nové způsoby znečišťování životního prostředí. Dolování minerálů, něco co lidé sice dělali odjakživa, ale v mnohem menším měřítku a v dávné minulosti navíc s tou největší opatrností, nám u nich asi také na popularitě nepřidává.

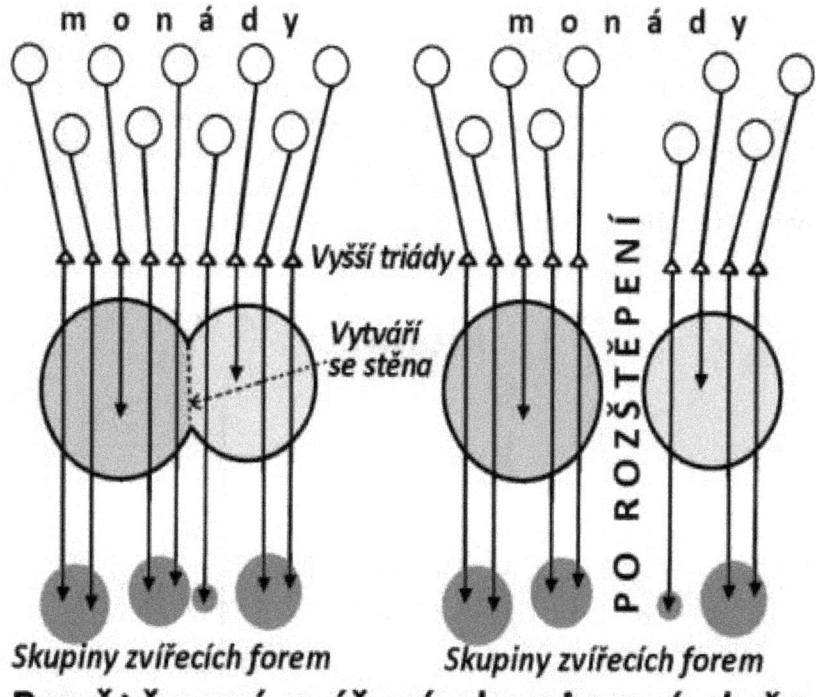

Rozštěpení zvířecí skupinové duše

Zde máme grafické znázornění toho, jak se skupinové duše nejen rozmnožují, ale také vyvíjejí, protože s každým takovýmto rozštěpením, které se dosti podobá rozmnožování jednobuněčných organizmů, vzniká něco nového a potenciálně pokročilejšího. Počínajíce minerály, tento systém je zhruba stejný pro všechny typy skupinových duší, také ty minerální či rostlinné. Skupinová duše zvířecí se rozštěpuje znovu a znovu, až každá nižší triáda má pouze jediný obal vytvářený elementální podstatou, která ji chrání a živí. Nicméně, zde se proces již blíží k *individualizaci*, takže výraz skupinová duše se nám vlastně už ani moc dobře nehodí, protože nižší triáda už zcela jasně není žádnou skupinou. Tím, že se oddělila od skupiny k níž předtím náležela se z ní stala individuální triáda. Tento stav nám znázorní jiný diagram.

Na pravé straně tohoto diagramu se dosáhlo situace, kdy vznikla jediná zvířecí forma přináležející k tomu, co předtím bylo zvířecí skupinovou duší. K tomu dochází daleko nejčastěji v případech domácích zvířat, z nichž se v mnoha směrech už stali kvazi lidští jedinci. Takto se mohou inkarnovat v celé sérii po sobě následujících zvířecích forem, přičemž mají už velice blízko k vlastní individualizaci. K té ale nemůže zcela ještě dojít, dokud se nevytvoří aspoň ten nejzákladnější nárys kauzálního těla.

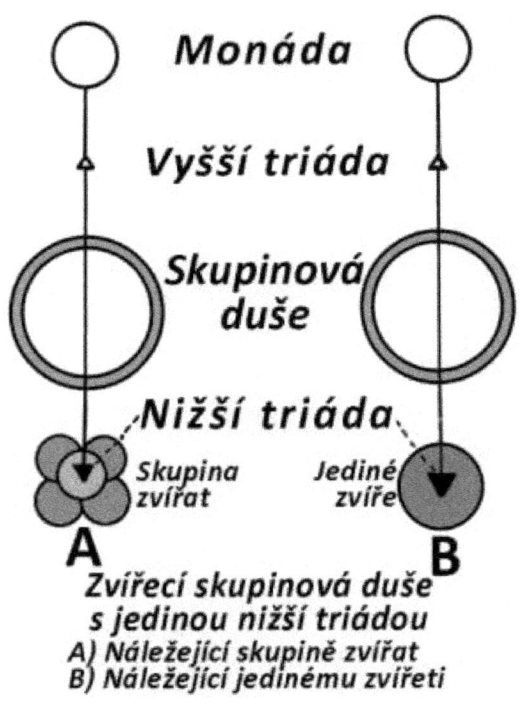

Zvířecí skupinová duše s jedinou nižší triádou
A) Náležející skupině zvířat
B) Náležející jedinému zvířeti

Zde se dostáváme k něčemu, co se běžně nenachází v žádném z výkladů nábožensko-filosofických systémů, které sice mohou obsahovat různé náznaky, pokud ale vím, nepodávají žádná vysvětlení toho, jak vlastně může dojít k tomu, aby se ze zvířete stal člověk, z rostliny zvíře či z minerálu rostlina. Pokud se ovšem přiznává, že k něčemu takovému může vůbec dojít, což většinou pravdou nebývá. Dokonce i kabala, která se jinak dosti podobá theosofii, před tím většinou couvá. Člověk je podle mnohých z kabalistů prostě pánem tvorstva, oprávněný k tomu chovat se podle toho, tedy povýšeně. Theosofové, jak jsem si všiml, mívají vůči zvířatům vlídnější vztahy, chovají se vůči přírodě vůbec s větší dávkou skromnosti a pokory.

S individualizací, s přechodem od zvířecího k lidskému stavu, není radno nijak spěchat. Víme přece, že bývá rozhodně lépe pokud lidské embryo zůstane v matčině lůně plných devět měsíců, i když k tomu aby přežilo většinou stačí dítěti pouhých sedm měsíců. Podobně se to má i s individualizací zvířete. Není prostě dobré, když se to příliš uspěchá. Také je zapotřebí si uvědomit, že se v tomto bodě nacházíme ve čtvrtém kole a na čtvrté planetě v tomto manifestačním cyklu (více o těchto věcech jinde), tedy jen o málo dále než v polovině celého cyklu. Přitom "vyžádaný termín" pro individualizaci je před koncem tohoto cyklu. Zvíře (rostlina, minerál), které se individualizuje v tomto bodě, musí být ve svém vývoji daleko napřed, dalo by se říci že se nachází na úplné špičce závodního pole, pokud chceme užít takového přirovnání. Počet zvířat, která se individualizují za těchto okolností, musí nutně být velmi malý, nicméně se to stává. Nutné k tomu ale je, aby mělo takové zvíře velice blízko k člověku. Pokud je s ním v úzkém vztahu, potom myšlenkové a emoční vlny člověka se obrážejí na jeho zvířecím miláčkovi (užívám tohoto výrazu, protože to je kdy k tomu zdaleka nejčastěji dochází) a jaksi posouvají zvíře na vyšší úroveň, jak emocionálně tak i intelektuálně. Citový vztah, který se přitom vytváří, hraje potom také důležitou úlohu – snad každý z nás jsme měli či aspoň víme o nějakém psovi, který se jen třese na to, aby se mohl zavděčit svému pánovi!

Sedm paprsků, o nich jsem se již zmínil, hraje i zde svou důležitou úlohu. Protože se nacházíme teprve ve čtvrtém kole sedminásobného cyklu, pouze čtyři z těchto paprsků, podle nichž se vývoj odehrává, se až doposud zaktivizovaly. Každý z těchto paprsků má své vyvrcholení v jedné ze zvířecích forem. Tyto čtyři formy se většinou uvádějí jako slon, opice (nikoliv ale lidoop, který patří jinam a o němž si povíme jinde), pes a kočka. Ke každému z těchto vede vývojová řada přes zvířata divoká, typu vlk-liška-šakal-pes.

Pokud jde o to, kolik zvířat asi náleží k jedné skupinové duši, což bývá dosti často kladenou otázkou, na to lze odpovědět opravdu jen velice povšechně. V případě hmyzu, jepic, much, či komárů, musíme si asi představovat skupinovou duši zahrnující třeba i miliardy jedinců. Jistě zde budou také ještě milióny motýlů, ale nejspíš už jen statisíce myší, možná že pouhé tisícovky králíků, nejspíš už jen stovky vlků, tygrů, lvů či jelenů. V případech těch zvířat u nichž je individualizace možná, jako u psů či koček, stovka či dvě by mohla být ještě limitem v případě těch toulavých polodivokých zvířat. U těch opravdu inteligentních psů či domácích koček, snad už jen nějakých pět či deset se jich vejde do jedné skupinové duše.

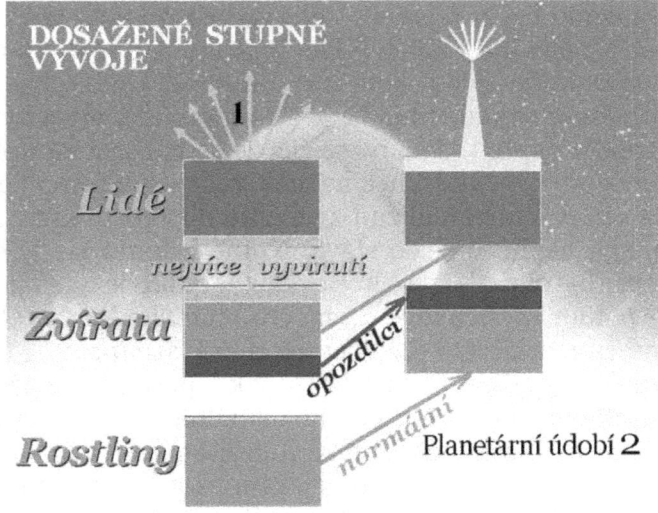

Individualizace

Zrekapitulujme si nyní, co předcházelo tomuto velice důležitému jevu znamenajícímu vstup do lidské říše. Nejprve zde byly monády, které své bytí získaly od tzv. *Prvního logu*. Ty se usadily na nejvyšší rovině *Anupadaka*, kde zůstávají po celou tu dobu jíž se zabýváme. *Devy* (totéž co v Bibli andělé) pomohly monádám si získat *permanentní atomy* na následujících nižších rovinách existence *Atma, Buddhi* a *Manas*. Takto se vytvořila tzv. *Vyšší triáda*, kterou vlastní každá monáda. Později k vyšší triádě přibyla také *triáda nižší*, jíž tvoří permanentní atomy nejnižších třech rovin, *mentální, astrální* a *hmotné*. Tato nižší triáda se postupně ponořovala do *životních říší*, které jsou v tomto stádiu vývoje čtyři: *lidská, zvířecí, rostlinná* a *minerální*. Přitom ji ochraňovala a vyživovala *skupinová duše*.

Nyní se ocitáme v situaci, kdy se nižší triáda po dlouhé a složité pouti třemi říšemi, z nichž tou poslední byla říše zvířat, nachází na prahu k přechodu do lidské říše. Z původní skupinové duše zůstává už jen obal, který ji předtím živil a chránil a o který se dříve dělila s neustále se ztenčujícím počtem jiných triád – tento obal má nyní sama pro sebe. Situace se podobá té, kdy se dítě nachází v mateřském lůně, kde je chráněno a vyživováno, nakonec ale dospěje k tomu názoru, že je už na čase aby žilo svůj vlastní život ve vnějším světě, takže dojde k narození.

Nehodlám se na tomto místě zabývat detailně tím, jak theosofie vykládá samotný proces individualizace, protože ten je složitý a nachází se daleko mimo rámec tohoto pojednání. Musel bych vás totiž zavalit spoustou dalších diagramů a těch už myslím takto bylo dost. Takže raději přejdu rovnou k tomu, jakými způsoby může k individualizaci dojít.

1. *Individualizace pomocí intelektu.* K ní dochází zejména tehdy, kdy se zvíře stýká regulérně s lidmi, ještě pravděpodobněji s jedním určitým člověkem. Tím, jak se snaží porozumět tomu, co a proč činí onen člověk jehož si vybralo za svůj vzor, jeho vznikající mentální tělo je tímto stimulováno.

2. *Individualizace pomocí emocí.* Člověk, s nímž je domácí zvíře v denním styku, může být značně emoční a projevuje své city silným a okázalým způsobem. Zvíře činí to samé. Náhlé a oboustranné vzplanutí citů způsobuje, že přes astrální tělo dojde ke spojení s buddhickým aspektem monády, čímž pádem se může vytvořit tzv. *Ego, vyšší Já*.

3. *Individualizace pomocí vůle.* K té může dojít tehdy, kdy "pán" zvířete je duchovně značně vyspělý a má proto silnou osobní vůli. Tento aspekt je ve zvířeti proto také posílen a projeví se s největší pravděpodobností zvýšenou aktivitou hmotného těla

zvířete, zejména jedná-li se mu o to, aby mohlo nějak svému pánovi prospět.

Normálně dochází k individualizaci jedním z těchto způsobů, jsou zde ale i jiné možnosti. Podle okultní tradice například došlo ke konci minulého řetězce, jemuž se také říká "měsíční", k individualizaci asi dvou miliónů duší, jež k této změně dohnala pýcha – přehnaná víra ve vlastní intelektuální schopnosti. Ostatních lidských kvalit nicméně tyto duše postrádaly. Prý by se byla jejich situace jen zhoršila, kdyby se nemohly individualizovat, takže dohližitelé nad karmickými záležitostmi jim to v tomto případě povolili. Z této skupiny, které se někdy také říká "oranžová", to podle převládající barvy v jejich kauzálních tělech, se jich v dějinách lidstva prosadilo poměrně hodně v podobě různých tyranů, dobyvatelů, masových vrahů i šedých eminencí. Existují i jiné možnosti abnormální individualizace, například pomocí strachu, nenávisti, touhy po moci, atp. Žádná z nich nevěstí nic dobrého. Na této úrovni ovšem vždy docházelo a dochází ke konfliktům, to je co činí hmotný svět tím, čím je. Cynik, který se v nás všech schovává, se proto ihned zeptá: co bychom si počali bez zdrojů uvádějících do naší sféry padouchy, zloduchy, záporňáky všech možných typů?

Na tom, jaký druh kontaktu s člověkem zvíře má, závisí také do značné míry to, jak dalece se vyvine kauzální tělo. V těch případech kdy prošlo zvíře, například pes či kočka, sérií inkarnací během nichž se počet jedinců náležejících k té stejné skupinové duši postupně snížil na minimum, míníce dvě či tři zvířata, potom se může vytvořit celkem kompletní kauzální tělo. Znamenat to bude ale nejspíš to, že takto individualizovaný člověk se bude nacházet na špičce budoucího lidstva v příštím kole. To proto, že vstup do kategorie "člověčenství" je momentálně již uzavřen. Snad s jednou výjimkou.

Charles Darwin to už za svého života schytával od různých karikaturistů ve velkém. Ta jedna kresba, která se mi vždycky nejvíc líbila, je od neznámého umělce a nemohu si nechat ujít příležitost k tomu ji zde opět uvést. V době kdy se začala theosofie prosazovat, byl pro mnohé Darwin přirozeně jakýmsi představitelem onoho „nepřátelského tábora" a jeho evoluční teorie byla a dodnes často i je, značně zkreslována.

Pravdou je to, že tento vědec nikdy netvrdil, že by se byl člověk vyvinul z opice, což bývá dodneška populární výklad jeho teorie. Člověk a lidoop měli podle Darwina kdysi dávno mít jednoduše společného předka. Ten ale až doposud, přes veliké úsilí jaké antropologové vyvinuli, zůstává až doposud neobjeven.

Blavatská má na to ale ještě jiný názor. Podle ní se člověk s lidoopy zkřížil v dávné době, což ona nazývala „sin of the mindless", hřích nemyslících, nerozumných. K tomu mělo dojít před koncem čtvrtého oběhu v současném vývojovém cyklu.

Zajímavé je, že poměrně nedávno provedené genetické rozbory DNA u lidí a šimpanzů naznačují, že tyto dva druhy se skutečně mohly zkřížit. K nějakému křížení mohlo snad dokonce dojít dvakrát, naposledy někdy před asi pěti a půl milióny let. Od té doby už se příroda postarala o to, že k dalšímu podobnému křížení už dojít nemůže.

Podle Blavatské, mají lidoopové blíže k lidem než k jiným opicím a tudíž představují zcela zvláštní případ. V zásadě bychom mohli říci, že u nich už k individualizaci došlo. Následkem toho se mají ještě před koncem tohoto vývojového cyklu přidat k lidské rase. To by ovšem znamenalo, že by se rodili v lidských tělech a ne v tělech opičích.

10. Funkce kauzálního těla

Stručně řečeno, v kauzálním těle se nacházejí příčiny toho, co se na nižších rovinách existence projeví později jako následky. Zkušenosti, které monáda nasbírala v průběhu předchozích životů, jsou zde uloženy a podle nich se bude řídit celkové stanovisko k životu i činy, jaké člověk bude schopen provádět. Kauzální tělo se v sanskrtu jmenuje *Karana Šarira*. Kauzální tělo má dvě základní funkce – jednak je místem které obývá a v němž se pohybuje tzv. *Ego* neboli naše vyšší *Já* a je přitom také jakýmsi "skladištěm" či ještě lépe řečeno „archivem", v němž jsou uloženy veškeré nasbírané zkušenosti. Přitom pro to, co nemá trvalou hodnotu, jako například pomíjivé emoční pocity, tělesné zážitky, atp, zde místo není, pouze pro to, co se bude přenášet do dalších inkarnací.

Kauzální tělo je tím, co činí člověka člověkem. Je příjemcem všeho toho co vytrvá, toho co je ladné a co se nepříčí duchovním zákonům. Pokud má člověk vznosné a čisté myšlenky, tyto se stanou částí jeho kauzálního těla. Zatímco nižší mentální tělo nám slouží jako receptář myšlenek majících spíše konkrétní formu, kauzální tělo se zabývá myšlenkami abstraktního druhu. Tvoří je látka přináležející k první, druhé a třetí z dílčích rovin mentální roviny. U drtivé většiny lidí není kauzální tělo plně funkční, takže hlavně jen ta látka náležející k třetí dílčí rovině je k jeho stavbě užita. Plnou kontrolu nad svým kauzálním tělem mají takto pouze ti jedinci jimž budeme říkat Adepti či Mistři, tzn. lidé nejdále duchovně vyvinutí. Naopak, poměrně nevyvinutý člověk, který se relativně nedlouho předtím individualizoval, má kauzální tělo podobající se spíše jen bublině, která se jeví jako prázdná. I když tato je sice tvořena látkou vyšší mentální roviny, ta ještě nebyla uvedena v činnost, takže vypadá celkem bezbarvá a průhledná. Teprve postupně se bude toto tělo zabarvovat, tak jak budou k němu přibývat vibrace vyššího řádu, které předtím prošly nižšími těly. K tomu už dochází nyní; tento proces se ale bude stupňovat v průběhu nadcházejících cyklů evoluce.

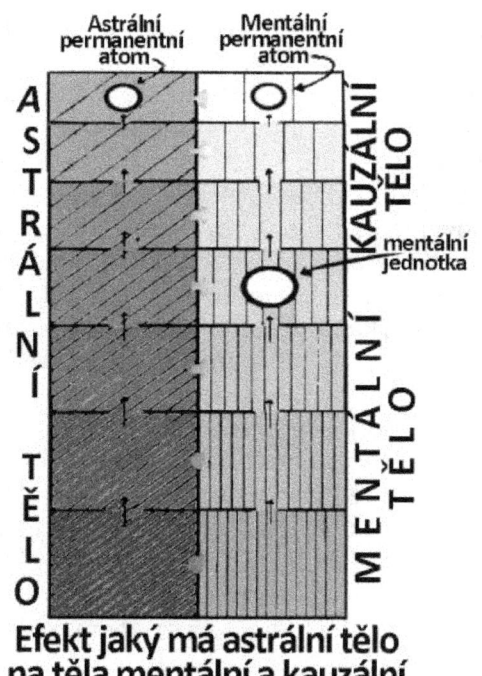

Efekt jaký má astrální tělo na těla mentální a kauzální

Dílčí roviny se na tomto diagramu zmenšují s tím, jak se postupuje nahoru, od nižších vibrací k vyšším. Mezi dílčími rovinami které se nacházejí vedle sebe jsou otvory, jimiž jakoby uniká poněkud zředěná látka. To znamená, že část "vibrací" té které dílčí roviny se může přenést na vedlejší dílčí rovinu, která se ale nachází o stupeň výše. Tyto otvory či průchody se postupně zmenšují odspoda vzhůru, čímž se naznačuje, že pouze ty nejjemnější vibrace se mohou takto přenášet na ty nejvyšší roviny.

Jak jsme si již pověděli, kauzální tělo poměrně nevyvinutého člověka připomíná spíše prázdnou bublinu. Ta se s tím jak se člověk vyvíjí nezvětšuje, pouze se zaplňuje, dalo by se říci zabarvuje a to barvami, jejichž krásu a sytost si na této úrovni nedokážeme představit. I ty nejzářivější barvy, takové jaké dovede jen vynikající umělec dostat na plátno, či snad ještě lépe, barvy jimiž září barevné sklo oken chrámu jimiž prosvítá slunce, jsou jen pouhým odrazem toho, co je možné spatřit na této rovině! Kromě stálých barevných polí, v případě duchovně vyvinutého jedince, lze také, zejména v horních částech kauzálního těla, spatřit třpytivé jiskřičky prozrazující mentální aktivitu soustřeďující se směrem vzhůru, tam kam sahají ty nejvyšší ideály jichž je člověk schopen v sobě uchovávat.

Naznačil jsem již dříve, že nic zlého se na této rovině nemůže projevovat. Víme všichni, že v nedokonalém světě v němž se nacházíme, zlo definitivně existuje a někteří z nás stráví celé životy prakticky jen tím, že s ním "bojují". A protože ve všem musí být rovnováha, jsou zde tací, kteří se vždycky a zřejmě i rádi postarají o to, aby bylo s čím bojovat. To slovo „bojují" dávám do uvozovek, protože bojovat v zásadě znamená pokoušet se o to potřít zlo zlem (vždycky mi hrozně vadilo to heslo, které mnozí z nás starších jsme slýchávali téměř denně – bojujeme za mír!). Protože zlo jaksi "patří" do říše hmoty, nalezneme zde lidi, které asi nelze označit jinak, než jako zlé. Protože se jedná o lidi, tito musejí mít svá kauzální těla a také je mají. Obvykle nepříliš vyvinutá, ale přece jen do jisté míry funkční. Znamená to, že i ty nejhorší lidi, válečné zločince, masové vrahy a pod., můžete teoreticky potkat na kauzální rovině. Budou zde ovšem vykazovat jen ty vlastnosti, které jsou v nich dobré, protože to zlé sem prostě nemá přístup. Člověk se těžko zbavuje dotěrné myšlenky, byli by takoví Hitlerové či Stalinové na mentální rovině vůbec k poznání? Každý z nás ale máme v sobě něco dobrého a také něco špatného – naše Já sice nemůže být špatné, ale může být a také bývá nedokonalé. Zlozvyky, které člověk má, nemohou nikterak ovlivnit či znečistit jeho kauzální tělo. Co mohou ale způsobit, je zpomalit v něm vývoj těch ctností, které se nacházejí na jejich opačném pólu a které je mají nakonec přerůst. A to je asi případ těch lidí, které jsem právě zmínil.

Páté, šesté a sedmé nebe

Páté nebe je rovněž známé jako Třetí dílčí rovina. Rozdíl mezi nižší a vyšší mentální rovinou je natolik výrazný, že k tomu aby se mohlo přejít z té nižší na vyšší, je zapotřebí toho mít pro každou z nich zcela jiné tělo. Zmínil jsem již to, že každý z nás se této roviny a jí odpovídajícího kauzálního těla musíme aspoň dotknout, dříve než může dojí k příští inkarnaci a k opětnému sestupu do hmotného těla. V případě duchovně nevyvinutých lidí se opravdu jedná jen o krátký a lehký dotyk, jehož si jsou snad jen matně vědomi. Pokaždé ale bude jejich pobyt zde o něco málo delší a trochu významnější – budou si přitom také víc vědomi toho, co se s nimi děje. Délka pobytu na vyšší mentální rovině *arupa* se proto může velice moc lišit. Někdo zde může pobýt jen den či dva, jiný zde stráví celé roky.

Tato nejnižší ze třech dílčích rovin vyšší mentální roviny *arupa* je také tou nejobývanější, za současného stavu celkového vývoje v tomto velikém cyklu. Kromě těch duší, které jsou schopny pohybu na ostatních dvou dílčích rovinách, téměř všechny duše účastnící se tohoto vývojového cyklu se nacházejí zde. Podle okultní tradice, asi 60 až 70 miliard monád je takto zainteresováno. To by ovšem znamenalo, že v současnosti se přibližně každá desátá monáda z celkového počtu nachází v hmotném těle. Existuje celá řada teorií které se pokoušejí vysvětlit, proč právě v této době dochází k tolik zhuštěné vlně inkarnací, jaká nemá v nám známém dějinném údobí obdoby. Je ovšem otázkou, jak tomu bylo v minulosti, zda k něčemu podobnému nedošlo už vícekrát v časech minulých, o nichž nemáme žádné záznamy. V dobách o nichž máme jakýs-takýs přehled, což je jen několik tisíc let, byla zřejmě populace na zemi podstatně řidší. Jinou otázkou je, zda má shora uvedený počet být považován za konstantní, či zda mohou být monády nacházející se v naší sféře doplňovány jinými, přicházejícími sem od jiných sfér nacházejících se v podobném stadiu evoluce. Tedy jakýsi devami či agenty starajícími se o karmické záležitosti vedený a kontrolovaný emigrační program...

Naprostá většina lidí, ať už se nacházejí v hmotném těle či nikoliv, je zde ve stavu jakéhosi snivého polovědomí, zatímco pouze u některých lze zaregistrovat větší aktivitu – těch kteří jsou opravdu plně při vědomí je jen málo a odlišují se zcela jasně od těch ostatních. Ti „ostatní" nemají ještě ustálený náhled na to, čeho se vlastně účastní a jaké jsou zákony a celkové cíle evoluce. Usilují tudíž o to, aby se mohli znovu inkarnovat, k čemuž u nich dochází jaksi automaticky, vedeni k tomu vyšší vůlí a celkem slepou "žízní po životě". Vysoce zjemnělé vibrace na této rovině jim prostě nevyhovují, touží po něčem pomalejším, hrubším, těžším, což lze jedině nalézt v hmotné existenci. Jedině zde se mohou cítit být skutečně živými.

Tato v lidech zabudovaná touha je v souladu se zákony evoluce. K jejich vývoji dochází následkem vlivů, které na ně má vnější svět a zpočátku musí tento svět být dostatečně drsný, aby to na ně mělo patřičný dopad. Postupem času se jejich rezonanční schopnosti začnou zlepšovat a oni začnou reagovat nejprve na hmotné vibrace vyššího řádu a později i na to, co se nachází na astrální rovině. Odtud si budou nejprve přinášet stále více a více zážitků ze svých snových výletů a během posmrtného pobytu na astrální rovině se mohou začít víc věnovat činnostem kreativního charakteru. To v nich dále vzbudí vědomí na úrovni mentální, nejprve na nižších dílčích rovinách, později i v kauzálním těle. Teprve tam je ale člověk schopen si plně uvědomit, že se až doposud nacházel ve světě iluzí, i když iluzí které byly pro jeho vývoj potřebné, dokonce nutné. Teprve na vyšší mentální rovině je možné začít svou budoucnost plánovat, protože zde lze nahlédnout stále jasněji a jasněji do sítě příčin a následků. Vyšší Já je tak schopno uvědomit si jaké jsou jeho silné stránky a co je potřeba zlepšit, kde je nutné "zabrat", často z úplně jiného konce. Potom také dochází k těm nám často nepochopitelným inkarnacím lidí, kteří jsou nějakým způsobem limitováni, nejčastěji fyzicky, přičemž se dokáží přes tyto překážky přenášet s úsměvem na tváři. Hluboko v duši totiž vědí, proč je tomu tak a kam je to má zavést. Takto se člověk pomalu propracovává k vyšším cílům, což se zde snažím podat ve velice zhuštěné formě.

Dílčí roviny šestá a sedmá na vyšším mentální neboli kauzální rovině, se jaksi nacházejí mimo rámec tohoto pojednání. Vše co lze o nich říci je, že k tomu aby se člověk v tomto stádiu evolučního cyklu na ně dostal a něco si z nich za plného vědomí odnesl, potřebuje se dostat přinejmenším přes tzv. *První iniciaci*. Těchto iniciací má údajně být deset možných, přičemž to poslední je tzv. *Sluneční Logos*. Po nich snad mohou následovat jiné, na vyšší úrovni. Nás zde zajímá ta čtvrtá, zvaná *Arhat* neboli *Paramahansa*. V tomto bodě totiž je totiž pro nově zasvěceného Arhata už možné toto „naše" vývojové schéma opustit a vybrat si jednu ze sedmi možností, které se zde nabízejí. Ve výběru se člověku dostane rady bytostí známých jako *arupa deva (v křesťanské terminologii archanděl)*, které na nižších rovinách nelze potkat, protože kauzální tělo je tím nejhrubším z těl která běžně užívají. Tyto devy jsou sice schopny toho sestoupit na nižší roviny, musely by ale k tomu mít opravdu dobré důvody, takže jinde než na nejvyšší rovině (a výše) se běžně nevyskytují. Sedm možností otevírajících se před nově zasvěceným Arhatem bývá uváděno následovně:

1. Zůstat nadále členem lidské rasy jako jakýsi dozorčí, jinými slovy stát se již zmíněným *Mistrem* či *Adeptem*.
2. Pokračovat dále s lidstvem jako *Avatar* (Hindu) či *Bodhisattwa*, což v sanskrtu znamená „osvícená bytost".
3. Přejít na paralelní evoluci a stát se *Devou*.
4. Stát se členem tzv. solárních jednotek, což znamená existenci na jiných (nám neviditelných) rovinách planetárního systému.
5. Starat se o přípravu k příštím cyklům vývoje, které budou následovat ten v němž se nacházíme.
6. Vstoupit do stavu tzv. *Nirvána*, což je stav blaženosti.
7. *Pratyekabuddha*, v zásadě totéž.

Tyto možnosti jsou zde pouze zmíněny ve stručnosti a nehodlám je dále rozebírat. Různí autoři navíc předkládají různé teorie, čímž se to dále komplikuje.

Trišna – žízeň po životě

Našemu vyššímu Já se dostává toho základního impulsu k reinkarnaci z těch nejvyšších míst. V zásadě dělá naše Já neboli Ego totéž, co činí Logos, který je také jaksi povinen činit stále nové a nové výlety do nižších rovin existence, ovšem v daleko menším měřítku. Nutkání k tomu, aby se Ego znovu a znovu inkarnovalo, vytvářelo si nové a nové osobnosti a posílalo je dolů do hmoty, je v sanskrtu známo jako *trišna*. Naše Já není přitom do ničeho nuceno, iniciativa vychází přímo z něho – rodí se v hmotném těle, protože si to tak přeje. Dokud je zde touha po tom ocitnout se znovu ve hmotném těle, dochází k tomu znovu a znovu. Má se tomu podobně, jako když si naše hmotné tělo vyžaduje potravu, poté kdy do sebe vstřebalo to poslední jídlo a dostavil se tudíž hlad. Dokud je člověk nedokonalý, dokud se mu nepodařilo do sebe vstřebat to vše, co mu může život v hmotném těle nabídnout, do té doby bude pociťovat potřebu k tomu vracet se na zemi. Dokud bude cítit potřebu něco si dokazovat, jako například tím, že vyhraje dvouhru ve Wimbledonu, dotud se bude vracet do hmoty. Na astrální rovině se sice dá tenisový turnaj vyhrát snadněji, není v tom ale ta pravá výzva!

Existují nábožné sekty, zejména ve východních zemích, v současnosti už ale i na Západě, jejichž moto je "zabijte v sobě touhu!" Zní to hezky a celkem logicky, takže dost lidí se proto tímto směrem vydá. Je totiž možné dosáhnout stavu který se nazývá *mokša*, kdy je člověk na čas osvobozen od této žízně po životě a jaksi vypadne z kola znamenajícího sérii inkarnací. Konečné řešení to ale neznamená. Takový člověk se potom ocitne v některém ze světů, které bývají spojeny buď s určitým způsobem meditace či zbožňování nějakého božství. Zde může zůstat po dlouhý čas a cítit se zde docela spokojeně; nakonec se ale vrátí a začne znovu tam kde přestal.

Zkusme se opravdu vážně zamyslet nad problémem reinkarnace. Brzy potom pochopíme o čem se často i dosti vášnivě vedou debaty a sice, zda by měla reinkarnace být běžnou součástí základního učení, či být vyhrazena pouze pro ty, kteří se již nacházejí v poněkud pokročilejším stádiu duchovního vývoje? Tyto debaty se zřejmě vedly už mezi křesťanskými duchovními otci na samém počátku křesťanství. Porota tehdy rozhodla (nevíme jestli jednoznačně, spíš ale asi ne), že jakékoliv zmínky o reinkarnaci se k oficiálnímu učení církve nehodí. Následkem toho nám zůstalo jen několik narážek v Novém zákoně, jako například ta, kdy se učedníci ptají Krista zda ten a ten zhřešil v předchozím životě, když je nyní očividně trestán, atp.

Pokud naše uvažování nebrzdí materialistické názory, doktrína reinkarnace nám dává hodně smyslu. Vyplňuje mezery, některé z nichž jsou opravdu zející, tolik široké, že je i ortodoxní křesťan či Žid musí také vidět. Přesto je většinou odsune stranou, protože se příliš dobře neslučují a někdy i prudce nesouhlasí s tím, co se dozvěděl ve svých formativních létech v nedělní škole. Na příklad, jak je možné, že někteří lidé postižení od narození těžkými vadami tělesnými či mentálními, jsou schopni se s tímto viditelně vypořádat a to dokonce s veselou a usměvavou myslí? Nevědí snad instinktivně, že pokud by měli mít jen tento jeden jediný život, bylo by to vše beze smyslu, marné, neplodné či přímo nespravedlivé? Přitom takováto zřejmá nespravedlivost některé zdravé lidi dokonce přivádí k zuřivosti a často i způsobuje, že se potom vzdají své víry, odtáhnou se od církve! Naproti tomu, pokud si dovedeme představit, že člověk nějakou vadou těžce postižený, dokáže využít zkušeností nasbíraných tím, že se po celý jeden život musel potýkat s problémy a omezeními a naučil se je překonávat, nemohlo by mu to být nesmírně užitečné v nějakém příštím životě? A už se tu otázky i námitky jen hrnou:

> *Pravda, chápu to, že všichni z nás zároveň s tím jak stárneme a jak naše těla ztrácejí postupně svou původní pružnost a přizpůsobivost, se musíme naučit vyrovnávat s jistými omezeními, proč ale se to pro některé z nás zmnohonásobuje?*
> *Proč jsou někteří lidé trestáni a nespravedlivě odsuzováni do žaláře, či aspoň vylučováni z veřejného života, zatímco jiným všechno prochází?*
> *Jak může pánbůh dopustit, aby takovýto člověk, který se prolhal a přelezl přes hlavy jiných, jen aby se dostal tam kde je?*
> *Proč tamhle toho, který je přece mnohem lepším člověkem, si nikdo nikdy nevšimne?*
> *Vždyť na tomhle světě není vůbec žádná spravedlnost!*
> *Proč bych se já neměl přidat k těm, kteří žádné morální zákony nectí?*
> *Vždyť je to pravda, vždyť žádný pánbůh stejně být nemůže, kdyby byl, jak by se na tuhle všechnu hrůzu kolem nás mohl dívat?*
> *Konečně, vždyť já tohle nedělám jenom pro sebe, dělám to pro svou rodinu!*

Na takovéto otázky a námitky se ovšem těžko odpovídá, když máte na své straně jen přikázání typu „když on do tebe kamenem, ty do něj chlebem!" Je jasné, že spravedlnosti v tomto světě se člověk spíš nedočká, že si musí počkat na tu, která je vyššího řádu. Pokud ale připustíme, že je zde něco v nás co smrt nejenom přežívá, ale že si nějaké ty kladné body za některé z našich dobrých skutků můžeme schovat a že bychom můžeme tudíž mít v jiné existenci nějaký prospěch z toho co nasbíráme v tomto životě, vše hned začíná vypadat jinak, lépe, všechno dává najednou víc smyslu! Čímž se dostáváme k další otázce: jestliže je pravdou to, že se sem periodicky vracíme, proč si z těch předchozích inkarnací nic nepamatujeme?

Vzpomínky na minulé životy

Proč si z těch předchozích inkarnací nic nepamatujeme? Tohle je ta další a velmi často podávaná otázka, která snad každého musí okamžitě napadnout. Je na ni ale jednoduchá odpověď – my si totiž pamatujeme! A pamatujeme si toho hodně, ne ovšem tak, jak bychom si to snad představovali. Co nám z toho současného a také z minulých životů zůstává je jakási esence, vzpomínka na principy, které jsme z minulých inkarnací vytěžili. To je právě to, co z nás činí toho člověka, jakým jsme.

Vezměme si tarotového blázna. Ten si vykračuje bezstarostně a nalehko, pouze si nese přes rameno na konci hole uzlíček. V tom uzlíčku má všechno, co potřebuje pro svou příští inkarnaci. Nemá sebemenší potuchy o tom, že už ten jeho příští krok povede přes okraj srázu, že ho čeká pád, jímž je integrace s hmotou. Psík, představující jeho nižší pudy, se ho sice snaží zastavit, on ale nedbá. Klíč k tomu všemu je raneček, který si náš blázen nese na holi přes rameno. Generace, která je dnes zvyklá pracovat i bavit se s počítači, snad pochopí snadněji o co tu jde. Stejně jako mikroprocesor jemuž se běžně říká „chip" (neboli odštěpek, střípek), bláznův raneček dokáže pojmout spoustu informací.

Podobenství je to celkem dobré, ovšem musíme si uvědomit, že informace které si my přinášíme do života nejsou a nemohou být uloženy v tak přesné a obsáhlé formě, jako je tomu u počítačů a že si je nemůžeme na obrazovce vyvolat kdykoliv se nám zachce. Nicméně, máme k nim přístup pokud to potřebujeme, nikoliv sice v ryzí podobě, většinou jen v jakési esenci. Jak jinak by tomu vůbec mohlo být? Představme si, že bychom sebou nesli vše a vláčeli se s tím přes hory a doly, řeky a sedmero moří! Že bychom přitom měli na zádech batoh s nafukovacím člunem a k tomu ještě táhli za sebou dva lodní kufry, to všechno k prasknutí nacpané zbytečnostmi, banálnostmi a prkotinami, tím vším co jsme kdy posbírali a čehož nám navíc každým dnem přibývá přehršel! Že bychom se denně prohrabovali vším tím, co se dozvídáme z televizních zpráv o zemích, městech a lidech, do nichž nám vůbec nic není, se všemi dopisy nebo emaily, které jsme kdy napsali i nenapsali, poslali či neposlali, všemi knihami, které jsme si kdy v životě koupili, půjčili, vrátili či nevrátili..?

Možná, že jste viděli film Rain Man, s Dustinem Hoffmanem v hlavní roli. Předlohou k této postavě byl Kim Peek, muž který před několika lety zemřel a který trpěl nemocí zvanou autismus. Tento člověk byl zřejmě schopen si pamatovat veškeré triviálnosti, které za dlouhá léta nasbíral. Problém byl ovšem v tom, že to co si pamatoval bylo opravdu jen to triviální a bezpředmětné. Mohl sice být opravdovou chodící encyklopedií, přitom ale nebyl naprosto schopen toho postarat se sám o sebe a všechno pro něho musel dělat jeho obstarožní otec. O nějakém duchovním vývoji v tomto životě asi nemůže být vůbec žádná řeč, i když něco z této existence přece jen asi musel získat. Co vlastně získal, bude snad vědět jeho ego a nějak se podle toho zachová.

Kdybychom měli mít tak přesnou, přitom ale omezenou, paměť jakou měl Peek a pamatovali si vše den ze dne, měsíc po měsíci, atd, jistě by nás to přespříliš zatěžovalo. Nicméně, máme přístup k mnoha informacím, o nichž bychom se mohli snad právem domnívat, že jsou pro nás bezpředmětné. Lidé na příklad během hypnotické regrese si dokázali vzpomenout na spousty maličkostí – existují dokonce důkazy o tom, že člověk byl schopen v hypnotickém stavu si pamatovat cestu v metru, kterou vykonal několik let předtím. Přitom si také pamatoval to, jak četl přes rameno spolucestujícího noviny, jejichž obsah dokázal potom přesně opakovat psychiatrovi, který ho zhypnotizoval! To vše se dalo dodatečně ověřit, protože dotyčný dokázal přečíst i datum jejich vydání.

Lidé, kteří si příliš pohrávají s myšlenkami na reinkarnaci, si zbytečně komplikují životy. Není jich přitom málo – v nedávno uplynulých letech se z toho dokonce stala jakási móda. Lidé se nechávají zhypnotizovat lidmi, kteří často nemají k tomu žádné kvalifikace (člověk by přece jen očekával aspoň diplom lékaře psychiatra...) a riskují přitom, že si přivodí docela slušné mentální problémy. Udělali by lépe, kdyby se víc soustředili na život, který mají před sebou. K tomu zde máme precedent.

Camille Corott: Orfeus a Eurydika (detail)

Snad všichni známe mýtus o starořeckém pěvci Orfeovi, který se vydal do podsvětí, aby odtamtud přivedl zpět na zem svou ženu Eurydiku, která zemřela po uštknutí hadem. Příslušné božstvo mu povolilo vstup, jenže s jednou podmínkou. Eurydiku mohl vyvést ze světa stínů pouze poté, kdy slíbil, že se za sebe neohlédne. Orfeus svůj slib nesplnil, ohlédl se zda žena jde za ním a ... Eurydiku ztratil. Ztratil ji ale navždy nebo pouze pro tento jeden život? To nevíme, to už nám stará řecká báje neříká, na tomto místě se končí. Co je celkem jasné – tato legenda, stejně jako biblický příběh o Lotově ženě, který je v mnoha směrech podobný, mají také stejný význam: neohlížej se za sebe, nesnaž se zjistit co se stalo v minulých životech, o nichž ani nevíš jistě zda existovaly, hleď vpřed, jdi směrem vycházejícího slunce. Přesto všechno jsou zde lidé, kteří trvají na tom hledět zpátky za sebe, ohlížet se přes rameno.

Byl jsem Cézarem?
Byla jsem Kleopatrou?
Či snad Nefertiti?
Či snad jsem to byl já, kdo byl tou Nefertiti?
Tak! A já jsem byla Cézarem!

Pokud uvěříme různým „reinkarnalistům," musí těch Cézarů a Kleopater běhat i právě v této chvíli po světě na stovky, možná i na tisíce. Skoro každý kdo se o tento předmět byť jen otřel, pravděpodobně na nějakého takového Cézara, Kleopatru, či někoho podobného, někde narazil. A když ne přímo na ně, aspoň na někoho skoro stejně zajímavého či historicky důležitého.

Přitom, šance jsou takové, že pokud dotyčný člověk v Římě či v Alexandrii v 1. století n.l. skutečně žil, byl by spíš otrokem, otrokyní, obyčejným vojákem či služkou. Naskýtá se otázka: proč tolik lidí, mezi nimiž se naleznou i někteří celkem dost inteligentní, propadne tak snadno bludům a sebeklamu? Protože nic jiného to být nemůže, aspoň pokud my si uchováváme zdravý rozum.

Nejprve si je nutné uvědomit, že tím když se pokoušíme nahlédnout do našich minulých životů, vstupujeme tím vlastně do zakázané zóny a že tak činíme pouze na vlastní nebezpečí. Možná, že přímo zakázaná ta zóna úplně všem lidem není, naše smysly tam ale docela jistě nefungují tak, jak jsme na to zvyklí v našem přirozeném prostředí. Něco tu a tam sice zahlédnout můžeme a nejspíš i zahlédneme, budou to ale spíš jen střípky něčeho, o čem si ani nemůžeme být zdaleka jisti zda se to odehrálo v naší minulosti. Mohla to být stejně dobře minulost či i přítomnost někoho úplně jiného, mohl to být nějaký rozmar či přelud, který nám promítl náš mozek. Musíme mít na zřeteli také to, že se můžeme ocitnout v zóně, kterou Carl Gustav Jung nazval „kolektivním nevědomím," což je oblast v níž se mohou stýkat a mezi sebou se všelijak mísit části nevědomých myslí mnoha lidí, potenciálně dokonce všech lidí. To co zde vidíme či „zažíváme" my sami a vnímáme to jako „naši minulou existenci", se může snadno promíchat s minulou existencí jiných lidí a nejen to, třeba i s jejich budoucností! Výsledkem je kaleidoskop složený z malých obrázků, mezi nimiž mohou, ale také vůbec nemusí být, zlomky nějakého našeho předchozího života.

Když vstupujeme do této oblasti nacházíme se v podobné situaci v jaké je potápěč, který se bez dýchacího přístroje, bez podmořské kamery a nejspíš i bez zkušeností, spouští do mořských hlubin. Ten má pár minut k tomu, aby objevil a prohlédl si co se dá, než se bude muset znovu vynořit. Zůstane mu z celého dobrodružství celkový dojem, který si sebou přinese na povrch a snad také několik krátkých, jakoby filmových, záběrů, které jeho mozek zaznamenal a které se během nadcházejících hodin budou postupně stávat stále nejasnějšími a mlhavějšími. Podobně jako podmořská oblast, oblast lidského nevědomí je systém, který i když ekologicky vyhrazený a mající své určité platné zákony, je našemu bdělému stavu cizí. Mísí se v něm zlaté rybky, ale i docela obyčejní pulci osobního nevědomí s planktonem kolektivního nevědomí – ty první žijící v mělkých vodách, ti druzí pocházející z větších hlubin. Někde uprostřed toho všeho se ve vodě plácají naše instinkty a naše emoce, jimž esoterik dává jiné jméno než psycholog, aby nás to ještě víc zmátlo. A pokud máme veliké štěstí, možná že k tomu všemu nám někdy trochu jasněji zazní podmořský zvon našeho vnitřního hlasu. Ten, pokud je skutečný, nám nejspíš poví důrazně, abychom odtud co nejrychleji vypadli!

Můžeme si vybrat tělo k narození?

Tohle je dosti často kladená otázka a přímá odpověď na ni neexistuje. Lze jen říci, že v případě průměrně či podprůměrně vyvinutého Já, což je momentálně podstatná část lidstva, zde velká možnost výběru není. Místo narození bývá většinou určeno kombinací třech základních faktorů a sice:

1. *Zákon evoluce, který určuje, že se ego vždy znovu rodí za takových podmínek, aby se mu nabídla příležitost si vypěstovat a zdokonalit právě ty schopnosti, jichž nejvíc postrádá.*
2. *Karmický zákon, který se například postará o to, že ego, které si nezaslouží ty nejvhodnější podmínky, je také nedostane. Tím pádem se bude muset spokojit až s tím co je příští na řadě, což může být i něco podstatně horšího. Může se potom také jednat i o dost bouřlivý a neurovnaný život, z něhož bude naše Já mít jen poměrně malý užitek. Na mysli musíme vždy mít jedno a sice, že karmické zákony představují pro nás obrovskou a dosud málo probádanou oblast.*
3. *Svou roli sehrají také osobní vztahy v předchozím životě či životech, které mohou být jak pozitivní tak i negativní.*

Pokud se člověk nicméně už nachází na cestě duchovního vzrůstu, může si potom do jisté míry vybírat, například jakého pohlaví chce být, v které zemi, místě a dokonce i jakým rodičům se má narodit. Bude na tom ale pravděpodobně lépe, když konečná rozhodnutí ponechá na těch, kteří se těmito věcmi zabývají.

Tážete se nejspíš – a co rodiče? Mohou ti mít nějaký vliv na to, kdo se jim narodí? Přímo si vybírat pochopitelně nemohou. Pokud si ale přejí, aby do jejich rodiny přibylo ego, které je obzvlášť vyvinuté, mohou se vynasnažit o to, aby mohli nabídnout inkarnujícímu se jedinci pokud možno co nejvhodnější podmínky k dalšímu duchovnímu vzrůstu. V takovém případě se pravděpodobnost toho, že se tak stane, podstatně zvyšuje...

Pochopitelně, že karmické zákony, které zde hrají velikou roli, jsou velmi složité. Každý z nás si sebou táhneme docela slušný náklad špatné karmy a to nás musí jistě zdržovat ve vývoji. Někdy je ale možné si předem vybrat mnohem větší břemeno než jakého by se nám normálně dostalo, pokud nám to ti, kteří mají karmické zákony na starosti, povolí. Zdá se, že je mezi nimi značný počet bytostí, které se jako lidé nikdy neinkarnovaly. Snad proto, aby byly jejich výroky nezaujaté? Jisté je to, že se často inteligentní lidé rodí s různými handicapy, přičemž si mohou, ale také nemusí, být nejasně vědomi toho, že právě takto si to oni sami vybrali. V každém případě, pokud se přes takovýto překážkami naplněný život dostanou, může jim to celkově jen prospět!

Zobrazené na příštím diagramu máme kauzální tělo, které si v tomto případě představujeme jako kalich. Spodní části kalichu potom představují tělo, paži a ruku člověka. Ten hrábne rukou dolů a po čase ji vytáhne, buď v předem vybraném místě (to v případě poměrně vyvinutého jedince) nebo celkem namátkově, pokud se prostě bude spoléhat na štěstí a hlavně na moudrost karmických činitelů, což asi bude případ většiny z nás. S každým takovým hrábnutím bude ale ruka mít v sobě o něco víc kontroly, v jejíchž pohybech bude větší účelovost, takže výsledky se budou postupně zlepšovat.

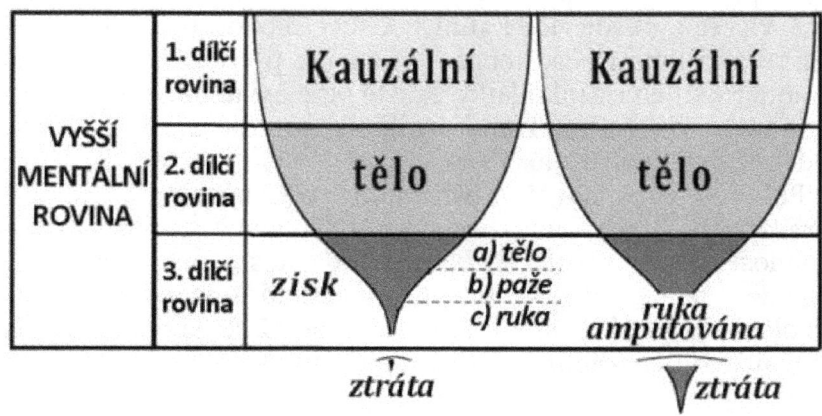

Může se nicméně stát, že vše není tak jak by tomu mělo za ideálních podmínek být. Ruka, tedy inkarnovaný člověk, se v hmotě zahrabe úplně beznadějně. Stane se člověkem naprosto a totálně materialistickým. Může být přitom vysoce inteligentní, to snad je dokonce i pravidlem, postrádá ale duchovnosti, dokonce vším tím co mu vyššími duchovními ideály zavání, jen opovrhuje. Jistě někoho takového znáte. Sám sebe může nazývat praktickým člověkem, který není zbytečně sentimentálním a tam, kde se snad nezachová tak jak by měl, si tímto vše pro sebe dokáže patřičně zracionalizovat. Vše, co není hmatatelné či vědecky prokazatelné, pro takového člověka prostě neexistuje, včetně posmrtného života, o němž se vyjadřuje s ironickým nesouhlasem.

Jsou zde lidé, kteří si představují, že žádný posmrtný život neexistuje a není jich nijak málo, v dnešní době a v určitých oblastech světa, dokonce slušná většina. Mezi nimi jsou jistě mnozí, kteří sedí na plotě a tajně přitom doufají, že pravdu mají ti kteří o posmrtném životě nepochybují. Možná dokonce, že někteří z těch, kteří tvrdí, že vůbec nic po smrti neexistuje, mají pravdu, tedy pravdu pokud se týče jich samotných. Mám na mysli právě ty případy, kdy vyšší Já nacházející se v kauzální sféře, kde o takovýchto věcech se dají do jisté míry činit podstatná rozhodnutí, prostě usoudí, že spojení s některou z osobností, které jaksi do světa hmoty vypustil, je nutné přerušit. Podobně jako rybář, jemuž se návnada beznadějně kdesi dole zasekla o kořen, může v takovémto případě dojít k názoru, že nejlépe bude to prostě vzdát, vlasec přeříznout a návnadu nechat klesnout ke dnu. Vzít si raději nový vlasec s novou udicí. Jiní lidé sice mohou bez úhony projít nástrahami hmotné existence, jen aby se pro změnu beznadějně zamotali v sítích astrální látky, kde je plně ovládnou emoce a to na úkor všeho ostatního. Tímto vzniklá situace se někdy musí řešit podobně drastickým způsobem.

Potom se často hovoří o případech "ztracených duší". Takovýto člověk může ztratit kontakt se svým vyšším Já a je možné, že tato osobnost nemá prostě žádnou budoucnost. Ani v takovýchto případech nemusí ale ještě být všechno úplně ztraceno. Někdy stačí jen okamžité prudké pohnutí mysli, po němž se již téměř ztracené Ego může znovu přiblížit.

Naše vyšší Já pochopitelně očekává, že z každé inkarnace si něco pozitivního odnese a téměř vždy tomu tak i bývá. Někdy to ale nevyjde a život je více či méně promarněn. Pokud by vliv takovéto nekonvenčně se chovající osobnosti měl příliš drasticky ovlivňovat vyšší Já, potom v jistém bodě může dojít k jeho oddělení od osobnosti, která se tak stává "zatracenou". V naší analogii je potom ruka jakoby amputována v zápěstí, případně v lokti, dokonce třeba i v rameni. Něco se sice vrátí a je vstřebáno kauzálním tělem, něco "zatraceného" tu ale zůstává a může to činit potíže. Odtud mohou také pocházet mytologické příběhy o vampírech, vlkodlacích, atp. To, co se stalo zatraceným, se prostě snaží udržet naživu za jakoukoliv cenu, obvykle tak, že parazituje na jiných lidech jimž saje krev (pránu), případně i tím, že aspoň na čas ovládne tělo nějakého zvířete.

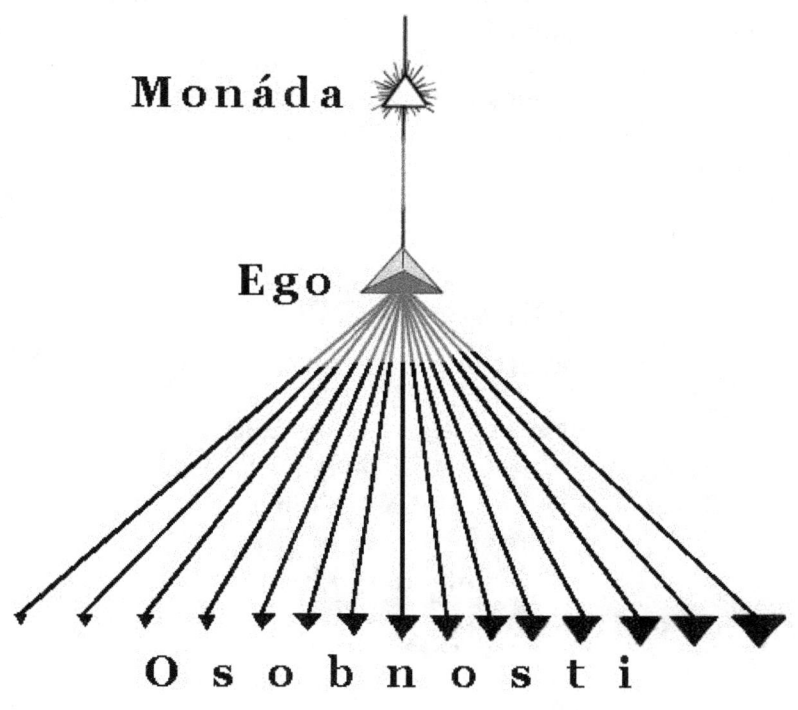

Tento obrázek by nám měl pomoci si ujasnit jaký poměr má *Ego* neboli naše vyšší Já vůči osobnostem, které z něho jako jednotlivé inkarnace vycházejí. Úplně nahoře máme nejprve naznačenu linku vedoucí od ještě *nemanifestovaného Univerza* (neboli v kabale *Ajn Sof)* k lidské monádě. Ta má trojí aspekt, stejně jako Ego, které je jakýmsi obrazem monády na vyšší mentální rovině *manas*. Ego potom promítá série jednotlivých osobností. Ty se na obrázku postupně rozšiřují, přičemž ta poslední napravo se ukazuje jako trojúhelník rovno-ramenný, symetricky vyvinutý. Abychom si učinili co nejpřesnější představu o tom co se míní výrazem "osobnost" – tou jsme my, ne ale jen v této hmotné fázi životního cyklu, ale v průběhu tohoto cyklu celého, od sestupu s kauzální roviny do hmotného světa a následného vzestupu přes roviny astrální a mentální, zpět na kauzální rovinu, kde sídlí Ego, naše vyšší Já.

S tím jak se postupně člověk vyvíjí, vědomí osobnosti se postupně spojuje s vědomím vyššího Já, až ideálně se stanou jediným, vše obsahujícím vědomím. Jinými slovy – v této závěrečné fázi už naše Ego bude vědět velice dobře o tom, co my právě děláme a my naopak si budeme vědomi toho, kam by to vše, co momentálně činíme, mělo směřovat. Člověk, který dosáhl tohoto stavu ve svém vývoji, bude už vnímat celou tuto sérii inkarnací jako jediný, celistvý, dlouhý život.

11. Planetární řetězce

Toto jsou ty nejzásadnější otázky, které si lidé kladou. Kdo jsme, odkud pocházíme, kam směřujeme. Na samém počátku této knihy, dříve než jsme si před očima rozvinuli teorie zastávané Blavatskou a theosofií, nebylo možné na tyto otázky nalézt uspokojivou odpověď. V knize o kabale, kterou jsem vydal už před nějakým časem, jsem napsal, že pokud se jedná o náš původ, existují pouze dvě možnosti:

1. Vše živoucí, včetně každé k tomu náležející části, vzniklo na světě následkem slepé náhody.
2. Za vším co na světě existuje, stojí nějaká inteligence.

Jinými slovy: evoluce či stvoření? Člověk dvacátého století, v němž se nejvíce rozšířil, si okamžitě pod výrazem *evoluce* představil Charlese Darwina a jeho evoluční teorii. Theosofie tuto teorii sice uznává, vidí v ní ale jen část a to poměrně jen malou část, mnohem širší skutečnosti. Podle většiny Darwinovců se život nějak (i když se neví přesně jak) vytvořil v jakémsi prvotním oceánu, který kdysi na Zemi existoval (snad). Účinkem slunečního záření (nejspíš) a za pomoci elektrických výbojů provázejících neustálé prudké bouře (možná), potom měly vzniknout první organické sloučeniny (nějakým způsobem). Vědcům, kteří se o něco takového pokoušeli, se sice podařilo v laboratorních podmínkách vytvořit několik druhů aminokyselin i jiných organických látek, ty ale by ještě musely být nějakým způsobem oživeny. To se až doposud nikomu nepodařilo. Není divu. Bylo vypočítáno, že pravděpodobnost toho aby vznikla taková kombinace, jejíž bezchybnost a dokonalost je podmínkou existence smysluplné informace a tím i života, lze vyjádřit poměrem 1:4 – za čímž následuje milión nul! Když uvážíme, že za číslem, které by vyjadřovalo počet vteřin uplynulých od počátku života na Zemi, by se nacházelo pouhých třináct nul, netřeba se touto věcí dále zabývat. Což leckterým "Darwinistům" přesto nevadí...

Stvoření?

Člověk potřebuje mít nějakou víru. Lidstvo se proto v zásadě dělí na dva tábory věřících. Jedni věří v to, co jsem zhruba popsal v předchozím odstavci, tedy v zásadě v Materialismus. Ti druzí věří ve Stvoření, buď tak jak je nám předloženo v Bibli nebo v některou variantu stvořitelského procesu. Theosof se nezabývá ani jedním ani druhým. Jak jsem již řekl, věří v periodické manifestace vesmíru, který se nachází buď v objektivním či v subjektivním stavu. Jinými slovy řečeno: jedná se zde o proces neustálého střídání se dne a noci, období aktivity a odpočinku. To co se jinde nazývá "stvořením" je tedy pouhé znovuobjevení se něčeho, co zde již bylo. Časový interval je ovšem obrovský, v řádu miliard let. Vše kolem nás je periodické, vše je buď viditelné či ponořené ve tmě, vše se nachází ve stavu bdělosti či spánku, proč tedy by celý vesmír neměl podléhat stejným pravidlům? Jistě, nějak se přitom obchází ta otázka stvoření, kdy podle některých Stvořitel stvořil něco z ničeho. Rozum nám říká, že někde to přece začít muselo! Ve své knize o kabale se o dost podrobněji zabývám touto otázkou, která je ale v zásadě pro nás neřešitelnou, také tím, jak na věc nahlížejí kabalisté, kteří se jí věnují spíš než theosofové. *Ajn Sof*, což v podstatě znamená "ne nic", tedy vlastně „něco", je koncept, který nám kabala nabízí, ovšem k otázce Stvořitele nám to pořád žádnou smysluplnou odpověď nedává. Samotná kabala nakonec také podobné otázky odstavuje na vedlejší kolej; dochází se zde k tomu jedinému rozumnému závěru, že prostě není v dosahu lidské mysli tyto věci pochopit.

Stejně jako v kabale, také v theosofii je zde pouze jediný univerzální prvek, který je nekonečný, nikdy se nerodící a nikdy neumírající. Pokud ten chceme nazvat Bohem, Stvořitelem, Stavitelem Všehomíru, či něčím podobným, klidně si můžeme posloužit, na věci to nic nezmění. Jedná se prostě o všudypřítomný, věčný, bezmezný, a neměnný princip. Vše ostatní jsou už jenom fenomény neboli rozličné aspekty a proměny toho Jediného, ať už řádu makrokosmického či mikrokosmického, tedy od hierarchie nadlidských bytostí, přes nás osobnosti lidské, až po ty ostatní, k nimž náležejí veškerá zvířata, rostliny i minerály, prostě vše co kolem sebe vidíme. Takže na otázku kdo se nachází za tím, že vesmír je vždy znovu a znovu stvořen, theosof vám pravděpodobně odpoví: nestojí za tím nikdo. Vědec může tento proces nazývat evolucí, filosof emanací, kněz některé z církví boží přítomností, zatímco theosof v něm uvidí univerzální a vše přetrvávající realitu, která periodicky vrhá obraz sebe sama na pozadí nekonečných hloubek prostoru. Tento odraz jediné skutečné reality, který člověk běžně vnímá jako materiální svět, theosofie považuje za pouhou dočasně trvající iluzi.

Theosofie především nevidí naši Zemi jako to jediné místo kde se život započal, ani jako to místo kde se život skončí. Země je jen jedním z míst kde k evoluci člověka právě dochází; předtím se život vyvíjel jinde a odsud opět přejde jinam.

Planetární řetězce

Jak jsme si již pověděli dříve, člověk se sestává ze sedmi principů, čili má sedm těl, která jsou vytvořena z jemnějšího a jemnějšího materiálu, přičemž fyzické tělo, které jediné plně vnímáme jako to naše, se v této řadě nachází nejníže. Stejně se to má i s naší Zemí, která také má svých sedm principů, z nichž ten nejnižší je právě tím co nás obklopuje, v čem žijeme. Už u Pythagora, prvního řeckého filosofa o němž bezpečně víme, že tento sedmičkový systém ve svém filosofickém pojetí uznával, nacházíme zmínky o "hudbě sfér", založené na hudební stupnici o sedmi tónech. Máme také sedm spektrálních barev. Po tom všem nás snad už nepřekvapí dozvíme-li se, že existuje i sedm království přírody a ne jen čtyři, jak se většina z nás domnívá. Nad *člověkem*, který se zcela jasně odlišuje od *zvířat, rostlin* a *minerálů*, se nacházejí další tři tzv. přírodní říše, o nichž běžná věda zatím nic neví, které ale uznávají okultisté.

I když v kabale i hermetismu jej také nacházíme, Západ se se sedmičkovým zákonem přírody opravdu seznámil až poté, kdy A. P. Sinnett vydal *Esoterický buddhismus*. Teprve když po jeho smrti vyšly *Dopisy Mahátmů A. P. Sinnettovi*, svět se dozvěděl odkud tyto vědomosti ve skutečnosti pocházely. V systému, jímž se zde zabýváme, se užívají následující výrazy (aby nedošlo k mýlce, uvádím také odpovídající anglické názvy):

Sedm rovin Vesmíru (anglicky planes)
Sedm glóbů čili světů (globes)
Sedm oběhů neboli období aktivity (rounds)
Sedm lidských ras neboli epoch (races)
Sedm dílčích ras neboli dílčích epoch či větví (sub-races)

Dále je ještě nutné si ujasnit, že:
Pod názvem *řetězec (chain)* se míní systém zahrnující náš fyzický svět a dalších šest jemu příbuzných avšak nám neviditelných světů.
Oběh (round) je průchod životního impulzu všemi sedmi glóby náležejícími k jednomu řetězci, jinými slovy jedná se o období aktivity toho kterého řetězce.
Životní impulz (life-impulse, někdy také *tide of life, vlna života)* značí aktivující princip s jehož pomocí se proud evoluce přemisťuje z jednoho glóbu na další.
Rasa (epocha) – skupina lidí, která dosáhla určitého stupně evoluce, fyzicky, psychicky a mentálně.

Evoluční proces člověka se odehrává na *sedmi rovinách existence*. Osobnost, která vzejde z každé jednotlivé inkarnace, je výsledkem sklonů a schopností, které se vytvořily v průběhu předchozích životů. Dalo by se tedy říci, že během života si člověk schraňuje dědictví nebo vytváří kreditní položku (případně dluh). Obsah tohoto „bankovního konta", které může být jak pozitivního tak i negativního charakteru, mu bude k dispozici v tom příštím životě.
Jednotlivé glóby v řetězci odpovídají sedmi principům člověka. Každý z glóbů se tak jakoby stává jevištěm, na němž se objeví a promítnou základní charakteristiky toho předchozího glóbu. Ty se potom mohou začít dále vyvíjet. Když se období aktivity toho kterého glóbu skončí, esence toho co zde vzniklo přechází na odpovídající glóbus v novém řetězci, rovněž o sedmi článcích. Jak si lze snad představit, planetární řetězce, podobně jako lidé, se v průběhu svých "dnů a nocí", to jest období aktivity a nečinnosti chovají podobně jako lidé. Vytvářejí si své obliby, prožívají svá mládí, stárnou, umírají, znovu se rodí, atp.

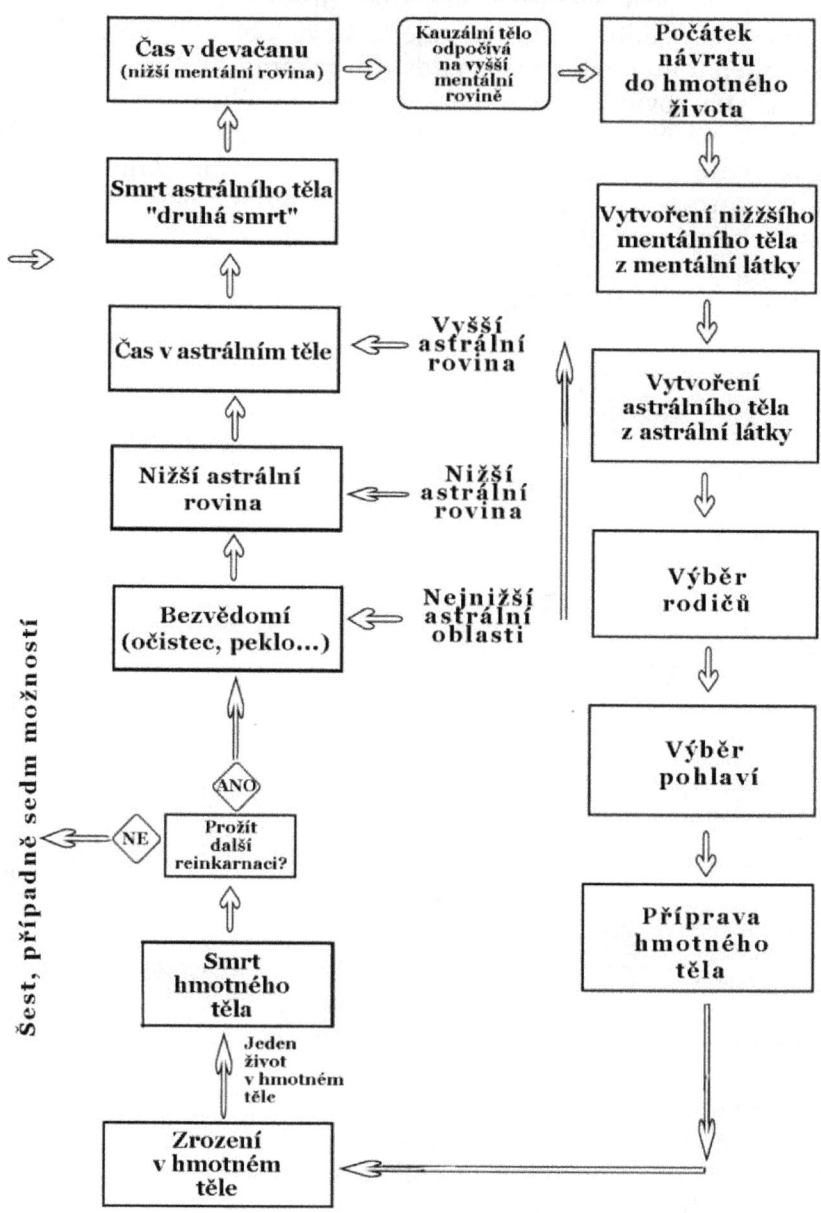

Je nutno ještě se zmínit o jedné důležité věci. Zatímco celý vesmír je sedmidílný, za současného stavu vývoje je běžný člověk neschopen toho pouhým svým lidským rozumem proniknout až na nejvyšší tři roviny. Téměř celé drama lidského vývoje se tudíž odehrává na čtyřech nižších rovinách existence. Ze sedmi glóbů pouze jediný, naše Země, se nachází na rovině vnímané plně našimi smysly. Ostatních šest se nalézá na subjektivních neboli vnitřních rovinách, tři z nich na té části oblouku po níž se sestupuje do hmoty, další tři na jeho vzestupné části, po níž se stoupá směrem k větší míře duchovnosti.

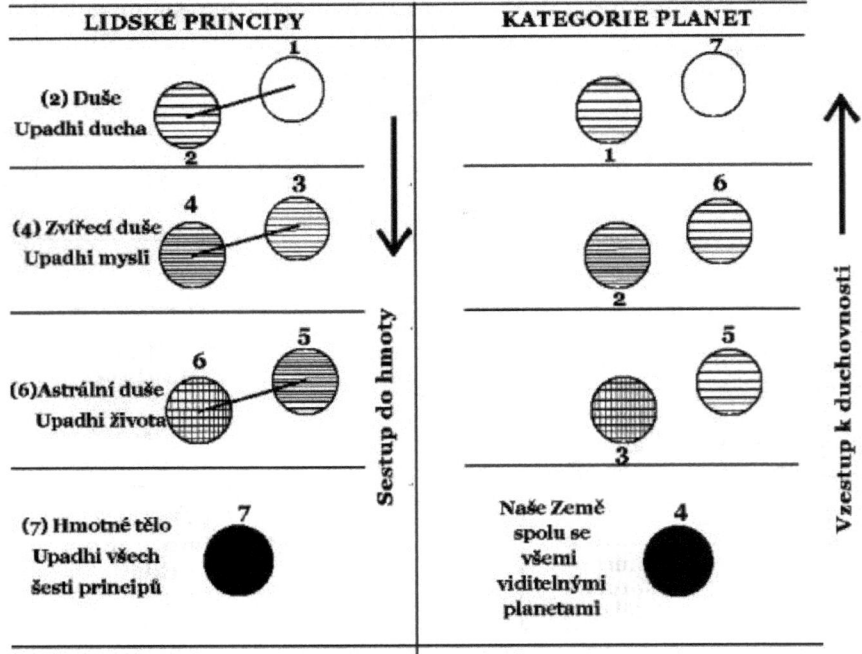

Výraz *upadhi* značí totéž co anglické slovo *vehicle*, které v tomto smyslu se překládá jako *prostředek*, přičemž do češtiny se spíš přeloží jako *tělo*, které jest prostředkem s jehož pomocí se lidská *monáda* pohybuje po těchto rovinách existence.

— *Blavatská a theosofie* —

Pokud má člověk porozumět tomu jak planetární řetězec a potažmo i jiné řetězce, fungují, musí především zahodit za hlavu skoro všechno z toho, co se kdy naučil ve škole o historii lidstva. To co se zde běžně učí, zahrnuje totiž jen její žalostně krátký úsek. Navíc je nutné, aby se zbavil všech možných předsudků, jakožto i politicky korektních výrazů a výkladů, zejména tam kde se jedná o lidské rasy a etnické klasifikace. Byli to ovšem hlavně nacisté, kteří v tomto směru prokázali theosofii medvědí službu, když se chopili některých myšlenek a výrazů (pochopitelně jen těch které se jim hodily do krámu) s nimiž o více než půl století před nimi přišla Blavatská spolu s jinými theosofy. Jak ani jinak být nemohlo, nacisté je značně pokroutili. Theosofie nebyla jediná, která tímto nacistickým bláznovstvím utrpěla. Podobně dopadli například i Nietsche se svou filosofií, Wagner s hudbou, atp. To vše a leccos jiného, musí budoucí student theosofie prostě vypustit z hlavy, dřív než se může dát do vážného studia starších theosofických autorů, aniž by mu přitom občas vyvstávaly hrůzou vlasy na hlavě.

Máme zde tedy sedm glóbů, tři na sestupné části evolučního oblouku, jeden představující naši Zemi a další tři, které v cyklu manifestace teprve přijdou, na vzestupné části vývojové křivky. Z čehož vyplývá, že na naší Zemi jsme v té čtvrté a nejnižší fázi celého vývoje! To byla ta špatná zpráva, ty následující už budou lepší. Stejný počet sedm, mají i tzv. lidské rasy či epochy. Tou nejnižší fází, kdy lidstvo dosáhlo kamenitého dna, byla opět ta čtvrtá, známá rovněž jako epocha *atlantská*. Současné lidstvo představuje epochu pátou, která už by měla být na vzestupu! To, že ji kdysi theosofové nazvali *árijskou rasou*, už by nám proto snad tolik vadit nemuselo. Konečně, mohli bychom se přejmenovat a prostě si neříkat árijci. Rudolf Steiner došel v tomto směru nejdál, když ve svých spisech přestal užívat výrazu "rasy" a místo toho se zmiňuje o *epochách*, což zde raději činím i já.

Podle theosofické doktríny máme zde v pořadí v jakém se na Zemi objevovaly tyto kořenové rasy neboli epochy:

1. *epocha polární* (také zvaná éterická)
2. *epocha hyperborejská* (měla existovat v dnešních polárních oblastech, které ale měly v té době podnebí tropické)

3. *epocha lemurská* (na kontinentě zvaném *Gonduana*, který kdysi existoval v místech kde je dnes Austrálie a jižní části Pacifiku)

4. *epocha atlantská* (v bájné Atlantidě, na dnes už neexistujícím kontinentě v oblasti Atlantického oceánu. Tako epocha měla, jako každá jiná, svých sedm větví, v tomto případě tzv. *rmoahalskou, tlavatskou, toltéckou, turanskou, semitskou, achadskou a mongolskou.*)

5. *epocha árijská* neboli současná; má následující větve či dílčí epochy: *hindu, arabskou, perskou, keltskou, teutonskou.* Šestá epocha se v současnosti vytváří, sedmá se má teprve objevit.

Rudolf Steiner

Rudolf Steiner, které se ze všech theosofů a antroposofů těmito otázkami snad nejvíc zabýval, dělí naši současnou epochu na následující dílčí epochy/větve:

1. *staroindická kulturní větev*
2. *perská kulturní větev*
3. *babylónsko-chaldejsko-egyptská větev*
4. *řecko-římská větev*
5. *současná kulturní větev (germánsko-západoslovanská)*
6. *kulturní větev (slovanská)*
7. *kulturní větev (filadelfská, východoslovanská)*

Šestá větev se údajně teprve vytvoří a to z šesté větve současné epochy na západním pobřeží Ameriky a v Austrálii. Sedmá rasa/epocha se má teprve ve vzdálené budoucnosti vytvořit v oblasti Pacifiku. Z nadcházející šesté větve se proto později bude vytvářet také šestá kořenová rasa/epocha. Systém funguje tak, že příští kořenová rasa se vždy vytváří ze stejně očíslované větve té předchozí kořenové rasy. V praxi to znamená, že naše pátá kořenová rasa se vytvořila z páté větve atlantské rasy, jíž byla větev *semitská*, někdy zvaná také *fénická*. Šestá kořenová rasa se tudíž podle Steinera bude vytvářet ze současně se formující slovanské větve.

Semeno každé nové epochy, kořenové rasy, glóbu, atd., se vždy nachází v té předchozí odpovídající sérii nižší úrovně. Je zajímavé dívat se na to, jak se liší ten původní náhled theosofů pocházejících ze školy Blavatské, od systému Steinerova. Až do té čtvrté, větvedílčí epochy jsou v zásadě stejné, místo té původně zvané semitskou, uvádí ale Steiner větev germánsko-západoslovanskou, přičemž tu příští už přímo nazývá slovanskou. O slovanském původu Blavatské přitom není pochyb, je ale otázkou, jak dalece se na těchto názvech podepsala místa kde tyto teorie a zájmy lidí s nimi spojených vznikaly – theosofie Blavatské byla dosti často sponzorovaná z Ameriky, Británie a Austrálie. Antroposofie se po Steinerově odtržení od Theosofické společnosti vyvíjela zejména v Evropě. Slovo *filadelfie* značí bratrskou lásku – Steiner zde zřejmě je optimistický pokud se jedná o výhled do budoucnosti pro lidstvo. Přitom měl po nástupu nacismu v Německu i jinde veliké potíže a byl nacisty prakticky uštván k smrti. Stěží bychom nalezli lepšího doporučení pro tohoto obdivuhodného člověka!

Cykly manifestace

Pokud se jedná o cykly manifestace, zachází theosofie o mnoho dál než například kabala, která se prostě začíná i končí stvořitelským procesem. Theosofická nauka o planetárních řetězcích a manifestačních cyklech, kde cyklus manifestace, tzv. *manvantara*, je vystřídán údobím bez manifestace, kterému se říká *pralaya*, během něhož veškerá stvořitelská činnost ustává a vše se stáhne do jediného bodu, je dosti složitá. Jelena Petrovna Blavatská ve své Tajné doktríně, rovněž A. P. Sinnett v Esoterickém buddhismu, společně s jinými theosofickými autory, se shodují v jednom, že totiž v současném cyklu involuce do hmotné existence a následné evoluce, planetární řetězce i planetární cykly a jejich jednotlivé epochy již v minulosti dosáhly toho nejnižšího možného bodu. K tomu došlo ve čtvrtém planetárním řetězci, v jeho čtvrté neboli atlantské epoše. Můžeme tedy držet hlavu vzhůru, protože pouze tím směrem se nyní povede naše cesta.

Následující výňatek překládám dosti volně z knihy *Fundamentals of the Esoteric Philosophy* (Základy esoterické filosofie) od G. De Puruckera:

... podle doktríny týkající se našeho planetárního řetězce zde máme sedm kol či oběhů (anglicky „rounds"), *což znamená, že cyklus života či vlna života, začíná svůj kurs evoluce na glóbu A* (globus theosofů je v zásadě totéž jako sefira kabalistů, i když systém je poněkud jiný), *odkud se přesune na glóbus B, glóbus C a glóbus D, jímž je naše Země. Z tohoto nejnižšího bodu se začíná vzestupná křivka, přes E, F, až ke glóbu G. Toto je jeden planetární cyklus. Následuje planetární nirvána, po níž dochází k dalšímu oběhu, ve stejném pořadí, ale na „vyšším" stupni evoluce než bylo předchozí kolo. Mějme přitom na zřeteli, že toto je jedno kolo planetárního řetězce. Každý jednotlivý globus navíc také má sedm cyklů, během každého z nichž vlna života projde sedmi vývojovými fázemi. Po každém z těchto cyklů, mezi posledním glóbem G a glóbem A, jímž se začne příští kolo, máme opět nirvánu. Po velkém cyklu sestávajícím se ze 49 glóbů přichází již zmíněná pralaya, což je nirvána vyššího řádu, jak by se také dala nazvat.*

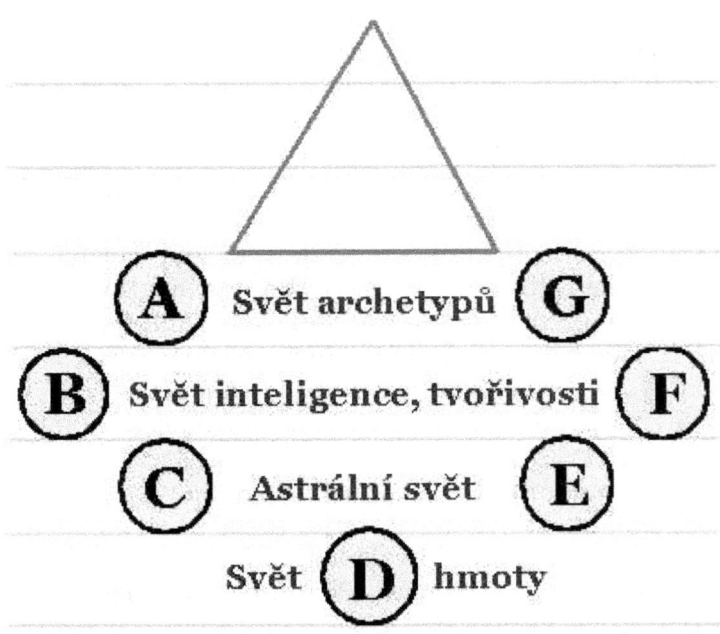

Jeden z možných způsobů jak znázornit sedmidílný cyklus, jímž procházejí glóby planetárního řetězce, vidíme na předchozí stránce. Má sedm rovin, glóby se nacházejí na čtyřech spodních rovinách. Na třech nejvyšších, na nichž glóby v současnosti existují jen v potenciálu, máme jen trojúhelník.

Na rozdíl od kabaly, kde se vždy spekuluje o původu a prapočátku všeho, theosofie se vytváření hypotéz o prapůvodu vesmíru a všeho bytí vcelku vyhýbá. Otázka Stvořitele a Stvoření se z našeho hlediska stejně vyřešit nedá, což konec konců uznávají i kabalisté. Stvoření v tom smyslu, že se stvoří něco z ničeho, je pro nás nepochopitelné a nemá tudíž význam se jím zabývat. Protože, co zde bylo dřív, slepice, či vejce? Mytologický pták Fénix, či jeho vejce? Ptáka rodícího se z vejce, žijícího po určitý čas (pro staré Egypťany to bylo tisíc let), měnícího se v popel z něhož povstane nové vejce, atd., to už je pro lidskou mysl mnohem snadnější přijmout, i když úplně se s tím identifikovat také nedokážeme. Naše mozky jsou nicméně ochotny to aspoň přijmout podmínečně, protože různými cykly, těmi většími, jakým je například rok, či menšími, jakými jsou den či týden, procházíme neustále. Proto také lze přijmout periodické a po sobě se opakující manifestace Vesmíru, něco jako universální den a noc, střídání se objektivní a subjektivní reality, střídající se období aktivity a pasivity, bdělosti a spánku. To objektivní, to co právě zažíváme, ovšem už trvá ohromně dlouhou dobu, jistě řádu miliard let. To, co se před tak dávnými časy objevilo, nebylo ale pro theosofa žádným stvořením, pouze znovuobjevením věcí, forem, bytostí, jaké už dříve existovaly. Podobně jako se rodí den a v jeho světle uvidíme věci, které v noci vidět nebyly, které ale předtím již existovaly.

Jak dlouhá mají trvání tyto periodické manifestace Vesmíru? Theosofie, jak již víme, má svůj základ v sanskrtu, vedických spisech, v esoterickém buddhismu. Znám mnohé lidi, kteří jsou nebo se aspoň nazývají buddhisty, přičemž když se člověk před nimi zmíní o buddhismu esoterickém, nevědí o čem se hovoří. To je celkem normální. Když totiž půjdete do buddhistického kláštera, abyste si o takovýchto věcech mohli podiskutovat s některým z mnichů, i zde se vám může dostat jen prázdných pohledů. Ne docela nutně, ale dosti pravděpodobně. Stačí se jen podívat na ukázku vedické okultní chronologie, abychom aspoň zčásti pochopili proč je tomu tak.

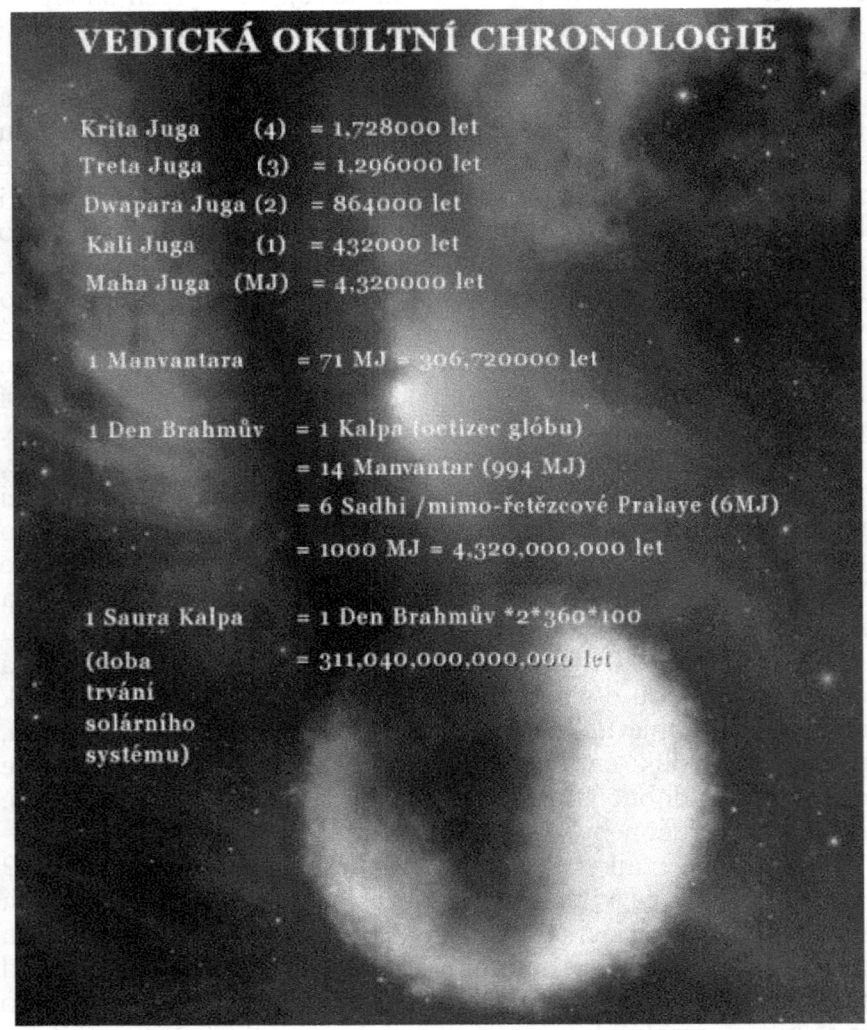

Ukazuje se nám zde jeden veliký cyklus, *Saura Kalpa* neboli jeden Den Bráhmův. Může nám z toho snad být celkem jasné, proč nemá příliš veliký význam dohadovat se tom kdy a jak vznikl vesmír. Jedna zde uvedená jeho manifestace snad postačí. Jak dlouhé trvání mají *manvantara* či *pralaya*? Předpokládá se, že oba tyto eóny jsou stejného trvání (měla by zde přece být rovnováha), o tom kolik našich roků trvají nemáme ale potuchy. *Gautama Buddha*, který hovoří o tzv. *maha-kalpě*, což je ten nejdelší eón jaký buddhismus uznává a což musí být zřejmě podobné, není-li to přímo totéž jako *manvantara*, užívá analogií, které nás dovedou k závěru, že se zde zřejmě musí jednat o trilióny let. Zní to fantasticky, musíme si ale uvědomit jednu věc. Čas na jiných rovinách existence se pravděpodobně chová dosti jinak a může proto plynout jiným tempem než jak jsme tomu z našeho pohledu uvyklí. V každém případě je to pro nás celkem nepodstatné a v současnosti irelevantní.

Podstatné zde je nicméně to, že poté kdy se skončí *pralaya*, vše se podle theosofů znovu opakuje, ovšem na jiné úrovni a to buď na vyšší, pokud se nacházíme na vzestupné části vývojového oblouku, nebo nižší, pokud se sestupuje do hmoty. Představovat si to můžeme tak, že v tom prvním případě se veškeré tzv. přírodní říše náležející k vlně života posunou o jeden stupeň výše – z toho co se předtím nacházelo na poli vědomí náležejícího minerálům, se v příštím velikém cyklu, v tom sestávajícím se ze 49 glóbů (sedm glóbů procházejících všemi sedmi rovinami), stanou rostliny, to co dříve bylo rostlinami, se přesune do říše zvířat. Ze zvířat se potom stanou lidé a ... z lidí ... kdoví?

Podle některých se z lidí stanou v příští fázi vývoje devy/andělé, což tak docela neladí s tím, co o těchto bytostech tvrdí kabalisté, že totiž na rozdíl od člověka nemají andělé svobodnou vůli a že jim byly Stvořitelem určeny jisté úkoly spojené s evolucí lidstva. Andělé neboli devy, by také mohli náležet k jiné, paralelní evoluci a mohou mít, kromě pomáhání lidstvu i jiné, nám neznámé úkoly, což je rovněž jednou z teorií mezi theosofy často diskutovanou. Existuje ještě jiná hypotéza, podle níž má člověk, který dosáhne toho bodu v evolučním vývoji kdy se může posunout někam výše (to jest dostane se mu iniciace která je čtvrtá v pořadí, tzv. Arhat), možnost volby a to celkem mezi šesti, případně sedmi, možnými vývojovými směry, které uvádím na jiném místě.

Uvádím zde také ještě jeden diagram, na něž vidíme jeden z menších cyklů, údajně ten v němž se nacházíme. Pořád je to sice cyklus značně dlouhý, naše mysl by ale měla být přece jen ochotnější jej přijmout.

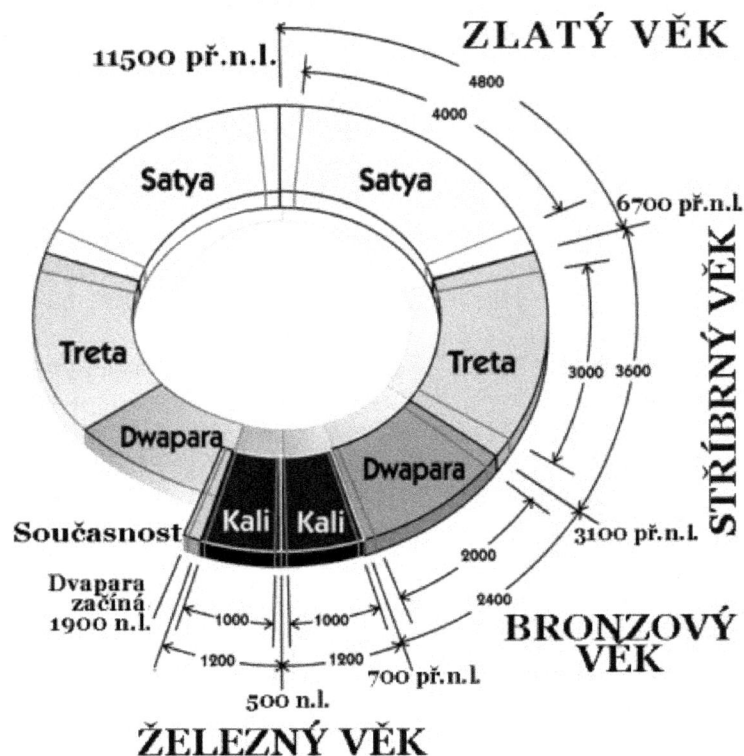

Opozdilci

V každém případě musíme předpokládat, že se my lidé prostě posuneme v příštím cyklu kamsi výše. Ale pozor! Pravděpodobně ne všichni, ale jen ti z nás, kteří splníme předpoklady k tomu, abychom mohli přejít v příštím evolučním cyklu na to, co má následovat nebo na to, co si sami vybereme. Zde se musím vyjadřovat se značnou opatrností, aby nedošlo k omylu a čtenář si z toho nevyvodil, že má postup do dalšího kola jaksi zaručený. Až doposud to totiž mohlo tak vypadat. Jenže, Blavatská v této souvislosti hovoří také o tzv. *laggards* neboli opozdilcích, kteří se nacházejí v každé z těchto čtyř říší. Tito opozdilci potom dopadnou podobně, jako ti ze školáků, na něž si asi každý z nás pamatujeme, paradoxně většinou lépe než na ty spolužáky kteří se učili dobře, byli chytří a poslušní. Mám na mysli ony krajně fascinující jedince, kteří propadli a museli potom třídu opakovat.

Analogie se školou je zde vůbec vhodná – můžeme se takto prozatímně dohodnout na tom, že dále ve vývoji postoupíme, pokud úspěšně složíme maturitu. Spusťme proto raději oponu milosrdenství nad takovouto scénou!

Saturn, Slunce, Měsíc, Země...

... jsou názvy těch prvních čtyřech řetězců planet. Jak byste ale tuto řadu doplnili na sedm? Pokud jste se s tímto ještě nesetkali, je dost nepravděpodobné, že byste to dokázali. Takže to teď za vás udělám:

Saturn, Slunce, Měsíc, Země, Jupiter, Venuše, Vulkán.

Zde se nacházejí na diagramu, na němž vidíme jak sestupuje vlna života do hmoty, odkud později bude opět stoupat. To, co vidíme na levé straně diagramu se už stalo, to na pravé straně se má teprve stát.

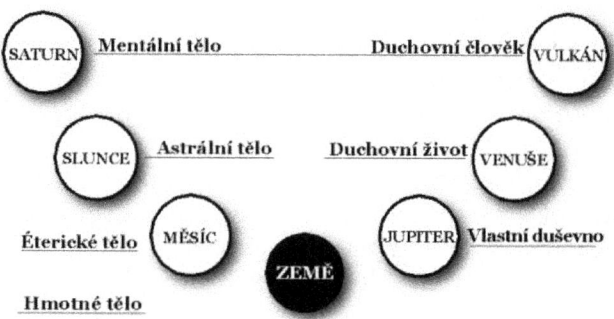

Za prvé musím upozornit, že jména planet která zde vidíte, jsou názvy okultní. Tyto nebyly vybrány namátkově, jsou zde jisté souvislosti, jsou zde k tomu důvody. Nebudu se ale pouštět do dlouhého vysvětlování k němuž by zde nebylo místo, pouze zmíním to, že planety (k nimž v tomto schématu patří i Slunce a Měsíc) které na diagramu vidíme, nejsou oněmi planetami které my známe a na něž se každým dnem či večerem díváme. Jsou to jejich éterické formy (v případě Měsíce a Jupiteru), či astrální formy (Slunce a Venuše) a mentální formy (Saturn a Vulkán). Na Zem už v příštím cyklu tohoto řetězce životní vlna nedorazí – nejnižším bodem jehož dosáhne bude éterická forma Jupiteru. Ze Země se stane podobně vyčerpaná troska jakou je dnes Měsíc, jehož čas největší slávy nastal a prošel v předchozím cyklu. Takto vyčerpaná zůstane Země ovšem jen do příštího velkého cyklu, kdy nabere sil aby znovu ožila.

Tři inkarnace Země (spíš bych měl napsat „planety našeho vývoje" či tak podobně) tedy mají teprve nastat. V názvech, jichž se jim od okultistů dostává, nepanuje úplná jednota, i když na prvních dvou, Jupiteru a Venuši, se autoři celkem shodují. Vulkán je potom planetou, která se má teprve v budoucnosti vytvořit. Někdy se ale jako sedmá planeta v řetězci uvádí Merkur. V každém případě, hovoříme-li o planetách na této rovině, kde se nachází také Saturn, nemáme na mysli skutečné planety, ty které vidíme dalekohledem, ale jejich ekvivalenty nacházející se na té které rovině. Například, Měsíc se v jistém bodě během tohoto oběhu nacházel a Jupiter se bude nacházet v oblasti éterické. Tam se také bude nacházet Země při dalším kole, kdy vše se posune o jednu rovinu výše. To znamená, že během nadcházejícího kola už Země na tuto rovinu, kde je hmota nejhustější, rovinu na níž se o vše musí tvrdě a fyzicky bojovat, nesestoupí. Z inkarnací, které Země zažije v tom příštím kole, tou nejnižší bude pro ni sestup na rovinu éterickou. Znamená to mimo jiné třeba i to, že ti lidé kteří se vyžívají ve sportovních kláních různých druhů, rádi se dívají na boxerské zápasy, či se dokonce s gustem zúčastní hospodských rvaček, si budou muset najít jinou zábavu. Rána pěstí do brady, tak jak ji dovedl uštědřit v salónu na divokém Západě třeba takový John Wayne, tak nějak pozbude smyslu. Ti z lidí, kteří bez takovéto zábavy žít nedokáží, si ale nemusejí zoufat. Pokud budou patřičně lajdačit, do dalšího kola nepostoupí a propadnou ve škole života. Takže nebudou mít na vybranou, budou se muset sem vrátit a za podobných podmínek, v tom příštím velikém cyklu. Nějaké ty roky si ovšem budou na to muset počkat.

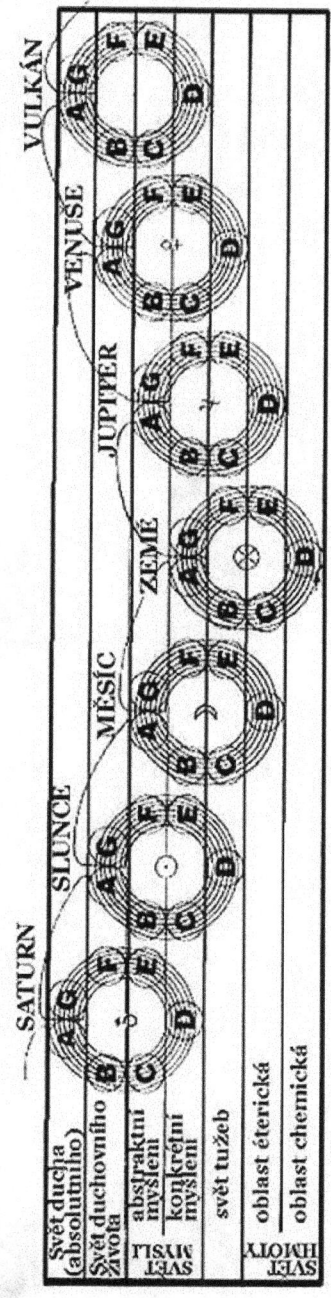

343 INKARNACÍ

Pouť monády – po sestupu do hmoty následuje vzestup 7 oběhů kolem 7 glóbů v průběhu 7 věků Země

— *Voyen Koreis* —

Několik obrázků...

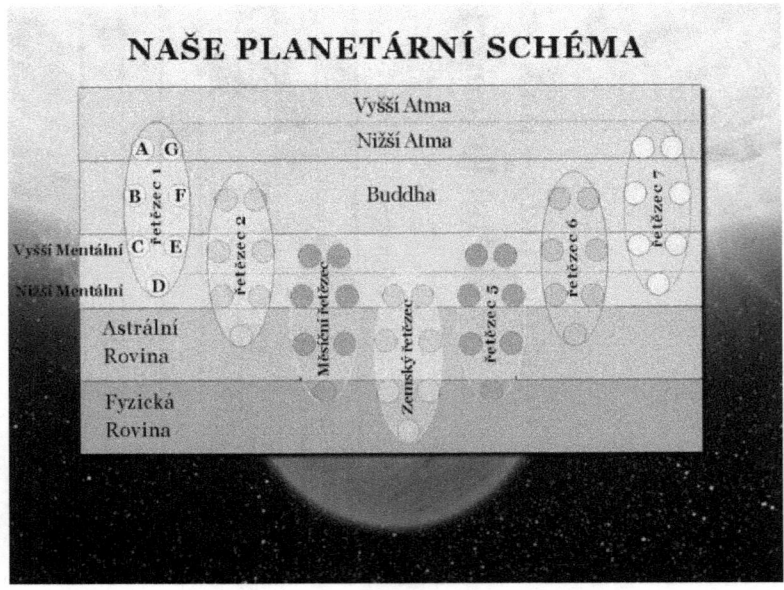

OKULTNÍ ANTROPOLOGIE

ÚDOBÍ milióny let	Znamená	Kořenová rasa	Název rasy	Smysl a tělo vytvořeno
EOCÉN 60-50	Počátek nové fauny	První	Polární	Sluch Astro-éterické
OLIGOCÉN 40-38	Menší a střední velikost	Druhá	Hyper-borejská	Hmat Éterické
MIOCÉN 25	Nové životní formy	Třetí	Lemurská	Zrak Éterické-fyzické
PLIOCÉN 12	Novější	Čtvrtá	Atlantská	Chuť Fyzické-astrální
PLEISTOCÉN 1	Nejnovější	Pátá	Arijská	Čich Fyzické-mentální
HOLOCÉN současná doba	Současné		Současná	

    Dělení třetihor na výše uvedená údobí je už dnes poněkud zastaralé. Nabízí se nám ale na tomto diagramu aspoň nějaký pohled na to, kdy a jak dlouho se vyvíjely jednotlivé rasy na Zemi. Také jak se přitom vyvíjely jednotlivé smysly, jimiž člověk vládne. Podle theosofů, se začal vývoj člověka první lidskou rasou poměrně brzy po počátku třetihor (pouze období paleocénu je zde vynecháno), asi před 60 milióny let. Lidstvo je podle nich mnohem, mnohem starší, než jak to určuje věda. Původní rasa, tzv. polární, měla ovšem veskrze éterickou formu, takže žádné kosti ani artefakty pochopitelně po sobě nezanechala. Antropologové tudíž na žádné vykopávky narazit nikdy nikde nemohli. To ovšem neznamená, že Polární rasa, i některé z následujících, neexistovaly.

Zednářský diplom Blavatské

Tento diplom předal Blavatské prominentní britský svobodný zednář John Yarker v roce 1877, krátce poté kdy vyšla její kniha Odhalená Isis. John Yarker byl v té době velmistrem řádu, jehož název v překladu zní Starověký a prvobytný řád zednářský. Tento poměrně nevelký, nepříliš známý, avšak značně vlivný řád, existuje i v současnosti jako *Le Rite Ancien et Primitif de Memphis-Misraïm* ve Francii, jakož i v řadě jiných zemí. V Anglii zavedl *Le Rite Ancien et Primitif* právě Yarker, poté kdy se rozešel v r. 1862 s britským zednářským řádem. Ve své současné formě tento řád existuje od roku 1881, kdy vznikl spojením čtyř řádů objevujících se v tomto jméně a na rozdíl od více rozšířených zednářských řádů fungujících více na společenské úrovni, zabývá se spíše esoterickými záležitostmi. Jako první jeho velmistr se potom uvádí Giuseppe Garibladi. S ním, jak jsme si již pověděli, měla Blavatská jakési dodnes ne zcela objasněné styky.

V diplomu se uděluje Heleně Petrovně Blavatské hodnost zednáře 33. stupně, tj. nejvyššího dosažitelného, jehož držitelem byl samotný Yarker, jakož i druzí dva představitelé řádu jejichž podpisy se na diplomu nacházejí. Což jej činí právoplatným. Blavatská samotná také potvrdila pravost tohoto dokumentu, který je nyní uložen v muzeu TS v Adyaru.

12. Citáty z prací Blavatské

Závěrem několik citátů z knih a článků, které napsala Blavatská.

Síla k tomu jít vpřed je tím nejdůležitějším co potřebuje člověk, který se rozhodl nastoupit na cestu ducha. Jak ji získat? Stačí se podívat kde jiní lidé nacházejí zdroj své síly. Tím zdrojem je pevné přesvědčení.
Praktický okultismus, strana 67

Záleží na pohnutkách a jen na nich samotných, zda se jakýkoliv projev síly ukáže být černou, zlovolnou, či bílou, prospěšnou magií. Duchovní síly přitom zapojit nelze, pokud zde zůstává jen sebemenší nástin sobeckosti v tom, kdo s nimi chce operovat ... Síly živočišného druhu může užít sobecký a mstivý člověk, stejně jako člověk nezištný a smířlivý; síly duchovní se propůjčí pouze tomu kdo má čisté srdce – a to je potom božská magie.
Praktický okultismus, Strana 7

Čistý rozum souhlasí s vědou když nám říká: "Bůh neexistuje." Nicméně, naše vyšší Já, které žije a cítí jinak než my v naší smrtelné truhlici, nejen že věří. Ono ví, že Bůh je v celé přírodě, stejně tak jako že tento jediný a nepřekonatelný Vynálezce všeho žije v nás a my žijeme v něm. Žádná dogmatická víra či exaktní věda nedokáže vyvrátit toto základní lidské přesvědčení, jakmile jej člověk pro jednou v sobě objeví.
Odhalená Isis, díl 1, strana 36

Hmotná existence je podřízená té duchovní a veškerá fyzická zlepšení a progrese jsou zde pouze proto, aby napomáhaly duchovnímu vývoji, bez něhož by nebylo fyzické progrese.
Moderní Panarion, strana 78

Lidé – většina z nich v každém případě – nechtějí myslet sami za sebe. Považovali by to za urážku, kdyby se jim dostalo i

nejprostějšího vyzvání k tomu ustoupit na chvilku mimo starou dobře prošlapanou cestu a sami posoudit, zda se dát na cestu nějakým jiným směrem.
Tajná doktrína, díl 3, strana 14

Je lépe zůstat nevědomý než se něco nabiflovat, aniž by to moudrost duše dokázala osvětlit.
Hlas ticha, strana 43

Ve starověku lidé ... plně chápali to, že oboustranné vztahy mezi planetárními tělesy jsou stejně dokonalé jako ty mezi krvinkami, které plují ve stejné tekutině; také to, že každé z nich je ovlivňováno společným vlivem všech těch ostatních, stejně jako každé z nich má vliv na ta ostatní.
Odhalená Isis, díl 1, strana 275

Člověk, který je schopen toho uvažovat i o těch nejběžnějších věcech na vyšší úrovni myšlení, má následkem tohoto daru, jehož se mu dostalo, schopnost tvárného způsobu myšlení ve své vlastní představivosti. Ať už takový člověk myslí na cokoliv, jeho myšlenky jsou mnohem silnější než způsob myšlení běžného člověka a právě touto intenzitou nabudou tvořivých schopností.
Lucifer, prosinec 1888

Máme zde dva způsoby magnetické přitažlivosti: soucítění a fascinace; první z nich svatá a přirozená, druhá zlá a nepřirozená.
Odhalená Isis, díl 1, strana 210

Ve světě fenoménů a ve světě kosmickém, Fohat je tou okultní, elektrickou, vitální silou, jež pod vládou tvůrčího Loga, spojuje a slučuje veškeré formy, darujíce jim ten první impulz jenž se časem stává zákonem.
Tajná doktrína, díl 1, strana 134

Přísaha se nikdy nestane závazkem, dokud člověk nepochopí, že lidstvo je tím nejmocnějším projevem neviditelného nejvyššího Božství a že každý člověk je inkarnací svého Boha; také dokud pocit osobní zodpovědnosti v něm nevzroste natolik, aby považoval křivopřísežnictví za tu největší urážku sama sebe, jakož i urážku

vůči lidstvu. Žádná přísaha v současnosti není závazná, pokud ji neučiní člověk který, aniž by nějakou přísahu musel učinit, čestně splní to, co sám sobě slíbil.
Odhalená Isis, díl 2, strana 374

Běda těm, kteří žijí aniž by trpěli. Stagnace a smrt očekávají vše to, co vegetuje beze změny. A jak by mohlo dojít ke změně k lepšímu, aniž by k tomu vedlo úměrné množství bolesti?
Tajná doktrína, díl 2, strana 498

Hlasitě voláme po duchovní svobodě a naléhavě si vyžadujeme svobodu od veškeré tyranie, ať už vedené vědou či bohoslovím.
Odhalená Isis, díl 1, strana 12

Pokud jsi prošel síní Moudrosti a ocitl se v údolí Blaženosti, Učedníku, nepovol svým smyslům oddat se kacířství Odloučenosti, které by tě odstavilo od všeho ostatního.
Hlas ticha, strana 23

Tvrzením, že "Theosofie není náboženstvím", se rozhodně nepopírá to, že "Theosofie je náboženstvím" jako takovým. Náboženství ve svém jediném a pravém smyslu je vazbou která slučuje lidi dohromady – nikoliv soubor dogmat a víry. Náboženství, jako takové a ve svém nejširším významu je tím, co pojí dohromady nejen lidstvo, ale také veškeré bytosti i věci existující v Universu, v jeden obrovský celek.
Lucifer, listopad 1888

Současnost je pouhou geometrickou čarou oddělující tu část Věčnosti kterou nazýváme Budoucností, od té části, jíž říkáme Minulost.
Tajná doktrína, díl 1, strana 69

Naší mysli se dostává nesmazatelných dojmů dokonce i z těch náhodných setkání se s lidmi, k nimž dojde pouze jednou. Stejně jako pouhé vteřinové expozici citlivé fotografické desky je zapotřebí k tomu navždy uchovat podobu fotografované osoby, tak se to má i s naší myslí.
Odhalená Isis, díl 1, strana 311

"Benevolentní magie" je božskou magií, zcela bez sobeckosti, bez lásky k moci a snažící se pouze o to konat dobro, vůči celému světu i vůči každému našemu bližnímu. I jen ten nejmenší pokus o to užít své zvláštní moci k sebeuspokojení, učiní z těchto sil čarodějnictví neboli černou magii.
Klíč k theosofii, strana 228

Může být příjemným snem pokoušet so o to všímat si krás duchovního světa; čas se ale dá využít lépe tím, že budeme studovat ducha samotného, přičemž není ani nutné to, aby předmět těchto studií se nacházel ve světě duchů.
Moderní panarion, strana 70

Docela na závěr, jako autor této knihy mám zde pro vás jednu malou radu. Nevíte, co si o tom všem myslet? Nejste si jisti, jakým směrem se máte dát, co vlastně chcete sami se sebou dělat? Máte-li k tomu možnost, zasaďte někde strom a choďte se na něj čas od času dívat, promluvit si s ním. Poví vám spoustu věcí, takových jaké nikdy v žádné knize nenaleznete.

www.ingramcontent.com/pod-product-compliance
Lightning Source LLC
Chambersburg PA
CBHW070720160426
43192CB00009B/1263